来新夏文集

来新夏 著

第八册

杂著随笔卷（上）

读书治学 文化覃思
谈史说戏 游记

SL 南方传媒

广东人民出版社

·广 州·

杂著随笔卷

目　录

读书治学

文化覃思

谈史说戏

随谈

碑记

少作

读书治学

我的学术自述

1923年的夏天，我出生在江南名城杭州的一个读书人的大家庭中，父叔常年谋食四方，家中事无巨细都由祖父主持。祖父裕恂先生是清末秀才，曾从师于晚清国学大师俞樾，20世纪初留学日本弘文书院学习教育。在日本期间，曾在同盟会主办的横滨中华学校任教务长。回国后经蔡元培介绍加盟光复会，在家乡从事新式教育的劝学工作。辛亥以后，他摒弃荣华，依然在教育部门和各类学校任职。他一生潜研学术，寄情诗词，笔耕不辍，所著有《汉文典》（有清光绪商务印书馆刊印本、1993年有南开大学出版社注释本）、《匏园诗集》、《萧山县志稿》（以上二书已由天津古籍出版社出版）、《中国文学史》（萧山志办影印本）和《易经通论》等多种。我七岁以前，一直随侍于祖父左右，生活上备受宠爱。但祖父对我的教育却很认真，非常严格地对我进行传统文化的蒙学教育，以"三百千千"（《三字经》、《百家姓》、《千字文》、《千家诗》）的顺序去读，去背诵，还为我讲解《幼学琼林》和《龙文鞭影》等蒙学书，为我一生从事学术活动奠定了入门基础。祖父就是我的第一位启蒙老师。我七岁那年，因父亲供职天津，即随母北上。我依依不舍地离开了祖父，以后虽然再未和祖父生活在一起，但是他仍然不时写信来，指导我读书和修改我的习作，直到他高年辞世时为止。

我从小学到大学遇到过不少良师，他们都从各个不同方面给我日后的学术道路以重要的影响。20世纪三四十年代，我先在南京新菜市小学读高小时，级任老师张引才是一位刻苦自学、博览史籍的好老师。他常和学生一起，讲述有益于学生的历史故事。这些知识的灌输，无形中奠定了我日后攻读历史的根基。后来我到天津一所中学读书，有一位年轻的国文教师谢国捷，曾在辅仁大学专攻哲学，是史学家谢国桢的六弟。安阳谢氏，家富藏书，谢老师又很慷慨倜傥，师生间十分契洽，因此我得以借读谢氏藏书。谢老师还常和我谈些治学方法和经验，鼓励我写文章。我的第一篇史学论文《汉唐改元释例》初稿就完成于此时。此文后来在陈垣老师的直接指导下，经过多次修改，成为我的大学毕业论文。

1940年代初，我就读于北平辅仁大学，有幸亲受业于陈垣、余嘉锡、张星烺、朱师辙、柴德赓、启功和赵光贤诸先生之门。他们都为我日后走上学术道路耗费心血，特别是他们的谨严缜密、求实求真的学风，成为我一生努力追求的方向。可惜我资质驽钝，虽全力以赴，至今未能达到师辈的标准而深感有负师教。当时正处于日寇侵华的沦陷区，老师们坚贞自守的爱国情操，更是一种无言的身教。

我大学毕业时，正是抗战胜利的第二年——1946年，人们的心情都很兴奋，以为可以报效国家，有所作为。孰知事与愿违，政府的腐败令人大失所望，我无可逃避地像许多人一样，走上一条毕业即失业的道路。虽然经过亲友的帮助，在一家公司谋得一个小职员的工作，但为时不久，公司倒闭。又赋闲了一段时间，才经读中学时一位老师的介绍，到一所教会中学去教书。当时，解放战争已临近全面胜利的边缘，天津的解放也指日可待，我也直接或间接地接受一些革命理论和思想的灌输，热切地期望着新生活的来临。

1949年1月，天津解放给我带来了从未有过的欣悦。在革命洪流的冲击下，我积极投身于新的革命工作。不久，经民青驻校领导人的动员，我和另一位同事张公骅兄被保送到华北大学去接受南下工作的政治培训。于是，脱去长袍，穿上用紫花粗布缝制的制服；抛去优厚的工薪制，去吃小米，享受大灶供给制。一股唐·吉诃德的革命热情产生着革命的冲动。为了和旧思想、旧习俗等等旧的一切割断，做个新人，我们又学习那些革命先行者改名换姓的革命行动，偷偷地商量改名问题。张兄想今后要在革命大道上奔腾，就利用名字中骅字的马旁，改名马奔。我则用名字的最后一字"夏"与"禹"相连而改姓禹，又大胆地以列宁自期，取名一宁，暗含着彼一宁也，我一宁也，也许有一股将相宁有种乎的傲气。张兄一直沿用马奔这个革命名字，我则幸亏以后又恢复了原姓名，否则"文化大革命"中这将是一条大罪状——居然敢以列宁自期。政治培训期满后，张兄南下到河南，我则被留在华北大学的历史研究室，师从范文澜教授，做中国近代史研究生。从此我就从古代史方向转到近代史方向，并在范老和荣孟源先生指导下写出第一篇学习新观点的文章——《太平天国底商业政策》，作为太平军起义百年的纪念。

当时历史研究室的主要研究工作就是从整理北洋军阀档案入手。这批档案是入城后从一些北洋军阀人物家中和某些单位移送过来的藏档，没有做过任何清理和分类。这批档案有百余麻袋，杂乱无章，几乎无从下手，每次从库房运来几袋就往地下一倒，尘土飞扬，呛人几近窒息。当时条件很差，每人只发一身旧紫花布制服。大约经过两个多月的时间，清理麻袋中档案的工作告一段落。前后历经半年多的整档工作，虽然比较艰苦，但却不知不觉地把我带进了一个从未完全涉足过的学科领域，北洋军阀史的研究成为我一生在历史学领域中的中心研究课题。

1951年春，范文澜老师应南开大学历史系主任吴廷璆教授之请，同意我到南开大学任教，从那时至今已整整越过半个世纪。我可以毫无愧色地说，我把一生的主要精力都奉献给了南开大学。我在南开大学从助教做起，历阶晋升至教授。在新的岗位上，我除了坚持科研工作外，又开始新的教学生活。我教过中国近代史、中国历史文选、中国通史、古典目录学、历史档案学、鸦片战争史专题和北洋军阀史专题等。同时我仍然坚持北洋军阀史方面的研究，继续搜集整理有关资料。到南开大学的第二年——1952年，我在《历史教学》杂志上连续发表了题为《北洋军阀统治时期》的讲课记录，虽然还不太成熟，但从此正式进入了北洋军阀史研究的程序。1957年，我在荣孟源先生的推荐下，应湖北人民出版社之邀，撰写了新中国第一部力图用新的观点和方法系统论述北洋军阀史的专著——《北洋军阀史略》，引起了海内外学者的注意。日本学者岩崎富久男曾译此书，并增加随文插图，易名为《中国の军阀》，先后由两个出版社出版，成为日本学者案头用书。20世纪六七十年代我因接受政治审查和下放农村劳动四年，虽然正常的研究工作中辍，但我仍然偷偷地搜集资料，阅读有关书籍。直到1970年代末，我的政治历史问题才解决，落实了政策，重新开始正常的研究工作。1983年，由于社会稳定，文化需求与日俱增，湖北人民出版社又邀约增订《北洋军阀史略》，我也以能重理旧业，兴奋不已。

于是，出其积累，补充史料，增订内容，与人合作撰成《北洋军阀史稿》。1990年代前后，有关资料较多出现，于是在上海人民出版社的邀请下，与我的学生共同编纂了有300余万字的中国近代史资料丛刊《北洋军阀》。从而接触了大量资料，开阔了视野，丰富了知识，终于和几位多年合作的学生，在世纪末完成了百余万字的《北洋军阀史》。这部著作不仅受到学术界同行们的认同和肯定，还荣获教育部颁发的"第三届中国高校人文社会科学研究优秀成果"二等奖。

1960年代前后，编修新方志的推动者梁寒冰先生多次动员我参与其事，我一则被寒冰先生的盛情所感，再则我的祖父曾在极困难的条件下独力修成一部70余万字的《萧山县志稿》，我理应克承祖业，为新编地方志尽一份力。于是在寒冰先生领导下，开始全国修志的筹备工作，并以河北省丰润、霸县等地为试点，开展修志工作。正在顺利推进之际，"文化大革命"的风波陡起，我和寒冰先生在不同单位都因发起修志而被扣上"举逸民"的罪状，并从我家中抄走有关修志的文件和资料，作为罪证。但我们的修志志向并未因此而稍减。我还在被批斗之余和被监管的日子里，读了一些方志学的著作。1970年代末，灾难的十年终于过去，迎来了改革开放的新时期。拨乱反正，百业俱兴。我和寒冰先生亦以极大的热情重新发动全国性的修志工作。我承担了初期培训和组织修志队伍的工作。1983年春，按华北、西北、中南、东南四个大区先后举办了四个培训班，讲授修志基本知识；在讲课的基础上，由我主持编写了第一本修志教材——《方志学概论》。与此同时，我也对方志学进行较深入的研究，写出了一些论文，并应邀到一些地方去演讲。1991年9月，我应日本独协大学之邀赴日，与该校齐藤博教授合作进行日本文部省科研项目《中日地方史志比较研究》。1993年夏，我承曾供职过的南开大学出版社的盛情，出版了《志域探步》，作为我七十岁的纪念。不久，我又应台湾商务印书馆之约，对《志域探步》作了全面增补和修订，撰成《中国地方志》一书，成为我在方志学领域中一部代表性的著作。

命运往往拨弄人。十年动乱终于走到了尽头，一切又归于平静、正常，我也从1960年代以来那种百无是处的处境中解脱出来。问题结论了，政策落实了，我的"聪明才智"似乎又被重新发现，有了新的价值。1980年代前后，当我临近花甲之年，一般人已在准备退休，而我却方被起用，迎来了一生中唯一的"辉煌"瞬间。我在一两年内荣获了校务委员、校图书馆馆长、校出版社社长兼总编辑、图书馆学系主任、地方文献研究室主任等诸多头衔。校墙外面的虚衔，也如落英缤纷般地洒落到头上来。于是，我结合新的事业，又转向于图书文献学领域。在这公务繁忙的十多年中，我主持并参与编写了《中国古代图书事业史》、《中国近代图书事业史》和《图书馆学情报学档案学简明辞典》，撰著了若干专门性论文，开辟了我学术研究工作的图书文献学领域。1993年10月，我应美国俄亥俄大学图书馆馆长李华伟博士之邀，担任该馆顾问，负责该馆"海外华人文献研究中心"的资料征集工作。"美国华人图书馆员协会"规定，每年从世界华人图书馆从业人员中根据工作业绩与学术成就评选一人授予"杰出贡献奖"，2002年春，我因对中国高校图书馆事业的发展和国际交流工作中的成绩以及丰富的学术成果而被授予该年度"杰出贡献奖"，为我国获此殊荣的第二人（1992年北京大学图书馆馆长庄守经教授曾获此奖项）。

综观自己的大半生，都是在笔耕舌耘的生活中度过。我从20世纪40年代开始撰写文章，并在报刊上发表。最近从旧报上发现好几篇中学时代写的文章，如《诗经的删诗问题》、《桐城派古文义法》、《清末的谴责小说》和《邃谷楼读书笔记》等，还写过一些随笔散文。这种笔墨生涯一直延续六十年而不辍，撰写了多种学术著作，代表了我致力学术研究的三个方向。历史学方面主要有《林则徐年谱新编》、《北洋军阀史》、《中国近代史述丛》和《结网录》等；方志学方面有《志域探步》、《中国地方志》和《中国地方志综览》等；图书文献学方面有《中国古代图书事业史》、《中国近代图书事业史》、《古典目录学》、《近三百年人物年谱知见录》和《古籍整理讲义》等。

随着时间的推移，在前一世纪的最后十几年里，我渐渐感到我自己的社会职责尚有所亏欠。我虽然在教学与科研工作上尽了一份力，但那个圈子很狭窄，忽略了更广大的民众对文化的需求。我没有尽到把知识回归民众的责任，于心有愧。于是不顾圈子里朋友们的"不要不务正业"的劝告，毅然走出象牙之塔，用随笔形式把知识化艰深为平易，还给民众，向民众谈论与民众所共有的人生体验来融入民众；同时我也想用另一种文字风貌随手写点遣兴抒情之作，给新知旧雨一种求新的感觉。写来写去，积稿日多，在1990年代竟然连续出版了《冷眼热心》、《路与书》、《依然集》、《邃谷谈往》、《枫林唱晚》、《一苇争流》和《来新夏书话》等七种小集。而在新世纪之初我又结集出版了《且去填词》、《出枥集》、《只眼看人》和《学不厌集》等四种。我的一位早期学生戏称我是"衰年变法"，我亦甘愿受之而不辞。

当我日益靠近八十岁的时候，我的早期学生们倡议编撰我的全集，作为八十岁的纪念。我感谢他们不忘师生旧情，但亦有两点个人想法：一是只能出选集不能出全集，因为世上没有绝对的"全"，"全集"只能说大致已全，否则就无所谓"佚文"、"补编"等等。如果说"全"，那就必然细大不捐，良窳并存，一个人一生所作得意成功之作应是小部分，而更多的是败笔或尚未完善，以往已损耗了他人的精力，那么在重新审视编订时，就应尽力选取自己的代表作和有用于人的作品来补过。再则，"全集"意味着到此为止，而我则笔意尚浓，无意封笔，所以以出选集为好。二是选集不能假手于他人，而必须自选。因为陈垣老师早年间曾说过："要出个人集子，最好自选。"他老人家认为自己对自己的文字最有数，自己对自己的学术思路和脉络最清楚，自选易于去取，可以减少各篇间的重复处。于是我搜集了自1940年至2000年六十年间所写的近700万字的文字，包括论文和专著，并根据我的编写原则，从中选出了160余万字，分编为四卷，前三卷是我所致力的学术方向，卷一是历史学，卷二是方志学，卷三是图书文献学，卷四则是我晚年所写的随笔。编成之后，即命名曰《邃谷文录》，由南开大学出版社于2002年6月正式出版，作为我八十初度的纪念。虽然在仔细检读中，仍然发现有个别错讹和小有重复处，但《邃谷文录》终究是我一生学术工作的正式记录，也是对我的学术工作作出评价的基本依据。

目前我虽然已年逾八旬，但依然在舌耕笔耘的漫长道路上走着。近年，我又完成了50余万字的《清人笔记随录》一书。这是对清人所撰200余种笔记所写的书录，体例一依《近三百年人物年谱知见录》。《清人笔记随录》书稿早在上世纪五六十年代已粗具规模，不幸痛遭"文革"劫火，直至1990年代，我以书稿虽亡、手脑犹在的立志，重新纂写，终以十年之功完成定稿，使之与《近三百年人物年谱知见录》并成为我致力"为人"之学的证明，也为清史研究工作作出应有的贡献。国家清史编纂委员会以该书有一定学术价值并可供编纂新清史参考而将其列入《清史研究丛刊》，由中华书局于2005年1月正式出版。同年，我又接受为清史编纂委员会选编《清代经世文编》点校的任务。如果天假我年，尚有余力，我将在无怨无悔的恬静心态下，回顾自己的一生，实话实说，写一部图文并茂的、有20余万字的自述——《烟雨平生》，以明本志。

原载于《社会科学战线》2008年第9期

读书与人生[*]

　　我是上个世纪二十年代的人，比大家大六十来岁吧。按年龄比例来说，我对社会的贡献还不符合我八十岁年龄应做的工作。今天到这里来，不是讲学术，而是谈家常，谈我这些年怎么读书、怎么生活，对大家可能有借鉴意义。

　　那就从藏书谈起。为何从藏书谈起？一个人要从学术上有所成就，那么就首先必须承认学术的载体——书。也许对现代青年来说，"藏书"是一个比较生疏的词，但是藏书很重要。藏书是一个人文化素养的体现。我知道很多年轻人在过自己生日的时候会花大量的钱开生日会，但是买书的时候却要考虑一下是不是要买。我们年轻时候，生活条件远远不如你们，但是我们节衣缩食来买自己喜欢的书，尽量收藏书，因为藏书是日后读书、研究学问的起点。

　　藏书不仅关乎个人，而且关乎一个国家，是一个民族是否善于保护自己文化传统的重要标志。一个民族的文化要传递下来，首先要有自己的文脉——文化的脉络。这种世代相传的文化脉络是一个国家、一个民族奠定地位的基础。

　　那么中国的藏书是从什么时候开始的呢？据现在所知，藏书作为一个专用名称，始于春秋战国时期的韩非子。韩非子那个时候已经有"藏书"之说。人家都知道，在图书学上，一个专用的词句作为一类，毕竟是前面已经有长期的事实存在之后才能凝固成为一个定名。所以这样看来，我们中国的藏书史已经有两千年以上。

　　中国最早的藏书是官藏，官藏始于周秦。中国藏书分为三大系统：一种是国家的藏书称为官藏；一种是个人藏书称为私藏；还有一种是书院、寺院、庙宇等社会团体的藏书，称为公藏。其中私藏非常受学者重视，私藏即个人藏书，与私

*　这是作者2004年10月应邀在中国政法大学"人文中华"系列讲座上所做的讲演。由中国政法大学人文学院新闻专业学生李艳艳根据录音整理，作者又做了必要的调整。

学的兴起有密切的关系。中国的古代是"官学"，即由统治者掌握学习权，只能向官方人员学习，没有私学。但是，春秋战国时期，孔子打破了这一规矩，孔子的伟大正是在于把教育从官方突破，开展私学。他自己收了很多的弟子，兴起了私学。孔子为了教授自己的学生，整理了很多古代的文史资料，成为《六艺》。而且，孔子要收集大量书籍作为教学的根据和参考，所以开始有了私人的藏书。

　　另外还有很多读书人，当时所谓的"士"，他们要求出路，推销自己，就要去各国讲学，表明自己的观点，从而求得功名利禄，因而他自己要懂得很多文献，要读很多的书，这就需要很多读的藏书。大家知道关于苏秦的故事，苏秦游学失败后，意识到就是因为读书不足，才导致了自己的失败，悄然回到家乡后，尽管境遇很难过，他坚持重新收拾资料发奋读书，"悬梁刺股"这个典故就是由此而来。一段时间的发愤读书后，苏秦又出去游学，终于取得成功，成为六国之相，并提出著名的"合纵连横"。还有另外一位叫做惠施的名学家，有五车书，我们用于形容博学的"学富五车"的成语，就是由他而来的。

　　中国关于藏书有个中心思想叫做"仁人爱物"。中国自秦汉以来，藏书的人都不自私，都喜欢把书借给别人看，从而传播知识。例如东汉蔡文姬的父亲蔡邕藏书万卷，但是垂老时，却将书送给了当时年轻而有学问的王粲，从而让他的书发挥更大的作用。还有许多藏书家不仅把书借给朋友，还把书借给不认识的人。例如，晋朝有一个姓范的人藏了七千多卷书，热情接待各方来人借书，甚至于准备衣食。这就是中国古人藏书的仁人之心，一种涵养人才的思想。一直到了明清时期，许多人都愿意把自己的私家藏书拿出来供大家分享，并成为一种潮流。值得指出的是，清朝末年浙江绍兴有一个叫徐树兰的人，拿出自己家藏的传统学问的书，又买了一些新式学问的书，专门盖了一个藏书楼——"古越藏书楼"。徐树兰把阳光充足、空气畅通的地方作为阅览室，人们轮流领取牌子入内阅读；也可以抵押一些钱把书借出去看。这就具有了近代图书馆的性质。可以说，中国人在藏书上有一个很好的传统，就是仁人，也就是如何帮助别人成功，如何把自己的私藏向社会提供，利用自己的知识资源帮助别人成功。

　　中国的藏书家还有一个优秀的传统——爱物，即非常爱护图书，因为书是精神文化结晶的载体。例如，三国时期有一叫曹苍的人，他为了保护书，拿石头盖了一个小藏书楼，叫做"曹氏书仓"。我们讲到中国的文献藏书叫做"金匮石室"，就是拿金子做的箱子和石头房子来藏书。还有隋炀帝也非常爱护书、珍惜书，他把很多书重新整理、抄录后，用各种不同的颜色区分"经、史、子、集", 修了很多的库房, 分为甲、乙、丙、丁四库, 分别保存。明代的范钦为藏书专门盖了"天一阁", 距现在四百多年, 这是中国至今仍保存下来的一个明代图书馆。天一阁对书的爱护非常完备: 为了防火在阁前面挖了水池, 长期储活水; 每个书柜底下有一大块石灰石进行防潮 (只是一种愿望, 实效不大); 书最怕一种虫子——书蠹, 咬书不是横着走, 而是从上至下直着走, 一旦咬书就会坏一套, 经过考察之后, 范钦发现有一种芸草可以去书蠹, 就用芸草来防虫。但是天一阁不允许妇女登楼, 有一个女子钱秀云特别爱书, 知道芸草可以防蠹, 就很想知道到底怎么防蠹, 就嫁给范家的儿子, 可是仍然不能登楼, 最后那妇女抑郁而亡。这个故事说明的是中国人的爱书, 甚至不惜牺牲自己的幸福。有的学者地位很高, 但是有时候为了爱书、护书, 甚至不惜降低自己的身份到书市去求书。例如清朝一学者王渔洋, 是一个诗坛的领袖, 官至尚书, 被称为学术的泰斗, 谁得到他一句话的赞扬就会身价增加十倍, 地位很高。但是要想见他非常难。有人说去书市买书可以找到他, 于是那人终于在书市见到了他。他收集书非常认真, 有一次因为自己想买的书没有买到而病了一个多月。现在谁还有这种精神与情趣? 当然现在书本印得多, 可以买到。这件事情说的是古人非常喜欢藏书。

但是, 藏书的目的不同, 有的人藏书是为了欣赏, 还有一种为了读书而藏书。希望大家做后一类的藏书家。当然还有一种人, 今天低价买进, 明天高价售出, 这是商人的行为, 跟文人无关。应该说, 藏书就是为了读书。清朝嘉庆年间有一学者叫张金吾, 藏书的地方叫"爱日精庐", 他藏了很多好书。他讲了很多藏书与读书的问题, 他说要做学问就要读书, 要读书就必须先藏书, 藏书是你的根本, 也是读书做学问的根本。他说藏书而不知道读书等于不藏, 这句话击中了大部分愿意藏书的人的要害。我也爱藏书, 而我不敢说我每一本书都读, 但是至少我想读。他有一句名言: "读书必藏书, 藏书为读书。"这句话并非他的独创, 他有一个非常贤淑的妻子, 督促他很严, 妻子对他说: "不要只藏书, 藏书就要去读。"他就很听妻子的话而读书, 后来写了一部读书心得, 名为《言旧录》, 而且由他妻子做序, 强调了"藏书必读书"的道理。

读书是藏书的主要目的, 读书就是为了治学, 但是并不是所有的读书人都做学问、都能治学。经过我几十年的观察, 发现读书人分成几种: 一种是为了自己消遣和享受, 一目十行, 很快看完, 只凭自己的兴致, 并不是为了研究什么, 他也可以废寝忘食地看书, 有些好书给他看, 他可能也不喜欢看。这种人叫做随意读书的人, 兴之所至的人, 大学学生有很多人借来时尚的书看通宵, 但是看完之后什么也记不住，犹如过眼烟云，读后只不过留下点影子。

另一种人读书很可恨，非常明白该读什么书、怎么读书，可是只进不出，大量汲取别人的成果，但是从来不把自己的知识贡献给别人；只是大量读书丰富自己的知识，却不把自己的成果跟别人分享，不能像牛那样吃了草出奶，也不像蚕那样吃了桑叶吐丝，他什么也不吐，不创造新的知识，专门吸取别人的成果，但是自己不出成果。但是他有一件漂亮的外衣——"述而不作"，来掩饰自己，这种人是自私者、知识的盗窃犯。其实他是心理上怕别人知道自己学问的底细，怕写出文章来人家说他不行。就算他真行，充其量也只是一个守财奴——知识的守财奴，就像地主一样守着很多钱财却不拿出来花，掠夺了前人的精神财富，却不把自己的知识作为社会的财富贡献出来，而把自己的所得放在肚子里，最后跟肉体一起火葬，化为灰烬。

我鄙视这两种人，我一生鄙视以知识为消遣的人，还有"掠夺"别人成果而自我满足却不为社会做再创造工作的人。我尊敬这样一种人：他们不放弃吮吸一切可取的知识，他们不吝惜自己的精力，焚膏继晷地反复咀嚼，像蜜蜂酿蜜一样要创造有益于社会、有益于人类、有利于后学的这种活动。他们创造有用的知识，贡献自己的成果，济世利人。其中还有一小部分人，能够把自己的读书方法、心得、途径像授予金针那样交给后人，让别人从中受益，这才是真正的读书人。我一生就以这样的人为榜样而奋斗，却仍然自感不足。所以我引一句名言：春蚕到死丝方尽。应该有一种春蚕的精神，我要写到最后一个字，搁下笔来，然后离开人间。

读书，首先一条应该先知道读什么书。很多青年学子的困惑是想读书，但是不知道该读什么书。我想笼统地说，要读好书。但大家注意，不要把自己封闭起来。读书，要有开放的心态，应该有一种胆识，敢读那些离经叛道的书。因为你已经有一定的水平和储存来判断哪些是好的、哪些是坏的，哪些是有益的香花、哪些是有害的毒草。你有这样的能力，你不必害怕。所以我觉得读好书是基本信条，但是读好书不等于不读那些异说或者不同意见的书，不需要"言必称圣贤，述必遵经典"，希望大家注意。如果人家都读那些公认为经典的论著，那么大家的思想必定受到一定程度的桎梏，这对于开展智慧不利。所以我们应该在博览群书的基础上，取其精华，去除糟粕，长期积累，必能有得！

现在常说有一些反面的书，被视为洪水猛兽。但是大家只要善于分析，当年马列主义不也被认为是洪水猛兽，但是后来还不是撑起一片天下，成为我们立国的基础吗？只要这种书持之有故、言之成理，就可以从中得到启示。就算不对，你从中思考它是怎样不对的，也能有所收获。人不能光从一条道上得到自己想要得到的东西，而是要从正反两方面来寻求。但是，提醒一点，对于非常低级、淫秽、下流的书，希望大家珍惜自己的生命，不要做无谓的牺牲。

怎样读书呢？应该由浅入深、循序渐进。学问没有捷径，不要想一个早晨成为大学问家。人不能一口吃成胖子，书要一步一个脚印地读。不能跨越台阶而让知识当中有断层。一定不能贪多贪得，一些青年尤其是有志青年，总想得到很多知识，但是贪多总会让人失望。只有不断地咀嚼、回味才能有所得。牛为什么那么健壮，就是因为牛能反刍，吃了很多东西之后要慢慢地反复咀嚼、反刍，所以它能耕田、还能出奶。我们读书也要反复地回味、思索、体会。不要相互之间仅比较谁读的书多。凡是读书都要进行知识的再创造。什么是再创造？只要是有良知的学者，就会告诉后人说：结论得来不是那么容易的，要反复地汲取各方面的意见、反复思考得来，没有从天而降的道理，学问无捷径。那么怎样循序渐进读书？大家可能没有这个习惯。凡读书必先读目录，特别是作者的自序。一个有良知的学者，必会在书前面加序，告诉人们他要说的是什么，所以读了序之后你就明白作者要写什么。但是现在很多人请别人写序，只是吹鼓手而已，言之无物，互相标榜。所以我的书只有自序，这是为了不误导读者，不要引导到错的路途上。

书的目录有两种，一是列章节，哪一章哪一节写些什么，知道这本书是怎么论证的，而且在写作的过程要反复修改，就如建筑工地上不断改变施工图的小红旗一样。目录就是告诉大家文章是怎么论证的、怎么过渡的。你们写论文，其中很困惑的是怎么从这一段过渡到下一段，这些话可能有时是水分，但却是必要的。所以目录是显示你的论文或著作的一个总体的鸟瞰图，所以目录很重要。

中国有一部千古闪耀光辉的司马迁的巨著《史记》，是先人光辉思想的闪耀。各个专业的都应该读，不管你是学物理的，还是学法学的，都应通读它。这部书共有52.6万多字，那么你如何抓住《史记》的总体要义呢？它有一个目录，就在《太史公自序》里面，即卷一三〇的那篇文章。读《史记》之前把目录看一下，目录很简单，四句的八句的，如果要偷懒，把目录读好了，就大致等于读了整个一部书。这个书的核心就在目录里面。读了典范性作品之后就知道自己该怎么读书了。在读书中大家应该注意的是，有一句误导众生的话，夸赞一个人读书一目十行，这是最大的谬误，应该改为十目一行。一目十行是蜻蜓点水，这是古人夸奖人的话，但不是实际读书的方法。读书不能一掠而过，而要以十目一行的精神，全神贯注地认真阅读，这就是"好学"。好学是读书的基本出发点。以好学的精神而认真地读了好多的书，这叫做"博观"。博观就是扩大知识领域的一个过程，也就是多读。好学博观，好学是读书的基本出发点，博观是扩大知识的基础。如果只是好学博观，那你只是个知识篓子。在戏剧界有一种叫做"戏包袱"的人，什么戏都知道，但是什么戏都唱不好。好学博观要经过深思，要大脑活动。"学而不思则罔，思而不学则殆"。只学而不想就错误了，许多东西都乱套了；一天到晚只是像"哲学家"一样思考，而不去好好研读，也非常危险，没有实学了。所以要好学而深思，这是真正接近了学问的边缘。深思之后任何一种学问都不是纯粹的，没有过滤、没有提纯，是不易得到精髓的。世间万物没有纯的，就像看一个人，要看他的两面。世界纯了，那就要走到灭亡了。我一直认为巩固专业思想，分宿舍居住什么的，都是不对的做法。你只懂得中文，只懂得诗经、楚辞，希腊、罗马你知道吗？你就懂得文史，声光化电你懂点吗？我们读大学的时候，文科学生都要选一门理科的课。我读的历史，当年我选了一门"生物细胞"，所以我现在对草履虫了，都用显微镜了，都很熟悉，因此我用研究细胞的那种态度来做文史分析，效果很好啊！以前学生宿舍规定必须同一系的住在一起。如果不同的系住一起，大家相互谈谈希腊、罗马，谈谈屈原、司马迁，谈谈有机、无机，物理、化学，谈谈毕达哥拉斯的勾股弦。道听途说也是学问啊，起码眼界就会开阔，思考问题就会多角度、全方位。所以要思、要想、要博观。只是博观开始会像个杂货铺，因此，还必须经过深思。好学而博观，深思之后约取，所以你们读书要"好学深思，博观约取"，如果不按这个办法做，即使读书破万卷，也只能如入宝山而空手而归；如果把这两句话结合得好，你才有资格谈治学、谈做学问。

读书不是为读书而读书，而是为了能更多地掌握知识和资料，要做有益于社会、有益于民众的学问。这种学问就是真正的治学。治学不是读几年书就可以一蹴而就，治学、做学问要经过艰苦磨炼的历程，在积累过程中你可能要经过"目轮火爆、肩山石压"的艰苦，这是清朝著名的王鸣盛谈他的读书感想的时候用的两句话。但是他又鼓励人说，经过了这样的磨练之后你就会有所得、有所成就，最后的结果是："时或得知，瞿然而喜。"这就是境界。但是也有这样一种感受：在治学过程中走了一段路之后，回头一看，常常会觉得自己前面的工作太冤枉了，因为过去收集的那些资料都白收集了，没用了，怅然若失，觉得前面的时间白花了，用不上。这个时候是个难关，怎么突破？前面是不是白费，不是！你前面不走这些路，你不知道它有没有用。就像练习毛笔字，刚开始写了几天非常自我欣赏，但是越往下写越觉得自己的字难看，因为你磨炼了，有了鉴别力了。这是哲学上的辩证法。只有前面的无用才知道后面的有用，有用是无用的积累的必然结果，这是个规律，任何人不能逃避。所以，当初你认为有用，是当初的水平；你现在回过头来觉得白费，那是你现在提高了。但是你能看出白费来，你必须经过白费的过程，你才能够具备辨识力。所以只有提高，你才能够觉得"今是而昨非"。陶渊明说"今是而昨非"是因为他走过了很多无用的路之后才恍然大悟的，觉得自己不对了。无用是有用的基础，有用是从无用锻炼出来的。还可以进一步思考，你现在认为的无用，是否真的无用，还是你的水平并没有到达运用它的程度呢？所以，在治学入门之初，必须认真对待自己的"无用"，不要因无用而放弃，觉得治学太难了，弄了半天弄了一大堆废纸。陈景润推算"1+1=2"看他演算了多少废纸啊！如果没有废纸，现在有的文章是从计算机上攒成的，这里摘抄一段，那里摘抄一段，第二天就成了一篇完整的论文。有个研究生一年写了100篇论文，平均三天多一点就一篇，我都想拜他为师。我主编过的一个杂志，最后要我定稿的时候，那最好的文章我最怀疑：怎么这文章句句都那么精彩呢？结果到网上查一看，原来他是"集锦"，把好的都搁一块，我最后给编辑批了一个阅后意见："集锦之作，万不可用。"一个人一年之中也就写出五六篇文章，天才也许能写个十来篇，也就如此。

在治学上，大家应该大量收集材料，因为我们的学术都是要有材料根据的。马克思写《资本论》也是要去大英图书馆看书、坐在那儿抄材料，他也要研究古典经济学。所以这些东西都要有材料根据强化的。

现在有很多学者说"我能出思想"。谁不能出思想？坐那一会儿，我就出好几个思想。"照着我的想法，材料你去找，然后你就按照我开的方去抓药"。那虽也是药，但是这种药害人。所以我期望我们今天在座的同学要严于律己，特别是学术上的严谨。别人那样做你没办法，那是人家自由。杨玉圣先生现在已经拿起刀子来下手了，要规范学术了。但我们不能让人家宰啊，学术要讲良心，首先要对得住我们自己，你写的是你自己的东西，不是拾人牙慧。因此在收集资料的过程中，大家要恪守一个原则：尽量求原著，而不用二手的，这就是水平！

清朝有个大学问家顾炎武，他是清初"三大家"（王夫之、黄宗羲、顾炎武）之一。顾炎武告诉他的学生说：做学问就好像政府铸钱一样。从前用的那种大钱是外圆内方的，是铜做的。他说，好的大钱，都是采铜于山、铸铜做大钱，那大钱是万世通宝，怎么摔也摔不坏，怎么弄也弄不坏。到了统治衰落的时候，没有力量去开采，就只能到街头收废钱，用废钱再铸钱，用废铜铸成的铜钱一碰就碎，还漏空。做学问就要有"采铜于山"的精神才行，也就是你要从原始的矿山收集你所需要的原料。后来我遇到一位前辈学者，他说顾炎武讲的现在的青年学子可能还不能完全理解，我有一种说法：就是挑水吃呢，还是倒水吃。于是后来我为他写了一篇文章，就是《挑水与倒水》。什么道理呢？就是如果你想喝水，就等于你想写一篇论文，想解除你的口渴，你应该怎样做呢？看见别人挑好了一桶水，挺方便，我就倒，水喝了，也解渴了，但你不知道这水是哪来的，是河沟里的臭水呢，还是大河里的清水呢，还是别人再制造的污水呢——不知道水从哪挑来的！他说你要自己去挑水，挑来水你就用吧，用之不竭，用完了你还能再去挑，而且永远都可以去挑；而你倒水总有倒完的时候，而且倒一回洒一回、倒一回洒一回，人家原来是一桶水，你倒完用的是半桶，或者是三分之二桶，倒完了没辙了。如果年轻的时候就喝人家挑的水，从人家水桶里倒，到了五六十岁该功成名就的时候，你不知道从哪挑，等人家不挑了你也不能倒了。倒完了也倒不出水来了。结果呢，你只好等着挨日子吧，无所作为了。所以说我们要自己去挑水，自己去开矿，自己去发掘原始资料。

从前有一个笑话，说有三个大官员，觉得他们的子弟都很了不起。那么大家来比比吧，就出了一个题目，先问了那个最高官员的公子说："米是从哪来的？"他说："米？米不是米桶里来的吗？"然后问第二个，回答说，米不就是去店里挑来的吗？再问最后一个说是店铺送来的。他们始终不知道米是田里种出来的。也就是说将来我们的学者，问你资料从哪来的，不要说我是从别人的水桶里倒的，那是一种耻辱。不配称为学者二字。所以我们觉得应该追求本源。

那么治学的基本态度是什么？是勤奋和坚韧。勤是一个立足点，任何一个人想做学问，没有一个勤的精神，不能立足于勤，是做不成学问的。勤包括四种：勤听、勤读、勤思、勤写。一个人善于听别人讲，听完了以后能够吸收一点、收获一点，所以大家不要害怕听别人的；但是光听不行，仅仅道听途说不行，还要勤读，经常读很多方面的书，博览群书；而光读呢，又只是一个储存家、垃圾箱，所以还要思，要经常地想问题；思了以后就要勤写，要把你的思马上记录下来。那些思的、当时所得到的那些想法是火花，是一去不复返的。年轻朋友，我从年轻时过来，我年轻时候，就是因为我的老师谆谆教诲我：不要觉得你年轻记忆力强就不动笔，要是不动笔，你到老就要吃亏。当时我们比较老实，老师说的话都听，现在你们都独立思考惯了，有时候觉得这些都是老生常谈。老生为什么常谈？他毕竟有常谈的道理，所以要写。我很有体会。我有一个同学，一起长大，后来一起成为教授。他年轻时，才华横溢，记忆力非常强，很多书可以形容为倒背如流。写什么啊，抄什么啊，这点东西你还记不住啊；到老了，我有成箱的记录卡片、小本子，他什么也没有，见面常说，"这个事我知道啊，可就是想不起来在什么地方了"；"我想不起来了，是不是这么一句话啊……"清朝初年有个学者周亮工，晚年写了一本书，叫《书影》，这是清朝很有名的一本书。他说，我为什么写这本书啊，我年老了，许多事情就像影子一样，你说我记得吧，又不全记得了，你说讲完整吧，我又讲不完整，所以我现在说老人读书影子而已，故名"书影"。希望将来你们在几十年之后，不要有"书影"的后悔。有一个现代说法，叫题库吧，你们就可以转嫁一下，自己建立题库，你现在是一个大学生，想了很多，构成了一个题库。你脑子里有这个库，取之不尽，用之不竭，随时增加，想什么随时就记下来。这段材料你当时读书记下来后，可能还会有自己的想法，有想法就记下来。但这个想法有信条，你必须注明是你的想法。我深有体会，现在有时我为了写东西，找出以前的资料记录卡片，下面有一个附注，我自己写的。我一看，连自己都很惊讶，我居然当时还有这么高明的见解。这时候即使想不起来一些具体的东西，但会启发很多的回荡。搞学问就是要让脑子里开锅啊，就是要回荡，要跌宕起伏。这样子，你把这些收获做成一条，一天一条，一个月三十条，三十条里最起码有十条讲的是同一个问题。把这十条凑一块儿，连一连就成了一段札记，这种类似的札记多了以后，你就再把它连在一起，就像缝衣服一样，你把它缝一块，就成了一篇小文章，小文章凑在一起就是大文章，大文章凑在一起成专著，对不对？聚沙成塔，集腋成裘啊！那个小兽毛虽少，但你要弄一堆也可以缝一件小皮袄，你可以这样积累。所以勤是治学的不二法门，没有别的路，只有勤。没有别人帮你的忙，谁也帮不了你的忙。

但是大家也要知道人具有社会性。人在整个社会当中，没有一个人在年轻时候敢说我一辈子就一帆风顺的。年轻的时候，我就想我这一生最可能的就是凭我自己，凭我自己的能耐，差不了。经过几次的反复打倒、站起，遇到的坎坎坷坷、跌跌撞撞很多，就算现在修的路很平，还是可能会遇到陷阱，落下去。落下去，爬起来再走嘛，所以很重要的一点是韧。韧是中华民族的优秀品质，谁要没有韧性，遇到事情就会被打倒。我被审查了十八年。我59岁平反落实，做了十年小学官，不够七品，实际上也就是八品。完了以后，我仍然笔耕不辍。所以我觉得，最重要的要韧，我们遇到了不如意的，一定要有一个坚定的信念，一个人最怕的是自己不相信自己。谁把你打倒了？就是你自己把自己打倒了，谁也不能打倒你！

你们年轻人会遇到挫折，当你们遭到挫折时怎么办？要有自己不会倒下的勇气，既不颓废也不消沉，更不懒散，也不嗟叹。不是怨天尤人、一腔怨气或看谁也不顺眼；就是自己一天沉迷于饮酒或者抽烟，抽得一屋子烟，喝酒喝得沉醉，这有什么用啊？岁月蹉跎，就再也追不回来了，等到一旦想用你，你一无是处，已经没有那个能力。因此我想："天生我才必有用。"每个人都要有这种心气，相信你就是人才，人才都有他各自的安置，但是天生我不一定要用我，没有用我也不要荒废，不要让后来追悔莫及，越是挫折，越要勤奋，越要充实自己。最后，待到山花烂漫时，才会在丛中笑！你们每个人都要抱定：我这一生最后必是胜利者、强者，不要以弱者自待。所以我说治学做学问，遇到这个事情不成功、要写的那个东西没写成，不要紧，再写嘛！你们现在学习，有的可能到大三、大四就要写论文，怎么也弄不好，但是你要相信文章一次次地改，你终究会成功的，不要气馁。

治学当中还要注意冷与热的问题。当年我给老一代的史学家范文澜先生做研究生，第一天见导师，他就给我讲，他说你必须有充分的准备，要有"二冷"的精神。所谓"二冷"，一冷是吃冷猪肉，吃冷猪肉大家还不懂，这是过去到孔庙祭孔时，在正殿，他的弟子们在两旁，给孔子上供猪肉，弟子也能分享，这猪肉是冷的，只有圣贤人才可以享受。所以你们要以圣贤人才自期，孰是说将来准备吃人们供养你的冷猪肉。怎样才能吃到冷猪肉呢？就是第二个"冷"：必须坐冷板凳。所以范老当初就给我题词，告诉我：板凳宁坐十年冷，文章不写半句空！

"冷"表现在治学之中。大家可能有这样的亲身体验，经过了很艰难地搜集资料、论证、叙述，好不容易写成一篇论文，自己是读了又读，越来越陶醉：我居然写出这么好的文章来，煞是高兴，所以就想拿去发表。对青年学子来说，不要急于发表，先冷处理一下——当你写成之后，你先放一放，让你自己的头脑冷一冷。每个人都有这样的经历，第一篇文章的产生就像母亲初育婴儿时的喜悦，等排成方块字印到报刊上，那简直就像是孩子已经长大了，美滋滋地莫知所从，恨不得人人都看见这张报，自己就更陶醉、更飘飘然了。但是你放下来，放上一个月，再拿出来看，是会出冷汗的：我幸亏没有发表，这还有这么一个漏掉的地方，这个说法我为什么自己都说不全呢，于是乎脑子全都冷静下来了。所以做学问要"冷"，不能冒热气，大炼钢铁可以冒热气，炼不出钢来也无所谓，但是做文章不行，废品率不能那么高，所以你的文章做出来以后要请三种人看：第一比自己水平高的要请教，第二和自己同样水平的要商讨，第三就是给自己低年级的学弟要不耻下问。这三种人看了以后，大家提出不同的意见，可以给你减少很多错误。所以奉劝大家要请水平比自己高、水平与自己不相上下以及水平比自己稍低的三类人看，集思广益，冷静下来，反三复四地来研究自己的学问，要冷静地听取意见，再增订、纠谬，这样你才可以慢慢走向大学问家的地步。

所以，我今天讲的整个可以概括：藏书是中国有悠久历史的传统文化现象，它不是单纯为了收藏和鉴赏而藏，更主要为读书创造条件。读书不是为读书而读书，不是为了消闲享受，而是要从读书中吸取精华，形成思想观点，为治学奠定基础。治学必须要恪守"立足于勤、持之以韧、植根于博、专务乎精"的规则。这四句话，是我自己一生的总结，所以这个也是作为一个八十老翁的一得之见，贡献给我们的青年学子，供你们参考。

耽误大家晚上的休息了，谢谢。

原载于《社会科学论坛》2005年第7期

读书十谈

一

悠久的历史、秀丽的河山、灿烂的文化和众多的卓越人物是我国足以跻身于世界之林而了无愧色的依据。这些丰富内容除了一小部分是由故老相传的口碑外，最重要的还要依靠由文字或图画记录下来的图书。我国从竹木简书到帛书、纸书，究竟有多少数量，自古以来就不曾有过比较准确的数字，而只能用"浩如烟海"、"汗牛充栋"等等成语来形容它数量之多。就在这一珍贵宝库之中，蕴藏着祖国无数可惊可叹、可歌可泣的业绩，描绘着祖国几千年历史的绚丽色彩，从而培育了千百万对祖国具有最深厚感情的志士仁人。书啊，真是多么可珍贵的物质！读书，又是我们生命中那么不可或缺的一种文明享受！

二

人们从看图识字开始就接触书，但日后的变化发展却各有不同。有的人稍一接触便视为畏途，成为缺乏最基本文化素养的文盲或半文盲。有的人浅尝辄止，一知半解，成为浅薄可笑、语言乏味的妄人。有的人不求甚解，囫囵吞枣，成为消化不良的贪食者。有的人则博涉多通，认真钻研，成为学识优长、卓有成就的胜利者。这些不同的结局有多种原因，首先在于如何对待读书的问题。

三

有一副流传既久且广的联语说："书山有路勤为径，学海无涯苦作舟。"以勤为径的成效是多少代读书人的共同感受。但以苦作舟未免使人怆然。苦读固然无可厚非，若以乐为舟，岂不更有乐趣，更能激励人们不畏书海波涛而昂扬搏击。的确，读书能给人以无穷之乐：它使愚昧成为有知，使少知变为多知；它使一个人的谈吐举止典雅脱俗；它使人眼界开阔，思想腾跃；它更能使人热爱祖国山河文化、历史传统，从而关心祖国的前途和命运，具备对祖国无限忠诚、为祖国富强献身的精神。这就是人生的最大乐趣。这种乐趣主要就涵育在读书之中。要保持这种乐趣的境界，必须持之以恒。如果一曝十寒，只求兴之所至，那亦收效甚微，其乐有限。所以读书必须立足于勤。眼勤、手勤、脑勤、勤读、勤思、勤写，无一不落脚于勤。"悬梁刺股"已是历史的陈迹，无须机械仿效；但见缝插针、手不释卷还是必要的。如果说必须有完整的时间、幽雅的氛围才能读书，那是懒虫的借口。

四

读什么书？当然要读好书，尤其是青少年时期，由于缺乏应有的辨识力，更需要多接受些正面的知识，以培养分辨良莠的能力。当然，也不能采取封闭性的态度，而应比较广泛地阅读。不要视离经叛道之作如洪水猛兽，避之惟恐不及，成为新道学先生。而应在博览群书的基础上，吮吸精华，排除糟粕。这样长期积累就能使自己具有丰富的知识。对于反面的东西只要能分辨，又何所畏惧。只要这部书持之有故，言之成理，也能寻到某些合理部分为我所用，或者还会从不同方向起推动作用。至于那些低级、鄙俗，甚至淫秽下流、不堪入目的"书"，还是节约有限生命为好，不作无谓的牺牲。

五

读书是为积累知识，但却不能只入不出，而要像蚕那样，吃桑叶吐丝，要为人类文化添砖添瓦。有一位名人，读了一辈子书，知识渊博；但至死没有留下一本书、一篇文章，甚至一条札记。这是精神生活中的最大浪费。这是个极端自私的个人利己主义者。他把汲取知识像打扑克那样作为个人的一种生活享受；或是像一个贪婪者在尽性地占有前贤的遗产而吝不与人。鲁迅一生之所以伟大，学识渊博固不待言，但更可贵的乃是他那种吃草挤奶的精神。无论什么人都应该将咀嚼吸取到的知识，把它酿成香甜的蜂蜜，发之于言论文章来奉献给当代人或哺育下一代人。学以致用才是读书的真正目的。

六

凡是一本书，不论是学术专著，还是文艺作品以及其他，都有一个中心课题，然后通过文字的表述，把论点和资料，或者人物和情节有机地结合起来，经过润色和安排，写成了一本书。但一本书往往又为结构完整、篇章衔接，不可避免地会重复一些你已经掌握的知识，或是一些可有可无的"水分"。如果把这些重复的知识和"水分"挤掉，那么厚厚的一本书就会变"薄"。这种"薄"意味着你已把书中的精华浓缩到脑海中储存起来了。

七

凡读书要先读序或前言。这一点常被人忽略，却是非常重要而必须养成的一种习惯。因为书的序或前言是作者对全书写作缘起、目的和主要内容的概述。当你读完序或前言后，你就会抓住全书的纲。至于别人所写的序，有些严肃认真进行评论的序也应一读以帮助对本书的阅读，而某些捧场敷衍的序，大可弃之若粪土，无须为之消耗精力。其次是从头到尾地读一下目录，就可以知道这本书的主要问题和篇章结构。一位有功力的作者所写的目录往往是各篇章的提要。读了序和前言，再去通读全书就比较清楚了。

八

在通读全书过程中，不要羡慕古人所说的"一目十行"，那是"英雄欺人"的骗人话。读书不要一掠而过，而应该"十目一行"，意思是精神贯注，认真阅读，养成一种"好学"的学习态度。"好学"是读书的基本出发点。努力多读些书，叫做"博观"。"博观"是扩大知识面的基础。但是，仅仅"好学"、"博观"是不够的，而是要再经过"深思"来"约取"。

九

"深思"就是在好学博观时，积极展开思维活动：如围绕这本书的主题有多少主要论点——哪些对，哪些不对，哪些与主题无关等等；作者用什么资料来说明论点；这些资料可靠与否，有无说服力，是否最典型的资料；这些资料是从哪来的；哪些资料是自己接触过的，哪些又是并无价值的；资料与论点结合如何，有哪些是因袭陈说，有哪些是作者创见，哪些与自己的学习与探索有关联，哪些是暂时关系不大，哪些则没有太大用处，哪些是为安排篇章的多余部分，哪些又是为修饰结构而铺陈的……这样，你就可以淘汰一部分不准确的论点、不可靠的资料和不必要的水分，摄取了精华部分。这叫做"约取"。

十

读一本书大体上要约取这样一些：这本书的主题；全书有几个主要部分；有哪些创见，这些创见是根据什么得到的；有哪些有价值的资料，这些资料是从何处搜集来的；作者用什么方法搜集资料和论证问题的；这本书主要不足在哪里。如果你把这些约取所得写在读书笔记或卡片上，只是薄薄的几页或几张。如此，你便可从纷杂朦胧中理出头绪而便于掌握了。这不就是把一本厚厚的书读"薄"了吗？你积累读"薄"的书愈多，你的知识领域就愈广，学识水平也就愈高。这就是人们所说的"博观约取"。如果不把"博观约取"与"好学深思"紧密结合好，即使读再多的书也是走马观花，浮光掠影，终将如竹篮打水那样，虽然提取过多量的水，最后还是一只空篮！

原载于《津图学刊》1996年第1期

闲话读书

如果从识字始，便算读书，那我至今已经读了八十年书了。在书海中翻腾这么长时间，说没有可说的经验或窍门，容易被人怀疑为不说实话，欺瞒后学，甚至是学问上的吝啬鬼，但我确实说不出什么成本大套的读书法，也不会开连自己都没有读过的书目，更不愿故作高深，侈谈经验，把后学说得云山雾罩，反而让人望书却步。因此，每当有学生或晚辈问起我如何读书时，我总是说些片言只语的闲话，也很少写这方面的专文。既承相约，只能回想一些曾讲过、说过和写过的话，略加条理，以答客问的形式说些有关读书的闲话。各人情况不同，还是因人而异为好，不要生搬硬套。我的闲话，仅供参考。

有人问我读书是如何入门的？

我很幸运，七岁以前，在祖父身边生活。祖父是位饱学之士，既有深厚的国学根底，又是清末的留日生，学识渊博，著述阔富，家中也有些藏书。我从小生活在这样的环境中，对书容易有好感。祖父除要求我读《三字经》、《百家姓》、《千字文》等蒙学书外，还用《幼学琼林》为课本，讲许多有趣的历史故事，诱发我的读书兴趣，逐渐养成读书习惯，所以我读书不是挨手心打出来的。如果见书就头痛，那是读不好书的。我常听长辈用"学海无涯苦作舟"来教育子弟苦读，但我认为应改成"学海无涯乐作舟"。所以读书的起步要乐于读书。整天愁眉苦脸，如坐针毡，那是读不好书的。

有人问我如何走上书山？

走上书山要循序渐进，不能一口吃个胖子。读书要有步骤，最好能有名师点拨。我读小学时有位张老师，针对我喜欢历史，就要我读历史故事书。高中时教语文的谢老师要我细读前四史，教我作读书笔记，并说即使日后这些笔记都无用，也是一种练习。后来我才逐渐理解这种"磨刀不费砍柴工"的道理。我最得益读书的环境是在读大学阶段。我是上世纪四十年代初在北平读大学的，当时正是日本帝国主义疯狂侵华并发动太平洋战争的时候。北平的大学不是改变性质成为敌伪大学如伪北大，就是与英美有关而被封闭如燕京大学，只有辅仁大学因为是德国教会主办的，德国是轴心国，与日本是盟友，自当给点面子。所以辅仁成为一所形式上独立的教会学校。于是无论老师，还是学生，都向往入辅仁。许多知名学者纷纷应聘，执教于辅仁。但他们很少专门谈自己的读书法和读书经验等，而多是以自己的行事影响学生，让学生从他们的身教中受益，如陈垣老师布置作业，让学生同读一种书，同作一篇读书札记，陈老师自己也用同一种书写同一篇示范性小文，张贴在课堂上，由学生自己观摩比照，揣摩如何读书，引导我们怎样读书有得，以此培养学生的读书、查书习惯。可惜后来再也见不到这样的老师！要学会从老师日常言行中去领会怎样读书。

有人问我书该怎样读，怎样处理速度和数量问题？

书该怎样读，是很难说清的。速度与数量看似有矛盾，实际上可以统一。首要的问题，读书要立足于勤，要有持续不断的韧性，不要三天打鱼、两天晒网，要能坐冷板凳，不能坐不住。范文澜老师曾说过"板凳宁坐十年冷"，坐冷板凳说起来容易，做起来很难，要有决心。冷板凳坐几天容易，坐一辈子就非有坚韧不拔之志不可，许多大学问家都是坐冷板凳坐出来的。汉朝的董仲舒，不论后世有什么不同评价，但他无疑是大学问家。他的学问怎么来的？主要是"三年不窥园"。三年之久，能不出书房，而且都不偷偷地掀开窗帘窥视一下窗外的风光。可想到他是多么专心致志地读书。董仲舒尝引古训"临渊羡鱼，不如退而结网"以自律。"临渊羡鱼"是一种浮躁，揣手坐在水边为得鱼者大声叫好，羡慕人家的成绩，结果满载而归的是人家，自己空耗精神，蹉跎岁月，只落得双手空空，一事无成。"退而结网"则是坐在又硬又冷的板凳上，默默地结网，终究结成一面大网，能够从心所欲地捞鱼。我很敬佩这条古训，就以此语作为座右铭，悬之案头。

其次，要懂得分类读书。有的书是经典名著，这类书用以奠定基础，都需细读、精读，不要图速度。前人有句害人的话，说"一目十行"，这可能有益于速度，但浮光掠影，扎不稳根基，一生都难补救。因此，凡是要细读、精读的书，应该是"十目一行"，要专注精力，细嚼慢咽。基础稳了，速度自然会快，速度快了，数量自然会增。有的书则只需浏览，掌握其大致内容，如类书、杂书和前四史外的各史（专攻某时代者除外），其中某些部分等需要时再细读。有的工具书必须要熟练掌握使用方法，用时方能得心应手。分类读书可增加速度和扩大数量，但细读、精读的书一定不要图快求多。

有人问我读什么书好？

当然要读好书，尤其是青少年时期，更需要多读些好书，多接受些正面知识，以培养分辨良莠的能力。但读书万不可采取封闭性态度，设立若干禁区，而应较广泛地阅读，对于所谓反面的东西，或者大家评论不好的书，亦不要排斥，不要人云亦云，随着别人脚步走。只要自己加强辨识能力，就应无所顾忌，只要这部书持之有故，言之成理，也可从中找到某些合理部分，为己所用。或者还会从不同方向对自己有所启示，以减少或避免别人犯过的错误。至于那些低级鄙俗，甚至淫秽下流、不堪入目的书，还是节约有限生命为好，不做无谓牺牲。

至于什么书算得上是好书，我的理解是指三种书：一种是必须精读、细读的经典原著，一种是后来有价值的著述，一种是有丰富内容的杂书。古人多从原著入手，现在离经典原著时代较远，理解诠释困难较大，所以可从有价值的专著起步，踩在前人肩膀上攀登。以文史为例，我以为最好从清人著述起步，清人张之洞在《輶轩语·语学》中有过一段很中窍要的话说：

读书一事，古难今易，无论何门学问，国朝先正皆有极精之书。前人是者证明之，误者辨析之，难考者考出之（参校旁证），不可见之书采集之。

一分真伪而古书去其半，一分瑕瑜而列朝书去其十之八九矣。且诸公最好著为后人省精力之书：一搜补（或从群书中搜出，或补完，或缀缉）；一校订（讹脱同异）；一考证（据本书，据注，据他书）；一谱录（提要及纪元、地理各种表谱）。此皆积毕生之精力，踵囊代之成书而后成者。故同此一书，古人十年方通者，今人三年可矣！

张之洞这段话确是经验之谈，我曾依此而行，确有事半功倍之效。如先读《廿二史考异》、《廿二史劄记》和《十七史商榷》三书，再去读正史各书，确实可得津梁之助。

从有价值著述入手是可以的，但要深入到一个专业领域，还需要回归经典原著。古人从经典原著出发，从小读四书五经，读前四史和《资治通鉴》，可从经典原著中发现问题，提出自己的阐述诠释。今人不具备这些条件，但当深入研究时，必须回归经典原著，如专攻文学，除读后人的研究成果外，要读《诗经》、《楚辞》、唐诗、宋词；如攻史学，除读名家著述外，必须读前四史和《资治通鉴》等，这些是母乳，要健康成长，应该吃母乳。他人的心得体会是他人的心得体会，那是奶妈的乳汁，终差一层血脉关系。至于一些杂书，其中有许多具体细节可启发思路，提供例证，也有一些有趣味的掌故琐闻，能愉悦身心，调节读书节奏。

有人问我如何进入专业领域？

我想讲一个切身体验的例子。我在大学读历史专业时，重点放在汉、唐这一段，读过《史记》、两《汉书》和两《唐书》，后来师从范文澜老师读研究生，他让我转攻中国近代史。我在大学没有系统读过几本中国近代史的书，也没有听过有关中国近代史的课程（旧大学的通史和断代史课程多断至清初），对近代史可谓知之甚少，如今分配我转攻中国近代史，真不知从何入手。看了一些旧的近代史著作，仍然找不到门径。在一次给范老送资料的机会，我贸然地向范老请教入门途径的问题，范老很温和地让我坐到对面说："你是援庵先生的学生，应该懂得'专攻一经'的道理。"我惭愧地回答："我的近代史知识很浅薄，不知选哪部书去读。"范老想一想对我说："你就从读三朝《筹办夷务始末》入手，要随读随写笔记，以便日后使用时翻检，笔记可以不太追求文字的严整。"当时我根本不知三朝《筹办夷务始末》是何书，但又惶恐得不敢再问，唯唯而退。于是我向指导我学习的荣孟源先生请教，才从资料室借到此书。我特地买了较正规的笔记本来写读书笔记。三朝《筹办夷务始末》我连续读了一年半，写了三大本读书笔记，每朝一册，可惜在"文革"时，被愚昧的"勇士"们扔进火堆里烧掉，只剩下道光朝那一本，因被压在乱书堆下而幸存下来。至今有时抚读，犹感黯然，一面怀念师恩，一面惋惜我当年的辛勤，未能保留全璧。但从残留的这一册笔记中，还可以想见当年的读书痕迹。

我在笔记本的首页，记下全书的进呈表（相当一般书的序）和凡例，为的是便于了解和阅读全书。这就养成我以后每读一书必先读序跋、前言和凡例的习惯。这种习惯很重要，人们往往忽略这些，每读一书，常把序和凡例翻过去，直接进入本书。须知各书的自序常是作者凝聚全书精粹之作，凡例亦是全书的统率，前人常说发凡起例，是说明凡例对一书的重要性。如读《史记》就应该先读《太史公自序》，认真一读，就全部掌握《史记》作者的情况和《史记》的基本内容，再读本书，就势如破竹，很容易通读全书。当然有些捧场者的他序，则可不读。如果一本书的自序不认真，则这本书也不会是好书，可以不去读它。因为作者对自己的门面都不顾，怎会顾读者？现在这类不负责任的书不少，要有所警惕，慎重选读，不要枉费精力。读书也要读目录，因为这是全书的总括。

我在读《筹办夷务始末》的笔记中，把原书的出处作了详细的记录，把内容作了简短提要，以便日后需用时翻查。后来我又读了《清季外交史料》，使近代史事，上下贯穿。经过如此认真细读后，我对中国近代史的重要史实脉络，大体清楚。再读其他有关著述，就深感便捷。有时还能触类旁通，知道许多近代的历史人物及其观点论述，引发我去读更多的书。这样日积月累，自然充实和提高了自己，从而，中国近代史就成为我终身从事的学术工作。从这一实践过程看，"专攻一经"不仅有奠定基础之效，且能由此延伸博览，令人有可能迈入学术殿堂。可惜这种看来繁难，实为捷径的方法，并不为一般学人所接受。

有人问我怎样才能读书有得？

我觉得只有八个字，就是"博观约取"和"好学深思"。这两句古语是相连的，只有"好学"才能"博观"；只有"深思"才能"约取"。好学就是勤学，无论在什么条件下，都要有读书习惯，特别是困顿时，更应坚持不懈，才能走向博览群书，才能使知识源源输入；但博涉不是囫囵吞枣。对书的内容要深思，以定去取。不妨大胆地说，无论什么书都不是没有水分的，深思就是挤掉水分，所以称为约取，即把一本书读薄，而取其精华。在深思过程中，就会发现问题，这就是一般所说"致疑"，有疑才会不断追根究底，即所谓"勤思"，疑而后思，思而后得。所得即使是片段，也是非常可贵的，应该及时记录。因为人的记忆是有限度的，日久淡忘，人所难免，所以要勤记勤写。聚沙成塔，片段可以成篇，多篇可以成书。这种积累，对读书生活也是一种磨砺，因为读书易而随时记录读书心得难，因此必须要有韧性战斗的精神。

有人问我读书究竟是为人，还是为己？

我说这二者并不矛盾，读书既可使自己愉悦，增加自己的知识库存，增强自己的文化素养，也可使自己享受有内涵的日常生活。但读书的最终目的，还是为人。自己读书有得时，就应该公之于众，贡献于人。我曾经在一篇文章中讲过这样一段话：

> 读书是为积累知识，但却不能只入不出。而要像蚕那样，吃桑叶吐丝，要为人类文化添砖添瓦。有一位名人，读了一辈子书，知识渊博，但身后没有留下一本书，一篇文章，甚至一条笔记，这是精神生活中的极大浪费。这是个极端自私的个人主义者，他把汲取知识像打扑克那样作为个人的一种享受，或者说他是一个贪婪者，在尽兴地占有前贤的遗产而各不以自己所得与人。鲁迅一生之所以伟大，学识渊博，固不待言，但更可贵的乃是他那种吃草挤奶的精神。无论什么人都应该将咀嚼吸取到的知识酿成香甜的蜂蜜，发之于言论、文章来奉献给当代人，或以之哺育下一代人。学以致用才是读书的真正目的。

我曾用几十年读书所积累的资料，撰成《书目答问汇补》与《近三百年人物年谱知见录》（增订本）二书，既凝聚了自己几十年的读书所得，也为他人担当起铺路石子的作用。这就是读书既为己又为人的明证。

有人问我"衰年变法"是怎样一种转变?

我从六十岁以后即上世纪80年代以后，确是写了不少随笔，我的学生戏称我是"衰年变法"，我未表示异议。"衰年变法"一般指书画界人士，蕴积多年，晚年书画作风大变，以求另辟蹊径，更上层楼。听说国外有些科学家五十岁以后，当在专门领域中已有所成就，往往向普及知识的道路转变，也是一种"衰年变法"，我虽称不上学有所成，但知识回归民众的行为却给我很大的启示。所以我就从专为少数人写学术文章的小圈子里跳出来，选择写随笔的方式，贡献知识于社会。我写随笔的最终目的不过是：观书所悟，贡其点滴，冀有益于后世；阅世所见，析其心态，求免春蚕蜡炬之厄；知人之论，不媚世随俗，但求解古人故旧之沉郁。本着这样的想法，二十多年来，在许多旧友新知的鼓舞推动下，我以广大民众能接受的文字，写了数百篇随笔，把知识大量回归民众，初见"衰年变法"的成效。从上世纪90年代开始，我已先后出版十几种小集，这些成果都从读书而来，颇让我有一种自我超越的感觉，让我适时地回归到依然故我的纯真境界里。我把这些成果视为我读书的最大收获。没有以前读了不少书的积累，是难以侧身于学者随笔之列的。

有人希望我对读书生活作一简练的概括

我只能赠君十六字，即"立足于勤，持之以韧，植根于博，专务乎精"。但这是我一生的读书体会，不一定适用于他人。要有成效还靠自己摸索和领悟，还靠自己在读书生活中发掘。

原载于《南开大学报》2008年9月26日

过年读书

　　似乎小时候都有过过年不读书的观念，记得大约五六岁的时候，刚认字不久，就会流畅地背一首童谣，歌词至今依然记得一清二楚：

　　　　春天不是读书天，夏日炎炎正好眠。
　　　　等到秋凉冬已到，收拾书包过新年。

　　"收拾书包过新年"正是宣布过年可以不读书的明证。于是就束书不读，忙乎着吃喝玩乐，走亲戚，逛集市等年事。过了几年，已有十来岁的时候，家长开始约束，要求用些时间读点书。新年春节正在寒假内，自己也感到玩得有点腻歪，想增添点新内容，便顺应家长要求，留出几天读点喜欢读的书。我喜欢读的是笔记小说之类的杂书，试着用一部分时间读书，颇感兴趣别致。我家有个旧例，春节初一，一定要用新毛笔在红纸上写一句吉祥话，名之为"元旦书红"。为了写得好一点，能得点奖赏，春节前几天，集中精力，练几天字，其余时间便读些杂书。有位长辈建议我，利用春节完整地读读文学四大名著——《三国演义》、《水浒传》、《红楼梦》、《西游记》，每个春节，仔细地读两部。我接受这个建议，真用了两个春节认真仔细地读完这四大名著，其中许多情节至今犹在记忆，又养成爱读书的习惯。从此，每年节假，我必定有几天读书活动，累计起来也是不小的数字，填补了自己的若干知识空缺。

　　少年时代，"过年读书"几乎成为雷打不动的习惯。读高中时，遇到一位年轻而学识丰富的国文老师，引导我读前四史，由于学业紧张，平日读得少些，只有过年时有较多空闲，就多读几卷，并在读书基础上练习写论文。我的第一篇大学毕业论文《汉唐改元释例》的初稿，就是在这段时间内完成的。后来教书时也总要在过年时读一部与教学有关的书。在"内控"的十八年中，亲友疏远，门可罗雀，只有读书尚能自己把握，所以每在年节，总是手不释卷地读书，往往是古籍，可以不触犯时忌。因为那段时间完整充裕，我在读书之余，还点校些古籍杂书，为读过的书写提要。这些都为日后进行科研时做好若干储备。有的点校书后来还正式出版，则是意料之外了。

上世纪70年代末，落实政策后，出任一些职务，显得忙些。但读书的习惯已与吃饭、睡觉一样，成为日常生活的必需，不仅平日利用"三余"读书，过年必读一部完整的书，否则就像缺点什么似的。而今九十多岁，回头一看，这辈子杂七杂八地干了不少事，唯有读书，特别是"过年读书"才是一件正儿八经的事。它给过我多少知识，还有安慰和乐趣。我不仅自己要继续下去，还劝新知旧友，不论老少男女，过年可以旅游、玩乐，但不要忘记挤出时间读点书。有空闲和能力再写点感受。回顾几十年"过年读书"的经历，我归纳了几点，与朋友们共享：

要坚持过年读书的习惯，不论怎样，总要读一部分量适当的书，把它读完；要读你想读而没有时间读的书，不要硬着头皮去读无兴趣的书，以免为节假日增添烦恼；要读章节分得小的书，否则中间有人来访，不易放下；不要读大部头精装书，一则拿不动，再则需要正襟危坐地读，不若线装书、平装书那样，或坐、或卧、或斜倚，或持卷走读，均可不受限制；如条件允许，最好随手写点札记，以备他日不时之需。

这是我的生活体验，不一定"放之四海而皆准"，仅供朋友们"过年读书"时参考。

迎二〇一四年新春写于南开大学邃谷，行年九十二岁

原载于《编辑之友·卷首语》2014年第2期

节假日读书

不久前，我写过一篇《过年读书》的短文，讲了点过年读书的缘由。但后来的某些变化却讲得不多。我从上世纪六十年代被"内控"后，一直有点消沉，节假日更有凄凉寂寞之感，读书也不那么有兴趣。"文革"时，拘絷于牛棚，已无节假日，白天集中管理，除劳动外，只能读"宝书"四卷。我除了按规定写读书汇报外，却在语录体的启发下，为了便于记诵，竟异想天开地按照红卫兵勒令背诵语录的思路，重编语录，共分十四题：

1. 共产党   2. 共产党员   3. 阶级和阶级斗争
4. 工人阶级领导   5. 群众路线   6. 政治工作
7. 教育革命   8. 知识分子改造   9. 为人民服务
10. 思想方法和工作方法 11. 调查研究   12. 批评和自我批评
13. 文化艺术   14. 学习

重编用了大约两年时间，硬笔恭楷写在一个活页本上，《毛泽东选集》的出处页码都注得清清楚楚，用塑料纸绳装成四眼钉线装。从此以后，我比较容易背诵语录，从而顺利地闯过红卫兵"勒令"背诵语录的难关。1970年下放农村，重编本也随身携带，后又带回城里，和一些杂物捆扎在一起，从此未见，也渐渐遗忘。最近在旧物中发现这本小册子，引起我的某些回忆。原来在那世事动荡不安的时候，我不是被批斗，就是被监管。但并没有放弃读书，只是读一种书而已。我在晚年，不仅坚持假日读书的习惯，而且还有成果为证，从而在内心漾起一种成就感。

上世纪七八十年代之际，政策落实，事务增多，于是更加珍惜假日读书的可贵。当时有些出版社为慎重起见，好出点校古籍的书。为了便于在节假日点读，我常接受一些出版社的古籍点读邀约。在这几十年过程中，我应邀点读过《阅世篇》、《闽小纪》、《闽杂记》、《清嘉录》、《天津风土丛书》等地方小志和杂书，后来都在出版社正式出版。这些成果大都是在春节长假中点读的。

利用节假日点读的最大方便是：其一，一般地方小志和杂书大都篇幅短、段落小，易于拿起放下，不影响接待来客；其二，读书时只需一本书，一支红笔，不致到处摊书，影响室容整洁；其三，读了书不仅自己长知识学问，而且还能出成果，给读者提供良好的读物，为自己也多点买书钱。一举数得，何乐不为？这第三条不是人人都能做到，要看时机是否凑巧。

最近两个春节，我在点读一部名为《溃痈流毒》的抄本书。这是多年前，美国国会图书馆居蜜女士委托整理点读的稿子，一直因忙于应对催得紧的出版社，渐渐把这部书遗忘，直至去年才偶然遇到原来的复印本，为了实现承诺，而从事点读。这部书是清朝鸦片战争时，一位青浦人，汇集当年谕旨和奏折成书。中国原有此书的稿本或抄本，后被日人内藤虎次郎掠取或淘去，入藏日本京都府立图书馆，内藤曾抄赠罗振玉一份，是六卷本，1940年归美国国会图书馆。该书无印本，辑者与传本情况也不明。过去我曾考得其姓氏、传本与编次等事，其文字记录仍在我的那套复印本中夹藏着。这部汇编对研究鸦片战争史事有一定参考价值。估计再有一个春节就可蒇事。

每年节假日不过十几天，当一个人能活到七八十岁，加起来也有三年来时光，等于"三年不窥园"的时间，也还可以读不少书。青少年时，纯为读书而读书，可以增长知识。到晚年还可以出点成果，见到读书实效，这对一个人的一生，也是尽一种社会职责。我不排斥节假日休闲玩乐，但只奉劝留一些读书空间，让节假日过得更充实些。也许这是一种落后时代的悖论，但也算一种想法，希望得到理解。

二〇一四年岁末写于南开大学邃谷，行年九十二岁

原载于《天津日报》2014年1月27日

读书节话读书

2011年读书节，我应某大学图书馆之邀，与学生座谈读书一事，即兴回答几个问题，会后有人整理成文，经我略加删订，依然老生常谈，祈求读者指正。

一、读书的苦与乐

读书节是鼓励读书、刺激读书的一种举措，也可以说是针对不读书现象的一种批评。但不要只在读书节才注重读书。读书是日常生活中的必需，不是一阵风。也不要把读书说成悦读，这是求人读书的无奈心态。

读书有苦有乐，每个人立场不同与目的不同，就各有苦乐。我以为"学海无涯苦作舟"应改作"学海无涯乐作舟"，要高高兴兴地去读书，不要愁眉苦脸地去读书；要主动读书，不要被动读书。

古人有许多条件很苦但读书很乐的故事。颜渊生活困难但不改其乐；苏秦悬梁刺股意在再求一搏；董仲舒三年不窥园自成大儒；王充怡然立读，撰传世名著《论衡》。车胤囊萤、孙康映雪等苦中求乐的实例，不胜枚举。

宋藏书家尤袤论读书之乐说："饥读之以当肉，寒读之以当裘，孤寂读之以当友朋，幽忧读之以当金石琴瑟。"读书之乐，盎然自得。

这些故事都反映自古以来世人为教育和激励子弟喜欢读书的例子。

二、独学与交流

独学在先，交流在后。没有独学的根基，无从交流；没有交流，则无法扩大眼界。独学为获知识，交流为通智慧。

知识与智慧是两个不同层次。知识使你得到你应该知道的事物信息，而交流则能发掘你的深层智慧，只有智慧才能结合实际，才能在各种博弈中获胜。古人称交流曰"游学"，交流对研究生这一层次，尤为重要。现在研究生没有好好读书的时间：读一年学分，写半年论文，找半年工作，两年时间转瞬即逝，既未独学，又未交流，只不过走一学历过场，遇事束手无策。这种现象必须改变，让研究生多读些书，多有机会游学，请导师不要过多使唤研究生，他们之间是师生关系，不是老板与打工者的关系。研究生不是"小立本"，导师也不要以Boss自居。

交流最好的办法是杂处。不同系科不要分区画地为牢，转换杂处可以使文史哲美与声光化电各有色彩。一寝室之内至少有三五个不同专业同学，则一年之内能得多少片言只语的各类学术心得。如果大胆些，不妨试行男女同楼异层，还能性格互补和约束彼此行为，有助于开发智慧。

大学里不要过分强调专业，有许多名人并不专其一业，陈寅恪未读完一专业，到处游学，读了数个专业，成为大师。有多少作家出于中文系？鲁迅、郭沫若学医转文，终也成大家，可见不要独学无友。

近几年在若干城市有一批中年学者和文化人办民间读书会，每年轮流集会一次，谈读书，交流心得，很热火。成立阅读学会，各大学有各种社团，这是好现象。

三、读什么书

想读书，但不知读什么书，这是常见现象，不足怪。笼统地说，我们应读两种书，一是用文字写成有载体的书，即平常意义上的纸书或网书；另一种是大千世界芸芸众生的社会大书，是无载体无文字的，但内容极丰富。所谓"读万卷书，行万里路"，顾炎武以二驴自随，走遍天下，成名著《天下郡国利病书》就是最好的例子。

读有载体用文字写的书是为填补知识，好读，只要认真，是人人做得到的事，都可以有收获；但读大千世界的书，是感性知识的来源，能"触景生情"，是开发智慧的途径，但不是任何人都能读明白、都有收获，相反有时得负面结果。同样一个曾国藩，同样是曾著的书，但不同的人就读出不同的结果。毛泽东和蒋介石都崇拜曾国藩，都读曾书有得，但心得不同，各有各的结果。读到大千世界的书时，就出现不同结果。毛早年能法其可法，戒其可戒，一往无前地踏着人生实际说话办事，有针对性地结合大千世界的现实而获得丰功伟绩。蒋则无视现实，不顾民生，一意孤行，结果内讧迭起，终致败走。读书的去取，何等重要。

具体来说读什么书都可以，开卷有益，是一句名言。只要不是淫秽和凶残的书，都可以读。即使离经叛道，也无需视同洪水猛兽。或者真理在少数人手里，或者你尚未得其精髓。只有这样，思想才不致偏激，才能有裨辨识。

四、怎样读书

总的要求先通后专，循序渐进。读书要求通，通有贯通，有横通。

通儒、通才都是难以获得的赞誉。贯通是自上而下，历史地了解问题，先有融会而至贯通，杜佑《通典》、郑樵《通志》、马端临《文献通考》都是贯通之著。"不读三通，是为不通"，这是清代学者的体会，可以供参考。

通而后专。专先要读一贯通上下的书，即所谓"专攻一经"。我攻读中国近代史，范文澜老师就指导我先通读三朝《筹办夷务始末》和《清季外交史料》。

专攻一经必须作札记，要勤思勤记。读一般的书，也最好有笔记。不要迷信记忆，记忆是靠不住，是要退化的。警惕老年有书影之叹。

写笔记是要花时间的，少年时常感划不来，实际上"磨刀不误砍柴工"，欲速则不达。读书不求速度，但求质量；过眼烟云，一掠而过，等于不读——要循序渐进。"一目十行"是捧杀行为，是古人欺侮后学的"激励"，不是正当的读书法。阮元说："世人每矜一目十行之才，余哂之，夫必十目一行，始是真能读书也。"

读书靠自己，不轻易求别人开书目。有些名人好开书目，梁启超、胡适、鲁迅都开过书目，但流通不开，这些书目大多脱离实际。胡适的最低书目开"十三经"、"廿四史"要每个人去读，这既不可能，也不现实。有些导师开出书目，不仅初学难以接受，有点知识的人，都不免付之一笑。甚至有自己未读过的若干书也都开列，未免自欺欺人。

书要分类读，有精读、涉猎、翻阅等不同的读法。任何书都有水分，没有水分不能粘合一起成书，善读者应得其大要，取其精华，把书读"薄"——博观约取。取什么？取精神与事功。事功是知识，精神是智慧。前者易得，后者难求，二者之间，有一"思"字。

学而后疑，疑而后思，思而后得。

学而不思则罔，思而不学则殆。好学者必深思。

所得一定要记下来，天长日久，记忆会淡化，甚至丢失。

勤思勤记——勤奋出天才，据说章学诚天资很笨，但他勤思勤记，逐渐开窍，成为有清一代有创意的大学者。

五、机与书

"机"指计算机，是先进工艺，但不宜仅以机上文字为学术研究根据。人是万物之灵，计算机也是人造出来的。不能因机废书。

"有机即有一切，有了计算机，可走遍天下。"这是缺乏智慧的人的看法，鼠目寸光。有位显宦，有点学问，但他主张，有了计算机可以废掉图书馆，未免偏激，对青年是一误导。

我以为，计算机是给秘书用的、是救急用的，是查找资料的手段，绝非读书所用。

读书要读原著，网上读物，经人之手，是否准确，难说。要回到原点。计算机可用作检索手段。用了机上文字后最好复核原书。李冬君的《文化的江山》是一个很好的例子。

希望读书人多读些纸本，多享受点读书的氛围。

原载于《湖南工人报》2011年11月29日

漫话治学

"治学"不是读几天书就能一蹴而就的，它需要有一个艰苦的积累过程。在积累过程中，既会有"目轮火爆，肩山石压"的苦状，也会有"时或得之，瞿然则喜"的乐趣。但在走了一段路后，回头检阅所得，往往感到所积累的资料有许多是无用而嗒然若失，甚至认为自己干了蠢事。实际不然，因为当初在读书中所积累的资料绝对认为是有用的，只是由于现在眼光水平有所提高，所以才有"觉今是而昨非"的感觉。因为有了这些"无用"的基础，才能锻炼出抉取"有用"的能力，而且这些"无用"是否真的"无用"，也许是水平所限，未能看出其有用的内涵，也许虽不能当正面材料用，还可能做旁证或背影材料，所以在"治学"的起始，应审慎地对待"无用"。

在"治学"上，务必要尽量求读原著。清初的大学者顾炎武在《日知录》自序中曾说过这样一段话："尝谓今人纂辑之书，正如今人之铸钱。古人采铜于山，今人则买旧钱，名之曰废铜，以充铸而已。"有位学术前辈曾告诫我说："'采铜于山'与'废铜铸钱'确是亭林不磨之论，但难被放言空论者所接受，甚或被嗤为舍近求远。"他还说："挑水者，用桶从源源不断的河里挑水，用完再挑，水无穷尽；倒水者，则由别人从河里挑来的水桶中倒水，虽云轻而易举，但倒水时洒一些，势所难免，一如资料一转再转而走样。一旦别人之桶空，则不知别人桶中之水从何而来，只能'望桶兴叹'，继而环顾四周，是否有挑好水之水桶等人来倒。如一生中只知倒别人桶内的现成水喝，而不论清水混水，只要是水就行，其后果实不忍设想。"我静聆教诲，不禁叹服前辈功底之厚、见解之深，能以浅近语言阐明深刻至理。

治学的基本点是勤奋与坚韧。勤的要求是"四勤"：勤听、勤读、勤思和勤写，而其根本在勤读，勤读方能博涉，博涉方能使知识源源输入，方能逐渐走向专精。在读的过程中要善于发现问题，即所谓"致疑"。有疑就要不断寻根究底，即所谓"勤思"。疑而后思，思而后得。思而不得，就一面再去涉猎，一面就要勤问勤听，不仅要听前辈、同辈的高见，更要听后辈的新说。只要有一得之见，就要吸取，一字可以为师。"四勤"的最后是落实到"勤写"。"勤写"说起来容易，做起来则比较难，特别在青年时期，常因贪多求快，自恃记忆力强而忽略记写资料与思想，但岁月推移，读书所得的痕迹日见淡薄，似是而非，终而等于白读。如果随读随写，日积月累，自然成一文章仓库，随时取用，得心应手，由片段成整篇，由多篇成专著。这不仅只是积累，而且还是一种磨砺。一般情况下，勤是治学的不二法门；但人的一生不可能永远一帆风顺，遇到点挫折与逆境，往往消沉、颓废、懒散、磋叹，以致把一二十年的岁月都在无形中蹉跎和荒废掉而追悔莫及。越是挫折，越应该以韧相待而勤读多读，一以解挫折的抑郁，一以充实腹笥，等待"用世"的机遇。

治学要冷而不能燥。冷能冷静地搜集资料，构思撰写，不是闹哄哄地赶时髦，发高论，迎世媚俗，写空洞无物的文章。这正是历史学家范文澜教授所说"板凳宁坐十年冷，文章不写半句空"的真谛所在。成文之后，也不要急于发表，因为这时最容易昏头昏脑地自我陶醉，而应先冷处理。请水平比自己高的、与自己水平不相上下的以及稍逊于自己的三类人看，集思广益，然后冷静下来，反三复四地思考、修改，直至定稿。待文章或著作问世后，更不能热气腾腾，不可一世，而要冷静地听取意见，增订纠谬。如此，才有可能慢慢地走近大学问家的座位。

原载于《历史档案》2004年第3期

莫吝"金针"度与人

有的人读书只为消遣和享受，一目十行，匆匆而过，愿看就看，甚至会废寝忘食地看；不爱看则或略加浏览，或翻不数页就掩卷而眠，这种人即使读书破万卷，也如烟云过目，一纵即逝，最多留下点模模糊糊的书影子而已。另一种人很明白怎样读书，如何有得，但只进不出，吞噬着别人的成果，填塞自己的知识空白。这类人既不像牛那样吃草出奶，也不像春蚕那样啮食桑叶而吐丝不止，直到献出自己的生命。他们博览群书，满腹经纶，就是不出奶不吐丝，不再生新的知识，不使人受益，还自鸣为"述而不作"。英雄欺人，莫此为甚。这种人不是生怕别人看透自己腹笥深浅的懦夫，便是自私者、守财奴，掠取了别人的财富，自以为独得之秘，既不肯贸迁有无，稗贩知识；更不愿贡献奶和丝，泽及他人，宁可烂在肚里，最终与自己共化灰烬。这两种人似乎都不足取，不可法。

还有一类人确是认真读书，寻行数墨地不放过吮吸一切可取的知识；也毫不吝惜自己的精力，焚膏继晷地反复咀嚼，像蜜蜂酿蜜那样，创造出新的有用知识，贡献自己的成果，济世利人。这是值得尊敬的。但是他们只是把精美的刺绣品应世，再未能把绣花的金针传送给人。连金朝诗人元好问也未能免俗地写出如下的诗句："鸳鸯绣了从教看，莫把金针度与人。"也许这是元好问有所感而发，但从字面上看，却是让人知其然而不知其所以然，使别人只能仰之弥高而莫测高深。这不论有意还是无意，终不可取。

我鄙视前两种读书人，尊重后一种读书人。但这后一种人只给人舟楫而不晓人以行舟之道，未免遗憾。我虽不敢自诩"金针"在握，但钢针、铁针（由铁杵磨成的）和生锈的针，总有几支。愚者一得，或对读书者有所帮助。

"读书百遍，其义自见"，这是三国时董遇的一支金针，求学时余季豫师也常引此语教诲我们。书读百遍似是加重语气，而非计算读的遍数。但是，一些有内容有分量的书至少应读三遍，不光要深读，还要摘抄，摘抄至少你认为有用的资料。摘抄时"宁失于滥，勿失于漏"。滥可删除，漏则无法补救。在摘抄过程中不是机械运动，而是高度的精神思维、高度的逻辑思维。要把对资料的看法和解释附注下来。这种触景（资料）生情（看法和解释）的点滴是十分可贵的。它往往在日后使用这些资料时能有启示作用，并纠正别人的失误和补充空白。当在摘抄资料后面加附注时，应严格划分二者的关系而不容混杂。原始资料就是原始资料，个人见解就是个人见解，可以用括号、引号或其他标志加以区分。

摘抄读书所得的资料积累日多，就需要分类以便掌握。积累了丰富的资料之后，就要进行考察核实和具体分析，一般采用排比资料、认真分析、发现矛盾、深入研究、反复比证和求取结论的方法。待资料经过鉴定之后，就落脚到利用上。使用资料不像搜集资料那样要求多多益善，而是应该以一当十，慎重选用，不遗漏有价值的资料，也不滥用和堆砌十分无意义的资料，务使资料各得其用。这样才算真正掌握了读书之所得。

我没有度人的金针，只能从好几个"板凳宁坐十年冷"的磨练中，拿出这样一枚微不足道而长了锈的小铁针。如果有人不加嫌弃，拿过来继续磨，直至把锈磨掉，或许还可用来补缀破衣烂衫，或广织百衲成一袭长袍，尽一份应尽的力，果如此，当可徜徉于学海士林之中。

原载于《天津史志》1997年第2期

勿滥掉书袋

偶尔翻看一份山西出版的准学术刊物，在其《学人栏》中赫然刊登着老友陈教授的传记，一读，首句：陈教授，"谥号××"。不禁吓我一跳，因为前几天我刚收到已受过"谥号"的陈老兄的来信。再看文末署名，原来是陈教授早年的学生。"谥"字在很普通的辞书中都有解释说："人死后，即其生时行迹而为之立号，所以劝善彰有德也。"（《中华小字典》）可能某君只知"劝善彰有德"，便用以尊师，孰知忽略了"人死后"这一组重要的关键词而造成对老师的诅咒。作者既滥掉书袋，编者又放行刊出，或不负责任，来稿照登，或也对"谥"字无知。

有一次，某人赏识拙作而面索一册。我喜于有知音而乐于送请指正，不意这位知音非常认真（非玩笑话）地说了声"那我就笑纳了"的客气话。早知如此，我就应在送书时请他"拜读"。

参加一次新年联欢会，一位青年主持人向在座老人祝贺说："愿老师们长命百岁！""长命百岁"的字眼并不坏，人活百岁称人瑞；但却让我联想到这四个字是我曾对孙子们过满月、周岁时说过的那句祝辞。

由此，我联想到半个世纪前，在夏日月下纳凉听祖父讲的那个故事：有个好附庸风雅的伧夫，因在社交场合很少有人与之寒暄而感到落寞，于是便探索如何引人注意的方法。一次，伧夫看到某人士与人一换名片就无一例外地受到对方的关注，问长问短，问父问母，内心非常羡慕，认为这名片必有奥秘，于是也换得一张，发现这位人士在名片的姓与名之间有一侧列小字"制"，于是恍然大悟自己名片缺一"制"字，便急忙重印带"制"字名片，到处交换，果然效果非凡，某伧夫也自鸣得意，以为找到了重要的社交手段。殊不知仍在那本小字典中对"制"字就注有"居丧曰制"的解释，旧俗名片的姓下名上印上侧列小字的

"制"字，是用来表示正居父母之丧，所以受到人们慰问，但未注明是父抑母，所以他人又问及父母。某伧夫正是滥用"制"字而得到久已向往的礼遇。这故事，我至今犹在记忆，引作座右箴铭：不敢滥掉书袋，断章破句，歪曲词意，而贻笑于人。

一九九四年三月一日

原载于《邃谷文录：来新夏自选文集》（下册）　来新夏著　南开大学出版社2002年版

一流作者一流书

喜欢读书，总想读到好书。好书的标准很难界定，因为每人口味不一，爱好不一，既不必强求，也无法强求。有喜欢严肃音乐的，也有喜欢摇滚音乐的。读书也是一样，我就比较偏重于读严谨认真的著作。但是每访书于书市或博览会之类的地方，有些书貌似一本正经，但稍加浏览，就有名实不符之感。我习惯性地看看作者，也了无所知。进而环顾四周，往往发现不少应邀编些题目吓死人的书的人。招徕的共事者，不敢说是乌合之众，却也像草台班子演幕表戏，主持者大致说一下"戏路"，类似"出思想"，至于写什么，唱什么，那就请各位好自为之。试问这样的书能经得起看么？即作者是"名人"，也难被社会公认为一流作者。当然出版社的急功近利，营造陋风，也难辞其咎。

书多人杂，肉眼凡胎，实无人力物力来遍读群书。于是，不得已为自己画了个圈，即专读一流出版社出版的一流作者的一流书。我的一流标准并非陈义甚高，只要是对读者负责，而不倚门卖笑的书就称得上一流。按这一标准再逛书市便时有所得。遗憾的是我心目中的一流作者一流书往往较多地集中在为读书人熟知的老字号里，如商务印书馆、中华书局和人民文学出版社等屈指可数的出版家。

我曾参与过一些古籍整理工作，这方面的书收集得较多。有时翻看书架，更对一些老字号增强了信任。如人民文学出版社出版的《中国古典文学读本丛书》和《中国古典文学理论批评专著选辑》两套书，其中如夏承焘的《金元明清词选》、缪钺的《杜牧诗选》和郭绍虞的《诗品集解》等，选注者都是蜚声海内外的学术前辈。一看其名，先有了一大半信任；再读内容，又决非一般坊间仓促成书的选本可比。有的学者更是精益求精，如萧涤非的《杜甫诗选注》初稿作于1957年，1962年底定稿，由人民文学出版社排印，但清样被莫名其妙地压了十多年，直到1978年又作了再次修改后始问世。为什么萧注本截止于1996年尚能数次印刷达168260册呢？这只能用"一流作者一流书"来解释。

夏、缪、郭、萧诸老无疑称得上是一流作者，他们的书无疑是读者愿读的一流的书。不过一流作者的一流书如果没有条件提供给社会，那依然逃不脱"藏之名山"的传统厄运，所以需要有良好的出版条件。在这一方面，我们的许多老字号确乎有所贡献，如中华有金灿然、李侃和赵守俨等，人民文学出版社有冯雪峰、巴人、楼适夷和聂绀弩等等都是一些既有管理魄力，又有学识法眼的领导者，也只有这些人方能识别一流作家和一流书。他们不随时尚摇摆，不求一时闹哄哄的畅销，而致力于福寿绵长的长销。他们能从一流作者手中挖一流作品（一流作者的作品不见得都是一流作品），也能不弃无名地善于从一流作品中发现一流的作者，即使是后学新进。我常在想，如果把高明的出版家、一流作者和一流书组成一条生物链，那该有多少好书摆满了书市，有多少好书送到读者手里，倍受教益。我多么希望像人民文学出版社类老字号肯于当这条生物链的龙头，以促使学术振兴，出版繁荣。

原载于《光明日报》1998年9月7日

资料琐议二题

一、历史资料的重要和地位

人类的知识来源不外直接经验与间接经验。直接经验来自实践，无疑是十分可贵的；但是，每个人不可能事事都得诸直接经验。什么事情都要亲自接触才能取得知识是势所难行的，何况知识还有个积累的问题。因此，我们每个人所拥有的知识库藏有不少是来自间接经验。间接经验除了历代传递的口碑外，主要依靠世代相传的文献记载。这种资料可以名之为历史信息。它是一个民族的珍贵遗产，是值得珍惜并可以为今人所用的资源。在经济建设中，直接勘察调查固然重要，但从历史资料中获取线索、佐证，亦不可忽视，充分利用历史信息可节约精力、物力，其本身就是一种经济效益。正是由于掌握了某地区的几千年灾害资料，从中归纳出周期规律而采取了相应措施，遂使农产品不仅避免损失，反而获得增收。正是由于在一个"洞前村"的地名资料启示下，从而发现了"瑶林洞"那样的旅游胜景。在精神文明建设中又何尝不是？进行爱国主义教育是振兴中华的当务之急，宣传民族的光荣历史和英雄人物是这种教育的重要教材内容。试想如果没有历史资料，那我们民族的历史不将是一片苍白和空虚吗？又怎能描述前人可歌可泣的业绩呢？马克思主义经典作家从来都是把详细占有材料作为他们巨大的理论研究工作的基础，马克思的《资本论》不是在千余种资料熔铸后的精制品吗？因此，我们不能像过去在"左"的思潮的影响下，把历史资料视作"封资修"的货色予以封存、剔除、束之高阁以至弃置、毁坏，而应给以应有的地位。

给历史资料以应有地位是必要的，但却有一个如何摆法的问题。

首先，资料与理论如何摆？也即马克思主义理论指导与资料搜集工作的关系如何摆？我认为，前者是第一位，而后者应是第二位，也就是说，必须在理论指导下进行资料工作。为什么这样摆呢？这是社会现实所决定。因为人类的社会生活是错综复杂的，社会现象也是形形色色的。由这些现象凝聚成的资料，如果没有正确的理论指导，势必会在五光十色的大量资料面前感到眼花缭乱而难于着手。如果采取"有闻必录"的态度，则必将产生两种后果：一种是沉溺于浩如烟海的资料之中，造成鱼虾泥沙一起抓而无所抉择；另一种是无所适从，如山阴道上，应接不暇，结果一无所得。本来理论与资料不是相反而是一致的东西，只有在正确理论指导下，在详细占有资料的基础上，经过分析研究，才能得出接近和符合马克思主义、毛泽东思想原则的科学结论。

其次，是资料与编撰的关系问题。前者是原料，后者是成果。二者的关系是资料要为编撰服务，编撰要借助于资料。如果没有资料就编不成一本书；如果不把资料编撰成书就永远是一堆散料。只有把二者有机地结合起来才能产生效益。这与建筑高楼大厦一样，只有设计蓝图，没有砖瓦灰石、钢筋木材就不能矗然而起，但如不把砖瓦灰石、钢筋木材用于建筑，那永远只能货弃于地，终至散乱丢失。

二、无用与有用

资料之能发挥作用在于日积月累。在积累过程中，既会有"目轮火爆，肩山石压"的苦状，也会有"时或得之，瞿然则喜"的乐趣，这种苦乐是得失相偿，易于承受的。而在初入其门者看来，主要是深怕劳而无功。他们往往在积累过程中走了一段路，回顾检阅时发现所录资料有若干无所用处，不免嗒然若失，懊悔浪费了时间，感到与其费时抄录后无用，还不如多读点书，甚至认为做了些无用的蠢事。这就存在着如何看待资料的无用、有用的辩证关系问题。我的看法是：

一则今之所谓"无用"，并非当初已认为是"无用"而抄录积累起来的；而是由于现在理解、认识水平高了，抉取资料的能力强了。这是学识进步的表现，所以才有"觉今是而昨非"的感觉。

二则正由于你有了这些"无用"的基础，才锻炼出你"有用"的收益。你所得到的"有用"是大量"无用"的必然结果，没有大量的"无用"，不能获得轻取"有用"的本领。

三则你所谓的"无用",还要分析是你不善于用,还是真正的"无用"。有的资料直观可能不说明问题,但经过"折光"的分析,或许是有用的旁证和背景资料。

当然,这种所谓"无用"也有不同情况,一种是资料本身无价值,另一种则是搜集方法上的技术性失误,致使资料无法使用。前者是学识水平所限,需要有过程来逐步解决,而后者则可以"防患未然",掌握些"事先须知"就可避免。如对所搜集资料要严肃认真地注明出处,不要写简称,要实事求是,是原著注原著,是转引注转引,卷、页要注清楚,藏者也应写明,这都为便于核校资料。在搜集摘录资料过程中往往会产生一些看法和解释,这种触景(资料)生情(看法和解释)的东西很可贵,它能在编撰中使人得到重要的启示;但二者要严格区分,资料是资料,看法是看法,分别标出符号,否则日后遗忘,混成一片就无法使用了。资料摘抄必须坚持一事一卡原则。在积累一定数量后就要分类,以免杂乱如麻,难于使用,但粗分不要过细,过细则不易归属。

要使资料有用还要认真地加以鉴别。鉴别必须从具体资料出发进行考察核实和具体分析。一般采用排比资料、认真分析、发现矛盾、深入研究、反复比证和求取结论的方法。其中考证是主要过程。它包括书证、物证、人证、理证等所谓"四证"。对于正面材料与反面材料,一般应以正面材料为主,但不能排斥反面材料的合理部分和佐证作用,而要慎加验证。

对于某些"无用"资料也可"化腐朽为神奇",如一段资料记地主残酷压榨农民,农民忍气吞声,后来天雷劈死地主全家,火烧了宅院,而住在旁边的农民则安然无恙。这从直观来看,只是讲因果报应的荒诞之说,毫无用处,但若"折光"分析一下,则是地主阶级知识分子"抚慰"农民甘受凌虐而把命运托诸天意,这无疑可用以说明地主阶级进行意识形态统治的一种手段,遂使"无用"成为"有用"。

总之,"有用"与"无用"不可绝对化,要在善于使用,即使本身一无用处,也是一种练兵过程,对更好地搜集资料也是一种"有用"的贡献。千万不要随意丢弃所谓"无用"的资料,因为不知在什么情况下,这些"无用"会化为"有用",对你的辛劳做出回报。

原载于《情报资料工作》1984年第4期

积累资料与"为人"之学

积累资料是学术奠基工作中的重要一环。如何积累资料是初涉文史工作者所关心的一件事。我在这方面主要做了抄卡片和写提要两件事。用卡片积累资料方便合用，既可抄原始资源，也可编索引，还可贴剪报等等。不过其中有几点需加注意：一是不要怕费工，抄资料卡片往往开头难，因为十张八张既看不出问题，也不知有用与否，枯燥耗时，很容易半途而废。必须说明，所抄卡片日后必定有一些无甚用处的；但是，不经过无用，又如何迈向有用呢？二是不要图简便，抄资料要准确，删节部分要加记号，出处要详明，最好写明藏者，以免日后需要查核原书时而不知所藏何处。三是要记触景（资料）生情（对资料的理解和认识）的想法。这些想法有时很可贵，但往往一纵即逝，如当时记下来，日后翻读时常会有新的启示。不过所记的这些想法一定要与原始资料严格区分，加以注明，切不可混为一谈，致使原始资料难以选用。

写提要比抄卡片要麻烦，但如能持之以恒，则对翻检资料，帮助记忆，可奏奇效。我在开始研究中国近代史时，曾通读《筹办夷务始末》，随读随写提要，当时确是费时费事，但至今便于运用，真正收到"磨刀不费砍柴工"之益。

抄卡片和写提要的根本立足点在于勤，要耳目手脑"四勤"，特别要手勤，即勤记勤写，千万不要自恃年轻、记忆力强。须知岁月推移，脑力衰退是无法避免的。如果青年时期不养成勤记勤写的习惯，则晚年将两手空空，对若干事情只能若有若无，似是而非。那时的苦恼是难以言喻的。

在丰厚的资料和提要的基础上作学问能有所发明，独抒新见，写出论著来固属可贵，但更应提倡一种"为（wèi）人"之学。像我这样的人，略有一点基础知识，也有"为人"的志向，所以就多做点"为人"之学。实际上，我多年来从教学和科研工作中看到人们为了论史证史，需从浩繁的史籍中搜集资料时，大都是穷年累月，孜孜不倦，各自为政地检读爬梳，最后完成一种或几种个人论著，但却没有给后人留下方便。如果有一些人肯分门别类去清查资料底数，编写一些工具书，不就可让另一些人不走或少走重复路吗？也就可免去人人从头做起的烦恼了吗？这就需要由少数人为多数人摆好"梯子"，或者说甘当"铺路石子"。这种工作，过去陈垣老师曾感叹说："兹事甚细，智者不为，不为终不能得其用。"我深佩斯言，而且也确曾躬行实践。我曾以二十年时间，检读了近三百年来人物年谱八百多种，一千余卷。一面检读，一面根据目录学的要求，每读一谱，辄写一篇书录，记谱名、编者、卷数、版本、著录情况、谱主事略、编纂缘起、藏者和史料等，少则二三百字，多则千字，文字力求简要。经过多年积累，数易其稿，终于完成一部56万字的《近三百年人物年谱知见录》（1983年上海人民出版社出版）。这样，不仅我自己掌握了近三百年大多数重要人物的基本情况和很多重要史料，而且为他人增添了剖析史料，论证史事，发现问题，扩大研究领域的时间，起到了"天增岁月人增寿"的作用。这种"铺路石子"的工作难道没有意义吗？"铺路石子"的领域十分宽广，有许多待开拓的园地，我甘愿乐此不疲，并愿人们能"勿以善小而不为"，希望有更多的人充分利用自己的积累和学识多做"为人"之学，甘当"铺路石子"！

原载于《津图学刊》1998年第3期

不要再嚼甘蔗渣

　　小时候在江南故乡最喜欢吃的水果是甘蔗，长长的甘蔗截成几段，用嘴撕掉皮，一块块地嚼，一口口的甜汁沁人心脾。几段甘蔗禁不住铁嘴钢牙，很快只剩下口角流香，但意犹未尽，不得已只好把堆在桌上的甘蔗渣，重嚼一遍，仍然能嚼出一丝丝甜味，自我安慰一下；但已不是那种原汁原味了。当然这是孩提时代的一种幼稚行为，长大以后，就不再干这种事了。可是，在图书出版界里却还有那么一些喜欢嚼甘蔗渣的人，甚至把别人嚼过的渣一嚼再嚼，直嚼到索然无味还在嚼。

　　只要到书市或者形形色色的书展上，就像陷在四大小说名著的书海之中，左看《红楼梦》，右看《西游记》，东看《三国演义》，西看《水浒传》，无不争奇斗艳，乱人心志，影影绰绰好像有无数大嘴在争嚼甘蔗渣。于是访书兴味毫无，只能落荒而逃。不仅人人能读的小说如此，就是只有很少很少人能用能看的大部头书如《四库全书》之类似乎也有人在抢嚼甘蔗渣。

　　《四库全书》的良窳功过，可以仁者见仁，智者见智。但由于它是一部大丛书，有足供参考之处，过去分藏七阁，后来遭到毁损，于是被人视作珍善，深庋密藏，非一般人所能见。所以当初台湾四库一出，许多图书馆都东挤西压，筹款购进，尽量入藏。这对一个有规模的大馆确实应有这样一套书，但入藏后利用率并不高，只是充实了馆藏。接着，因为大本四库的销售情况不错，于是上海又印行了小本四库，价钱便宜得多，但却有不少议论。高校图书馆界有不少人士持异议，认为台湾已经嚼过的甘蔗，何必再去嚼渣？结果销路大不如前。日前曾有一位高校图书馆长还托我寻找机会准备削价出让小字本，从而也可约略看到饱和程度了。

　　最近辗转听到上海又在筹划出光盘版《四库全书》，遽听之下，一则以喜，一则以忧，喜的是电子出版物进入古籍领域，使更多的古籍得以流传、保存；忧的是重复出版光盘《四库全书》究竟有多大实际意义？花费这样多的人力、物力是否值得？《四库全书》在中国藏书文化史上有其一定的地位，但作为学术研究的惟一依据则是应该审慎考虑的。修《四库全书》时，去取是有其基本原则的，结果是采录与禁毁几乎相等。编纂工作又是政府行为，缺乏对版本的认真比勘选用。一种没看过的东西看一两次就够了，好曲还不唱三遍呢！如要看就想看比现在的更好些、更完善些的。因此，在可能条件下，不妨移步而不变形，将原本订正一下，完善一下，增加些便于使用的附件，把乾隆水平提高到当代水平，昭示海内外，不亦善乎？

电子读物有其价廉易存的优越性，但这是共性，具体到出什么书时就成为个性了。当前应该充分了解买方市场，因为使用《四库全书》的群体终究很小，《四库全书》又是一套不需要从头到尾通读的书，偶尔有需，查查图书馆的纸本足矣。再说，用《四库全书》的人中目前已会读电子出版物的究有多少。既然若干大馆已经饱和，那不是还可以伸向中小馆和个人市场吗？须知中小馆实际上能有这些经费吗？又能有多少需用它的读者？至于能用光盘《四库全书》的个人，又有多少人有读光盘的设备和场所呢？他们都有买得起马配不起鞍的苦恼。市场调查，确不可少！

原载于《中华读书报》1998年7月22日

一字之漏

书大致有三种读法：第一种供涉猎翻阅，第二种备检索查用，第三种则需一字一句，认真细读的。特别是要引作论据的书则非寻行逐句地去读不可，更不可假手于人去抄资料，因为我在十年前曾有过教训，而自我检讨过。不意近来又听到某饱学之士曾教导其研究生读书得其大要即可。这话不是没有道理，只是过于笼统，不加区分，则难免贻误后生，不得不重申旧说。

十年前，我在撰写《林则徐年谱》时，涉及鸦片战争时曾力图挽回林则徐被遣戍命运的一位人物——王鼎的卒年问题。一般旧作相沿均作道光二十二年四月底，我则根据由他人从《显志堂稿》卷七中代抄的冯桂芬代人撰写的王鼎墓志，引用其首句记卒年为"道光二十有四年四月戊申"，乃定王鼎卒年为道光二十四年四月十二日，并以之入谱，自以为订正旧说，有所发现。

次年，我在改写林谱增订本时，为了更充实我的新发现论据，考实王鼎卒年，曾函请陕西蒲城中学刘兴仲老师，请他代向该县王鼎祠堂探询有无可资参证的文物资料。刘老师很快抄寄了祠堂石刻墓志全文，并承告知墓志是四块横列石刻，各高35厘米，横长107厘米，厚约10厘米，字系楷书。"文化大革命"时被破坏，现在县文化馆完好保存着第一、二块。

根据王鼎墓志石刻文，此志是由穆彰阿篆盖，卓秉恬撰文。将此石刻文与《显志堂稿》卷七所载墓志全文相对照，除个别有异外，所有内容均同，可见卓文即由冯桂芬所代撰。

石刻文首句即记："道光二十有二年四月戊申晦，太子太保东阁大学士蒲城王公薨于位。"而《显志堂稿》所载该文则书"道光二十有四年四月戊申晦"，孰知这份代抄的冯文资料被漏抄一"晦"字。我即用这漏抄"晦"字的资料入谱，定王鼎的卒年为"道光二十四年四月十二日"。这是一种失误。如果当时我能重核原书则可发现此句本身的干支与所说的晦日不合。因为道光二十四年四月戊申是十二日，而不是晦日，道光二十四年四月的晦日应为丙寅，亦非戊申，只有道光二十二年四月戊申才是晦日，因此也只有如石刻文首句所记"道光二十有二年四月戊申晦"方能使月日干支相合。又石刻文与《显志堂稿》记王鼎生年与得年均作"公生于乾隆三十三年二月三日，薨年七十有五"，如以生年加得年则王鼎当卒于道光二十二年。石刻文无误而《显志堂稿》则误二为四。《显志堂稿》因何致误，究系冯氏原文笔误，抑尚有其他原因，则文献阙如，尚难考定。而我则因这一字之漏的粗疏，不仅鲁莽地错定了王鼎的卒年，而且还贻害于人，杨国桢教授撰写《林则徐传》时即采用了我这一"新说"，而使我深感内疚。

这一失误说明抄写资料，特别是引以为据的资料必须亲自动手，万万不可假手于人，而摘录资料后不及时复查，使用时又不检核原书，尤足以致误。这个教训是应引以为戒的。读书切不可一概都得其大要，否则难免得粗疏之讥。

一九九一年二月

原载于《一苇争流》（文史学家随笔丛书）　来新夏著　广西人民出版社1999年版

治学宜冷不宜躁

1949年仲秋，我和几位年轻人被分配到华北大学历史研究室，从师于范文澜教授，学习近代史。在第一次见面会上，范老没有讲更多的理论，只是反复讲了"坐冷板凳"和"吃冷猪肉"的问题。范老可能从我们的眼神里，看到我们对"吃冷猪肉"有点困惑，所以操着绍兴官话比较详细地阐述"吃冷猪肉"的道理。原来过去只有大学问家才有资格在文庙的廊庑间占一席之地，分享祭孔的冷猪肉。范老用此寓意，勉励后学——只有坐冷板凳的人才有资格成为大学问家。范老的"二冷"精神在我一生的读书、学习中，一直被置为座右。几年之后，可能这位谨言慎行的老先生感到"吃冷猪肉"有为孔夫子捧场之嫌，便改题为"板凳宁坐十年冷，文章不写半句空"，文字不同而寓意未变。

这种"二冷"精神，说来容易，做起来并不简单。"坐冷板凳"不是坐一天，坐一个月，而是要成年累月终身坐下去。这种板凳不是一般的板凳，而是冷板凳，不是主席台上的软皮板凳，也不是会议期间照合影时中间那几把热板凳。对不少人来说，坐热板凳不仅毫无心理障碍地乐于去坐，而且抢着去坐，愿意常常坐，终身坐。坐冷板凳则不然，又冷又硬，又不着人眼，如果没有坚忍不拔之志是难以坐下去的。许多大学问家都是坐冷板凳坐出来的。汉朝的董仲舒，不论在学术史上评价如何不同，但他无疑是位大学问家。其得力处就在于能坐冷板凳。董仲舒学问之精，在于"三年不窥园"，三年之久能不走出房门，甚至都不偷偷地掀开窗帘窥一下窗外的风光，可想而知他是多么专心致志坐在那儿苦读。董仲舒常引古人之言"临渊羡鱼，不如退而结网"以自律。"临渊羡鱼"是一种躁动，揣手端坐在水边，为得鱼者大声叫好，空耗精神，一事无成；而"退而结网"者坐在冷板凳上默默地结网，终必能成一面大网，从心所欲地捕获大鱼。有些人虽坐而不能长久，终与学问圣境无缘。范文澜教授以新史学大师而为时推重，提出"二冷"精神，没有止于言论，更重要的乃在身教。在从师范门时，范老自居前院，终日坐在落地玻璃窗下的书桌前攻读，有意监督学生不乱上街，能下帷苦读。而当我们想偷偷溜出去，从他窗前经过时，范老总是手不释卷，笔不停挥，我们只好缩回去，久之也就不再心猿意马，而惯于坐冷板凳了。

读书宜冷而不宜躁，冷能读下去，能仔细读。其收效不仅能得书之全貌，而且常常可以从字里行间得到启示。读一本得益一本，看似迟缓，实则扎实。躁者不然，心浮气躁，时而起行环顾，东攀西谈；时而一目十行，掀页如飞，看似瞬间"积书盈尺"，实则了无所得，其想成为大学问家犹如缘木求鱼。写文章也要冷，要冷静地搜集资料和构思撰写，不闹哄哄地追赶时髦，迎世媚俗，发无边高论，写空洞文章。这正是范老"文章不写半句空"的真谛所在。成文以后，也不要急于发表，因为这时最容易昏头昏脑地自我陶醉，而应先冷处理，请水平比自己高的或与自己水平不相上下的以及稍逊于自己的三类人看，集思广益，然后冷静下来，反三复四地修改、定稿。待文章或著作问世后，更不能热气腾腾，不可一世，而要冷静地听取各种意见，增订纠谬。如此则身后"吃冷猪肉"，庶有望也。也只有如此，才能慢慢地走近大学问家的座位。

原载于《人民日报》1999年1月30日

杂书不可不读

学者多好读官书，因其为正式记载，而于笔记稗说则视为杂书，或作消闲，或屏而不读；但杂书往往有异说、新说，颇可资参证者。

清嘉庆后期的天理教起义为清代具有较大影响的一次群众反抗活动，不仅跨省联手，而且深及宫廷肘腋。清代官书有所记载，私家著述也多所涉及，后世有关著作及教科书中更不乏记述。虽滑县起义和进攻宫廷的具体时间略有先后，但事件的大致轮廓无甚出入，而对滑县县令强克捷死于当场则说法完全一致。《清史稿·仁宗本纪》中记称："冯克善、牛亮臣陷县城，（强）克捷死之。"站在官方立场的兰簃外史所撰《靖逆记》亦称："城陷，知县强克捷死之。"因此强令身后备受清廷褒恤，赐谥建祠。直至道光二十六年林则徐巡抚陕西时，犹为强子所出克捷遗墨三纸书后"以志向往之诚"，其影响深远可知。病中读嘉道时人张昀所撰《琐事闲录》，所记强克捷非死于滑县而是乘乱逃往封丘县令全福处隐遁，后因清廷明令褒恤，无奈而自缢于县衙东花厅。《琐事闲录》较详细地记述：

> 封丘邑侯全大令福与强公戊辰通谱。强公逃至封署，拟为恢复计。比闻滑邑既失，公之眷属已阖门遇难，即欲自尽。全大令再四阻之，且百计防范，所以潜居二十余日，迨无知者。及恤典既下，全不得已，始具宴邀强公痛饮。二更天，延至花厅，将衣裳棺椁妥为料理，握手拜别，强公乃从容捐躯。吁！亦悲矣！

这段记载虽然用了一些如"拟为恢复计"和"从容捐躯"之类的掩饰性语词，但仍能如实地写下事实的真相：强克捷是临阵脱逃投奔封丘避难，因为他与封丘县令全福是嘉庆十三年换帖结拜的异姓兄弟，有相当密切的关系。全福也确实尽力保护这位盟兄弟，可是朝廷却是按照容有失真的报告，给予殉难者优遇，赐谥忠愍。"成"、"正"、"忠"、"襄"是谥法中最高贵的四个字眼，小小县令能得到这类谥法，确属异数。可能这次起义波及宫廷，影响甚大，有意重奖，但是却把强克捷逼上了死路。不死不但一切荣誉毁灭，还要波及家庭；全福也无能为力，再包庇下去，不仅无益于强克捷，自己也将获重罪，出首又有负金兰义气，所以为其准备好后事，设宴送别，不仅安慰，也可能有所动员，因为摆在面前的只有自杀这条路可走。这段详细的记事足可驳强克捷"死难"之说，至少是另一种说法。

《琐事闲录》的作者张昀曾于道光十五年任封丘令，亲临其地，时间相隔也不过二十余年，故老旧吏犹在，采访往事，谅非虚构诬人。虽为孤证不能完全破除成说，但终成一说。官书所记，未可全信，私家著述，也未必无据。是杂书之不可不读也。

　　原载于《枫林唱晚》（学识走笔·大学生文库）　来新夏著　南开大学出版社1998年版

说说"大一国文"

——兼说《论孟一脔》

大学教育的改革，近几年很多知名人士都有所论及，有的如陈平原教授还写了书名为《大学何为》的专著，来论述既往的大学，解答面对的现实问题以及个人读大学的亲身感受等等，颇能引动人们思考、商榷与讨论，而其中较多涉及的是课程的设置。我不全懂各专业的专业课程，只能就一门公共必修课而言，那就是"大一国文"。

"大一国文"顾名思义是指大学一年级的国文课，是公共必修课。我上大学时曾读过这门课，当时文理各系都要修。解放后我所执教的南开大学多设《中国通史》为文科公共必修课，从此很少听到有人谈起"大一国文"这一话题。但有时又隐约地感受到它的好处，时不时地想起这样的基础课不可废。辅仁大学对"大一国文"似乎比其他学校重视得多，认真遴选一部分有学问的中年讲师任教，如启功、余逊、柴德赓和周祖谟等都承担过这门课，校长陈垣先生亲自主持，共同研究选文，自编铅排线装教材。一年学下来，确实感受到不少读古文的乐趣，有些篇章还能琅琅上口。不久，自己说话也能部分出口成章，听老辈讲事也能入耳，自我感觉良好，其中特别印象深刻的是教材中所附的《论孟一脔》部分。

《论孟一脔》是辅仁"大一国文"的特色，为其他大学所编教材所无。它附在其他古文后边，独立成篇，另题《论孟一脔》，共选《论语》与《孟子》各22章，共10页。其中很多似熟非熟的名篇如《论语》中的《子禽问于子贡曰》讲子贡论孔子温良恭俭让的品格；《何如斯可谓之士矣》讲孔子答子贡士的三等标准；《长沮桀溺耦而耕》和《子路从而后》两章都讲孔子其人。《孟子》中的

《宋人有闵其苗之不长》与《其人有一妻一妾而处室者》都是人们常引用的篇章，《君子所以异于人者》是孟子论君子的标准，可与《论语》中的《何如斯可谓知士矣》比读研究，《无或乎王之不智也》知一曝十寒之典源，《盆成括仕于齐》是孟子论"小有才，未闻君子之大道"的人的必死之理。这些都是《论语》、《孟子》中必读之篇。

《论孟一脔》虽只四字，但它的内涵却值得析释。据说这是陈垣师的命名，《论语》、《孟子》是"十三经"中的二经，是"四书"的一半，是以往读书人必读的书，是中华传统文化的精华所在，而《孟子》更为散文的典范。陈师见于学生无暇专攻《论语》、《孟子》，所以特亲选40余章，引导学生涉猎，浅尝一下传统文化的美味。脔是切割好的小肉片，一脔是老先生从《论语》、《孟子》经典中摘取一点精华，给后辈尝尝甜头，希望后辈能由此进窥堂奥。这些都足以见老辈的苦心孤诣！《论孟一脔》是白文本，即无标点、句读，所以读其文必须经过至少是断句过程。这对初学古文者，是一难关，但又是必经之途。不点读过白文，就不会读懂古文。这是训练读古文的传统步骤，也确是行之有效的方法，可惜不为人所重视，以致给后来学者增添了无数标点古籍的负担，可付一叹！

离开大学几十年，"大一国文"里的其他古文篇目已经记忆不清，唯独对《论孟一脔》犹念念不忘，若干小段还能背诵。我曾各方寻找《论孟一脔》来重读，来向青年学子介绍，来课读子孙，但一直找不到。我的藏本已毁于劫火，于是探问有关方面，如陈师文孙智超教授、辅仁校友会、师大图书馆和当年老同学等，皆以未入藏相应。今年春，同门师弟中华书局柴剑虹编审来舍，又谈起此事。我随意谈谈，柴却认真办理。回京之后，居然在四五天内为我从国图古籍馆复印一份寄来，上盖有"陈垣同志遗书"长方印章，确出自陈府所藏，铅印白文共十页。我如获至宝，反复阅读（此本被一老同学索去，我又求国图李际宁先生复印一本收藏）。如大学不能在大一增设国文，则文科各系不妨将《论孟一脔》重印（或增补重编），供文科各系选读，对学子必有所补益，我将馨香默祷其事之有成。更愿陈平原先生等在论大学改革时毋忘"大一国文"之增设，则举国学子将蒙其惠。

二〇一三年末伏，写于邃谷

原载于《人民日报》2013年10月5日

再说"大一国文"

——读陈垣师亲编《国文读本》

前不久我写过一篇《说"大一国文"》的短文，呼吁大学各系科一年级增加"大一国文"，并以我上大学时读过的《国文读本》为例。当时只找到附录"论孟一脔"部分而立论，以未涉及《国文读本》本文为憾，但时隔多年，求书甚难，多方联系，一无所得。近日，收到陈智超教授惠赠陈垣师亲选《国文读本》复印件，正为当年所读之读本，不禁大喜过望。七十年沧桑犹如当年，老泪婆娑，忆及初入大学，诸事懵懂，对《国文读本》仅能着眼于诵读、会意而已，而今再读，对编者用心，另有感触收获。

陈垣老师重视"大一国文"，久已为人称道。入学时，传闻《国文读本》即为陈师亲选，犹有疑似。今见复印本，封面用钢笔所题"国文读本"，一望可知，即系陈师笔墨。各篇选文尚有排印指示，均为亲笔，可见陈师对《国文读本》之重视。他不仅选辑，甚至过问付印琐事，在第一页右边有陈师用红铅笔所批："各自为页，不相连，不点句。"因原抄件各文连写，且有陈师点读痕迹。在《史记·外戚世家序》一文上端批注称"注意小字分左右照排，每一小字仍占一格位"，在《酷吏传序》一文上端批称"'号为'二字，五号，排在左边"，等等，校语用毛笔，排印指示用红铅笔，以示区分。精细如此，实为大学者所难为，或很多大学者所不屑为。陈师尝云："兹事甚细，不为终不能得其用也。"于此又得一证。

陈编《国文读本》选材范围在经、史、集三部，经选春秋三传，史选前四史、通鉴及《五代史记》，集选韩、柳及苏氏兄弟。子部未入选，或因其文多讲哲理，玄奥曲折，不宜初学。而经、史、集三部所选篇目，对初近古文者，颇便于讲解和接受，适用于课堂教学。选文数十篇，一年使用，课时大致相合。

陈师在批阅选文中，时有订正与增注，如春秋三传出处，原为《左传》、《公羊》与《穀梁》，陈师以后二者均为姓氏，而改原抄《左传》为《左氏》，以求划一，其绵密精细可见。又《左氏·晋赵盾弑其君夷皋》篇抄手写"衮不废矣"，衮字中间写作"口"字，世间多有此写法，即《现代汉语词典》也认可中间作"口"字，而陈师在此句天头特标出应作"衮"，以求中规中矩。贾谊《过秦论》："嬴粮而景从"，则于天头改"嬴"为"嬴"，其敬事认真态度，令后学叹服。

陈师是史学大家，在选文外，别有寓意，其选文倾向于史学的痕迹很明显。他所选内容，是当时大部分学生能大致了解的故事。通用各系科，既可使他们探求故事缘起，又能增加若干历史知识，更能学到作文的章法。陈师对《史记》尤为钟情，因为这是史学先师司马迁开创之作，也是史学的经典著作，他除了选入作为读《史记》钥匙的《太史公自序》的部分，以见史学端倪外，还跨不同出处选他文以比较异同，互补不足，如在《太史公自序》后，从《汉书》或《文选》中选入司马迁《报任安书》一文，一是官书，记事有所忌讳，二为亲属间来往信件，可以较充分发泄内心的愤懑，两者相补，可得事实大致情况。

几十年前情事多显模糊，唯曾读《国文读本》所收各篇，犹有大致印象，个别篇章，尚能背诵，足见当年印象之深。今重读《国文读本》，如逢故知。《国文读本》一则所选各文均为名篇，文字流畅可读，对古文入门有益；二则此读本不止于选文，尚包含故事、义例，可资探讨；三则选同一内容而有不同写法相比较，对初学习作古文者，可见示范，对文史学生尤有裨助。当前增设《大一国文》之呼声，时有所闻。若尚无共识读本，我以为陈编《国文读本》尚是一本适用的读本，也是进一步编好适用面更广的读本的基础。一偏之见，尚待商榷。

原载于《今晚报》2013年12月26日

为有源头活水来

少时读宋朝大儒朱熹在《观书有感》中写下的"为有源头活水来"，印象颇为深刻，朦朦胧胧地在想这源头活水究竟从何而来？我虽未能十有五而志于学，但年未及冠已有向学之心，总像求取圣水那样虔诚地期待着显现活水的源头。不知什么时候，在旧书摊上偶然买到一套清人王鸣盛的《十七史商榷》，开卷第一条就写着："目录之学，学中第一紧要事，必从此问途，方能得其门而入。"卷七更激烈地强调"凡读书最切要者，目录之学，目录明方可读书，不明终是乱读"。这位史学前辈大声疾呼的恳切之词泼洒在我的那颗向学之心上，似乎已经找到了活水的源头。不久，考入大学，在选课时发现中文系有一门由余嘉锡先生讲授的目录学，选课的人很多，我亦急忙地填在选课表的第一行上。为了上好课，从一位刚认识不久的学长处借来余先生的讲义《目录学发微》，又读到余先生的一段话："目录之学为读书引导之资，凡承学之士，皆不可不涉其藩篱。"当代学者又如是说，则此说信不诬也。第一课，余先生口讲指画，的确不凡。他特别指定《书目答问补正》作课本。我怀着似乎已得到秘籍线索那样的喜悦心情，用了整整两天，跑遍了琉璃厂每个斋啊、轩啊的书肆而未得，第一次尝到了求书之难的苦味！直至这年寒假回天津省亲时，才在当时的天祥市场旧书摊上访求到《书目答问补正》二册。回家以后，我急不可待地斜倚在被垛上翻读，一心想立刻找到活水源头，翻了几页，大失所望，除了一行行书名、作者、卷数、版本记录外，枯燥乏味，难以卒读。

返校后，我又曾到柴德赓先生家去请教，柴先生借给我所藏贵阳本《书目答问》，嘱我先校校正文，或能引发点兴趣。我遵照办理，通校正文后，似乎略有心得，自以为有资格和余先生对话，便勇敢地登门问业。余先生听了我的陈述后，就言简意赅地讲了"书读百遍，其义自见"的道理，要求我多读点有关参考书，多注意字里行间，要我按《书目答问》正文自己动手做作者与书名、书名和作者的索引。经过一番努力，确是收益不少。从此，《书目答问补正》也就成为我藏书中的珍藏，案头必备的鸿宝。每读一书，必联想《书目答问补正》中是否有此书，如遇到有所评说，则记于书页的天地，三天两头，时加翻检，天长日久，两千多种旧籍已"存盘"于脑海之中，遭人而问，亦能侃侃而谈，似乎颇有点学问。以后又在求书、读书中见有关资料必手录在我这两册《书目答问补正》上。积之日久，天地头和夹行中已写不开，就粘小纸条，颇有自得之乐。

我的藏书，素以"得者宝之"为宗旨，有借有还，有借无还，都可不加计较，惟独这两册《书目答问补正》，天王老子也只能看而概不外借，视为枕中秘、怀中宝。我曾想集中一段时间，作点汇补工作，并且不自量力地在撰者、补正者后面用毛笔添写上"来新夏汇补"一行字，作为鞭策自己的努力方向。不意在那动乱年代，我的藏书不是籍没归公，便是付之丙丁。我十分伤心于这两册书也难免此厄运！又是一次皇天不负苦心人，几年后认领抄家物资时，这两册书又久别重逢般地物归故主，这真比发还我两枚金戒指还高兴。全书未太损坏，只是也用毛笔把我那行"来新夏汇补"字样涂抹掉，看来这是一位有点知识的勇士所为，也许还是曾受业于我的人，否则哪能鉴定我不够格而予以抹杀呢！至今我对此书还不时地添补，像玩赏商彝周鼎那样翻读。如果有人问我：你的藏书中，你最珍惜宝藏的是哪种书？我可以毫不思索地回答说：我最珍惜的是那两册与我相伴半个多世纪并曾同遭劫难的《书目答问补正》。

原载于《人民日报》1994年7月29日

天外有天

"天外有天，人外有人"，是句只要有点文化的人都熟知的警诫语，对日常生活，对为人处世，以至读书、做学问都是一剂令人清醒的良药，可惜人们遇事，难免遗忘。而自陷于尴尬和追悔，甚至时隔多年，仍会给自己迎头一击。

三十多年前——上世纪八十年代初，曾有一位德国青年汉学者来南开大学留学，在我讲授"中国历史文选"课上，随班听课。他受他的德国汉学导师委托，向我请教《封建论》作者的生平资料。当时我因参加过"评法批儒"，暗笑德国学者不学，便不加思索地回答说：《封建论》的作者是唐朝的柳宗元，并如数家珍般地概述了柳宗元的生平。孰知这位留学生却迟迟疑疑地提出：他的导师说这篇封建论不是柳宗元那篇，作者是明朝的柳稷，只是想了解柳稷的生平。这一意外使我瞠目以对，只得婉请宽以时日。于是先从《古今图书集成》中找到柳稷一文，但他的生平经查阅《明史》、明代几十种传记引得以及《中国人名大辞典》等等，都落了空。最后从《明清进士题名录》上，找到柳稷这个人，但只注明是"明正德三年进士，南充人"。最终在四川《南充县志》中找到柳稷生平的完整资料，不仅有生平、有经历，还有著作等等，由于查询检索的过程艰难曲折，我很满意于这一发现。当时给了对方一个满意的答复，自己心中暗自充满着中国学问还得找中国学者的自得中，以后还在若干场合讲过这一经过。

过了大约十来年——1990年7月，我曾应邀到烟台参加"中国地方志与文献研究会"上讲学，我在讲旧志利用时，又谈及寻找柳稷生平经历的问题，并把它提高到这是治学路径的一个例证，得到学员们的钦佩和赞扬，我亦非常得意。学员中有位四川通泉来的罗刚峰，很注意这一问题，经常挂心。回川之后，继续寻求证据，多年的积累，把问题又向前推进一步。

万万没有想到，又过了二十多年——2012年7月2日，突然收到罗刚峰君一封长信和《古文渊鉴》卷三十的复印件。信写得很怀旧诚恳，其中主要讲柳稷《封建论》一事。信中说：

> 我从烟台返川后，也很留心此事，专门查阅了清《（嘉庆）四川通志》（巴蜀书社，1984年7月影印本）卷百四十七《人物志·人物》第四十四篇上版顺庆府十六："柳稷，南充人，弘治中进士，著有《封建论》。"更加有力佐证你说。尔后稍有闲暇，我即常翻阅汗牛充栋的历代坊间古文选本。当检阅到《古文渊鉴》（康熙帝玄烨选，内阁学士兼礼部侍郎徐乾学等奉旨编注。凡六十四卷，计四十册。该书"所录，上起《左传》，下迄宋人，大旨以有裨实用为主，所注考证，亦颇详明"《四库大辞典》）卷第三十、卷第三十七时，此两卷分别赫然载有李百药和柳宗元的《封建论》。两文的作者，在时间上柳（宗元）晚李（百药）120余年。其书卷第三十、第三十六篇上版天头，徐乾学（以）朱（笔）批曰："封建不可复行，自是气运使然，议论纷纷，大率胶于成说而不能权之情理耳。斯论既出，柳宗元、马端临继之，始有折衷矣。"

从《古文渊鉴》收文看来，在柳宗元以前写过《封建论》的尚有李百药。李百药是唐初的史官，字重规，定州人。贞观初拜中书舍人，后仕至礼部侍郎。曾主持《北齐书》的编纂工作。贞观十一年，因太宗欲封建亲贤，百药遂上此《封建论》。在李文的天头，有宋宋祁、吕祖谦，明徐孚远，清陈廷敬、徐乾学等人的眉批，其中徐乾学的批注中又说，元朝编《文献通考》的马端临也写过一篇《封建论》，而李文最后的夹行小注中又写道："会马周亦上书谏，乃罢封建议"，是马周也写过类似的文章，那么总计写过《封建论》的有唐朝的马周、李百药、柳宗元，元朝的马端临和明朝的柳稷五人，比我原来知道的多一倍半。读罗君来函，不仅内疚自己二十多年前的浅陋，更钦佩二十多年后，罗君锲而不舍的精神。由此想到早年读过的北朝颜之推所著《颜氏家训》中的一句警诫语："观天下书未遍，不得妄下雌黄"，信非虚语。人当高年，能自见不足，亦可云幸矣！

原载于《中华读书报》2012年9月26日

从根做起[*]

入大学前，读过一些书，但总理不清头绪。初入辅仁大学历史系后，仍茫茫然。那时允许跨系选课，同舍一位高年级学兄建议我选中文系的"目录学"，说是曾得益不浅。我接受建议选了这门课。授课老师余嘉锡是文学院长兼中文系主任，著名目录学家。他指定以《书目答问补正》为教材，分两年讲四部。他上课时，手不持片纸，依《书目答问补正》编次，侃侃而谈，如数家珍。其学问之渊深，令人惊叹，而我却不知其所以然。后见余老师在他的著作中曾自称："余之略知学问门径，实受《提要》之赐也"，始稍有领悟。他的学问从读《四库提要》这部目录学著作入手，并把这部书作为自己终生的研究对象，留给后人《四库提要辨证》这样一部目录学名著。在听课同时，我又读到一些有关目录作为学术研究根脉的论述，如清代学者王鸣盛在其所著《十七史商榷》卷一的第一条就标明说："目录之学，学中第一紧要事，必从此问途，方能得其门而入。"在卷七《汉书叙例》条中又重申其义说："凡读书最切要者，目录之学。目录明，方可读书，不明终是乱读。"后来又得到余师多次当面指点，并精读了《书目答问补正》和其他目录学专著，于是两千余种旧籍了然于心。又较广泛地涉猎了一些目录学专著，终于使我读书不再茫然，对文史方面的一些领域，也都能大略知其门径所在。为日后从事学术研究工作，奠定了第一块础石。

大学毕业后，我教了两年中学。1949年春，我被招入华北大学，接受南下政治培训。秋天临结业时，我和其他六位同学被副校长范文澜教授留在历史研究室，做中国近代史研究和写作。报到后的第一桩任务，就是整理北洋时期的原始档案。这些档案不像大家现在在档案馆阅读的那样整洁，而是杂乱无章地塞在一

---

* 此文应《中国文化》"学人寄语"栏目所作。

个个麻袋中。每倒一麻袋，总是尘土飞扬，稿面时见污秽。一天工作下来，个个灰头土脸。好不容易熬过四个多月，总算有点头绪，分类上架，档页也干净了许多。范老来开过一次座谈会，一则慰问大家辛苦，二则发表他对档案的一些看法。他讲话的大意是：从档案中搜求资料如披沙拣金，确实很艰难。但这是从事文史研究工作"从根做起"的重要一步。只有这样，才能基础广泛而扎实。从此，"从根做起"的教诲，就深植在我的脑海之中。我在读档过程中也积累了不少有关北洋军阀的原始资料。日后我对北洋军阀史的研究与著述，也从这个根起步。

读点目录学，像是建造业的先备蓝图；阅读档案，则是建造业的筹集土木沙石。无蓝图，不知学问从何入手；无材料，不知如何一砖一瓦地架构学问。二者不备，则难言建学问之大厦矣！

原载于《中国文化》2012年春季号（第35期）

挑水还是倒水

"采铜于山"和"废铜铸钱"是明清之际大学者顾炎武关于治学所指出的两条不同道路。我在中年时曾读过顾炎武的《亭林文集》，其中有一篇《与人书十》即写有一段寓意深刻的话。顾炎武说：

> 尝谓今人纂辑之书，正如今人之铸钱。古人采铜于山，今人则买旧钱，名之曰废铜，以充铸而已。所铸之钱既已粗恶，而又将古人传世之宝，春剉碎散，不存于后，岂不两失之乎？

这是顾炎武向友人无私奉献自己的治学经验。他所谓的铜是指资料，"采铜于山"是教人要搜集原始资料，第一手资料。旧钱或废铜是指转用别人用过的资料，其结果是不知资料本原，所得出的结果像废铜铸出来的钱那样，质量水平很差，甚至还会将原始资料曲解散碎。顾炎武所谓的今人当指和他同时代的人，看来这种用二手资料的事盖有年矣，不过于今为烈而已！我们现在所能见到的若干所谓著作和论文，其用"废铜铸钱"的情况可称比比皆是，但却能溷迹一时，不能不使人感到困惑。

某次，我曾以这一问题与一位学术前辈讨教，他说，"采铜于山"与"废铜铸钱"确是亭林不磨之论，但难被放言空论者所接受，甚或被嗤为舍近求远。有些躁进者，不明采铜与用废铜的道理，所以他要采用更浅近的比喻，希望有更多人接受。这位前辈提出了挑水与倒水之说，其说虽简，其理甚明。他说，这是他多年治学经验的普罗化概括。他向我申其说：挑水者，用桶从源源不断的河里挑水，用完再挑，永无穷尽；倒水者则由别人从河里挑来的水桶中倒水，虽云轻而易举，但倒水时泼洒一些，势所难免，一如资料之一转再转而走样。一旦桶空，则不知桶中水从何而来，只能望桶兴叹；继而环顾四周，是否有挑好之水桶在等人去倒。如一生中只倒别人桶内的现成水喝，而不论清水混水，只要是水就行，其后果实不忍设想。

我静聆教益，不禁叹服前辈功底之厚，见解之深，能以浅近语言阐明深刻至理。"挑水于河"及"倒水于桶"二语与"采铜于山"及"废铜铸钱"二语虽比喻不同，而所指之理则一。我既服膺其说，时时与友生议论宣讲，所得反应并不一样：有欣然接受以之为有裨于治学之高论；亦有视之为迂腐之论者，认为这是陈旧的办法和思路，当今原始资料数量之多已非当年，事事追求本原，旷日持久，何时才能见成果。这是一种似是而非的议论。如果人人皆以取二手资料为是，则水自有竭尽之时。其结果有如以废铜铸钱，虽貌似而质不如以原铜铸钱。况且治学从无捷径，必须付出艰辛，始能水到渠成，自结善果。其躁进而急于求成者，或能博一时之荣，换取职称名位，其终也必将有若干捆载而入造纸厂者。暴殄天物，莫此为甚！

不过，世界万物亦不能绝对。或原始资料由于各种原因，一时难求；或急待成文，通权达变；或为参加蜂拥而至的各种学术会议用作敲门之砖，不得不就近倒别人水桶的水等等。这些行径，虽情有可原，终非善策。如实在不易追本求原，亦应标明从何人桶中倒来，以示此系转引而来者。至于利用二次文献及光盘检索等手段，则又当别论矣。

原载于《人民日报》1998年10月24日

表体小议

人物是历史长卷中的重要角色，人物的种种活动构成了绚丽多姿的历史画面，人物的端端业绩显示出民族的风采骄傲。两千多年前的史圣司马迁把本纪、世家、表、书（志）、列传等五种不同写作形式统一在一部书内，创立了一种便于表述历史事件与人物的史体，为后世所遵行，特别是纪、传二体已是我国史书的主要体裁，积存了大量的宝贵资料，仅就二十四史中那些连篇累牍的传记文字来说已是相当可观了。但是，这大量资料除被专业工作者作为考校研讨的依据外，更多的民众很难厕身于这一书山学海中去吮吸先民哺育后人的乳汁。因此使许多历史人物的风范难以广泛地垂教于后人。这不能不使人想到能以简明形式概括丰富内容的表体。

表体本是司马迁所创五体之一。司马迁在《史记》中就用这一形式来解决烦杂的人物活动，如《汉兴以来诸侯王年表》、《惠景间侯者年表》、《汉兴以来将相名臣年表》等，将汉初那些传不胜传而事又难没的历史人物以表出之，既省文字，又与世家、列传相为补充。《汉书》有《古今人表》，不仅记录人物，而且按人品论其高下，含有评论历史人物的意义在内。后世学者更用表体来整理正史史料，采撷史事以便省览者。清代学者尤善此体，其最负盛名的是清初著名史学家万斯同之撰《历代史表》。它广征博引，表列数千年史事而眉目清楚，无怪其同时代著名学者朱彝尊称誉《历代史表》一书是"揽万里于尺寸之内，罗百世于方册之间"。这是对表体最简要而中肯的评定，是表之为用又不止于人物。

可惜表这一体裁长期以来没有受到足够的重视和充分的利用，甚至竟有人不承认表的科学价值，以为只有那些高头空论才是著作。这种皮相陋见，不值一驳，即以陈垣先生的《二十史朔闰表》为例，难道这不算著作吗？许多人不仅做不出来，恐怕连使用这一成品都还要花点时间才行呢！十五六年以前，我的学生纪大椿远居新疆，甘于淡泊，不辞劳苦，多历岁月，编了一本《中西回俄历表》，起于1821年，止于1950年，共一百三十年。集中西回俄及太平历于一编，既利翻检，又惠士林，实为一大功德。后来又见到一本题名为《中外历史名人简表》，虽非鸿篇巨制，但其中却包含着古今中外的政治、军事、科技、文学、艺术各方面的名家1700余人。表的作者从浩繁的资料中言简意赅地概述了这些名家的生平和业绩，读者展卷，一览可得，其对学术之贡献，绝不亚于那种蹈空之"论"。

知识来源有多种渠道，阅读专著、论文、杂文、随笔，无一不可从中获取知识，表当然也是输送知识的渠道；但读表要比读其他文字更难，切不能以小道轻之。如果从读表得到启迪而更进一步善于把自己汲取到的知识纳之于表，则不仅可以备省览，便翻检，也能训练思维的概括能力。是表的效能固不容漠视，愿好读书者多留意于表体。

原载于《天津史志》1997年第4期·总第51期

杂糅与杂处

世上似乎没有绝对纯粹的事物和状态。求纯往往事与愿违，削弱了活力，阻塞了生机；求杂则常常呈现优势，勃然而兴。回顾几十年献身于高等教育，所见所闻，无不围绕一"纯"字作文章；于今思之，求杂当胜于求纯。高等教育的求杂不外二端：一则学术上的"杂糅"，二则生活上的"杂处"。

学术上求纯的主要论据之一，据说是有利于流派的形成。学术上要形成流派已是毋容置疑的共识；但是，流派的形成不能靠固守门户，一脉单传，而需要兼收并蓄，择优博取。环顾某些现状，颇感困惑：一个系科，一个领域，四世同堂，不乏其例。上有开山祖师，下有及门再传。为师者自弟子中择优侍侧，为生者恪遵师教，从一而终，似乎已为司空见惯的成例。数十年传灯递薪，师说不容羼杂，他说摒为异端，于新意创见则闭目塞听，其结果陈陈相因而鲜有进展。尤可异者，各层次学位生之招收多予本门弟子以优先，以保持流派之纯洁性，于是形成某学科之宗师巨匠承担学士、硕士、博士一身三任之培养重担，不得不使我滋疑而妄加揣测。其一，宗师于低层次授业时未能倾囊相授，留下一手以备高一层次之所需。其二，以一人而承高低不同层次，势必冷饭重炒，更换包装。贻误后学，莫此为甚。如能反其道而行之，弟子竞投他师，本师宜全力支持，转益多师，后学可收兼摄众长之效。如此方有出蓝之望，而流派乃得发扬。此正植物学上所谓之杂交优势。学术之能破纯就杂则原有学术可获昌明推进，而新兴学术亦将如雨后春笋，蜂起迭出。弘扬学术，岂不伟哉！

几十年来，大学生的生活均按系科分舍而居以求其纯，其主要论据乃为便于管理。于是无论四年、七年朝夕相处者无不为同一面孔，充耳相闻者无不为同一音调。一室言秦皇汉武、希腊罗马，则历史也；一室言诗经楚辞、鲁迅茅盾，则中文也；一室言有机无机、分子方程，则化学也；一室言电子原子、光谱微机，则物理也。……诸般学科，无不类是。莘莘学子除本学科或本分支外，几已耳无所濡，目无所染。其结果，美其名曰巩固专业思想，实则知识贫乏狭隘，犹如井蛙观天。如能一舍而容不同学科学子，加以按年按期更易室友，则彼此说东道西，各陈所学，虽难免道听途说，可能成为"横向记问"之学，但开拓思路，增长知识将有实效。学问之道本来需要横向浸润，基础广博则高楼自能稳固，否则一木竖天，东摇西晃，难逃倾倒之厄。不同学科者杂处一室，不仅学识互有补益，生活也更形丰满，群芳挺秀，花开满园，谁曰不宜？

教育为立国之本，造就人才当谋善策。"双杂"之事兴，则黉舍益逞蓬勃之姿，聊陈其义，或可备一说，是耶非耶，留待未来。

原载于《新现象随笔——当代名家最新随笔精华》 韩小蕙主编 中央编译出版社1994年版

选读点清文

中国古代散文产生于先秦时期，而盛于唐宋。唐宋八家的散文几乎是读书人必读的范作，明代则以晚明小品的清新惹人喜爱。清代散文是在前此基础上发展起来而形成自己的特色。我从读过若干篇清文后，便深深感到它是中国古代散文的基本总结，在历代散文中占有重要的一席之地。但是由于它为唐宋散文的声名所掩，复以与近代散文相交错，所以往往被人所忽视。其实，无论在质和量诸方面，它较之前代毫无逊色。清文确有它值得阅读和研究的价值。

关于清文的数量，尚无确切的数字，有人说文近万篇，但其数实不止此。如果以清人文集至少有二千种，而以每种仅有十篇文章计，那也会有二万篇，其数量可谓多矣。不过清文的价值不只在数量上，其体裁之多样，内容之丰富，作者群之广大，皆足以有别于前代而卓立于散文史上，发熠熠光采。

清文体裁多样，不仅就文坛整体而言，即每一作者也能不拘一格而运用诸体。综观我所曾读过的清文，就有评论政治、发挥思想的政论文，如《原君》、《论荒政》、《明良论》、《采西学议》等；有讨论学术的札记体，如《论梁元帝读书》、《经史子集之名何昉》等；有叙一事一物首尾，使人得其始末的记事文，如《传是楼记》、《池北书库记》、《黄生借书说》、《核工记》、《市声说》等；有品题典籍、阐明著书旨趣的序跋体，如《聊斋志异序》、《十七史商榷序》、《海国图志序》、《欧阳生文集序》、《天演论序》等；有月旦人物、评论得失的传记体，如《徐霞客传》、《柳敬亭传》、《马伶传》、《张亨甫传》、《关忠节公家传》等；有追踪山水、记域内外见闻的游记体，如《洞庭山看梅花记》、《游姑苏台记》、《游天台山记》、《伦敦》、《观巴黎油画记》等。至若杂记小品更为多人喜用之体。类此，亦可见清文于诸体运用之裕如。

诸体并用，其内容自必丰富，其价值足供史证。凡政治、经济、军事、思想、文化以至社会生活无不可于清文见之。如《阉典史传》揭露清王朝入关后之残暴，《原君》、《大命》、《明良论》、《密陈夷务不能歇手片》反映清代知识分子的民主思想与忧患意识；《周忠介公遗事》、《左忠毅公遗事》、《书史文忠公家书后》为表彰前朝忠毅之士；《徐霞客传》、《柳敬亭传》、《马伶传》、《大铁椎传》、《书鲁亮侪事》极力赞扬独立特行之人；《关忠节公家传》、《葛壮节公墓表》、《陈将军画记》则尊崇抗击外侮的壮烈之士；《狱中杂记》、《记介休狱》痛陈吏治的暗无天日；《与友人论学书》、《为学一首示子弟侄》、《十七史商榷序》、《三国疆域志后序》可略窥清学之端倪；其他如游记、杂著均非放言空论之作。从例举诸文可见清文既言之有物，复运以妙笔，使后来读者既有可参阅之资料，又陶冶于佳文美句之间。宜乎其能以文史交融之作争胜于历代散文之林。

清文作者之众，正可见其一代文风的兴盛。统观其发展历史，约为三期：

其初为顺治及康熙前期，作者多为有明遗老，而其出处则有所不同，有眷恋旧朝，坚不入仕新朝者，其文重在发抒思想，如顾炎武的《廉耻》、黄宗羲的《原君》以及王夫之的《船山记》，无不以文明志，言之有物，为清文立一规矩。另有归顺新朝，入清为宦者如钱谦益，虽其行不齿于士林，然所撰《徐霞客传》亦尚存一代学人之事迹。

中期为康熙中后期及雍乾嘉三朝，此时既有方苞、刘大櫆、姚鼐的桐城文派，复有王鸣盛、赵翼、钱大昕的考证学风，形成清代散文的特异之处。桐城文派为清代散文的一大流派，远承明归有光散文之余绪，近接清初诸老求实之文风，主张言之有物，言之有序，以义理、考证、辞章三者结合为文，务求内容与形式统一。桐城以外，尚有以恽敬、张惠言为代表的桐城支脉阳湖派，虽分蘖于桐城而自有发展。它除以经史为撰著的依据外，更益以诸子，行文笔势亦不受拘挛，较桐城为舒放。二者于清代文风，颇著影响，而桐城几有为清代散文主流之势。实则当时尚有若袁枚、全祖望、蒋士铨、赵翼、钱大昕、洪亮吉等虽均无流派归属，而文质兼备，颇多突破，皆称一时大家。

迨道咸以降，渐入近代社会时，外有强敌压境，内有民众反抗，国势日衰，国情有变，针砭时弊，要求维新之作纷出，龚自珍、林则徐、魏源、冯桂芬诸家勃兴，成清代散文一大旋风，生气顿增。至桐城影响仍不绝如缕，曾国藩及曾门四弟子，承方、姚余绪，凭政治优势，力振桐城，惜未能称盛。及辛亥事起，清代散文的历史亦随之而告结束。

　　清代散文虽不若唐宋散文之盛，但亦颇为识者所重。《与友人论学书》、《大铁椎传》、《核工记》、《书鲁亮侪事》、《鸣机夜课图记》、《病梅馆记》等多篇，均见于半世纪前之中学课本。我治清史过程中，于清文颇多接触，深感其内容丰富，证理写景均平实可读。惟时以其未能引动更多读者为憾。近年闻有古籍整理单位，已着手纂辑《清文海》一书，长篇巨制，固非一时所能立就，即一旦竣事，人力物力亦非一般出版机构所能承担，更非一般作者所能庋藏，诚不如先有简本之得实用。于是颇有意于辑一选本。作者以清人为限，凡生于明而卒于清如顾、黄、王者入录，生于清而卒于民国如康、梁、章者不录。选文以多数人较熟知者为主，即所谓名篇。文章编次以作者生年为序，每人不超过二篇。每篇篇首撰有作者简介，两篇则不重列。正文加标点，以便阅读。正文之后有注释，但求通文达意而不多作考辨，至于读者对象则以中等文化以上者为主。据此凡例，共选文百篇，凡名人名篇，体裁内容皆尽量概全，以便让人们能有机会选读点清文。

原载于《中华读书报》1999年10月20日

读古书当读清人著作

清人张之洞曾与诸生论读书不必畏难之事说："读书一事，古难今易，无论何门学问，国朝先正皆有极精之书。前人是者证明之，误者辨析之，难考者考出之（参校旁证），不可见之书采集之。一分真伪而古书去其半，一分瑕瑜而列朝书去其十之八九矣。且诸公最好著为后人省精力之书：一搜补（或从群书中搜出，或补完，或缀辑）；一校订（讹脱同异）；一考证（据本书，据注，据他书）；一谱录（提要及纪元、地理各表谱）。此皆积毕生之精力，踵曩代之成书而后成者。故同此一书，古人十年方通者，今人三年可矣！"（《𬨎轩语·语学》）

张之洞的这段论述，确对读古书有所启示，他在《书目答问》中也较多地列举清人著述。事实上清人校读整理古书，为前人揭幽隐，为后学辟捷径，其功至伟；但是，涉及较广，难以措手，兹择其要者略述数端，以见一斑，或可备参考。

一、考证正史著作

考证为清代显学，乾嘉学派对学术贡献已属不议。名家辈出，著述繁兴。而钱大昕、王鸣盛、赵翼，则为乾嘉学派之史学重镇，影响后世，既巨且深，允推巨擘。

钱、王之学，主要在校勘文字，考订史实，以细密见长，善于从史实异同中分析问题。钱大昕对于古书也是"反复校勘，虽寒暑疾疢，未尝少辍"，他在《廿二史考异》的自序中曾说："更有空疏措大，辄以褒贬自任，强作聪明，妄生痕痈，不协年代，不搂时势，强人以所难行，责人以所难受，陈义甚高，居心过刻，予尤不敢效也。"钱氏学问渊博，于元史尤有独到，相传其曾著《元史稿》（岛田翰：《古文旧书考》），一作《元史续编》（昭梿：《啸亭杂录》七）。钱氏深通蒙古文，所著当有可观，惜其书已佚。《廿二史考异》中之元史考异部分具有极大参考价值。王鸣盛在其所著《十七史商榷》的自序中曾说："既校始读，亦随读随校，购借善本，再三雠勘。"其校勘取材于各种文献，以至金石碑版，"尽取以供佐证，参伍错综，比物连类，以互相检照，所谓考其典制、事迹之实也"。足见其治学方法。赵翼的《廿二史劄记》与王、钱二著齐名，但细密不及钱、王，而以综合见长。赵翼曾自言其治学之方法说："多就纪、传、表、志中参互勘校，其有抵牾处自见，辄摘出以俟博雅君子订正焉。"简言之，即以经证经，以史证史之法，而书中所归纳之问题，所见之问题，确具启发作用。

王、钱、赵所著《廿二史考异》、《十七史商榷》及《廿二史劄记》为乾嘉史学名著，名相近而所涉则有所不同。

钱氏所谓"廿二史"实际涉及二十三史，即于王氏之十九部史书中去旧五代而入《续汉书》，复增宋、辽、金、元四史，共二十三部，惟以《续汉书》与《后汉书》实为一朝之史，不宜作二史论，所以称"廿二史"。王氏所谓"十七史"止于五代，含《史记》、《汉书》、《后汉书》、《三国志》、《晋书》、《南史》、《北史》、《宋书》、《齐书》、《梁书》、《陈书》、《魏书》、《北齐书》、《周书》、《隋书》、《旧唐书》、《新唐书》、《旧五代史》、《五代史记》等十九部。王氏于各史皆有论述。书后附《缀言》二卷。当时以《旧唐书》和《五代史记》尚未列入正史，故以"十七史"名书。赵氏所谓廿二史实即今所谓二十四史，也因《旧唐书》与《五代史记》未在正史之列，所以称"廿二史"。这三部乾嘉史著确应视为读正史的资粮。若于读正史前先读此三书，则于涉猎正史大有裨益。

清代学者对正史的补志工作，尤具拾遗补阙之效。以补艺文、经籍志为例，信手拈来，可得多种。如黄虞稷《补宋史艺文志》，倪灿《补辽金元艺文志》，侯康《补后汉艺文志》、《补三国艺文志》，丁国钧《补晋书经籍志》，张锦《元史艺文志》（张书无刻本，卢文弨采入倪灿补志），而姚振宗《三国艺文志》、《汉书艺文志拾补》、《条理》及《隋书经籍志考证》尤称专门之作。此类补志若与原有史志连一体，则可构成自汉迄清之完整古书目录，借以见历代图籍存佚及文化发展状况，颇有裨于后学。

二、注表录著作

笺注之学源起较早，大约始于春秋战国，如《春秋》之有三传，毛诗之有《故训传》；魏晋至唐颇多以注为名，如《三国志注》、《水经注》、《世说新语注》和《文选注》等；唐代更有官方提倡的义疏之学，如《五经正义》、《周礼疏》。清代学者于此用力最勤，嘉惠后学最深。它不特疏通文字，诠释音义，补充事实，而其汇诸家散说于一编，附出原书下，尤省后学翻检之劳，时谓之新疏。

刘继庄是清初有思想有功力的学者，他对于做注疏的方法、目的及其重要性的论述反映了清学者的一种看法。他说："古书有注复有疏，疏以补注之不逮，而通其壅滞也。"（《广阳杂记》卷四）另一位大学者阮元说："窃谓士人读书当从经学始，经学当从注疏始。空疏之士，高明之徒，读注疏不终卷而思卧者，是不能潜心研索，终身不知有圣贤诸儒经传之学矣。"（《十三经注疏序》）还有一位学者钱大昕曾提出过注经与注史的不同："注经以明理为宗，理寓于训诂。训诂明而理自见；注史以达事为主，事不明，训诂虽精无益。"（《清史稿》卷四八一《钱大昭传》）正由于不少学者的重视，所以清代注疏之学大盛。其涉及范围之广，搜检用力之勤，的确超越前代。学者或疏旧注，或撰新解，都能总结前人成果，做出重大贡献。其中如早期王念孙的《广雅疏证》和晚期孙诒让的《周礼正义》，都堪称有所发明的力作。清代学者注史之作也不少，如惠栋的《后汉书补注》二十四卷，彭元瑞、刘凤诰合著的《新五代史注》七十四卷。有一人而成多种者，如王先谦之撰《汉书补注》一百卷、《后汉书集解》九十卷。周寿昌先后撰成《汉书注校补》五十六卷、《后汉书注补正》八卷、《三国志注证遗》四卷，均称精博。他在著《汉书注校补》一书时，不仅熟读《汉书》，丹黄殆遍，即书稿也经十有七易而告竣，功力之勤，概可想见。

不仅如此，清代学者还进行了旧注的纂辑、研究工作，为读古书提供了极大的方便。阮元主持纂集的《经籍纂诂》几乎将唐前旧注搜罗殆尽。它不仅将散见诸籍的汉唐旧注汇集起来，取得了"展一韵而众字毕备，检一字而诸训皆存，寻一训而原书可识"（《经籍纂诂》王引之序）的效果，而且使该书具有"经典之统宗，诂训之渊薮，取之不竭，用之无穷者矣"（《经籍纂诂》臧镛堂序）的价值。另外如仪征刘文淇与子毓崧、孙寿曾，三代相继纂辑的未完稿《春秋左氏传旧注疏证》，止于鲁襄公五年。刘氏世代攻研《左传》，深有造诣，因感汉注亡佚，于是以三世之功搜求汉儒贾逵、服虔、郑玄等人旧注为据，复博采先秦至唐之典籍及清人研究成果而撰写疏证。凡《左传》中典制、名物、天文、地理、鸟兽、虫鱼等，均加注释。稿虽不全，但它不仅为研究《左传》的重要参考书，也可见旧注新疏的面貌。

表录之学，清人亦颇有成就。其最著者莫如万斯同之《历代史表》。万氏为清代史学正统派大家，力倡表志之重要，尝自著《历代史表》五十九卷。《四库提要》评其书称："其书自正史本纪志传以外，参考《唐六典》、《通典》、《通志》、《通鉴》、《册府元龟》诸书及各家杂史，次第汇载，使列传掌故，端绪厘然，于史学殊为有功。"朱彝尊在该书序中说："揽万里于尺寸之内，罗百世于方册之间，其用心也勤，其考稽也博，俾览者有快于心，庶几成学之助而无烦费无用之失者。"黄宗羲为其书序曰："诚不朽之盛事，大有功于后学者也。"清人表志专书可用者颇多，如洪饴孙的《三国职官表》、沈炳震的《廿一史四谱》和李兆洛的《纪元编》等。这类表录之效用，诚如张之洞在《书目答问·略例》中所言："此类各书为读一切经史子集之途径。"

三、专著别集之作

清人有不少专著对研读古书很有用，如读古书首在识字辨字，而虚字尤感困惑，清代学者对此用力甚勤，而贡献亦大。刘淇有《助字辨略》五卷，收字四百七十六个，对虚字意义及用法有所解释。而最精审并负盛名者，莫过于王引之的《经传释词》。《经传释词》十卷，成书于嘉庆二十四年，搜集古籍中词例甚丰，又承其父王念孙家学，故书中时有"家大人曰"之词，即其父之说。全书共释虚字一百六十个，能补前所未及，正前之谬误，并略去其易晓者，颇为简要精审。惟多偏重特殊用法，而略于一般用法。古书语法义例多含规律，人多不察，晚清学者俞樾曾发其幽隐，就古书语法义例，条其疑义，取九经、诸子加以分析归纳，成《古书疑义举例》七卷，共八十八例。此书影响甚大，后人曾有多种增补。

清人别集的数量，尚无确切的数字，近有人估计约四万种，数似过多，或为四万卷，其数量亦可谓多矣。不过清文的价值不只在数量上，其体裁之多样，内容之丰富，作者群之广大，皆足以有别于前代而卓立于散文史上，呈熠熠光采。清人张之洞为指示后学读古书门径，特撰《輶轩语》，以作启迪，并在《语学》篇中标举"读国朝人文集，有实用，胜于古集"，并详加解释说：

> 朱彝尊、卢文弨、戴震、钱大昕、孙星衍、顾广圻、阮元、钱泰吉集中，多刻书序跋，可考学术源流，群籍义例；朱彝尊、钱大昕、翁方纲、孙星衍、武亿、严可均、张澍、洪颐煊集中，多金石跋文，可考古刻源流，史传差误。此类甚多，可以隅反。

今人张舜徽著《清人文集别录》二十四卷，收清人文集六百种，仿向、歆遗规，条其篇目，论其指归。其自序曾论清人文集有助于读古书及个人之受益等事云：

> 盖自乾嘉盛时，朴学大兴，而诂经、证史、议礼、明制、考文、审音、诠释名物之文，最为繁富，苟能博观约取，惟用尤宏。又不啻为经、史、小学、群书之羽翼矣。舜徽自少治文字、故训、声韵之学，后乃进而理董群经、诸子及历代史籍，恒旁稽清人文集、笔记，以博其趣。释疑祛惑，受益实多。

张氏复于各篇条举其有用于读古书之内容，如述朱彝尊《曝书亭集》篇有云："今观是集卷四十二至五十五题跋之作，辨订群书，考证碑版，虽得失互见，而大体多精，要非博涉多通而识断通核不能为。"又述万斯同《群书辨疑》篇有云："是集卷一至卷三皆考论经传，卷四杂论古今丧礼，卷五论周正及《春秋》、《孟子》，卷六为谛说及房室、祔庙、迁庙考，卷七为历代庙制考，卷八辨石鼓、石经及古文、隶书，卷九杂论字学书，卷十辨昆仑河源，卷十一、卷十二杂论宋、元、明史传记，而以论丧礼及明史者为最精。"此所举犹学者之荦荦大者，其他一般著述中有助读古书者，亦比比可见。若以此书索骥，颇便检索，惜所收仅六百种。今张老已去，后学有能继此而作者，殆难矣！

四、笔记杂著

笔记的特点，大要是：内容为杂，形式为散。是以历代著录多入杂家与小说家。其体始于汉魏，兴于唐宋，而盛于明清，清代尤超越前代。就我历年所亲加检读于丛刊单刻者，约有四百种，其知而未见者，则不止数百种，合其数当在数千种。其中可作读古书之助者，时有所得。尤可注意者，清人笔记中专有考据辩证一类，据一种统计，较著名者即有二百种左右。这类笔记多为学者考订文字、注释名物之作，对研读古书有释疑解惑之效。甚者有专为考辨而成书者。嘉道时人沈涛所著《铜熨斗斋随笔》为其晚年作品，内容纯系考订古籍。凡八卷，经、史、诸子、诗文、杂著均加涉及。卷一为《易》、《诗》、《书》、《礼》等经，卷二为《周礼》、《礼记》、《春秋》、《论语》及《尔雅》，卷三为《孟子》、《国语》、《国策》、《说文》、《广韵》及《史记》，卷四为《史记》、《汉书》及《后汉书》，卷五为《三国志》至《隋书》，卷六为两《唐书》至元史，卷七为《老子》、《荀子》、《吕氏春秋》、《淮南子》、《列子》、《论衡》、《文选》、《世说》及一些杂著，卷八为字义俗语及人物逸闻。是书于考订笔记中，颇见功力，不仅于古籍之文字错讹、释义不洽者，多所订正。尤能不为名家成说所囿，自出新见。如卷一《史记用古文说》条，对臧庸、王念孙的《史迁所用皆今文》之说，加以驳正；卷四《谥号通称》条，主张古谥号通称说以驳洪亮吉；卷六《萧方》条，评《新唐书》误萧方等为萧方。其他论及职官、政制、人物等，也皆有可取，颇有益于读古书者。

他如同光时人卢秉钧，虽不甚知名，但曾在晚年"翻阅群书，互相考证"，著《红杏山庄闻见随笔》二十八卷，其书分经训、读史、解字、舆地、时序、格致、称谓、医药、仙佛（神鬼附）、人才、忠孝（奸佞附）、巾帼、词翰、学校、选举、职官、葬祭、谈苑、术数、宝玩、怪异、鸟兽虫鱼、草木花果、外域等二十四卷。另有经史、舆地、解字格致、时序神鬼等补遗四卷。分别辑引群籍，以类相从，有所考校。若借以翻检追索逸闻故实、经史议论，亦可备参考。若读古书有所窒碍，往往亦可自笔记中求解，惜人多以笔记为小道而忽之！

五、结语

近年颇多勤学好古学子，时以读古书为苦，来舍质疑。我虽寝馈文史数十年，而时运起伏，未遑浸淫，所见亦仅一孔，难作指南。惟鉴其诚意，勉就历年读清人著述所得，条举数端，信口作答，并随手札录，积为短笺寸简。暇日少加首尾，缀辑成文，名之曰《读古书当读清人著作》，今特付《文史知识》刊出，以就正博雅。

二〇〇三年三月一日写于南开大学邃谷

原载于《文史知识》2003年第11期

乾嘉史学三家

清人张之洞曾与诸生论读书不必畏难之事说:"读书一事,古难今易,无论何门学问,国朝先正皆有极精之书。前人是者证明之,误者辨析之,难考者考出之(参校旁证),不可见之书采集之。一分真伪而古书去其半,一分瑕瑜而列朝书去其十之八九矣。且诸公最好著为后人省精力之书:一搜补(或从群书中搜出、或补完、或缀辑),一校订(讹脱同异),一考证(据本书、据注、据他书),一谱录(提要及纪元、地理各表谱)。此皆积毕生之精力,踵曩代之成书而后成者。故同此一书,古人十年方通者,今人三年可矣!"

这段话从近年多读清人著述而感到确有一定道理,即以读史而言,凡遇到清以前史书中的疑难,往往可从清代学者的著述中求得答案,其中王鸣盛、钱大昕、赵翼三家著作尤能使人受益,他们可以称得起乾嘉学派之史学重镇。

钱、王之学主要在校勘文字,考订史实,以细密见长,善于从史实异同中分析问题。王鸣盛在其所著《十七史商榷》的自序中曾说:"既校始读,亦随读随校,购借善本,再三雠勘。"其校勘取材于各种文献,以至金石碑版。"尽取以供佐证,参伍错综,比物连类,以互相检照,所谓考其典制、事迹之实也。"足见其治学方法。钱大昕对于古书也是"反复校勘,虽寒暑疾疢,未尝少辍"。他在《廿二史考异》的自序中曾说:"更有空疏措大,辄以褒贬自任,强作聪明,妄生疵疠,不协年代,不揆时势,强人以所难行,责人以所难受,陈义甚高,居心过刻,予尤不敢效也。"钱氏学问渊博,于元史尤有独到,相传其曾著《元史稿》(岛田翰:《古文旧书考》),一作《元史续编》(昭梿:《啸亭杂录》七)。钱氏深通蒙古文,所著当有可观,惜其书已佚。《廿二史考异》中之元史考异部分具有极大参考价值。

赵翼的《廿二史劄记》与王、钱二著齐名,但细密不及钱、王,而以综合见长。赵翼曾自言其治学之方法说："多就纪、传、表、志中参互勘校，其有牴牾处自见，辄摘出以俟博雅君子订正焉。"简言之，即以经证经，以史证史之法，而书中所归纳之问题，所见之问题，确具启发作用。

王、钱、赵所著《十七史商榷》、《廿二史考异》及《廿二史劄记》为乾嘉史学名著。名相近而所涉则有所不同。

王氏所谓"十七史"止于五代，含史记、汉书、后汉书、三国志、晋书、南史、北史、宋书、齐书、梁书、陈书、魏书、北齐书、周书、隋书、新旧唐书、新旧五代史等十九部，于各史皆有论述。书后附《缀言》二卷。当时以旧唐书和旧五代史尚未列入正史，故以"十七史"名书。

钱氏所谓"廿二史"实际涉及二十三史，即于王氏之十九部史书中去旧五代而入《续汉书》，复增宋、辽、金、元四史，共二十三部，惟以《续汉书》与《后汉书》实为一朝之史，不宜作二史论，所以称"廿二"史。

赵氏所谓廿二史实即今所谓二十四史，因旧唐书与旧五代史尚未明令列入正史，所以称廿二史。

王、钱、赵三家的这三部著述，虽有人对其中《廿二史劄记》一书的作者持异议，但这三部乾嘉史著确应视为读正史的资粮。若于读正史前先读此三书，则于涉猎正史大有裨益。这三家的劄记性著述，过去几乎是治史者案头必备之书。目前，这几部书不仅早已失去案头书的地位，而且也不大为人所谈及。如果真想加强一些史学功底的话，读这些书也可算是一条渠道。

原载于《文汇报》2000年1月22日

言之无文　行之不远

　　这一题目最早见于《左传·襄公二十五年》。它主要要求人们在说话、写文时都要注重文采，才有利于广泛流传。历代相沿恪守，南朝梁的文章评论家刘勰在其所著《文心雕龙》中有不少地方论及文采的重要。他提出"铺采摛文，体物写志"的主张，意思说没有文采的文章是难以描写事物和抒发感情的。下垂明清，文采更为操笔者所重。我青年时喜欢读公安、竟陵二文派的文字，就因为它们俏丽好读。文学大家李东阳还把《左传》这句话改写进自己的著作《空同子》中。清代重要文派——桐城派的姚鼐还为写文提出义理、考据、词章三大行文要领，明确规定为行文必遵的规范。虽然时代在前进，有许多前人的框框将被打破，但有些还是可继承的。近若干年，报刊上就有一些文字，连平铺直叙都未能达到，致使读者读之枯燥乏味。我做了几十年文字工作，形成一些写文的习惯，也略有点体会，有些对同道或能有可供参考之处，即使不成熟，甚至错误，也算一种看法。

　　一个人在学写文之前，最好有些古文中佳作名篇的储备。我在开笔写文前，先祖来裕恂先生曾从《古文观止》中圈选了各时代部分代表性作品，命我在毛边纸上用毛笔一篇篇抄下来，装订成册，并亲为此选本题名《古文选抄》，作为我的日课。读久了就能背，从中还体味到文采好、有情趣的各篇，就能很快烂熟于心，这也算是写文的基本功之一，积累越多，就越得益，并在以后写文时受其启示。有一种说法，就是写白话文无需古文底子，这是一种误解偏说。我见过一些白话文写得很好的人，他们对若干古文名篇多能朗朗上口。奉劝学写文者，还是读些古文吧！

　　学写文者在开始写文时，最好从短文入手，不要贪大。文章的好坏不在长短，陈寅恪先生五百字的短文被人称赞，而书刊上连篇累牍的万言书并没有多少人欣赏。我在读大学时，陈垣老师每周要学生写一篇读书笔记，或是由他统一命题，但唯一要求是限在五百字内，字数超过的发还重作。他发五百字的红格纸，不许加纸。有一次我故意在行格中写双行，结果被召唤到办公室，教诲我说：只有能写短文，才能炼好笔墨，才能铺展开写长文。他把我写双行的作业发还，命我重作。我被训之后，着意于铸炼推敲，写成五百字内的短文，表达文意似较前更集中凝练。写短文的教导是我终身难忘的铭言。

写文章的首要问题是立主脑，也就是先经过思考，有些能支持内容的资料，便可确立要写的文章主旨。所写文章要有实际内容，不要空对空，也就是不要无病呻吟。前辈学者范文澜教授在指导后学写作时，首先告诫我们："文章不写半句空。"有了主旨，就要提出自己对内容论述的主要论点，这是写作的基础。

在这基础上，就要搜寻更多的资料来支持和充实内容，达到自己也感到有说服力，有赏鉴性。资料的搜寻是写作的重头活，是文章的中心部位，资料的来源不外三方面：一是文字，二是图片，三是数字。过去多注重文字文献，多年前图片资料为人所注意，而近年由于面临大数字时代，越来越多的人大量使用数字文献。有了大量资料便需要整理、考证。整理是选用资料的过程，按内容梳理清楚，淘汰暂不适用的资料，但不要丢弃这些资料，因为这里不用，他处还有可能用。整理后的资料，要经过严格的考证。运用本证、他证、理证等方法，选用可信资料，但应注意孤证还是不用为好。

在主旨清楚，资料丰富后，就进入成文阶段。成文不要相信"洋洋万言，倚马可待"等骗人的鬼话。成文至少要经过三稿，在着笔之前先想想怎样成文，理清思路，虽不见文字，但有大致轮廓，一般称为"腹稿"。第二步是"初稿"，要经过铸字、炼句、分段、谋篇等过程，达到主旨清楚，文字通畅，声调起伏，辞藻润饰的目的。"初稿"完成后，要经过反复修改，对主旨与资料相互校核，避免文不对题，对文字注重文采。清代大文人袁枚在《随园书牍》中曾说："有文无章，如枯木寒鸦，淡而可厌。"章是章法的意思，也包含词章的指意。袁枚认为文章无有文采章法，就像枯木、寒鸦那样，令人生厌。经过这样过程，形成第三步的"定稿"，基本上完成一篇文章的写作。但这不算结束，还要进行一次全面认真的修改，方可拿出来发表。过去陈垣老师曾说过，写文章要经过三步，大意是：第一是搜集资料，第二是考证及整理材料，第三则连缀成文。他又说：第一步需用长时间，第二步亦需有十分之三时间，第三步则十分之二时间可矣。那就是说写文之前需要十分之八的准备。这是前辈学者的严谨精神，我认为至今仍有参考价值。

　　言之无文的责任主要固在写文者，但经手编发的责编也有一定责任。我最近在《中国图书评论》2013年第6期上读到一篇题为《言之无文，岂能行远？》的文章。作者搜集了当代学术著作中的若干病句现象加以分析和批评，并在文章结尾部分直率地写了一句话："著作在语言上有这样那样的问题，作者固然负有责任，责任编辑恐怕也'难辞其咎'。"我认为这句话切中时弊，责任编辑亦当引以为戒，把书刊文字编得更顺畅，修得更有文采，形成"言之有文"的作品，提供给读者。至少责编应向作者提出这方面的建议。

　　上面所说的一些，本是老生常谈，只不过应邀写点个人经历。虽然每个人各有不同，但文章要文采润饰，应是写文者都需注重的共识，但也不要为文采而文采，否则堆砌辞藻，那就使文章陷入另一陷阱，令人不能卒读。

二〇一三年七月溽暑挥汗写于南开大学邃谷

原载于《文化学刊》2013年第6期

编好中学历史课本

亡人国必先亡人史，足以见历史教育与国家兴亡关系之重要，是以历来皆以历史教育为国民教育重要之一环。这就是日本当国者屡以教科书问题大做文章，蓄意向青少年灌输歪曲的历史，以求一逞其非分之想的原因所在。国民教育重在向青少年施教，而历史教育的主要渠道即通过中学历史课程而取得应有的社会效应。课程质量之高低端赖乎课本质量，历年颁行之中学历史课本虽屡有修改，但终难为师生所满意，以致历史教育之效能渐趋低落，以致大多数青少年对祖国历史知之不详，甚或知之甚少，而于重大事件更不能具知始末，造成国民教育之一大缺漏。这是非常严重的问题，不能不引起有识之士的关注。

近年时时听到改编中学历史课本的议论，但也只听楼梯响。最近收到一份某历史专业刊物倡导讨论新教材编写问题的函件，函件中提出一条编写历史课本的原则，即"新世纪的历史课本应体现最新的研究成果，应渗透新的时代精神和价值取向"，要求史学工作者"应打破传统影响"，考虑"历史应该告诉下一代人最基本的内容是什么？应该让青少年记住什么？思考什么？"这三个问题问得很好，我忝为历史工作者之一，愿试作简要的回答：

1. 历史应该告诉下一代人最基本的内容是历史上的"荣"与"辱"。告诉下一代人，祖国历史上有哪些光荣的业绩，也遭遇过哪些屈辱的惨痛，要完整而简要地写明白、讲清楚，要充分吸取和体现最新的研究成果，也要渗透时代精神。我们的时代精神就是实事求是，既不歪曲历史，也不受"左"的影响。

2. 应该让青少年记住重大的历史事件和社会的重大变革，也决不可以忘记历史上的奇耻大辱和民族灾难。

3. 应该经常思考我们的先人怎样取得如此光荣的业绩，后人应该如何继承这种光荣传统，并继续发扬光大。人们更应该时时思考为什么会屈辱挨打，激励自己奋发图强，使祖国富强，巍然屹立于世界。

与此同时，我又收到一份新编课本试用稿中的一章，即第四章《北洋军阀的统治》，下分四节：第一节《北洋军阀统治的建立》，第二节《军阀割据下的中国政局》，第三节《帝国主义加紧侵略中国》，第四节《中国民族资本主义的进一步发展》。全章的结构内容与以往课本虽改动不大，但在各种附件的安排上，有所创新，如有章前小序，有随文插图，有原始文献的要点提示，有正文附注，有练习题，有阅读与思考的资料，有讨论题，有参考资料和论文摘要等等，所有这些，对中学生开阔眼界和增加知识都有好处。这是一种很好的试验。假如这一章让我写，我会怎样写？我想针对这份样稿，我会思考如下几个问题：

1. 北洋军阀究竟是个什么概念，中学生从这份教材中无从了解北洋军阀是什么？北洋军阀凭什么能建立起统治？它的建立统治和中华民国的建立又是什么关系？这无疑给学生留下很多疑问。

2. 历史是注意来龙去脉讲因果关系的，因此不论在正文或附注上应简要介绍北洋军阀的由来。小站练兵是北洋军阀的基石，又是中国军事制度改革的一件大事，应该向下一代讲清这类大事的内容。

3. 历史是讲究时间断限的，这一章既名"北洋军阀的统治"，那就应注明其统治始于何年，终于何年？如果以建立中华民国政府为上限，那么下限应在1928年东北易帜，我没有见到第五章，不敢妄议其是否缺漏。

4. 第一节第一目"袁世凯专权"只写了政治与军事，而没有涉及袁世凯在文化专制方面的所作所为，如控制舆论、查禁报刊等。

5. "洪宪帝制"与"张勋复辟"都是民初一股复辟专制主义势力昙花一现的闹剧，不是什么大事。而这章教材分别在第一、第二两节中，用了较多的文字加以叙述，实在没有必要。如果认为非写不可，不妨立"封建专制主义复辟逆流"一目，涉及二者一下。或者在"洪宪帝制"目末尾，提及后来又有"张勋复辟"但终归失败等等即可。

6. 历史总是由两个方面组成，有压迫就有反压迫，有侵略就有反侵略，有卖国就有爱国。这份教材只见军阀统治的建立、帝国主义的侵略，而不见社会公众的反军阀统治，反侵略的打倒列强，反卖国的爱国运动等人民群众在历史舞台上的踪迹。

7. 课本附入某些研究成果，可以让中学生扩大知识领域，是一种改进；但所引论文距今几近十年，似嫌陈旧。如果能引用最新资料，更增时代感；如果引用有争议的双方论文则对引起中学生思考问题、启发思路更有意义。

　　品味美食与下厨烹饪是两回事，前者易而后者难。在他人努力编写好的几节教材前指指点点，比较容易。如果让我来写，未必能写好。我只是把读后所感，写供有意改编中学历史课本者参考而已。

原载于《教材研究》2002年第10期

治学经验谈*

　　三十年代后期，我在天津一所中学读书，国文教员谢国捷先生（现任河北大学中文系教授）是一位家富藏书、学识渊博的青年教师。他不仅慷慨地借二十四史给我读，还单独地对我讲述了许多从搜集资料到撰写论文等方面的基础知识。在他的具体指导下，我在高中时期就完成第一篇论文《汉唐改元释例》的初稿，从而迈进了文史研究的大门。

　　四十年代初期，我考入北平辅仁大学史学系，有幸受教于陈援庵（垣）、余季豫（嘉锡）和张亮尘（星烺）诸师之门。先后攻读了陈先生的《中国史学名著评论》、《史源学实习》和《中国佛教史籍概论》；余先生的《目录学》和《世说新语研究》；张先生的《中西交通史》等。诸师不仅课堂讲授认真，而且亲自批改作业，一丝不苟。有一次我在作业上写了一个"本"字，陈先生在字旁划一红杠，眉批道："本无钩。"我在目录学课堂笔记的《孙子》一书下曾记了一句："清人重之（《孙子》），注者多至十家。"这是在课堂上潦草漏记，课后整理又不细核之误。余先生收看笔记时就在这句话旁边打了一个墨×，眉批说："十家注皆宋以前人。"这些例子很多，它使我以后在治学上努力做到谨慎从事。那时，余嘉锡先生指定《书目答问补正》作目录学的入门读物。我反复读了两遍，一无所得，就去请教。余先生在知道我已读过两遍后，面色才微有笑意。他为我讲了一番"书读百遍，其意自见"的道理，并指导我根据《书目答问补正》编制三个索引，即：其一，《〈书目答问〉所谓著述家之姓名、籍贯、学派、著述索引表》，其二，《〈书目答问〉著录之书籍而作者未列著述家之书名索引表》，其三，《〈书目答问〉未列著述家而著作著录于〈书目答问〉之各

---

　　* 本文为江苏省社会科学院主办《江海学刊》"治学经验谈"栏目之四，原标题为："来新夏　南开大学历史系，副教授（59岁）"。——本文集编者注。

家姓名著述索引表》。经过一个暑假的努力，编成了索引，自己也明显地感到有效，以后又读了《四库全书简明目录》，基本上奠定了比较广博的基础。我对这两部书所下的功夫直到现在还在起作用。

五十年代初期，我在华北大学历史研究室作范文澜先生的研究生，一面与唐彪同志（现任中国第二历史档案馆副馆长）等整理北洋档案，一面研究撰写纪念太平天国百周年论文，完成了《太平天国底商业政策》一文。这是我日后进行近代历史教研工作的第一篇论文。我在范老身边的时间虽然不长，但他的"板凳宁坐十年冷，文章不写半句空"的教诲却一直成为我克服躁气的良言。

积累资料是奠基工作中的重要一环，如何积累资料是不少青年文史工作者所关心的一件事。我在这方面主要抓了抄卡片、写提要两点。用卡片积累资料方便合用，既可抄原始资料，也可写索引，还可贴剪报等。不过其中有几点需加注意：一是不要怕费功。抄资料卡片往往开头难，因为十张八张既看不出问题，也不知有用与否，枯燥费时，很容易半途而废。必须说明，所抄卡片日后必定有一些无甚用处的，但是，不经过无用又如何迈向有用呢？二是不要图简便。抄资料要准确，删节部分要加记号，出处要详明，最好写明藏者书号，因为工作如调动，则可免日后需要查核原书时而不知书藏何处之虞；书号随手记下，并不费事，但可免日后翻查之劳。三是要记触景（资料）生情（对资料的理解和认识）的想法。这些想法有时很可贵，但往往一纵即逝，如当时记下来，日后翻读常会有新的启示。不过记录这些想法要与原始资料严格区分，加以注明，不可混为一谈。

写提要比抄书片要麻烦，但如能持之以恒，对翻检资料、帮助记忆，可奏奇效。我在开始研究近代史时，曾通读《筹办夷务始末》，随读随写提要，当时确是费时费事，但至今便于翻用，真正收到"磨刀不费砍柴工"之效。

抄卡片和写提要的根本立足点在于勤，要耳目脑手"四勤"，特别是要手勤——勤记勤写，不要自恃年轻，记忆力强，须知岁月推移，衰退是无法避免的，如果青年时期不养成勤记勤写的习惯，则晚年妙手空空，对若干事情只能若有若无，似是而非。那时的苦恼是难以言喻的。

治学能有所发明，独抒新见固然可贵，但更应该提倡一种"为人"之学。像我这样的人，略有一点基础知识，也有"莫笑老圃秋容淡，犹有黄花晚节香"的志向，就应该在有生之年多做点"为人"之学的工作。实际上，我近年来也在向这方面努力。我从实际的教学与科研工作中，常常见到人们为了论史证史，需从浩繁史籍中搜集资料时，大都是人自为政，穷年累月，孜孜不倦地检读爬梳，最后写成一束个人论文，但没有给后人留下方便。如果有一些人肯分门别类去清查一下史籍底数，把结果写成文字报告，再编写一些相应的工具书，那不就为另一些人提供了不走重复路的便利了吗？那不就可免去人人从头搞起的烦恼了吗？这就是由少数人为多数人摆好"梯子"，或者说甘当"铺路石子"。这种工作，过去援庵师曾感叹说："兹事甚细，智者不为，而不为终不能得其用。"我不仅深佩斯言，而且也确曾躬行实践。我曾以二十来年的业余时间，检读了近三百年来的人物年谱八百多种，一千余卷。一面检读，一面根据目录学的要求，每读一谱，便写一篇书录。书录记谱名、编者、卷数、版本、著录情况、谱主事略、编纂缘起、藏者和史料等，少则二三百字，多则千字，文字力求简要。经过多年工作，数易其稿，终于纂成一部五十万字的《近三百年人物年谱知见录》（将由上海人民出版社出版）。这样，不仅我自己掌握了近三百年大多数重要人物的基本情况和很多重要史料，而且为别人提供了剖析史料、论证史事、发现问题，扩大研究领域的文献资料线索，起到了"天增岁月人增寿"的作用。这种"铺路石子"的工作难道没有意义吗？"铺路石子"的领域十分宽广，有许多有待开拓的园地，我甘愿乐此不疲，目前正在订补《清人笔记随录》稿。我更祝愿人们"毋以善小而不为"，希望有更多的人用自己的学识多做"为人"之学，甘当"铺路石子"。

原载于《江海学刊》1982年第1期

来新夏先生答北大"学海社"杨帆同学问

杨帆同志：

转来《学海》二册并大札，均持读，谢谢！《学海》诸小友以古典目录学、地方志书并整理文献诸题相质询。我学殖粗疏，乏善可陈，加以即日南行，未遑作文；但为诸小友挚情所感，谬作忘年之言。

古典目录学传统之悠久，内容之繁富，确有用武之地。此学自汉至清浸成专门显学，而为学林所重视，但决不可视此为学问之拯，因其仅为治学之辅助。研治文史若从目录学入手可省大力，因目录学所反映者多为一时代学术之凝聚物。《汉志》、《隋志》无不反映前此学术文化之成就，而《四库提要》更为封建文化之总括，遂为学者进益之阶梯。但目录之书甚为枯燥乏味，读之使人有不能卒篇之苦，颇难入门，故当易"学海无涯苦作舟"为"学海无涯乐作舟"。有此读书之乐方可论及其他。欲得读书之乐当先明其学之所用。古典目录学之为用甚广，前代学者多有所论，汉人王充曾云："六略之录，万千三篇，虽不尽见，指趣可知"；唐人毋煚以目录之用可"览录而知者，观目而悉洞"，清代以来学者名言尤多。知其用即可祛其苦，而生孜孜以求之乐趣，乃得进而获取门径。

地方志数量浩繁，几占古籍十之一，虽良窳不一，而其为信息资源则无疑义，整理研究亦绰有余地。现全国已开展旧志整理工作，文史图书工作者多与其事。其方针是"综合治理，重点解决"，而当前重点则在汇编方志中有关经济建设之资料以备参考。河南某地区据志书所载千数年灾荒资料而采取相应措施，遂使农业于灾年而得丰收。浙江仙居县以志载资料选定栽茶点，遂为繁荣该县植茶、制茶建功。其他例证犹多，可证整理旧志之急迫。至于为八千余部志书撰写提要，也应分省分县组织进行，以利学者。文史图书馆工作者亦当注意及之。

整理文献，自孔子、郑玄以来，代有所为。中华人民共和国成立后，尤以近年，文献整理成绩甚显。此项工作视若平庸，实则颇有难度，其需鸿博学识固不待言，即以基本技能而言亦门类繁多，诸如点读、校勘、版本、目录、考证等传统技能无不为整理文献所需用，而青年学人于此又多未顾及。对此诸端实应弃糟粕、取精华而为我所用。为此，文献整理工作之成效将益见其功。

草述数端，恐未尽意，聊备采择。

顺颂学祺！

原载于《图书馆学研究》1986年第1期

基本技能小议

　　每个学者在处理本学科业务工作时，都会有一套基本技能的。自然科学中的实验程序就是取得数据，得出定理结论的基本技能；社会科学也有一套社会调查、文献研究的基本技能。历史研究工作必须"文献足证"和"详细占有材料"，这已是古今中外史家的共同认识。而如何处理好这些文献材料当然也需要有一套基本技能。这套基本技能在某些有经验有造诣的学者可能已从实践中摸索出自己的一套，但对青年和初学者则往往会有一段茫然无所措手足的过程。讲点基本技能对缩短这一过程是有利的。所谓处理文献材料的基本技能是多方面的，这里小议几点。

　　凡研究某一课题之前，首先要了解基本史料和前人成就。这就需要借助各种目录的指引。通过目录书来增长知识、提供文献线索是历代学者公认的途径。汉代王充提出要做"通书千篇以上、万卷以下"的"通人"，那就要掌握目录学这一基本技能来博览古今，畅通大义。清代学者王鸣盛更强调"凡读书最切要者，目录之学。目录明，方可读书，不明终是乱读"。语虽偏激，但也可见目录技能的重要。

　　使用目录书可以做到按类求书，但一书有多写众刻，何者为善，需加选择，那就需要掌握版本方面的技能，才能区别善本劣刻，避免谬误。清代版本学家顾千里认为不讲版本是自欺欺人。另一学者段玉裁还把寻求好版本作底本视为治学的第一步。只有具备选择善本佳刻的版本学技能，才可明辨哪一版本的书内容比较完整，文字比较正确。否则读了误本，用了错误资料，便会招致无法理解，甚至发生荒谬的笑话。

　　运用文献资料还会遇到分段分句的问题。古人对历史文献一般是有句读符号和其他标志的，但从雕版印刷盛行后，可能为了减工省料，较多的印本就不加句读，致使某些文献资料难以卒读，于是句读问题也被视为处理文献的一种基本技能。宋代史学家欧阳修在一首题为《读书》的诗中以"篇章异句读，解诂及笺传"的诗句来说明自己的基本技能训练。另一位学者何基有"凡所读无不加标点"的长处，《宋史》特把此事写入本传。如果对句读疏忽，即积学如胡三省也会在《通鉴》卷一七三将郑译复周主的对语作了误断误释，致贻后人以口实，备受指摘。陈垣师在《通鉴胡注表微》中特引此例为后学者戒。

能够循读文献，尚须广搜异本、比勘异同。孔子整理诗书就作过"去其重"的校勘工作；郑玄对诸经的"刊改漏失"；唐宋以来学者多"亲自校定铅椠"；清代则更"博征善本以校勘之"，使校勘成为专学。因为通过校勘，可以正事实、通文字、去谬误，所以陈垣师曾说过："校勘为读史要务，日读误书而不知，未为善学也。"并概括了对校、本校、他校和理校的校法四例。此四例便是校勘工作的基本技能。

校勘而有异同，就需要考证来定底本与立说的是非。考证也有一套基本技能，那就是本证、旁证与理证。文献资料经过考证就置研究工作于坚实可靠的基础之上，为学术研究工作的抽象概括和具体分析提供了便利。

对于目录、版本、句读、校勘、考证等方面的研究都可以算作处理文献资料的基本技能。它们都是进行学术研究必要的工作手段——一种辅助学科。它们虽不能放到学术极致的地位上，但在学术研究工作中应该善于应用，熟练掌握。要容许一部分人专门从事这类基本技能的研讨，逐步完善和规范化，以便于青年和初学者掌握使用。这对于加速学术发展是有好处的。作为青年和初学者来说，也不要以为这些都是陈旧方法、雕虫小技，不屑一顾，或者一笔抹煞，而应该以批判继承的态度，更好地提高它、完善它、掌握它、运用它。

原载于《史坛论丛》 光明日报社史学专刊编 重庆出版社1984年版

寄语高学位学侣

　　人生不论长短，大部分时间都在"学"字中过活。对大千世界中各行各业，各门各类，无论学好学坏，学多学少，统可谧之为"学"，此就广义言之。若就狭义之学校教育言之，则所用时间，不过占人生几分之几。九年义务教育制推行前，有四年、六年、九年、十二年、十六年等等档次；九年义务制推行后，低限提高，而上限则沿十二、十六档次而上升至十九年（硕士）、二十一二年（博士）；但就学人数则相对减少。至于循十六年之阶再晋至十九年之研究生等高学位档次，从绝对数字言，似年有递增；但衡以相对数字，自应视其人为凤毛麟角，国之瑰宝。此我之所以于其人刮目相看而心怀崇敬。我仅马齿徒增而无高学位，文题冒称学侣，正借以贴金增辉而已。既称学侣，当可无"谆谆……"与"诲人……"之嫌，聊作寄语，借陈末议，以共切磋。

　　吾生有涯而知无涯，此二千年前庄子悟道之言，吾侪自当无愧前贤，深谙此理。高学位者于智力结构中无疑当属高档；但不可不知，高档者仅某一类之高档，孰敢云为万端之高档，设入之其他品类或恐尚未入流。有涯无涯之解或正在于此，若时以无涯为念，其将虚怀若谷，上下而求索，则前途亦将浩荡无垠矣！

　　"博学以文，行己有耻"是明清之际大学问家顾炎武与友人书中之语。植根于博，务求乎精，方可称高档智力。我尝戏言：博而不精，可资谈助；精而无博，难维生计。无论智力高低均宜先具适应工作之博以谋稻粱，再求异军突起之精以树宏业。博而后精方可触类旁通，巍然屹立；转益多师，交叉渗透，尤见成效。设沾沾于一己之得，何异抱残守阙？至若耻之一字应为高学位者安身立命之本，不取不义，不食嗟来，斯为正道！

　　学术二字久成惯语，设析言之，学与术实为二端，学以立身，术以应世。须知有学有术，济世干才；有学无术，迂腐夫子；有术无学，世俗庸鄙；不学无术，则难乎其说矣。键户下帷，久成过去；今之学者，学术何可偏废？有学有术，斯为鹄的，取法乎上，仅得其中。愿与高学位者共勉。

所陈三义，或可视作巷议俚说。唯出之肺腑，人神共鉴。年虽垂暮，尚能自勉兼听。甚望诸学侣有以教之，幸甚！幸甚！

原载于《冷眼热心——来新夏随笔》（当代中国学者随笔）　来新夏著　东方出版中心1997年版

一手二手与三手

最近在《文汇报》书缘版上，读到柳园先生的《第二手研究如何立足》（2005年3月19日）的大文，颇多启发。这是一篇因沈国威与冯天瑜论争引发的"意在诗外"之作。柳园先生在文中肯定了第一手研究，指陈了第二手研究的特点是："课题往往比较宏观，研究成果中综述他人的材料较多，其著作因而部头较厚，但学术含量相对较低"，并举出第二手研究的一个极端的例子说："身为学人，而根本不用亲临学科第一线，只需由学生代为搜罗现成材料，他在讨论时，发发指示即可。"柳园先生笔下未免宽厚了些，这不是"极端的例子"，我曾遇到过不止一个这种例子，而且这些"发指示"的先生们，竟然给这种行为加上一顶极美丽的帽子，名之曰"出思想"，公然交代学生说："我出思想，你们找材料"，于是学生"照方抓药"，从二次文献、从网上爬梳下载，把材料与先生所出的思想脉络一碰撞，加以焊接，立马完成宏观性极强的皇皇大文。这种第二手研究无疑是难以立足于学术！

柳园先生在文中肯定第一手研究，批评了第二手研究，但并没有完全抹杀第二手研究，他认为"今后第二手的研究，仍会大量存在，而其中搞得好的，也的确会有不可取代的价值"，"要完全否定第二手研究是不现实的"。柳园先生还深情地期望："必须提高第二手研究的学术含量，使其真正成为学术，成为研究，充满独到的创见，而不仅仅是一种结纂。"这是非常公允的卓见，因为第二手研究在图书文献学领域中是不可或缺的一种整理文献手段，称为第二次文献，而判断第一手研究的价值，往往先视其篇首对本课题的前人研究成果综述得如何，这类二次文献是用以确定本论文的起步点和有无研究价值的根据。按照学术规范，它是第一手研究不可或缺的组成部分，而关键在于学术含量究竟有多高？

不过，柳园先生对第一手和第二手研究者的时间定格，似尚可斟酌。文中把第一手研究归诸"年轻一代",而把第二手研究归诸"前辈学人",并把"前辈学人"定位在上世纪60年代成长起来的那代学人中,虽然解释这代学人"从事第二手研究的相对比较多",但容易引起误解,以为这是两代人的特点区分。实际上这两部分人中,都有做第一手或第二手研究的,所以我以为:以不按时代划分为好。

柳园先生文中谈论了第一手和第二手研究,但遗漏了第三手研究。我把第三手研究简称为"扒手研究"。由于二次文献的充盈和高科技的发展与应用,有那么一些号称学人的人,在名缰利锁的牵引下,可以用最快速度,从大量第一、第二手研究中,摘取名段警句,缝缀在一起,略加连贯润色,就能妙手成文,这就是"第三手研究"的成果。所以我曾说过,如果一篇论文字字珠玑,句句精彩,那就要警惕这是不是"第三手研究"的成果?

我和柳园先生有二点共识,那就是:"发扬第一手研究,提高第二手研究";但我为柳园先生补充一句:"摒绝第三手研究。"只有这样,学术才能繁荣兴旺!

原载于《文汇读书周报》2005年5月27日

文化覃思

文化与文明

文化与文明是两个意近而又不同的概念。把人类生活和政治、经济诸活动从后进状态向前推进一步，可以称之为文明的提高；而各国各地各民族为提高文明的形式、习惯和方法等等的综合体就是文化。或者说文化是反映文明发展的意识形态部分。文化是源，文明则是流。文明程度的提高将在一定的条件和时间汇聚而成为一种新文化的起点。

一个民族的文化既有其民族的特异性，但却不应有排他性。在这二者之间更不能无原则地极端地强调某一方面。一种文化是一个国家和民族的一定的社会、经济在观念形态上的反映，同时它又反过来为其民族和国家服务的。文化是随着历史的发展而不断创新的。这种不断创新经过人民实践的认可而充实民族文化的武库。这种创造来源于全民族，并为全民族所共享。汉初叔孙通定朝仪是当时为稳定和推进封建专制主义的一种礼仪文化，但却并非叔孙通一人的"独创"，而是参考了周秦以来的礼仪设想，并移用了民间的祭祀形式而加以丰富和规范的。唐朝黄巢起义用石人一只眼的民谣，鼓动民众，反对唐朝的统治；大约五百年后，元末的刘福通又用它来反对元朝的统治。二者在推动社会发展方面都起了作用，显示出民族文化的一种继承关系。

当然，民族文化也还有其应批判的另一面。五四时期的新文化运动正是批判了旧的封建文化而出现的。所以中国文化应是中华民族共同创造而自具特色的。而且其自身也将在继承批判中不断创新与发展。我所说的民族特异性并不等于呼号保存国粹；相反地，民族文化要求发展创新就不能抱残守缺，固步自封，而应该广泛吸取，选优补缺。做学问要能博观约取，生物发展要有杂交优势。世界上没有绝对纯的东西，纯之又纯会退化，而杂则往往能使人去粗取精，发展增殖。唐朝吸取外来文化出现了盛唐的灿烂文明，明清的西学东渐繁衍了康乾文化的内涵。新文化运动寻求到"民主"与"科学"，开辟了中国近代历史的新纪元。当前应该认真寻求和筛选西方文化中的优秀特质，使之与我们民族文化的特质互相交融，以丰富和创新我们民族文化的崭新面貌。

在建设新的文化过程中要特别注意文化的发展并不绝对地表明文明程度一定随之提高。它们之间虽有一种源与流的关系，但源头活水不一定都是顺流而下，也可能出现逆水回转的滞退现象。文化愈发展，文明愈堕落的逆向现象也存在于现实生活中。十八世纪以来，西方也曾出现过文化发展与文明堕落的反差观象。这不能不引起我们的关注和深思。因此，我们在建设社会主义新的民族文化的进程中必须物质文明与精神文明并重，以正确的理性态度对待本土传统文化和外来文化，那就是说我们的新文化不是挂东方文化还是挂西方文化匾额的问题，我们要挂的是有发展优势的融合而后创新的文化。我们要善于择善而从，吸取融合，比较完善地创建出适应于自己政治、经济发展的全方位、多层次的社会主义新的民族文化体系。这一文化体系的建设要经过全民族的共同努力，踏过跨越世纪的艰辛路程来完成的。

原载于《邃谷谈往》（说文谈史丛书）　来新夏著　百花文艺出版社1999年版

中华文化建设的跨世纪展望*

关于中华文化建设问题，近年颇多不同的主张与见解。如新儒家说、彻底重建说、西体中用说、"西化说"和综合创新说等等。各家自抒胸臆，热诚地提出若干应世妙方，规划发展前景，但尚难取得共识。我看只要不取非此即彼、不容异说、唯我为是的极端态度，那么，经过商榷讨论，将会愈辩愈明，再核之以实际而加以不断校正，便能建立起经过选择、吸取、融合而创造出跨世纪的新文化体系。

一、继承·选择

对传统文化的继承不是全盘接受，而是应有所选择。选择就是如何认识和对待本土传统文化的问题。在讨论中，主张恢复者有之，主张抛弃者有之，主张区别对待、择善而从者亦有之。其所以众说纷纭，莫衷一是者，就在于对"传统"的含意认识不足。

"传统"是特定时代不断形成和不停发展的一种历史概念。它既是社会存在的反映，也是不断变化发展的成果。它必须经过持续沿用和普遍认可。任何国家和民族的传统文化既不是单一的，也不是只有好与坏的两种极端，而是多来源、分地区、全方位、多层次、有选择地反映时代与地域，所以，不能把传统看作只是有害的保守阻力，而应视为"既是包袱，又是财富"。因此，我们必须以一种

---

* 本文初写于1996年8月，1997年3月改写，5月间，本文的部分内容曾先后在美国乔治亚州大学亚洲研究中心、加拿大温哥华中华文化中心和香港浸会大学历史系作过讲演，8月间经又一次修改后定稿。

选择的态度来认识它。

既然如此，那么对传统就不能凭一种主观臆断或情感牵制而采取恢复保留或摒弃斩断的态度，而必须采取一种审慎选择的态度。所谓选择就是要筛选、淘汰、保存、继承和发扬，并将精选所得更新为现实的和未来的新文化的结构成分。从汉魏以来，中国的传统文化都在这种不断探求、选择中形成新的文化模式。直至近代，这种探求仍在继续。

近几十年来，中国对传统文化的选择标准，首先是"取其精华，去其糟粕"，并加以诠释作民主性精华和封建性糟粕。这个标准曾产生过一定的时代效应，运用也简便易行，但却简单化了。把衡量传统文化的标准简化为非此即彼是窒碍难行的。因为其一，如视传统文化只有精华与糟粕，即好与坏的区别，那么既非精华又非糟粕的无益无害的中性文化就不存在了，而中性文化又确是现实的存在。其二，如果这样，那么传统文化中的许多内容将被冠以糟粕之名而被抛弃掉，致使悠久的中华传统文化出现大片的虚无空白。另有一种标准便是人所习知的"古为今用"。这从按现实需要在历史遗产中去挑选为我所需的角度看，有其一定的合理性；但它忽略了从现实反过去认识传统文化的价值取向。因为每一种文化现象都是特定历史时代的产物，可能虽非现实所需要，但仍不失其在原有历史环境中的光辉地位。如果只提"古为今用"，而忽视传统文化本身的历史价值，那就使本来具有丰富内涵的传统文化仅仅存留"以今用古"的单项内容，而不能正确地、历史地达到既"以今用古"，又"以今识古"的全面认识了。

近年来，更出现了一种复兴儒学的主张，而且很流行。他们把儒学作为高度物质文明中用来医治精神弊病的"良药"，当然其中也不可避免地包括一部分异域游子寻根意识的感情纠葛，它属于如何认识传统文化的一种思潮。但它对建设新文化似乎无补实际，甚至在"崇古"感情支配下会阻止或削弱对传统文化中已失去生命力的不合理部分的冲击力。海外学者对中华文化的认识多从探讨中华文化的核心入手。港台学者多主张以儒家思想为核心，以儒家学说为主流；西方学者也多以儒家来概括中华传统文化。这显然是把中华传统文化的丰富内涵局限得过于狭小。即以儒学而论，也是杂糅多种文化来源的混成物，《荀子·法行篇》中就记有一位学者曾提出过"夫子之门，何其杂也"的质询。所以用儒家思想作为中国传统文化核心的说法似乎比较笼统，而应更深入地探讨。中国的传统文化既不像希腊文化那样注重人与自然的关系，也不像印度文化那样注重人与神的关系，而是推崇和主张以人文主义，更准确地说以人伦思想为核心。在中国传统文化中把人与自然的关系摆成"天人合一"的模式，司马迁所说的"究天人之际"就是要沟通人与自然的关系，并把这些关系载入史册。对于人和神的关系则处理成一种泛神观念，即凡是在人周围的神都是以人的意愿去确定其存在和命名的，"祭神如神在"正是对这一意愿的典型概括。中国传统文化对人际的现实关系非常注重：仁人爱物，尊老爱幼，人伦纲常以及"未知生，焉知死"等等论题都表明中国传统文化的核心所在。

那么，究竟应该怎样来认识中华传统文化呢？我认为应持如下一些观念来认识中华传统文化：

（一）不能把中华传统文化盲目地尊作圣人贤哲所遗留而不加筛选，更不要以过去的枷锁来束缚后来的发展。

（二）传统文化是历史的累积。历史悠久的民族在文化积累过程中自然会有沉渣。因此，传统文化势必会泥沙俱下，良莠并存，即使其精华部分也很难说毫无瑕疵。

（三）中华传统文化不是凝固的死亡遗体。它既有过去的源头，也有现实的特色，更是未来的起点。其中必有可被选择的，它会随时代的需求，不断变化和发展的。所以，不可轻率地把孩子和洗澡水一齐倒掉。

（四）中华传统文化是多层次、全方位的。有物质的、制度的、风习的、思想的、上层的、民间的等等。所以不要把它看作只是单一的内容。

（五）中华传统文化中有不少与现代社会有矛盾冲突的内容，如平等与等级，开放与封闭，改革与保守，横向吸收与垂直承受等等，所以必须要善于认识历史与现状，明辨是非，择善而从。

有了这些认识，那么在传统文化纷繁内容面前进行选择就不致感到困惑而束手。因为它既能就历史条件作量的描述与记录以显示特定时代的璀璨；也可用发展观点作质的评价和选择以适合现代化民族文化建设的撷取与需要。这也可消除有些人一听到谈论如何对待传统文化时，就视作一种文化复古主义的误识。

二、吸收·融合

任何一个民族、一个国家在完善和建设自己的文化时，不仅要继承和选择本土文化，还要善于吸收和融合外来文化。长期以来，外来文化似乎专指西方文化，但不容忽视的还有以日本为主的东方文化。中国在某一历史时期还有所谓学习苏联的"苏化"问题。对待外来文化的基本态度应是对所有本土文化以外的外来文化资料都能择善而从，并能科学评价，加以吸收和融合。从汉晋开始，中国传统文化就对外来文化从不断探求和选择中发展自己新的文化模式。如汉以来对佛教文化的融合、唐代长安成为当时中外文化兼容的总汇以及明清时的西学东渐，传教士大量地移植外来文化，甚至大臣（徐光启）帝王（康熙帝）都亲自学习和介绍外来文化。近代之初，魏源等所提出的"师夷之长技以制夷"口号，虽有狂傲的偏见，但确是吸收外来文化的一种明智态度。维新运动时，维新分子樊锥在《湘报》发表《开诚篇》（三）一文中呼号"一革从前，搜索无剩，惟泰西是效"，力主仿效明治维新，这可称是"全盘西化"的最早公开号召。清末更提出"中体西用"的口号。这是当时中国正处于内外交困的特定历史条件下产生的。它被迫接受传统观念中视为"奇技淫巧"的外来器物层作为"西用"，来改进中国落后的生产力，以求富强。同时还企图以推行"立宪"运动和派五大臣出洋考察来挽救大厦之将倾，终因缺乏认真了解外来文化的真谛而未见成效。民国以后，由于实行西方某些资产阶级政治制度，西方的社会风习随之而来，并被一些人所接受；但适逢军阀混战的动乱局面，尚难顾及深层的文化观念。即使有也都是一知半解、支离破碎的扭曲，或浮游于饮食服饰的表层，难以深入到思想、政治、经济的深层，而真正使西方文化对当时中国社会产生明显影响的，则是七十多年前的五四爱国运动。

五四运动的冲击波推荡出有关中国文化的论战，其中最有代表性的态度是"全盘西化"论。这个口号不仅有其认识上的片面性，客观上也造成恶劣影响。它是二三十年代文化论战中某些知识分子以放大镜观测传统文化劣的一面所产生的愤慨偏激情绪的产物。它的最早主张者之一陈序经在所著《中国文化的出路》一书中提出的"西洋文化在今日就是世界文化"，将西洋文化置于等同世界文化的高度，并以之囊括一切，这是无根据的拔高。"全盘西化"这个口号的错误在于把西方文化与现代化划等号，中国要实现现代化的灵丹妙药似乎舍"西化"则别无出路。殊不知所谓西方文化乃是西方历史发展的结果，企图生吞活剥、原封不动地用以实现中国现代化，必然难符中国历史发展的实际，难以转化为本土文化发展和建设的动力能源，反而产生削中国之足适西方之履的弊病。它实际上是彻底否定了中华文化，使中华文化不能在世界文化的总框架中获一席之地，以求得存在与发展。把西化等同于现代化的另一谬误就是不管西方的过去和现在、优秀和拙劣，只要不是我所有的都是新鲜的、先进的东西，无形中降低和失去了清理和选择传统文化中优良内容的能力和机会。企图通过"全盘西化"来实现中国现代化民族文化的建设，显然是南辕北辙，难有成效的。

近年来，在吸收外来文化问题上还有一种"西体中用"论，主张者还做了诠释说：所谓"西体"就是现代化，就是马克思主义，这不仅是对西方文化的错误理解，也是对马克思主义的一种亵渎；所谓"中用"就是把中国的实际作为外来文化的载体或媒介，这与"全盘西化"又有什么不同呢？只不过是说法动听一点而已。

我们对外来文化的态度是吸取而非照搬。更不是谁优于谁、谁吃掉谁的问题。是彼此撞击融合，而不是拼盘杂凑。不是1+1=2，而是1+1=新1。我们也非常骄傲地看到，在中外文化彼此撞击和融合过程中，中华传统文化对海外的影响也是显然可见的，特别是东方地区，更具有悠久的历史。即以中华纪年方法为例，自汉武立建元为年号，至清宣统止，二千余年中国沿用不衰，而周边的越南、朝鲜以至日本皆借鉴推行，至今日本犹以平成为纪年年号。唐代文化鼎盛，日本派出遣唐使十数批，不仅亲炙中华文化，而舶载回国的中华典籍近二千种。至于鉴真大师东渡传播中华文化之佳话，更是久已脍炙人口。宋代茶文化之发扬与日本茶道之创立更有血缘渊源。当今日本茶道各流派仍奉唐朝陆羽为茶圣。至其书画、插花等事也均受中华文化的影响。明初郑和多次航行海外，使亚非各地广沐中华传统文化，开辟了中外文化交流的航道。晚明至清，中外文化交流日密，而在这种交流过程中，我们也从中吸收和融合了外来文化的优良部分。近几十年，特别是八十年代以来，我们在长期封关闭塞之后再开眼看世界，繁花似锦，眼花缭乱，有些人没有认识到外来文化中也是鱼龙混杂，泥沙俱下，不可能全是精华的现实，于是只要自己没有的就盲目引进，带来了若干不良成分，有待清除；而绝大部分人则保持清醒头脑，对外来文化持一种筛选态度，即使对外来文化中某些精华部分，也还存在是否适合中国国情的问题，因而必须采取一种取其所当取并择善而从地进行融合的态度。

三、创新·建设

如上所说，中国文化建设的途径应是选择本土传统文化中有生命力的合理成分，并吸取外来文化中适应本土背景与土壤以有利于未来中国文化建设的那些内容，使之相互撞击、融合与创新。因为无论对哪种文化的取舍和衡量标准，一是切合客观实际，二是有利本身发展；悖乎此，难免陷于袖手谈心性的结局。

建立民族文化的重要在于把中华民族文化置于世界文化之林而自具特色。我们无意于把中华文化自诩为"世界之最"，更无意于借传统文化以排斥外来文化的先进部分。但我们并不甘泯没于其他文化之中而失去特色。民族文化的基本精神应该是在现实生活中具体存在的民族主体精神。它以中华民族为主体，对建设社会主义文化进行再创造，这就是我们所谓的民族特色，或称民族特异性。民族特异性是客观存在，但并不意味着在本体的发展和更新中有排他性。更不是无原则地、极端地强调"本土文化建设"。一种文化是一个民族和国家、一定的社会和经济在观念形态上的反映，同时又反过来为其本体服务的，一种文化也是随着历史发展而不断创新的。这种不断创新经过各族人民的实践认可而充实了民族文化宝库。这种创新来源于全民族，并为全民族所共享。汉初叔孙通定朝仪是当时一种文化创造，但并非叔孙通个人的独创，而是参考了周秦以来的礼仪设想，并移用了民间的祭祀形式而加以丰富和规范的。这不仅稳定了变乱后的秩序，也增强了封建专制制度，还为民族的礼仪文化增加了内容。随着时代的转移，朝仪在逐步完善和加强，但也在经由繁缛而走向琐碎和拘挈。在经历千余年后，它终于无可避免地随着封建制度的被推翻而消灭。近代的太平天国虽然崇尚并引入西方的宗教形式作为组织群众、建军立国的工具，但它为保证供应和管理经济所建立的圣库制度却是选择隋唐以来社仓制度中的适合部分有所继承发展而来的。它们都表现出民族文化的继承作用。

我所说的民族文化特异性并非呼号崇古尊孔，保存国粹；相反地，民族文化要存在、发展和创新，万万不能抱残守阙，固步自封；而应该以一种宽广的胸襟，广泛吸取，选优补缺，将古今中外的全部文化资源为我所用，进行新文化的再创造。做学问要博观约取，生物发展要有杂交优势，世界上没有绝对纯的东西，纯之又纯会退化、会灭亡；反之方能获得发展和增殖。因此对待本民族传统文化遗产是需要在筛选过程中批判与淘汰的。五四运动出于挽救民族危亡，改造落后现状的强烈愿望，曾经以无畏的气魄采取以"打倒孔家店"为口号的反传统手段，从批判"孔教"入手，向传统文化不断地进行猛烈冲击，解除了束缚人们思想的桎梏，引进和提倡民主与科学的基本精神来充实和建设新文化，终于开辟了历史的新纪元，创造了彪炳史册的伟大业绩。可惜它未能获得与经济现代化相配合的适当土壤，没有使更多民众的价值观念和思维方式得到彻底的改变。而它的反传统手段竟被后来有些人曲解和利用，导致了对民族传统文化的虚无态度，从而引起二三十年代时"全盘西化"方剂的推行；尤有甚者，四十多年后，竟然出现了一种粗暴狂热的行为——全面否定本土传统文化，绝对排斥外来文化的"文化大革命"，制造了以"破除四旧"为旗号来抛弃和毁灭传统文化的劫难。其恶果一则由于一概排斥和否定一切而降低对传统文化的认识与选择能力，而在逆反心理的驱使下一些本该淘汰的封建渣滓又重新浮泛，有些更变本加厉，这在民间礼俗上表现得尤为敏感显著；二则由于强行制造民族文化的空虚，遂给外来文化留下了绝大的空白，于是西方的各种货色，不分良莠，都夹杂而至，到处泛滥。这种恶果当然不能归咎于五四运动，而是后来歪曲者的罪过。这一点必须严格分清。

建设现代化的民族文化如不与本土的物质基础相结合就不会有力量。我们应该重视现代化社会所赖以生存的经济基础，即要以经济生产的发展去创造新的文化体系。因为文化是物质现象向人类精神领域跨入的成果。任何一种文化都与其经济生产密切联系，中国传统文化即是以封建的小农经济为基础而形成了内向、保守、封闭的文化体系。我们建设新的文化，既不能跑到西方基地上去，更不能把西方的一切全部移植到中国基地上以代替民族的创造。因此，现代化民族文化的建设也只有配合与适应社会主义政治、经济现代化的建设，方能取得实效。

现代化民族文化的建设和整个社会主义现代化建设一样，既不能脱离原有的传统文化优良部分而凭空虚构，也不能自我孤立于世界文化之外。它必须以民族主体精神来充分而全部地了解、认识、利用和改造古今中外的文化资源以适应中国现状的变革进程，逐步形成自己的现代化价值取向、思维方法、行动模式的文化体系。现代化也不是凝固和停滞的，它应是随着经济基础的变革而使今天变成昨天，明天变成今天。现代化应是负载着社会发展、历史前进、文化更新而永远不停地滚动。这就是现代化民族文化未来发展的前景。

在建设新文化过程中还要特别注意文化的发展并不能绝对地表明文明程度一定随之提高。文化与文明虽是一种源与流的关系，但源头活水不一定都是顺流而下，也可能出现逆水回转的滞退现象。文化愈发展，文明愈堕落的逆向现象也存在于现实生活中。十八世纪以来，西方经济迅速发展，物质文明有明显的增长；但是，社会精神文明却出现空虚沦落，他们曾从中国的伦理道德中寻求慰藉和补益。当前，欧美现代化已达到高度发展的程度，同时也面临着道德生活中的精神困扰，因而也像他们前辈那样，想以提倡新儒学或复兴儒学作为针对现代化时弊的救世良方。但是，这个药方并没有多少疗效。可是文化发展和文明堕落的反差殷鉴却不能不引起我们的关注和深思。因此，我们在建设社会主义现代化的民族文化的同时，必须明确提出物质文明与精神文明建设的并重，以正确的理性态度对待本土传统文化和外来文化，那就是说我们的未来文化不是挂东方文化还是挂西方文化匾额的问题，我们要挂的是有发展优势的融合而后创新的文化。我们要善于择善而从，吸取融合，比较完善地创建出适应于自己的政治、经济发展的全方位、多层次的社会主义现代化民族文化体系。这一文化体系的建立是要经过全民族的共同努力，踏过跨越世纪的艰辛路程来完成的。

原载于《枫林唱晚》（学识走笔·大学生文库）　来新夏著　南开大学出版社1998年版

儒家思想的地位

儒家思想是否传统文化核心的问题，曾引起许多学者的思考与议论。有些学者，特别是港台学者多主张以儒家思想为核心，以儒家学说为主流；西方的汉学家也多以儒家来概括中国的传统文化。这种说法既失之于泛泛又失之于偏。因为儒家并不是单一体，没有"纯"儒可言。在儒家文化之前，中国有境内各民族文化融合；在儒家定于一尊之后，既有董仲舒以儒家公羊学为主，杂糅阴阳家学说而形成的初之儒，又有儒家与释道和合所产生魏晋玄学与宋明理学等等。儒家事实已杂糅进多种文化来源，所以早在荀子的《法行篇》中就曾记述过一位学者质询说："夫子之门，何其杂也？"所以以儒家来概括中国传统文化似不准确。在世界三大文化传统中，中国的传统文化既不像希腊文化那样注重人与自然的关系，也不像印度文化那样注重与神的关系，而是如目前一些学者所推崇和主张的乃是以人文主义，更准确说是以人伦思想为核心的。中国传统文化非常注重人际的现实关系，儒家的注重仁人爱物、人伦纲常和道家的"上知天时、下知地利、中知人事"以及"节民力"等等论题都表现了中国传统文化的核心所在。《史记》所标举的"究天人之际，通古今之变"，正是抓到了传统文化的核心。

儒家思想对于未来社会具有一定作用，也应占有重要地位，以原型的沿袭和复原都不符合未来社会的实际需要。近年来，曾出现了一种儒学复兴的主张，而且在海外更为流行。他们把儒家作为高度物质文明中医治精神弊病的"良药"，当然其中也包含一部分异国游子寻根意识的寄托。这种主张可以被认作是认识传统的一种思潮，但由于它把儒家文化视作单一和凝固，把儒家文化部分代替了中国传统文化全体，忽视了儒家文化在中国文化传统中所产生的消极作用，而片面地强调了儒家思想的特殊价值，因而，这种主张不仅不能正确地选择传统文化，对建设新文化也似乎无补实际，甚至阻止或削弱对传统文化中已失去生命力的不合理部分的冲击力。

原载于《人大复印报刊资料》（中国哲学史）1990年第1期

如何对待外来文化

在中国文化问题的讨论中，"中体西用"、"全盘西化"、"西体中用"等等概念中所包含的"西"显然是指西方文化或西学而言，这是不完整的概念。我们过去虽然侧重接受西方文化，甚或搬用西方文化，但不容忽视的还有以日本为主的东方文化，某一历史时期还有所谓学习苏联的"苏化"。因此，我们所对待的不应仅限于西方文化而应是外来文化。

对待外来文化的基本态度应该是对本土文化以外的所有外来文化资源都要择善而从、科学评价地吸取，并融合于本体文化的创造与建设之中。我国历史上对于外来文化除了某些国际主义者出于一种闭目塞听的自尊自大狂而采取排斥外，中华民族是善于吸取、融合外来文化的，如汉以来对佛教文化的融合、唐代长安成为当时中外文化交融的总汇、明清以来的西学东渐。近代之始，虽然像魏源这样的开明人物一方面背着"一喜四海春，一怒四海秋"的自大包袱，但另一方面也反映出"师夷长技以制夷"的吸取态度。晚清以降，本土文化与外来文化冲突日烈，维新人物樊锥在《湘报》所发表的《开诚篇》（三）一文中即呼喊"一革从前，搜索无剩，唯泰西是效"，并主张仿效明治维新，变法图强。这种企图照搬的做法，当是"全盘西化"的肇端。民国以后，由于实行资产阶级政治制度，西方的社会风尚被一些人所接受，但适逢军阀混战的动乱局面，所以这种西化只能浮游于饮食服饰的表层，难以深入到思想、政治、经济的深层，对本土新文化的建设无所贡献，而真正有借鉴意义的则是七十年前的"五四"反帝爱国运动。

"五四"运动以反帝爱国运动的形式正式揭开了近代新文化运动的帷幕。它高举西方思潮中民主与科学两大旗帜，以"打倒孔家店"的口号为手段，从批判"孔教"入手，向中国传统文化不断地进行猛烈冲击，解除了束缚人们思想的桎梏，可惜它未能获得适应的土壤和与经济现代化相配合，所以其价值观念和思维方式不得彻底改变，加以没有区别西化与现代化的界限，而终于使这次新文化运动遭到未底于成的命运。但是，这次运动一方面固然坚决地破灭了传统文化，另一方面又因其所具反帝性质而不寄希望于含有扩张侵略性质的西方资本主义，因而为已在俄国获得成效的马克思主义在中国广泛传播开辟了道路，实际上回答了中国前途问题。这是"五四"运动不容忽视的最卓著的功绩。

"五四"运动的冲击波，推荡出有关中国文化的论战，其中对外来文化最有代表性的态度是"全盘西化"。这个口号不仅有其认识上的片面性，客观上也造成了恶劣影响。它是二三十年代文化论战中某些知识者以放大镜观察传统文化中坏的一面所产生的愤慨偏激情绪的产物。它的最早主张者之一陈序经在所著《中国文化的出路》中曾提出"西洋文化在今日就是世界文化"，将西洋文化置于等同世界文化的高度，并以其囊括一切，这是无所根据的拔高。"全盘西化"的错误在于把西方文化与现代化画等号。中国要实现现代化的灵丹妙药似乎舍此别无出路，殊不知所谓西方文化是西方历史发展的结果，企图生吞活剥地原封照搬，必然难符中国历史发展的实际，难以转化为本土文化发展和建设的动力能源，反而势必出现削中国之足以适西方之履的弊病。它实际是彻底否定了中国文化，使中国文化不能在世界文化的总框架中得一席之地以求得存在与发展。把西化等同现代化的另一谬误就是不论是西方的过去和现存，优秀或拙劣，只要不是我所有的东西都是先进的、新鲜的东西，并拿来排除自己传统中所谓陈旧的、落后的东西，无形中降低和失去了清理选择传统文化的水平和能力。要通过"全盘西化"来实现现代化民族文化的建设，显然是南辕北辙，难有成效的。

近年来，在对待外来文化问题上还有一种"西体中用"说，主张者还作了诠释说，所谓"西体"就是现代化，就是马克思主义；所谓"中用"就是说这个由马克思主义指导的现代化进程仍然必须通过结合中国的实际才能真正实现。这种解释看来正确，实际却有难以沟通之处。把"西体"等同现代化和马克思主义，不仅是对西方文化的错误理解，也是对马克思主义的亵渎，把"中用"说成是通过中国实际才能实现，无疑是把中国的实际视为载体或媒介，这与"全盘西化"颇有类似相通之处，不过比"全盘西化"的说法更动听些。本来"体用"的含义是不够明确的，何者为"体"，何者为"用"，也难有定说，而"体"、"用"划分又成为两种不同文化的简单相加，是难以形成民族新文化的。

对于外来文化的态度应该是吸取而不是照搬，更不是谁优于谁、谁吃掉谁的问题。中外文化的交融不是拼盘而是撞击，不是1+1=2，而是1+1=新1。特别是在长期封关闭塞之后，开眼看到世界，繁花似锦，眼花缭乱，于是只要自己没有的就盲目引进，而没有来得及考虑本土文化的承受力。当然，这里有程度不同，也有时间长短之别。经过双方的撞击，有的粉碎，有的融合，于是一种新的适应政治、经济发展的新文化被创造出来了。日本开始时大量模仿汉文化，如汉字、汉医、书道、茶道等等，但并未出现全盘汉化，相反地，它消化了这些外来文化资源，逐步融入其本土文化之中，即使二者有某些形似，但确已成为其本土文化中不可分割的自然构成成分，一望可见，已是日本味道了。它在吸收东学后只学西学，各取所长，融合创新，成为东方勃兴的一种文化。这是外国的经验。我们中国历史上有的王朝，如唐代就大量吸收了北方少数民族的文化，因而成为我国古代文化蓬勃发展时期。所以，我们对外来文化应有一个清醒的认识。外来文化也是泥沙俱下，鱼龙混杂，不可能全部是精华；即使有些是精华，也有一个是否适合我国国情的问题。因此，我们应取其所当取，并择善而从地融合。这才是我们对外来文化的正确态度。

原载于《光明日报》1989年9月20日

中外文化的双向关系

中华文化对海外文化的影响，具有悠久的历史。根据李约瑟和一些研究中西交通史学者们的研究和引录的资料，在世纪之初，中华文化的器物制作、社会风习和法律作用等内容都已被西方人士以羡慕的眼光写入他们的著作中。当然有许多资料是经中亚各国转手，或由西方来华人士传播出去的。对东方的影响更为明显，即以中华纪年方法为例，自汉武帝立"建元"为年号，至清宣统止，二千余年相沿不衰，而周边的朝鲜和日本等都加以借鉴而推行使用，至今日本犹以平成为年号。唐代文化鼎盛，日本派出遣唐使十数批，不仅亲炙中华文化，而舶载回国的中华典籍近二千种。至于鉴真大师东渡，弘扬中华文化，更是久已脍炙人口的佳话，至今犹被日人尊崇，专庙奉祀。宋代茶文化的发扬与日本茶道具有血缘渊源，当今日本茶道各流派仍奉陆羽为茶圣。至其书画、插花等事也均受中华文化的影响，日本几已成为中华文化的主要市场。但有一点值得注意，日本接受外来文化并不原样照搬而是改变包装，尽量"和化"。明初郑和七次航行海外，赍送典籍文物，使南洋等地"大小共三十余国"广沐中华文化。晚明以来，特别是明清易代之际，一些儒家学者如朱舜水等不事新朝，泛海东渡，在日本传播理学，称儒学一大宗师；福建黄檗山开山普照国师隆琦，俗姓林，号隐元，于明光宗泰昌元年29岁时，在黄檗山正式剃度为僧，从鉴源禅师研习经典。清顺治十一年63岁时东渡日本，宣扬佛教，沟通中日文化，成为明清之际的名僧，日本延宝元年（康熙十二年）卒于日本，年82岁。这两位儒释大师为向海外传播中华文化作出了重要的贡献。也就在清初的时候，中国一部从宋代就传入日本的民间识字读本《三字经》也竟流传到俄国和欧洲，后来更被英、美、德、法等国的学者译为英、法、拉丁文本，也可见中外文化交流的日趋频繁。近代以来，中华文化还曾对外产生过某些政治影响，如魏源的《海国图志》流传到日本，有多种刊本，不仅使日本民众从中获得西方史地知识，而且对明治维新也有推动作用。

18世纪以来，西方经济迅速发展，物质文明得到明显增长；但是，社会精神文明却出现空虚沦落。文化与文明虽是一种源与流的关系，但源头活水不一定都是顺流而下，也可能出现逆水回转的滞退现象。文化愈发展，文明愈堕落的逆向现象也存在于现实生活中，其原因就是由于文化包含有三个层次，即表层的器物层、中层的理论制度层、深层的文化层，只有三层共建才是完整的文化结构。那时西方人士很羡慕中华文化，因为中华文化既不像希腊文化那样注重人与自然的关系，也不像印度文化那样注重人与神的关系，而是推崇和主张以人文主义，即人伦思想为核心。中华文化是把人与自然的关系摆成"天人合一"的模式，司马迁所主张的"究天人之际"就是要沟通人与自然的关系，而后载入史册；对于人和神的关系也处理成一种泛神观念，即凡是在人周围的神都是以人的意愿去确定其存在和命名的，"祭神如神在"正是对这一意愿的典型概括。中华文化对人际的现实关系非常注重：如仁人爱物，尊老爱幼，人伦纲常以及"未知生，焉知死"等等论题都表明中华文化的核心所在，而这正是当时西方社会所希望和羡慕的，他们想用中华文化中的伦理道德来针对其社会时弊，并从中寻求慰藉和补益。当前欧美现代化达到高度发展的程度，也面临着道德生活中的精神困扰，因而也像他们的先人那样，想求助于中华文化。于是西方一些学者便以提倡新儒学或复兴儒学作为针对时弊的救世良方。这正是中国文化对海外文化的一种吸引力。

任何一个民族、一个国家在发展、完善和建设自己的文化时，不仅要继承和选择本土文化，还要善于吸收和融合海外文化。长期以来，海外文化似乎习惯性地专指西方文化，但不容忽视的还有以日本为主的东方文化。中国在某一时期还有"苏化"问题。从汉晋以来，中华文化就对海外文化从不断探求和选择中来融合发展自己的文化模式，如汉以来的融合佛教文化。唐代长安成为当时中外文化兼容的总汇以接纳各种外来文化。明清时期的西学东渐，传教士向中国大量移植海外文化，甚至大臣（徐光启）帝王（康熙帝）都亲自学习和介绍海外文化。近代之初所提出的"师夷之长技以制夷"的口号，虽有某种狂傲的偏见，但确是当时吸收海外文化的一种明智态度。19世纪60年代以后，从西方大量引进海外文化的译书活动达到高潮，已从单纯介绍西方史地知识外，尤集中于政治、科技等方面，在中外翻译家互补短长的情况下译书近千种。在戊戌变法前夕，译书活动有了更进一步的发展，维新派人物提出了译书应"以东文为主，辅以西方；以政学为先，而次以艺学"的原则，反映了时人想更多更快地吸取海外文化的情绪，但实际上仍以译西书为主。这种急于求成的思想在维新分子樊锥身上有了强烈的体现，他在《湘报》上发表的《开诚篇》（三）一文中呼号"一革从前，搜索无剩，唯泰西是效"的主张。又力主仿效明治维新。这可称是"全盘西化"最早的公开号召。清末又有从冯桂芬提出的"中本西辅"，经由"中本西末"而后形成的"中体西用"体系。这是当时中国正处于内外交困的特定历史条件下产生的。它被迫接受传统观念中视为"奇技淫巧"的外来器物层作为"西用"，来改进中国落后的生产力以求富强。在政治行为上体现为清末的立宪运动。立宪运动含有一种图强求存的意念，不能绝对地视之为伪立宪。民国以后，引进了西方的政治制度，由于适逢军阀混战的动乱局面，尚难顾及深层的文化观念，即使有也都是一知半解、支离破碎的，或浮游于饮食服饰的表层，难以深入到思想、政治、经济的深层，而真正使西方文化产生社会影响的则是"五四"爱国运动。

"五四"运动出于挽救民族危亡，改造落后现状的强烈愿望，曾经以无畏的气魄采取以"打倒孔家店"为口号的反传统手段，从批判"孔教"入手，向"传统文化"不断进行猛烈冲击，解除了束缚人们思想的桎梏，引进具有海外文化属性的"民主与科学"作为基本精神来建设新文化，终于开辟了历史的新纪元，创造了彪炳史册的伟大业绩。可惜它未能获得相应的土壤与经济现代化相配合，所以其价值观念和思维方式没有得到彻底地改变，而它的绝对化反传统手段竟被后来有些人所曲解和利用，导致了对民族传统文化的虚无态度，从而推荡出有关中国文化的论战。其中最有代表性的是"全盘西化"论。这是二三十年代的文化论战中，某些知识分子以放大镜观测传统文化中坏的一面所产生的愤慨偏激情绪的产物。最早是在一本题名为《中国文化的出路》书中所提出："西洋文化在今日就是世界文化。"这个口号是把西方文化与现代化等同起来，并企图生吞活剥、原封不动地用以实现中国现代化，其结果必然出现削中国之足适西方之履的弊病。

近年以来，在吸收海外文化问题上还有一种"西体中用"说，主张者还做了诠释说：所谓"西体"就是现代化，就是马克思主义；所谓"中用"就是把中国的实际作为海外文化的载体或媒介，这和"全盘西化"又有什么不同呢？只不过是说法动听一点而已，是不可取的。

我们对海外文化的态度是吸取而非照搬，更不是谁优于谁、谁吃掉谁的问题。它是彼此撞击融合而非拼盘杂凑。不是1+1=2，而是1+1=新1。改革开放的现实情景就是后一公式的具体化。我们非常清醒地认识到，只有吸取海外文化中适应我国国情背景和土壤的那些内容，使之与本土传统文化中选择出有生命力的合理成分相结合，才能为中华民族建立起有中国特色的文化，即精神与物质两个文明并重的文化，并以之跻身于世界文化之林。

原载于《社会科学战线》1999年第3期

关于"长江文化"的议论

　　"文化"这个字眼，近来颇为流行，大至于传统文化、外来文化、东方文化、西方文化，中至于乡土文化、佛教文化、饮食文化、性文化，小至于青楼文化、梦文化、酒文化、茶文化等等。几乎无一事无一物不以文化名之，以提高其品位。但文化是什么，大都语焉不详。从《中国文化概论》之类的教科书中就可以找到十几种对文化的定义。我在前几年写过一篇《文化与文明》的短文，曾不自量力地写了一条有关文化的定义说："一种文化是一个国家和民族的一定的社会、经济在观念形态上的反映"，或者说"文化是文明发展的意识形态部分"，也不知对不对。不过各种各样的"文化"仍在不断滋生，常常使人应接不暇。有的意义不明，一时难以让人了解其真意；有的确是具有重要意义而值得加以研究的，如由湖北社会科学院创议，季羡林教授支持推动的对长江文化的研究便属于这后一类。创议者准备推出一套由海内外学者编写的《长江文化研究文库》。我很赞同这个有意义的创议，但我更欣赏他们在编写文库前先组织一些学者对这一研究发点议论，并准备把这些议论编成《长江文化议论集》，季老已把议论集的序写好。这篇序除了论述研究长江文化的重要意义外，对议论集的命题作了新颖而充分的阐释。季老认为议论既不是辩论、争论和讨论，也不是什么商榷和探讨，而是"你说你的，他说他的，各人发自己的议论"。他并举了京剧"三岔口"来打比方，"台上刀光剑影，煞是热闹；然而实践上，却是谁也碰不到谁。观众得到了艺术享受，表演者体有完肤，这真正是天下最美妙的事情。"这真是奇绝的妙喻。因为几十年的大辩论，结果不是强词夺理，以势压人；就是影响个人友谊，老死不相往来。岂不令人深思！

　　研究长江文化的意义，不是赶"文化"时髦，也不是为与黄河文化争美，而是因为长江文化的内涵确实非常丰富，值得研究。如果说黄河是中华民族的母亲河，那末，长江无疑是父亲江。长江从整个流域来讲，包含着江源文化、康藏文化、巴蜀文化、江汉文化、楚文化、吴文化、六朝文化等等地域文化，大量的考古发掘和文献记载都证明不同地域所具有的高文化水平。多少文人墨客、名流贤达、忠臣义士为长江发出过心声。随手翻翻唐人诗集，就能找到歌颂长江的佳句，杜甫的《登高》诗有句说："无边落木萧萧下，不尽长江滚滚来"；刘长卿的《秋日登吴公台上寺远眺》诗有句说："惆怅南朝事，长江独至今"；李白的一首名诗《黄鹤楼送孟浩然之广陵》中有句说："孤帆远影碧空尽，惟见长江天际流。"年青的才子王勃，一气呵成地写下气势磅礴的《滕王阁序》，而在系诗的最后，不禁浩叹一声："阁中帝子今何在？槛外长江空自流。"像这样哀叹人间沧桑，歌颂长江奔流不息的诗句还可以检寻到许多。黄河是中华民族的母亲，但母亲的乳汁有时也许被吮吸干涸而断流，而作为中华民族父亲的长江，则永远难以遏止地日夜奔流，润泽它的儿女，有时它也许因为周围环境被破坏而不顺心时，便会愤怒地漫出江岸，惩罚它的儿女们。但是，爱国者，总以它作为民族的象征，宋朝的文天祥专门写过一首《扬子江》诗，抒发他对长江的留恋以表达忠心："几日随风北海游，回从扬子大江头；臣心一片磁针石，不指南方不肯休。"不少诗人用他们的五彩笔重墨描绘长江的景物，张若虚的《春江花月夜》长诗即是千古传诵的名篇，悠闲时仰屋吟诵，每每为之心醉。这些名诗名句包含着多少深厚的文化底蕴，如果逐一剖析，无不可成为一篇佳作。

三峡文化应是长江文化研究的重要部分，它包含着或美好动人，或悲愤悱恻的故事和传说，巫山神女的神话，白帝托孤的至情，屈子明妃的哀叹，蜀道悬棺的睿智，酆都鬼魅的警世……种种文化现象曾引动无数游人的向往探奇。新的三峡工程面临如何维护好已有的文化遗产，又如何揭示从地下、水底发现曾被遮盖数千年的文化蕴藏。除旧布新是随着历史发展的必然，但对文化的遗留却只有积累而不能清除。研究长江文化，三峡文化必定是不能或缺的热点和着重点。

长江文化的研究将给后人以无尽的激励。去年，我在辑成一本随笔集的时候，找不到一个恰当的书名，长江文化内涵的历史故事却给我以启示，遂命名为《一苇争流》，并在小序中写下这一段话：

> 魏文帝是曹氏建业之主，当黄初六年东巡，"临江观兵，戍卒十余万，旌旗数百里"，慨然赋诗曰："猛将怀暴怒，胆气正纵横，谁云江水广，一苇可以航"，睥睨江东，气吞天下，跃跃然有渡江南下以求一统之势，所赖

者亦惟以一叶小舟渡航耳。菩提达摩由南而北，路经金陵与梁武谈法不契，于是即就芦丛中成苇一束，并以之渡江入嵩山少林而得道，创中国禅宗之始。坡公游赤壁，或悟达祖一苇可航之意，于是在《赤壁赋》中大吐豪放之气而吟诗曰："纵一苇之所如，凌万顷之茫然"，其意亦以乘小舟即可凌波万顷。

魏文、达师与坡公从长江文化的底蕴中吸取力量，又化作长江文化的内涵以励来兹。这种滚动、丰富，再滚动、再丰富不舍昼夜地运转，无时无刻不在增益中华文化的内藏，成为哺育中华民族的无穷源泉。

长江文化也包含有让它蒙羞的内容。外国侵略者闯入长江的烧杀掳掠，不平等条约的城下之盟，租界口岸的强行设立等等恶行，令人悚然。以上海为代表的洋场文化制造出中国畸形的文化心态也很值得研究，可以从另一角度作为研究外来文化的一种补充。

长江文化包容得实在太多了，这里只是东一句西一句的自话自说。说自己的话是知识分子的本分。如果大家都来议论，各说各的，各写各的，那么，长江文化的研究一定会有成果，一定不会有一家独尊的结局。

原载于《中华读书报》2000年6月21日

我看国学

——致刘梦溪先生*

梦溪先生文席：

您好！

《中国文化》已于日前拜领，所刊大作《论国学》一文，正应时所需。因视力甚差，历时一周，始将全文读毕，获益滋多。总感觉当前之"国学热"似不正常，但亦说不出所以然来，加以高年目眊，未能广览诸贤谠论，难以著文论述。谨陈愚者一得，奉请指教！

1. 最近"国学热"甚嚣尘上，有提倡读经的，有开办私塾的，有上书在中小学课本中多加诗词曲赋内容的，有办国学讲座的，有大学设国学院的，甚至某大报也专设国学专版，国学大师的帽子到处乱飞……这些都使我有点头晕目眩，好像又回到上世纪二三十年代似的。读了大作，脑中有了点条理，总算领我走出了迷雾。

2. 我不敢反对国学，但我不赞成"国学热"。祖国的优秀文化传统应该珍惜、继承、弘扬，但不能一哄而起。"跟风"是我们的"国病"。千万不要把所谓国学当做补废救弊之灵丹妙药。

3. 究竟什么是国学？我请教过几位俊才硕彦，也没有得到一个准确的定义，可能谁也说不清。有人说国学就是"中国学"，听起来像是外国人说的话。有人说国学是国故学的简称，国故学是20世纪初与国粹学相对的词语，比较有道理，也有人用作书名的，如《国故论衡》、《国故学讨论集》等等。有人说国学

---

* 副标题为编者所加。

指儒学，似乎狭隘了点，至少国学中有儒、道、墨、佛……诸子百家。有人说国学指中学，与西学对称，并以"中学为体，西学为用"为据。但亦不尽然，《四库全书提要》应说是国学的经典，但其中史部地理类所收有艾儒略的《职方外纪》和南怀仁的《坤舆图说》；子部天文算法类收有利玛窦的《乾坤体义》、熊三拔的《表度说》和阳玛诺的《天问略》等西人说西学的书，不仅只有中学。

4. 猛然想起宋儒朱熹曾经有两句话："旧学商量加邃密，新知培养转深沉。"话说得很准确，不愧为一代大儒。朱氏所说的旧学，指的是在他以前的优秀传统文化（国学），而正在随时代吸收的则是新知。旧学对新知，畛域分明，比更多对国学的解释都简明。清代大学者汪中深明此义，所以将他读前此传统学问的心得之书，名为《旧学蓄疑》，亦是一证。旧学之名，覆盖广，界定明。

5. 大作对国学作了明确的诠释："盖国学有宽窄两种义涵，宽的就是胡适所说的，凡研究一切过去历史文化的学问，就是国故学，也就可以简称为国学，后来大家普遍接受的国学就是中国传统学术的说法，其实亦是比较宽的义涵。国学窄一些的义涵，应与经学和小学联系在一起。"说得已很明白。

6. 大作对国学的诠释说"中国学术是'经史子集'四部之学"，十分精当简要，避免了"广泛笼统"之弊。有人把读"三百千千"（《三字经》、《百家姓》、《千字文》、《千家诗》）都划入国学范围之内，未免亵渎了国学。

7. 大作有些盛世危言，值得鼓掌。如说："如今历史已进入二十一世纪，我们在扬榷古今，斟酌中西，权衡利弊之后，主张'笼统广泛'的国学应该缓行，少行，有时亦可不必行，庶几不至于有背统趋新之嫌罢。"旨哉斯言！

8. 经史子集四部之学为中国学术（即所谓国学）之主要载体，舍此旁求，无异缘木求鱼。四部之学历千余年而使学术条理化。中国是条理学术文献最早的国家，《尚书》有典、谟、训、诰、誓、命之分，《左传》有三坟、五典、八索、九丘之说。孔子教育分德行、言语、政事、文学四科，教学内容是礼、乐、射、御、书、数。孟子分学术为儒、道、墨三家。庄子分天下学术为七派，荀子则概括条理学术文献原则为"同则同之，异则异之"和"以类行杂，以一行万"。韩非认为只有儒、墨两家，但其下又云："儒分为八，墨分为三。"至于学术典籍之条理，则始于刘中垒父子，其《别录》称：六艺、诸子、诗赋、兵书、数术、方技。魏晋时代由于典籍状况发生重大变化，如社会的政治与军事动乱以致典籍散佚，史部典籍因数量的剧增而脱离经部独立。于是西晋荀勖将典籍条理为甲乙丙丁四部，编成《中经簿》，以备参稽，惟其次序为经子史集，此为中国学术的初设架构。东晋李充再编《中经新簿》，将乙丙位置掉换，于是经史子集之次序始定，而犹未以经史子集为名。直至唐初为前朝编史，学术诸端，并入《隋书·经籍志》，而以经史子集冠名四部，成为学术条理之定名，直至清编《四库全书》、近年编《善本目录》时，仍加沿用，是中国学术之为四部之学，定矣！乾嘉史学重镇钱大昕有《经史子集之名何昉》一文，收《潜研堂文集》中，可供参阅。

9. 大作之"一点设想"有云："建议中小学生的课程设置增加国学一科，名称就叫做《国学》，内容以六艺为主，就是孔门之教，就是诗、书、礼、乐、易、春秋。"这使我想起六十年前的往事，1947年，我大学毕业的第二年，应聘到天津新学书院（相当于中学）去教书，除了教高初中的史地外，校长还要我为高二开"中国文学史"和为高三开"国学概论"两课。当时按教时发实物工资，为了稻粱之谋，硬了头皮接下来，于是利用暑假积极备课，"中国文学史"课用的是张长弓的《中国文学史新编》，"国学概论"课用的是汪震等编的《国学大纲》（钱穆等人的书太深，不适于中学生），教了一年，效果很好，不仅学生得到国学轮廓，知道孔孟之道，诗经楚辞；对我亦至今尚在受用。这点实践，比之于瞎起哄，乱炒乱刮风，似乎有实效得多，是否可供参考？

10. 去年底天津教育发展基金会为中学老师举办国学系列讲座，要我作第一讲。我答应，但提出二条件：一是讲座名称应改为"中华优秀传统文化系列讲座"，二是第一讲的题目是"论经史子集之学"，并为题"师之道"三字于入场券，以示这是为师之道的基础知识。不意此举与大作主张不谋而合，甚快！琐语拉杂，呈教

大方　专此顺颂

年禧

来新夏拜上
二〇〇七年一月二十一日

原载于《中国文化》2007年春季号（第24期）

商业文化与都市发展

改革开放的日益深入,为都市的发展开辟了坦途,各类商业接二连三地投入到汹涌澎湃的经济大潮之中,落英缤纷,五彩纷呈,编织成一幅绚丽多姿、有立体感的图景。但是大浪淘沙,在滚滚巨流之中,难免泥沙俱下,带来若干不应有却出现的丑恶,如不讲商业信誉、制造伪劣假冒、尔虞我诈、损公肥私、藏垢纳污、危害生民……这些现象虽非主流,却给一个都市的快速发展压上沉重的包袱。虽然各种措施政策可以制止和消除种种明显的丑恶,但要使一个都市成为啸傲于世界商贸之林的大都市,推动和倡导商业文化应是一条重要的途径。不过商业文化似乎至今尚未获得人们更多的深入共识,没有被提到应有的位置上予以研究考虑。我认为倡导商业文化以推动都市发展已是当务之急,而首先应该从这样几点入手:

其一,要树立和深化商业文化的观念。商业文化是近年来在商业繁荣的经济形势下,继各种文化热之后新开拓的文化领域,已经有一些人探讨它的内涵和实际效能。我认为商业文化的中心问题是人的素质问题,建设商业文化的根本任务是提高从业人员的素质并通过它来推动商业的发展,反过来又为加强商业文化的建设提供必要的物质条件。商业是要谋取利润,但万不能见利忘义。如果只为一己"发财"而以消费者的生命作儿戏,这等于图财害命,而为天理所不容。若干传播媒介常道及"商场是战场"和"朋友是朋友,生意是生意"等等说法,这也可以说含有一种竞争意识;但总不能"认钱不认人",置人间真情于不顾。这都是缺乏商业文化观念所致。

其二,积累资料,洞察成败。我国积累商业资料起源尚早,二千多年前的司马迁就在《史记》中写下了《货殖列传》,对秦汉时的商业企业家经营状况和致富途径作了简洁细致的描述,并对其兴衰规律、经营成败和社会地位作了总结性的结论:"富无经业,则货无常主;能者辐辏,不肖者瓦解;千金之家比一国君,巨万者乃与王者同乐。"清代前期学者钱泳在所著《履园丛话》中详细地记载了自明以来发展到清已具有资本主义萌芽因素的一家南货行——孙春阳的悠久历史、严格制度和严密分工,至今看来犹感新鲜。近十年来,各类商业犹如雨后春笋,相继勃兴,为经济生活增添新的血液,助长生气,极见功绩;但在优胜劣汰规律支配下,无论岿然屹立,还是昙花一现,都不可避免地经历了艰辛困窘,而何者为失败教训,又无不有益于当前与未来。可惜大多商家由于弄潮匆促,既疏于积累资料,又昧于形诸笔墨,遂使创业之艰辛,经营之周章,尽付空白,时过境迁,往事如烟,以致风云诡谲的经历淹没于历史的长河之中,无所显现而引以为憾!因此创业之始,就应积累资料,以备参鉴;或编次成文,供广告宣传之需,产生社会效应。这应是商业文化重要内容之一。

其三,塑造形象,加强服务。都市是经济发达国家的冠冕,而商业则是冠冕上的珠玉。珠圆玉润始能为大都市增光添彩,所以商业必须塑造美的形象。这种美包括物与人两方面。我国自来很注重商业门面美的装点,据《清明上河图》画面和《东京梦华录》的文字就能看到北宋时开封这一都市由于商业装点而显现出某种都市美。清代处于中国资本主义萌芽发展时期,更对此加意。在一本《燕京杂记》中曾记及清中叶北京商店的美化说:"京师市店,素讲局面,雕红刻翠,金门绣户,招牌至有高三丈者。夜则燃灯,数十纱笼角灯,照耀如白日,其在东西四牌楼及正阳门大栅栏尤为卓越。"如果店铺不讲求这种美的塑造,至少给这一座都市的脸面增加了疵点和污垢。人的美化尤胜于店面的装点。如从业人员蓬头垢面,东倒西歪,精神萎靡,了无生气,粗言秽语,懒于接待,则此店之凋落,指日可待。我在纽约、东京、香港一些发达都市所见商业人员,绝大多数衣饰整洁,仪表大方,笑容可掬,其结果必然是门庭若市,财源茂盛。

其四,开展高和较高层次的文化艺术活动。曾经有人把商业文化的重要内容局限于文化艺术这一点上,似乎狭隘一些。因为商业文化的内涵是比较丰富的,文化艺术活动只是其重要内容之一。而且所谓文化艺术活动也应有所界定。要反对那些迎合低级趣味的庸俗粗陋的文化艺术活动。要推崇和组织那些能培养文明行为、高雅素养、竞争意识、集体意识荣誉感和自豪感的文化艺术活动。但是,这种活动要寓教于乐,万万不能生搬硬套,使人厌烦。也只有这样才能使商业这块装点大都市的珍珠美玉灿烂发光,把都市建设得更加美好。

原载于《宣传月报》1995年第6期

题 "津门十景"

一城一地，总会有山有水，天长日久，就有些可供观赏的胜景，或是崇山峻岭的自然景物，或是巨刹宝寺的人间佳构……所以在中国地方志中大都有名胜一门，古迹一类，描述当地的八景、十景。这些记述可供后人作指南资料，引发游兴；也保存了之所以成为胜景的论证依据。最近，天津也有"津门十景"之议，公众议论，专家探讨，沸沸腾腾，呈一时之盛。

中国人对数字多喜欢偶数，因此就有"八景"、"十景"之称。我看胜景愈多愈好，但不要事先定额。如果有了定额，而当地既无出色景观，又乏历史依据，为了凑数，往往把一个土台子上的一座破亭子也可定"××（一定要编造一位绝色美人）梳妆台"，列为一景。真不如先定景后定数为好。如果天津确有不少值得称景的，那么标举"津门十二景"，也不为过，否则，"六景"、"八景"又有何意义。精一点总比滥一点好。

历史上称"八景"、"十景"者多偏重于名胜古迹，可借以发思古之幽情，但一律非古不景，似乎也不符合今之视昔亦犹后之视今的道理。我看前人既为我们留景，我们也应为后人留景。所以"津门十景"的选定既要有历史上的名胜古迹，也应该有当代人美的塑造和智慧的结晶，如此方无负于名城之为当代之名城。

评选景观是一项美的评比，首先必须是使人赏心悦目而赋有美感的景观，不论是自然的、历史的或现实的。其次是应能表达出人类智慧的结晶。自然风景固然有非凡的魅力，但如果在山水之间有人的创造更会有鼓舞力量，北岳悬空寺的自然环境非常幽雅沁人，但配以一木支寺的绝世神品，又曷能不使游人叹为观止。历史景观固然可以赤壁怀古，兴"浪淘尽千古风流人物"之叹，但现实成就也既是今人，又是后人心向往之的所在。天津近年来的市政建设中的古文化街和蝶式立交桥也已是津门来客到此一游的胜地，现在"津门十景"没有拘于一端而博纳古今正是依此原则而后选定的。

过去"八景"、"十景"的评选，似乎都是靠文人墨客的笔墨点染。一石一木经过名人品题，或诗或词，或书或画，立即声价陡增，若再有帝王显宦的摩崖题字和好事者的附会传说，则更增色彩，定为一景而无疑。"津门十景"系由公众推荐评选，专家勘察择优而定，似已得津人之共识。这不仅是民主度的问题，也是既为供大家看，就要大家评的道理所在。

原载于《来新夏书话》（文献学研究丛刊） 来新夏著 台湾学生书局2000年版

兴建天津邮政博物馆刍议

近几年，常有机会到海外访问，每到一地，东道主总是安排参观博物馆。如对当地风土人情了无所知又急于获知当地的社情概貌时，这是一条非常便捷的渠道。无论美、日、加等国，还是港、台、澳地区，我每到一地首先是参观博物馆，几已成为习惯。其中尤以日本的博物馆（或称历史资料馆）给我的印象尤深。我在日本滞留的半年多时间内，真让我对博物馆有星罗棋布的感觉。除了东京有国家级的博物馆之外，到有名的横滨就有横滨港博物馆，可以看到开港的历史和海港贸易交通等状况。到东京附近一个小城草加市博物馆，就看到这个小城的发展和不同时代人们的生活方式。到日本三大名胜之一的宫岛，就有町立宫岛历史民俗资料馆，展示当地的生活生产、文化习俗等，有的还保留原型。我曾向日本的几位学者请教，得到的答复几乎相同。他们说：日本二战前只有150座博物馆，大发展是在二战"战败"以后，一次是40年代后期，为了振作民族精神，恢复国力，用历史来教育国民；再一次是在70年代前后，日本经济迎来发展高潮，地方上有实力，于是市、町、村各级地方政府都兴建有地方特色的博物馆，保护地方文物，反映地方文化，因而博物馆的数量大增。根据日本博物馆协会的调查，截至1986年3月，日本有各类博物馆2499个。这些博物馆不仅陈列文物，还是所在地区居民和青少年聚会和受教育的场所，更是全面反映这一地区和城市文化特色的标志。在国内也有不少城市抓住足以反映当地突出特色的文化点兴建专门博物馆，作为这座城市的文化标志，如杭州的茶叶博物馆、泉州的海外交通博物馆等等。

天津是被列为历史文化名城之一的大都会，但一直未能选定足以作为这座城市文化标志的"点"。实际上不是没有，而是因为日常习见而被忽略。从天津若干行业和事业来考察，天津邮政从它的全部经历看，无疑是有资格充当这座城市文化标志的一项事业。它是中国近代邮政的发祥地，1878年（光绪四年）3月间，清政府决定在北京、天津、牛庄（营口）、烟台、上海五处试办新式邮政，而以天津为中心。3月23日，天津首先建起海关书信馆，即最早的天津邮局，居五处试办邮政之先。这是中国近代邮政的起步点。1896年（光绪二十二年）改成为大清邮政。1911年（宣统三年）正式脱离海关而由邮传部管理。在建海关书信馆的同时，1878年7月，在天津首发中国第一套邮票，一套三枚，票值为1、3、5分银，因主图为蟠龙戏珠，故称大龙邮票，从此中国就有了自己的邮票。清末天津使用的邮票已有蟠龙、跃鲤、飞雁等七种图案。中华人民共和国成立后的人民邮政与天津有关的邮票就有多种，如1954年的塘沽新港票、1963年的天津泥人张彩塑票、1978年的杨柳青年画票、1984年的引滦入津纪念票、1995年的第四十三届世乒赛纪念票等。无论从历史还是现状看，天津在中国近代邮政史上都居于首要地位，也是足以代表一座城市的文化标志。

这一文化标志不是纸上谈兵地放言空论，而是有大量的史实文献和实物资料可证。天津邮政部门的某些人士应该说是一些值得称道的有心人。他们从较早的时候就默默无闻地采访、搜集有关天津邮政的史料和实物，日积月累，至今已有相当数量文献和实物的积累。他们为了让更多的人了解天津邮政的历史地位和显示天津作为历史文化名城的真实内涵，异常艰苦地在内部挤出几十平方米的场所，开辟一处小小的展室。我曾有幸参观了这个展室，真令人惊讶，在这里可以看到初创时期李鸿章等人筹划时的批示和信函、邮工的号坎、老邮工的敬业精神、海内外的往来邮件，特别使人兴奋的是以天津为中心，动用包括步行、挑担、推车、骡车和跑马等等交通手段，通往全国各地的邮路，充分证明天津的都市地位及文化层次。一座历史文化名城有这样现成的文化标志而未能尽早启用，总让人感到是一种遗憾。何况我所见的仅仅是藏品的一部分，仓库中还有难以展示的大量储存。这不等于是货弃于地而亟待开发吗？

天津邮政既有近代邮政发祥地的光荣历史，又有大量文献实物的积存，在卫城、老街先后消失的情况下，无疑它已是天津独一无二的文化标志，应当充分地加以展示，这将获得深远的社会效应，而且，"大清邮政津局"的遗址至今犹矗立于解放北路与营口道的交口处，更是难得的地利，以"故物还故居"，二美并，将为天津文化标志更增色彩。我寄居天津七十余年，久已视天津为第二故乡，日企其兴旺发达，有鉴于此，略陈刍议，祈望有关领导部门协调各方，顾全大局，为消除文化名城有文化沙漠之讥，早日于"大清邮政津局"遗址兴建"天津邮政博物馆"，俾市民视此为荣耀，充实业余文化生活；津门子弟可于此接受传统文化教育。老朽余年，犹得目睹盛事，岂非幸事！

原载于《今晚报》2000年11月11日

参观"龚望先生收藏天津书画家作品展"有感

在津门耆宿龚望先生逝世两周年之际，由天津市史志办和周邓纪念馆主办，龚氏后人提供藏品所举办的"天津乡贤书画展"，在天津的文史书画界是一次空前的盛事。龚望先生是久著声誉的一位书法家、教育家和收藏家。他的书法造诣很高，早已为界内外所推重，他又常年培育了众多的文史书法人才。但他的收藏则知之者不多。

我和龚望先生虽有一面之雅，也曾有过一次书信往来，但对他的收藏也是仅闻其事而未获观赏。现有幸参观龚望先生收藏精品，不仅令人大开眼界，一了平生宿愿，更从中见到龚先生苦心孤诣，关心乡邦文献的用心。

龚望先生既非素封之家，也无世俗财势，20世纪50年代又曾有过不公正的遭遇，是一位名副其实的"一介寒士"，但他在"君子固穷"的困境中，以读书人澹泊开阔的胸襟，既敬慎维护先人的遗留，复节衣缩食收藏乡贤书画作品，历有年所，颇多积累，叹为观止。

这次展出龚望先生所藏乡贤书画作品，不是一个普通的书画展，而是有更深远的意义。它让人透过展品看到收藏者所凝聚的心血，了解和认识龚望先生的学行和品德，更重要的是显示龚望先生对地方文献即乡邦文献曾寄予的极大关心。

文献在我国很早就受到应有的重视，孔子认为文献不足，就不能言史；汉萧何入咸阳，首先就收集文献，作为建国立朝的重要依据。一国文献无疑需由地域文献累积而成，所以地方文献一直为学人所重视。1941年，广东图书馆馆长杜定友首先提出保存广东文献为第一办馆方针，并规定地方文献包含史料、人物和出版三个方面。于是公藏地方文献工作受到应有的重视，至今对政治、经济、文化各领域不断发挥重要的咨询参考作用。但私藏尚很少向社会公开，而像龚望先生如此成系统的专题收藏更属鲜见。龚望先生的乡贤书画收藏为地方文献的收藏增拓了新的部类。

　　龚望先生如此集中以乡贤书画为专题的收藏，作为一种地方文献来研究是十分可贵的。这些展品涵盖了明清以来，天津多数书画名家的作品。不仅如此，一些非以书画为专工的天津著名人物，也在收藏之列，可见龚先生收藏的着眼点，如诗名甚著之梅成栋、华长卿等人，遗墨极少，亦见于展品，收拾遗补阙之效。而从书画款识来探求，亦足补史事之阙漏，如从唐敬岩、赵元礼和李叔同等作品中即可补正弘祖之生平事迹。若以史为序，缀连龚藏诸乡贤作品，观察其风貌，体会其精神，不啻为天津文化得一发展轨迹。津人睹物思人，定当引乡贤诸作为骄傲，爱乡爱国之心，油然而生，是其爱乡爱国思想内涵，所具启迪、教化民众之功，不言而喻。

　　天津为文化名城之一，文化建市之说，久已啧啧人口；但此非托诸空言，而必须有充分文化底蕴，为之支持。乡贤书画实物正可作为充实津门文化底蕴的无可争辩之内容，并以此为塑造津门高雅文化辟一蹊径，而世之横加于天津"文化沙漠"之诬称，亦当一扫而去。龚藏既倡于前，其后必有闻风继起者，行见津门高雅文化之底蕴将日益增厚，既为乡贤阐幽发微，也为天津文化名城增强高雅文化的支撑。更无负于天津设卫筑城600年纪念增光添彩。

原载于《天津史志》2003年第6期

校园文化

校园文化之名，其来有自，应该是有校园就有文化，其范围包括大中小学，而主干则在高等学府；内涵也很广，是校风、学风、教风和生活娱乐等与校园生活有关的环境氛围和精神状态。它和许许多多文化活动的相辅相成，产生了涵育人们美好生活的效应，使校园呈现一种异彩纷呈的景象。如果有校园而无文化，或只有单一文化而无其他，那校园将是一片沉寂，了无生气，而所涵育的人才将是寻章摘句、抱残守缺、拘滞一端、难逞风骚的人。

校园文化形式与内容切不可单一，如人之不可偏食，方能健康成长。校园文化既为制造良好氛围，培养人才素质，那就应该内容广博，形式多样，用不同载体，表现百花争艳、殊途同归的内容。在过去，人们习惯于求纯，在传授知识和学术研究方面，每每羡称四世同堂，专攻一经，而不去转益多师，博观约取，以致生造门户，视野狭窄，有近亲联姻之弊，失杂交优势之利。再看校园中的居室文化。居室是最容易体现校园文化的场所。把来自五湖四海，有不同家庭、经历、性格、爱好的年轻人汇聚在一起，相互浸润，取长补短，这是多么难得的好机会啊。但是，我们却在巩固专业思想的口号下，按室分科管理，顺则顺矣，却失去了文化交融的最佳可能，致使历史专业者整日耳目所经不外希腊、罗马、秦皇、汉武，而不知声光化电、有机无机，以及草履虫、细胞核；而数理专业学生也较少能欣赏唐诗宋词，粗知孔孟杨墨者。如果在性别界限之外，把不同专业的学生混编一室，即利用茶余饭后片刻的交融，亦足以实现文化互补，增强素质底蕴的目的。逗留四年、七年，学子轮番更迭，耳濡目染，虽为横通之学，其不提高文化素质者几希！

我国大学实为一小社会，社会上的形形色色所谓文化往往掺杂其间，如商业文化、市井文化、里巷文化等等，虽各有其特色，但不一定适合校园。校园文化既为纷至沓来之物，势必良莠并存而有待选择。司马迁著《史记》，面对等待选择的大量文献，他提出了"考信于六艺"的标准。孔子虽说过"七十而从心所欲"，但却加了个"不逾矩"的尾巴来制约人的行为。所以对校园文化也应有个中心标准，那就是我所向往中的"礼文化"。也许有人认为这是在用传统文化框校园文化。不然，这种看法是对传统文化的片面认识，以为传统文化是停滞的、凝固的，只能弃而无扬。事实并非如此。传统文化既名之为传统，则为代代相传无疑，在传递过程中，时时在弃其糟粕，扬其精华，注入新的时代血液。礼文化是传统文化中的一部分，但代有损益。当前的时代，"礼"已经不是列于六艺之首的"礼"，而应是一种为他人着想的行为规范，是人才素质的基本体现。如果旁若无人，只求自己痛快，任性胡为，那就是无礼、非礼，破坏了校园文化的氛围。宁静的夜晚，酗酒喧哗喊叫，高声音响欢乐，自己固能图发泄感情的痛快，但侵扰了他人的学习权、休息权，这就是缺乏"礼文化"的素质修养；校园中经常看到青年男女的亲昵行为，其本身系性爱文化中的一部分，男欢女爱是一种"发乎情"的正常行为，无可厚非，但为什么遭到许多人的评说与非议呢？因为他们未能"止乎礼"，也就是说未能掌握分寸，在广衢通道作出过火的行为，侵扰了他人的视觉感官，引起儿童的莫名其妙。如果为他人着想，就能保持一种"止乎礼"的仪表风度。这就是我所提倡的以"礼文化"为核心的校园文化。开展围绕"礼文化"的各种文化活动，在真善美的校园文化氛围中，潜移默化地涵育从素质到形象都无愧于德智体全面发展的知识分子。这是校园文化的主旨，并以此作为培养跨世纪人才的手段之一。

一九九六年五月"校园文化"讨论会发言提纲

原载于《枫林唱晚》（学识走笔·大学生文库）　来新夏著　南开大学出版社1998年版

也谈中国文化中的"耻"

如何看待中国文化中的"耻"

中国是一个有丰富传统文化的国家。传统文化从某种意义上说，既是包袱，又是财富。甩掉包袱，开发财富，无疑是海内外炎黄子孙的共识。那么，该如何看待传统文化中作为行为准则的"耻"这个观念呢？

"耻"一直是传统文化中传之久远、受人重视，并以之作为行为准则之一的。早在春秋时，齐国大政治家管仲就提出"礼义廉耻，国之四维"的治国要领。孔子曾标举"行己有耻"，"有耻且格"等等作为教导学生修身的标准。《中庸》中的"知耻近乎勇"则把"耻"提到一个较难达到的境界。因为必须有勇气才能知耻。孟子说："人不可以无耻"、"耻之于人大矣"。并且把它作为一切悖礼犯法行为的根源。在一些古籍中常见到一些文句，以"耻"来反思自己言行的不足与相悖。如《左传》中说："耻不能据郑也"，《礼记》中说："耻名之浮于行也"、"耻有其容而无其辞"、"耻有其德而无其行"和"耻有其辞而无其德"等等都在检讨立身行事的缺憾。历代都继承着重耻的传统，把"明耻"视作知人论世的准则，而"无耻"则是使人无地自容的唾骂之辞。大之于治国平天下，小之于修身齐家，"耻"几乎已是衡量是非、忠奸、曲直的一个标尺，也是鼓舞人们挺身而立的力量。明清之际的著名学者顾炎武一生就以"博学以文"与"行己有耻"作为自己学与行的两大主旨。他在与友人书中反复详尽地阐述了知耻与明耻的道理。

在传统文化中"耻"的包容甚广。清俭、正直、死难、谦退、忠节、强谏、义烈、悔过、让功、拒贿……都属于明耻；奢侈、邪佞、专恣、妒贤、徇私、贪污、耽溺、残酷、狎昵、辱命……都被斥为无耻，这些概念的内涵至今尚有其足资借鉴之处。

另一方面，古人对"耻"的标准也有值得商榷的地方，如涉及封建伦常以"失节事大"作为千百年桎梏妇女的刑具，则是不足取的内涵。因而，我们要全面地看待传统文化中的"耻"。伯夷、叔齐的言行虽有维护君臣礼制的不足，但他们舍利取义，抨击以暴易暴，并能以身殉自己的理想这一点却对贪图富贵、趋炎附势有矫正世情之效，这也正是他们兄弟首阳采薇的故事能长期流传并获得后人赞颂的原因所在。

要从历史中寻找可资借鉴的"人镜"

进行"耻"感教育，光有空洞的说教是不够的，还应辅之以实例，要从两千多年的传统文化中，选择有关"耻"的人物典型。几年前，我曾专门写过《明耻篇》，书中有明耻者二十三人，立为正篇，既有传诵人口的坚贞不屈的汉苏武、昏夜拒金的汉杨震、知耻自新的晋周处、闻鸡起舞的晋祖逖以及明代的少年英雄夏完淳等；也有鲜为人知的忠义智勇的唐段秀实、碧海丹心的宋郑思肖、大义斥奸的明杨继盛和清代烧车御史谢振定与抗日英雄柯铁等。另有无耻者二十二人，贬入附篇，既有遗臭万年的指鹿为马的秦赵高、残暴肆虐的隋炀帝、残害忠良的宋秦桧和清代卖国太后慈禧等，也有吮痈无耻的汉邓通、奢靡挥霍的晋石崇、口蜜腹剑的唐李林甫和权诈作伪的清是镜等。

当然，这戋戋之数远远不能概括完备，只是努力撷取，用可读的文字，提供给人们一面可资借鉴的"人镜"罢了。

原载于《新华文摘》2006年第11期

漫话光文化

一种文化是一个民族和国家一定的社会经济发展在观念形态上的反映，一种文化也是随着历史的发展而不断创新的。近些年来，有不少大城市为了创建大都会的氛围，曾经提出过"让晚上亮起来"的口号，甚至有人把它提高到光文化的层次。这种光文化应该是应现实社会生活需要而产生的一种文化形态。但是，人们却把"光"的问题只放在如何搞好照明设施的技术层次上，而很少从深层文化角度来探讨光文化的地位，致使人们对光文化缺乏更深层次的认识。我们不妨从光的语言地位、光与灯火的关联以及几种相连意识来看一看光文化的内涵。

一、光的语言地位

语言是人类活动中最原始的表现形态之一，最初步的文化意义多体现在人们普遍使用的语言上。我曾检索过我国语言中最完美、只有褒义而很少贬义的用语，就是"光"字。如双语词：光明、光辉、光环、光彩、光临、光复、光芒、光速、光年、阳光、灯光、月光；如成语：光明磊落、光明正大、光天化日、光前裕后、光芒万丈、光宗耀祖；如诗文中的用语："笙歌归院落，灯火下楼台"（白居易：《宴散》）、"太阳初出光赫赫，千山万山如火发"（赵匡胤：《咏初日》）、"四顾山光接水光，凭栏十里芰荷香"（黄庭坚：《鄂州南楼书事》）、"野径云俱黑，江船火独明"（杜甫：《春夜喜雨》）、"春风又绿江南岸，明月何时照我还"（王安石：《泊船瓜洲》）、"床前明月光，疑是地上霜"（李白：《静夜思》）、"李杜文章在，光焰万丈长"（韩愈：《调张籍》）、"帝光天之下，至于海隅苍生"（《尚书·益稷》）、"人品甚高，胸怀洒落，如光风霁月"（黄庭坚：《豫章集濂溪诗序》）。

二、光·火·灯的关联与作用

光的存在要有一定的载体。太阳光是从太阳本体发出的，月光是太阳光的反射，闪电光是大气层中电位差增大到一定程度时发生的猛烈放电现象。它们都按照自然规律运作，人们能享受这种赐与，但不能掌握它们的存在。

先民们为了获得他们需要的光，就想把光留住，并能由自己掌握，于是首先想到自然光，从自然界中去求取光。西方的传说中有从上天偷火而受到惩处的故事，中国则有燧人氏钻木取火的传说，都是为了得到光和掌握光。钻木取火是石与木的摩擦爆发火光，后来有以镜取日之光，于是，民间有以火石打铁（火镰）发出火光的方法，可以用作吸烟工具和点燃之用。有了火就有了光，火光对于人类文明的发展，人类生活的改善都产生重要的功能。人们借助火光可以改变黑暗的状态，改变日出而作、日落而息的生活习惯；火光可以驱散野兽的侵袭，改变巢居的生活，为畜牧业、农业的发展创造了条件；火光可以取暖，可以熟食，发展智力。

光成为人类追求的物质。追求光明，光明代表生命，代表先进。

凿壁偷光、囊萤映雪的典故说明光对读书求知的重要。

火使人类从野蛮走向文明，产生许多文化现象，构成光文化的基本内涵。

火不断燃烧，不断发光，但不能运用自如，所以人类就想把光留住，自由地掌握，于是就要为光找寻载体。动植物是大自然为光的延续准备的可用载体，木棒、草束和动植物的脂膏就是光的直接和间接载体，于是就有"火把"让人类随时可以得到光。比如彝、白、傈僳、拉祜等族的传统节日"火把节"。从旧历六月二十四日始，前后三天，人们盛装庆贺，举行各种游乐。入夜燃点火把，奔驰田间，驱除虫害，并在火光中饮酒歌舞。侗族、苗族的篝火，欢迎客人，主客在火光中吹芦笙，喝牛角酒，拉起手，婆娑起舞，玩抛绣球招亲的游戏，山野间火光点缀，欢声笑语，增添景色，丰富光文化的内涵。

火的光焰为人们带来快乐与光明，因此火光被用来显示国泰民安和节日欢庆，从13世纪以来，焰火成为一种欢乐的象征。在很多文献中都有记载，如《梦粱录》、《武林旧事》等。

光要和手分离，更便于人的活动，于是发明了灯，用陶器、石器、青铜器制造灯具。最初灯是无足的，但放得低，光照得不远，于是灯就长高了，有灯台。后来灯发展很快很丰富，形成光文化中的重要一支。人们用贵重的原料，创造美的造型，银灯、金灯、琉璃灯、墙灯、纱灯以及当代美不胜收的种种灯具。

灯笼是火、蜡烛（脂膏制造的）、竹篾和纸等的结合体，是一种可以移动的光，也是一种权力和礼仪的象征。在灯笼上标上姓氏或官衔就是权势的张扬。

灯不仅活人用，死人亦用。墓葬发掘出来即有灯这类陪葬品。灵前佛前都有长明灯，光为活人生活必须，但死人也要光引路，甚至佛也要光的明亮。

灯和火联姻，常常灯火连用，是光源和光载体的连接。灯和火甚至有时含义等同，"只许州官放火，不许百姓点灯"。灯火通明是形容光的照耀。

随着时代发展，科学在发展，光源亦在发展，由灯火到电、电石、沼气、天然气、核电等等，都是光源，都使照明工程的文化内涵日益丰富。

三、光文化的几种意识

光的使用，涵盖着很丰富的光文化内容，但不是只要亮起来，就体现光文化；如果缺乏应有的意识，反而会破坏光文化的文化内涵。

首先是全球意识。对光文化的发展没有全球的眼光是不行的。就世界范围看，光文化的发展有综合考虑的趋势，不能只就光的本身和传统习俗来设置，而要站在一定高度来看全世界各大都会是怎样体现光文化的。我们和他们有哪些相同处，又有哪些不同处，其优劣又如何，然后择善而从。不这样，就不可能反映这个时代的要求，就要游离于人类共同文化发展的轨道之外，也就没有什么生命力。

其次是民族意识。民族的自觉和独立是二战以后不可阻挡的发展趋势。光文化要求发展自己，就要寻找自己的本土文化传统，特别是中国有丰富的传统底蕴。如果没有这种意识，单纯模仿外国，就不可能创造出自己的特色，如果把北京装扮成纽约一样，那又有什么看头，而对于人类的贡献，也就有限。应该记住"只有民族的，才是世界的"。

再次是适度意识：任何事物都要有一定的"度"，不是都亮起来就体现光文化，也不是越亮越好，更不是所有地方都要亮起来。应该认真研究什么地方该亮，亮度如何，要亮多长时间，光源的供应可能有多大，消费的承担力有多强。光和暗要有搭配，有时昏暗也是一种文化雅趣。不要把光文化办成光污染！

原载于《中国（天津）首届现代城市光文化论坛论文集》 中国照明学会天津照明学会编2004年印行

杂议广告文化

　　广告是把物质或精神的内容公告于世的一种形式，它以其涉及方面广和形式多样，对人们生活影响深而成为一种社会文化现象。在我童年的时候，常常在电线杆或胡同转角处看到一些用红纸或白纸写的小招贴，写着"天皇皇，地皇皇，我家有个夜哭郎……"的语句。这是为了祈求"过路君子读一遍"，以保佑他家睡不安宁的娃娃能"一觉睡到大天亮"，这是一种求助性的广告。在义和团的文献中有不少揭帖，阐明反帝意旨，这是宣传性的广告。抗战前，在华北地区的铁路沿线和荒村野乡的土墙上，不是可以看到不少日本仁丹的大幅广告？人头像上翘着两撇大胡子，传说胡子的不同翘向，即指示行军的不同方向。这是日本浪人受命所作——确否待证，但到处可见，颇值得怀疑。近年来电视上播出的"广而告之"，宣传公共道德和卫生常识，这是教化性广告。诸如此类，最普遍应用的则是为了招徕顾客，推销商品的商业性广告。

　　商业性广告过去就有，并已有广告学之说。在计划经济年代，似乎日渐衰微，因为皇帝女儿不愁嫁，广告效用不突出；但到市场经济的年代，商潮似海，竞争日烈，广告的作用渐渐为人看重。报刊荧屏，随处可见，形形色色，烘托出一片市场繁荣景象。这许多主旨不一、用途不同的商业广告在公众场合，街头巷尾构成一种现代社会的文化现象。这种文化现象运行得当，不仅可以点缀社会，更能反映社会素质。如果运行不当，那就不啻为建设美好完善的现代社会贴上一贴烂污膏药，毒人心志，污人耳目。特别是近年来一些商业性广告的弊病更显严重，也无可避免地给人们带来了若干扰人的烦恼。

　　广告的设计应该独出心裁，引人入胜，而不能因此破坏原来美好的东西。汉语言中的成语本是千百年积累刷汰而得。它非常巧妙地概括了含义深远的内容，不仅言简意赅，而且便于记忆。但是不久以前，广告滥用成语之风猖獗一时，触目皆是，信手拈来，可得多例。

> 刻不容缓——咳不容缓——卖止咳药的
>
> 合情合理——盒情盒礼——卖成盒月饼或元宵的
>
> 别来无恙——鳖来无恙——卖鳖精的
>
> 百依百顺——百衣百顺——卖服装的
>
> ……

这类胡改滥用的"成语"到处可见，几已不胜枚举。其结果使有特定含义的成语面目全非，误导了不熟悉成语的人，特别是中小学生，以讹为正。

广告应该是能引起人们对商品的美好想象，不能有错位的浮想。但在电视屏幕上经常可以看到一些让人啼笑皆非的广告。如有一位母亲领着幼女在家门口鹄候丈夫远航归来，果然丈夫拎着礼物的身影出现了，彼此疾步拥抱在一起，妻子非常满足地赞叹丈夫每次回来总带回礼物，哪知丈夫所拎的只不过是某某牌的食用油，真令人扫兴！另一家方便面的广告是一只小狗在窗外一蹿再蹿地向屋里看着香喷喷、热腾腾的方便面，馋涎欲滴。这不禁使我回想起几十年前听手摇留声机，商标上有一只狗蹲在喇叭旁听戏的感觉，未免使人有点不当的联想。还有一家某某牌矿泉水的广告把它与小时候喝河里水联系起来，很容易让人怀疑这些矿泉水与自然水的关系，造成影响销售量的后果。这类例子很多，设计者并无恶意，但缺乏一种准确性与科学性。

广告有刺激人们欲望的功能，但不能引起人们不正当的欲望。脑白金是一种健身补品，广告做得很多，宣传力度很强，据说销售情况不错，也有一定疗效；但对"收礼只收脑白金"这句广告词，却持异议，它似乎不太符合"反腐倡廉"的主旋律，也给送礼走门路者某种微妙的启示，有了一种打哈哈的借口（当然真正的友好往来不在此例）。也许有人认为正是这样的错位才有让人记住的效果，但是社会效应和职能才是广告应有的主旨。

广告更重要的一条是取信于人。有的广告写得天花乱坠，却与实际有距离，甚至是谎言。有一种广告形式更为可怕，不在广告版上，也没有明显的广告标示，而是一篇署名短文，从讲述某种疾病始，陈说利害，继而大讲用某种药能治痼疾，终于谜底揭开，写了地址电话，招徕患者采购。我乃恍然大悟：此广告也！这种做法最近比较风行，虽不能说全无实际，但容易让人将信将疑，宣传效果并不见佳。

广告为了起宣传作用，当然要张贴，但千万不能随意滥贴。我曾去看望一位住在一条胡同小院里的老友，远远看去蓬门小户的门旁贴了一张白色招贴，像是"恕报不周"。近看原来是一张包治阳痿、早泄的野郎中广告。我一气之下，把它撕掉。我住在一座上世纪60年代建造的旧楼里。外表残破，楼道昏暗。经常有各色广告由表及里，从楼外贴到楼内。那时因为底色不洁，尚未引起特别注意。前年学校为了修缮旧楼，美化环境，斥资将楼内楼外粉刷一新，出来进去，赏心悦目。但好景不长，仅仅两天，在楼外的白色环带上和楼道洁白的墙壁上贴满了大小不等、五颜六色的广告，甚至楼阶的直断面都不放过，每上一阶迎面不是通下水道，就是搬家公司，还有洗油烟机，收购旧书等等，几乎贴到你的眼上。远看楼外，真像烂脚叫化满身贴拔毒膏一样，让人不忍卒看。人们多么希望有人认真治理一下！

一个社会不能没有广告，尤其是市场经济的社会，更需要广告来推动经济的发展；但我衷心希望我们的广告能真点、善点、美点，不弄虚作假，不有害心灵，不丑陋难看。不仅仅作为商业行为，而把它视作重要的社会文化现象，让人们能浸润在净化的环境之中。

原载于《解放日报》2000年11月8日

评选文化名人之我见

　　近有评选文化名人之举，征询我的意见。这对日后编写《天津通志·人物志》是很重要的前期工作，但有几点需加注意，特提供商榷：

　　（一）名人实为一概念，内容极富，品类甚繁。自古以来，就有名儒、名师、名士、名医、名流等等不同角色；晚近以来，又有名作家、名教育家、名歌手、名演员等等誉人之词。凡此种种屈指难数，但皆包容于名人概念之下，此名人之难确切定名也，而文化名人尤难划定。既不识谱又无文化底蕴之名歌手，不乏其人，又何以处之？

　　（二）名人范围甚广，有家族名人、有一市一省名人、有全国名人、有世界名人，是名人之为有大圈圈套小圈圈，犹沙锅之有大中小号。如仅以层次高低为准，则高名而其实难符者可滥竽入选，而底层之实学之士将名落孙山。曹雪芹、蒲松龄当时无何美名，而身后享世界文化名人的荣誉，所以不能以时名为定。

　　（三）名人之成名人，需要经过历史长河的冲刷沉淀。如要评选，宜按志体"生不入传"之例，以评死人为佳。死人虽盖棺亦难论定，但终究为少数。至评选生人，问题甚多，一为甄选颇难着手，缺乏应有客观标准。二为难以摆平，当前许多事务多以摆平为要务，因而往往有极大随意性。三为难以发掘被埋没的真正名人。所以，千万只评死人而决不评活人。此与志书人物传之所需亦不相悖。四为好名者多自炫其能，或自带证书奖状，出示名人录及形形色色名人词典，以证明名人之正身，拒之无理由，应之将连篇累牍，罄南山之竹亦无以书名人之榜。

　　（四）甄选标准宜严不宜滥，文化名人必"德业崇闳，文章彪炳"者，其有名无实，盗名窃誉，徒有时名而身后没没者皆应摒而不选。如此，方足为一地增光，为文化生色，为后来做榜样。

　　浅见数点，仅供评选时参考。

原载于《天津史志》1997年第5期·总第52期

不要再"炒"文化了!

"炒"字使用越来越普遍,从炒黄金、炒外汇、炒股票、炒房地产到炒名人、炒景点,几乎无物不可以炒之,来势汹涌,势不可挡。其始作俑者为谁,含义又为何,都习焉不察,难明究竟。于是翻看手头辞书,有二义焉。一为"将东西放在锅里翻拨使熟,如炒花生";另一则为通"吵",并引元曲家郑廷玉所作杂剧《忍字记》第一折中用语说:"休要闹炒炒。"看来炒是把生东西弄熟,是乱闹起哄之意。我怕这是旧义,不够贴切,于是又翻了《新词新语词典》,果然有两条新词:一为"炒买炒卖"指投机买卖;二为"炒鱿鱼",以鱿鱼卷形象比喻卷铺盖解雇。合古今观之,"炒"字似乎不是什么好字眼。

炒物尚有可说,因为这是一种商业行为,为赚钱可以不顾一切,最多炒焦而已。炒人则有些不妙,有置人于炉火之上的感觉。而炒风袭击文化,更不能不引以为忧。文化本是很纯洁的国本。一种文化是一个国家和民族的一定社会和经济在观念形态上的反映。这类东西似不宜炒;但是,属于文化的影视和图书之类,近来也炒风日炽,炒已成当然,不炒倒被认为不合潮流。

影视出台之前,向观众作些介绍和宣传是完全必要的,但是正确与谬误往往只是一步之差,过了中线就由对走向不对,有些影视无论导演和演员都是一流的,题材也是合于主旋律的,正常运作是能立得住的,而且也可从不同声音中受益,使作品再经磨炼而臻于精品,可惜求售心切,于是加大"炒"的力度,先在上层炒,请高层领导出席发布会、酒会之类,以求一语定乾坤;继而"炒"遍各地,导演、演员分骑四出,办首映式会见观众,以庐山真面相招徕;开座谈会,邀文坛巨子一锤定音,众口同声礼赞。于是该影视自主题至制作几已完璧无缺,天衣无缝;但观众在一些内容情节上被误导,演员则未获聆逆耳之言而陶醉于已有,其最后所得者非艺术之精进,唯票房之价值而已!

　　图书为文化思想结晶付之载体的产物，为信今传后之作。学者作家，朝耕夕耘，乃其本业，读者取舍，自有评论；演员、主持人等等，也多著书立说，叙人生道路之艰难，述成败得失之感受，与世人相沟通，为读者增闻益智，也是对社会之贡献。写书人日有增多，为一国文化发达之标志。当一书之成，介绍评论属于常规。而"炒"风一过，乃有签名售书盛举，各地出版发行单位争相罗致名人，出台亮相，读者好奇，蜂拥而至，以获得一亲笔签名为荣，时经半日，图书大批售出，码洋滚滚而至，签名作者手酸肩痛，购书众生股胀足僵，书香顿消，商业气息弥漫，昭昭者写书之人，昏昏者购书之众，书商则无不拈花微笑而拨弄作者与读者于股掌之上。

　　商人牟利，乃其本性，无可厚非。至文化人似应略保清高。清高久遭批判，遂入误区。当今之世，保持文化清高则实有必要。一般常规运作自应加强完善。票房码洋，文化人似不宜专注。至于人吃肉己喝汤，为人所愚弄，更堪叹息。总之，文化不要再炒了！

原载于《中国文化报》1997年9月16日

《清画家题画诗选》编议

中国题画诗的传统，由来颇久。清人方熏在其所著《山静居画论》中曾论其事说：

> 款题图画，始自苏、米，至元明而遂多。以题语位置画境者，画亦由题益妙。高情逸思，画之不足，题以发之，后世乃为滥觞。古画不名款，有款者亦于树腔石角题名而已。后世多款题，然款题甚不易也。一图必有一款题处，题是其处则称题，非其处则不称。画故有由题而妙，亦有由题而败者。此又画后之经营也。

方氏为乾隆时画家，诗书画俱妙，与著名画家奚冈并称"方奚"。所论画家自题画之缘起和诗画间关系等见解，有重要参考价值。民国时有为黄颂尧其人编印《清人题画诗选》写序的作者章钦亮，除同意画家自题始于宋元之说外，复申论非画家题画则始于唐之说，序称：

> 题画之作，肇自有唐。太白苍鹰之赞，工部丹青之引，皆文人寄画为吟咏之资，未必皆书之于画。宋元以降，文人学士既善作书，复工六法，乃以诗词题入画中。东坡、云林诸作，时或见之。明清以来，遂称极盛。沈、文、唐、董、恽、王诸家，几于无画不题。画以题重，而评画者亦以题辞之美恶，定画之高下，非是者谓为"枯题"，谓为"穷款"，而为识者所贱视矣。（黄颂尧：《清人题画诗选》序）

据方、章二氏所论，题画之作有两种：一为画家本人自题其所作画，使其画作更加完美，以表现画家的才华，它始于宋而盛于清；二是文人学士为所见画作题写，以表达个人对所题画的欣赏，或评骘画作的画意、画境，或寄托个人的感慨与思想，它始于唐亦盛于清。二者对完善中国画的至美境界都起着重要作用。

题画之作包含诗、词和跋语，而以诗为大宗，所以古人多论诗与画的关系。宋人张舜民，有清望，善诗文，嗜画，题评精确。他在其所著《画墁集》卷一《跋百之诗画》中说："诗是无形画，画是有形诗。"这句说明诗画关系的话早已成为一般人耳熟能详的语句，所以苏东坡在其《书王主簿所画折枝》诗中作了"诗画本一律"的概括。而无形画和有形诗也就分别成为诗和画的代称，在《宋诗纪事》卷十九所引《全蜀艺文志》中载有钱鉴《次袁石公巫山诗》中说："终朝诵公有声画，却来看此无声诗。"甚至有人以此代称来作书名者，如宋淳熙年间的孙绍远曾把唐宋以来的题画诗编成一部《声画集》，实际就是一部题画诗集。这部题画诗集可能对宋以后画家的自题产生一定影响。清初姜绍书曾撰《无声诗史》七卷，实系著录画家生平之史书。或许对推动清人题画诗的发展兴盛也有某些作用。至于如何摆放诗与画二者的关系，宋人晁说之在《论形意》一文中，有过很简括的说明："画写物外形，要物形不改；诗传画外意，贵有画中态。"其义是要求二者相辅相成，互补局限，合成一完美的整体。而对二者的共同要求是，既含蓄，有气势，谐韵律，合节奏，显生动。

一幅画作不论是自题，还是他题，都对画是一种提升，特别是自题，更是每个画家应有的资质。自题往往以诗意、诗境来补充画家的画意、画境，发挥和寄托画家的思想和情感。清代画家有很多题画诗流传下来，其数量之多，已难尽举，只能举一例以证其事，如清初"四王吴恽"之一的恽寿平是一位花卉画家，其画赋色绝妙，书法有褚遂良遗意，而诗尤飘逸，有《瓯香馆集》存世，所收花卉题画诗多首，情景并具。如《题莲》一首云："绿云飘渺动仙裳，红艳轻匀斗晓妆，闲向花房摘莲子，满衣金粉露花香。"又《画芋》一首，把一个普普通通的芋头写得非常有情致，诗云："还忆山堂夜卧迟，寒灯呼友坐吟诗，地炉松火同煨芋，自起推窗看雪时。"贴近生活，令人有身在画中之感。有些学者非以画名但亦时作画自娱，并自题其画，如朱为弼喜画花卉，他的《茮声馆诗集》中就有许多自题诗，在卷二有《题自画墨牡丹诗》一首云："自怜生性爱涂鸦，敢以徐熙没骨夸，已是浮云看富贵，不应更写洛阳花。"这是曾得意于宦途之人的自诩又自嘲。明画家徐渭也有一幅墨牡丹画自题诗云："五十八年贫贱身，何曾妄忆洛阳春，不然岂少胭脂在，富贵花将墨写神。"这是画家发泄不得意的心情，表现其不屑富贵的性格。同一题材有不同的题写，可借以了解二人的不同遭遇和性格。

从唐宋以来的题画诗有相当多数量，但汇总成编和加以研究的著述并不多。据我所知，汇集题画诗成总集者，最早是宋人孙绍远的《声画集》八卷。这是一部唐宋人题画诗的总集。《四库全书》就把它收入集部总集类二之中。全书共分古贤、故事、佛像、神仙、仙女、鬼神、人物、美人、蛮夷、赠写真者、风云雪月、州郡山川、四时、山水、林木、竹、梅、窠石、花卉、屋舍器用、屏扇、畜兽、翎毛、虫鱼、观画题画、画壁杂画二十六门。其分类界限不清，有欠准确，使用者不便。《四库提要》曾评其"编次颇为琐屑，如卷五梅为一门，卷六花卉门中又有早梅、墨梅诸诗，殊少伦绪"。但也肯定它所收多人，"其集皆不传，且有不知其名字者，颇赖是书存其一二。则非惟有资于画，且有资于诗矣。"另一种是清康熙时御定的《题画诗》一百二十卷，此书因当时编纂诸臣认为，孙氏《声画集》既篇幅不足，而历代有关书画题跋著述，又多偏重书跋而忽略题画诗，实际上题画诗的数量又很大，所以决定单独编成《题画诗》一书。《四库全书》收此书入集部总集类五，《四库提要》叙全书内容及价值颇详云：

> 集中所录，凡诗八千九百六十二首。分为三十门，如树石别于山水，名胜亦别于山水，古迹别于名胜，古像别于写真，渔樵、耕织、牧养别于闲适，兰竹、禾麦、蔬果别于花卉，配隶俱有条理，末为人事、杂题二类。包举亦为简括，较诸孙氏旧编，实博而有要。披览之余，觉名物典故，有资考证；鸿篇巨制，有益文章。即山川景物，开卷如逢。鱼鸟留连，烟云供养，亦足以悦性怡情。

康熙帝特为此书撰序，给予充分的肯定说："不逾几席，而得流观山川险易之形；近在目前，而可考镜往代留遗之迹。以至农耕蚕织，纤悉必具；鸡犬桑麻，宛然如睹。庶几与昔人《豳风·无逸》之图，有互相发明者焉。"

此后也就未见此类汇编的纂辑，直到1935年始见有黄颂尧所编《清人题画诗选》，黄氏在其书序中曾言及编纂缘起说：

> 前清康熙时纂历代题画诗类一书，至明而止，体不分今古，词不别优劣，盖以备为贵也。而有清一朝，诗人项背相望。题画诗之见于各家别集者，浩如烟海，尚无有继前哲搜罗而荟萃之者……兹为诸生便于诵习仿效计，故于清人别集中，悉心抉择。其用事僻奥者，有专指者及率率应酬而少

精彩者，皆摈不录。凡二十六家得诗一千二百余首。

黄氏执教于苏州美术专科学校，或见于诸生不娴题画诗，而编此书。其用心之深可敬，惟所收正如黄氏自称"家数不尽于此，诗亦不尽于此"。清前题画诗，既有康熙钦定之书，已能大体包罗，而有清一代题画诗当不止万首。甚望国画界有志者，聚合同道，选画家数百人，参考孙、康二书类次，重加审定，明立类别，纂成《清画家题画诗选》，既可超越前者，又为国画界提供借鉴，并能从中选教国画专业学生，以提高当前国画之诗书画综合艺术水平，岂非一大功德？

其反对画有题画诗者，我只见到周作人一说。但他所确指的是乾隆题画诗。周作人说："乾隆好做诗题画，但诗既做得特别不通，字亦写得粗俗。题的时候又必是居中一大块，盖上一个玉玺，很是难看。"（周作人：《题画》，见《知堂集外文》）又引清人张鸣珂《寒松阁谈艺琐录》所记，表示自己的看法说："照道理来讲，图画最好是不题字，这也是最合于古代的法则，但是文人画的写意与古代写实不同，意有未尽者，不妨写下；不过，这需要画家自题，不然也是懂得画意的人才能动笔。"这也算有条件地反对，而倾向于自题。

至于《清画家题画诗选》编纂体例，仅就所见，略贡数言。

本书的收录范围限于清人画家，凡生于明卒于清者属清人，生于清而卒于民国，在清已有作品著录者，亦属清人。所收题画诗，应是画家自题诗，非题画诗之其他诗作，即使可据以入画的咏物诗，亦不收录。至于非画家所作题画诗（他题），以其散见甚广，搜检不易，只选个别名家作品以作代表。

本书选录来源以画家诗集为据，五首以下全收，五首以上选收，可超过五首，但不得超过十首，其选收诗作，以写景写情为主，其谈哲理者暂不收。

本书以画家生年为序，所收诗作前，缀以画家小传，内容包括生卒年月、游历地域、出身经历、仕历、个人品德、交游、著作及题画诗概说评论等。字数不超过1500字。

本书选诗和收诗的标准，应注意其内容可供画家启发意境、创作构思及画作题诗之参考。

清代画家众多，从中选取百家及其题画诗作，不仅收知名画家如"四王吴恽"、"八怪"等，也选收声名稍逊者，特别是不同流派之画家。对所收诗作，按诗的格式排列，不加标点，不加注释，以便读者能有不同理解，但应注明采录根据，以便编者查对。

《清画家题画诗选》是编撰《全清画家题画诗》的初基本。后者体大思精，非一朝一夕所能蒇事。我早年拟先编《诗选》，能有效果，再作铺张。乃就记忆所及，表列百人，并查明画家诗集，以便采录，惜未着手。今已高年，精力衰退，难以从事。今夏整理旧存，旧稿已成破烂，乃粗加条理，稍作补苴，略申其说，并附名录，以备有心人参稽。

【附记】如次。

钱谦益（1582—1664）《初学集》

王时敏（1592—1680）《王烟客先生集》

王　鉴（1598—1677）《染香庵集》

陈洪绶（1599—1652）《宝纶堂集》

龚　贤（1618—1689）《半亩园诗草》

朱　耷（1626—约1705）

万年少（1603—1652）《隰西草堂集》

阎尔梅（1603—1679）《白耷山人诗集》

傅　山（1606—1684）《霜红龛集》

吴伟业（1609—1672）《梅村家藏稿》

李　渔（1611—1680）《笠翁一家言文集》

冒　襄（1611—1693）《如皋冒氏丛书·朴巢诗选》

周亮工（1612—1672）《赖古堂诗集》

宋　琬（1614—1673）《荔裳集》、《安雅堂集》

查士标（1615—1698）《种书堂遗稿》

尤　侗（1618—1704）《西堂全集》

侯朝宗（1618—1654）《四忆堂诗集》

笪重光（1623—1692）《江上诗集》

梅　清（1623—1697）《天延阁删后诗》

魏　禧（1624—1680）《宁都三魏集》

汪　琬（1624—1690）《汪钝翁前后稿》

陈维崧（1625—1682）《湖海楼诗稿》

姜宸英（1628—1699）《姜西溟全集》

朱彝尊（1629—1709）《曝书亭集》

屈大均（1630—1696）《屈翁山诗集》

石　涛（1641—1707）《大涤子题画诗跋》

吴　历（1632—1718）《墨井诗抄》

恽寿平（1633—1690）《瓯香馆集》

王士祯（1634—1711）《渔洋精华录》

杨无咎（1634—1712）《小宛集》

宋　荦（1634—1713）《绵津山人诗集》

田　雯（1635—1704）《古欢堂集》

杨　晋（1644—1728）《西亭题画杂咏》

潘　耒（1646—1708）《遂初堂集外诗文稿》

王原祁（1642—1715）《麓台诗集》

孔尚任（1648—1718）《輂下和鸣集》

潘天成（1654—1727）《铁庐集》

汪士鋐（1658—1723）《秋泉居士集》、《栗亭诗集》

赵执信（1662—1744）《秋谷诗抄》、《饴山诗集》

顾嗣立（1665—1722）《秀野草堂诗集》

上官周（1665—? ）　《晚笑堂竹庄诗》

蒋廷锡（1669—1733）《青桐轩诗集》

高其佩（1672—1734）《指头画法》（侄孙高秉著）

沈德潜（1673—1769）《归愚诗抄》、《竹啸轩诗抄》

朱伦翰（1680—1760）《闲青堂集》

张　庚（1685—1760）《强恕斋诗抄》

高凤翰（1683—1749）《南阜诗集》

华　嵒（1682—1756）《离垢集》

李　鱓（1686—1762）

钱陈群（1686—1774）《香树斋诗集》

张宗苍（1686—1756）《张篁村诗》

邹一桂（1688—1772）《小山诗抄》

汪士慎（1686—1759）《巢林诗集》

黄　慎（1687—? ）《蛟湖诗抄》

金　农（1687—1764）《冬心先生集》

方士庶（1692—1751）《环山诗抄》

厉　鹗（1692—1752）《樊榭山房集》

郑　燮（1693—1765）《板桥全集》

胡天游（1696—1758）《石笥山房诗集》

梁诗正（1697—1763）《矢音集》

商　盘（1701—1767）《质园诗集》、《画声》

陈兆仑（1700—1771）《紫竹山房诗集》

郑虎文（1714—1784）《吞松阁集》

袁　枚（1716—1797）《小仓山房诗集》

钱维城（1720—1772）《钱文敏公全集》

张九钺（1721—1803）《陶园集》、《紫岘山人诗集》

梁同书（1723—1815）《频罗庵遗集》

王　昶（1724—1806）《述庵诗抄》

蒋士铨（1725—1785）《忠雅堂诗集》

毕　沅（1730—1797）《灵岩山人诗集》

桂　馥（1736—1805）《未谷诗集》

罗　聘（1733—1799）《香叶草堂诗集》

翁方纲（1733—1818）《复初斋诗集》

方　熏（1736—1799）《山静居遗稿》

余　集（1738—1823）《忆漫庵剩稿》

钱维乔（1739—1806）《竹初诗抄》

汪　中（1744—1794）《容甫遗诗》

黄　易（1744—1802）《秋盦遗稿》

奚　冈（1746—1803）《冬花庵烬余集》

洪亮吉（1746—1809）《卷施阁文集》

吴锡麒（1746—1818）《有正味斋诗集》

赵怀玉（1747—1823）《亦有生斋诗集》

黎　简（1748—1799）《五百四峰堂诗抄》

李　斗（1749—1818）《永报堂诗集》

黄　钺（1750—1841）《壹斋诗集》

铁　保（1752—1824）《梅庵诗抄》、《惟清斋诗抄》

法式善（1753—1813）《存素堂诗集》

王学浩（1754—1832）《易画轩诗录》

王宗炎（1755—1826）《晚闻居士集》

曾　燠（1759—1831）《赏雨茆屋诗集》

焦　循（1763—1820）《雕菰楼集》

张问陶（1764—1814）《船山诗草》

钱　杜（1764—1845）《松壶画赘》

阮　元（1764—1849）《文选楼诗存》

舒　位（1765—1815）《瓶水斋诗集》

郭　麐（1767—1831）《灵芬馆诗集》

彭兆荪（1768—1821）《小谟觞馆文集》

陈鸿寿（1768—1822）《种榆仙馆诗抄》

张廷济（1768—1848）《桂馨堂集》

英　和（1771—1840）《恩福堂诗抄》

改　琦（1774—1829）《玉壶山房词选》

汤贻汾（1778—1853）《琴隐园诗集》

张维屏（1780—1859）《听松庐诗抄》

梅曾亮（1786—1856）《柏枧山房文集》

吴熙载（1799—1870）《古桐书屋六种》

张际亮（1799—1843）《张亨甫诗集》

费丹旭（1801—1850）《依旧草堂遗稿》

戴　熙（1801—1860）《习苦斋诗集》

汪士铎（1804—1889）《梅村诗集》

潘曾莹（1808—1878）《红蕉馆诗抄》

张之万（1811—1897）《张文达公遗集》

金　和（1818—1885）《来云阁诗稿》、《秋蟪吟馆诗抄》

吴大廷（1824—1877）《小酉腴山馆集》

李慈铭（1829—1894）《白华绛柎阁诗集》

赵之谦（1829—1884）《悲庵居士诗剩》

翁同龢（1830—1904）《瓶庐诗抄》

陆心源（1834—1894）《仪顾堂集》

　　这是一份很不完备的清代画家及其诗集的名单，有一小部分未以画名的著名文人及其诗集，其中或有他题，也有个别画家知其名而未查到其诗集者。当年只就记忆所及，稍查阅了几种工具书编成的，虽收录范围不大，有关材料也欠缺，但还是可作拟编时参考，特附录于文后。

一九六三年夏初稿

二〇一二年秋整理于南开大学邃谷，行年九十

原载于《中国文化》2013年秋季号·总第38期

说题画诗

近年，不时看一些国画展，我虽不会画，但几十年经眼，总还分得出优良可劣。可劣姑置不论，即优良之作，除极少数顶级之作外，大多令人感到缺少点什么。渐渐地我悟到这些画所缺的是失去了国画本是一种诗书画艺术结合的特点。当前很多国画应该从速找回诗书画综合艺术的特点，不要在一幅好画上信笔乱写。题写内容亦不着意经营，或词语不甚高雅，或不论切题与否，随意摘抄前人词语。造成这类白璧微瑕之憾的，就是对题画诗没有给以足够的重视。中国画题画诗的传统由来颇久。清人方熏在其所著《山静居画论》中曾论其事说：

> 款题图画，始自苏、米，至元明而遂多。以题语位置画境者，画亦由题益妙。高情逸思，画之不足，题以发之，后世乃为滥觞。古画不名款，有款者亦于树腔石角题名而已。后世多款题，然款题甚不易也。一图必有一款题外，题是其处则称题，非其处则不称。画故有由题而妙，亦有由题而败者。此又画后之经营也。

方氏为乾隆时画家，诗书画俱妙，与著名画家奚冈并称"方奚"。所论画家自题画之缘起和诗画间关系等见解有重要参考价值。民国时黄颂尧编印之《清人题画诗选》序言作者章钦亮除同意画家自题始于宋元之说外，复申论非画家题画则始于唐之说，序称：

> 题画之作，肇自有唐。太白苍鹰之赞，工部丹青之引，皆文人寄画为吟咏之资，未必皆书之于画。宋元以降，文人学士既善作书，复工六法，乃以诗词题入画中。东坡、云林诸作，时或见之。明清以来，遂称极盛。沈、文、唐、董、恽、王诸家，几于无画不题。画以题重，而评画者亦以题辞之

美恶，定画之高下，非是者谓为"枯题"，谓为"穷款"，而为识者所贱视矣。（《清人题画诗选》序）

据方、章二氏所论，题画之作有两种：一为画家本人自题其所作画，使其画作更加完美，以表现画家的才华，它始于宋而盛于清；二是文人学士为所见画作题写，以表达个人对所题画的欣赏，或评骘画作的画意、画境，或寄托个人的感慨与思想，它始于唐亦盛于清。二者对完善中国画的至美境界都起着重要作用。题画之作包含诗、词和跋语，而以诗为大宗，所以古人多论诗与画的关系。宋人张舜民，有清望，善诗文，嗜画，题评精确。他在其所著《画墁集》卷一《跋百之诗画》中说："诗是无形画，画是有形诗。"这句说明诗画关系的话早已成为一般人耳熟能详的语句，所以苏东坡在其《书王主簿所画折枝》诗中作了"诗画本一律"的概括。而无形画和有形诗也就分别成为诗和画的代称，在《宋诗纪事》卷十九所引《全蜀艺文志》中载有钱鍪《次袁石公巫山诗》中说："终朝诵公有声画，却来看此无声诗。"甚至有人以此代称来作书名者，如宋淳熙年间的孙绍远曾把唐宋以来的题画诗编成一部《声画集》，实际就是一部题画诗集。这部题画诗集可能对宋以后画家的自题产生一定影响。清初姜绍书曾撰《无声诗史》七卷，实系著录画家生平之史书。或许对推动清人题画诗的发展兴盛也有某些作用。至于如何摆放诗与画二者的关系，宋人晁说之在《论形意》一文中，有过很简括的说明："画写物外形，要物形不改；诗传画外意，贵有画中态。"其义是要求二者相辅相成，互补局限，合成一完美的整体。而对二者的共同要求是，既含蓄，有气势，谐韵律，合节奏，显生动。

一幅画作不论是自题，还是他题，都对画是一种提升，特别是自题，更是每个画家应有的条件。自题往往以诗意、诗境来补充画家的画意、画境，发挥和寄托画家的思想和情感。清代画家有很多题画诗流传下来，其数量之多，已难尽举，只能举一例以证其事，如清初"四王吴恽"之一的恽寿平是一位花卉画家，其画赋色绝妙，书法有褚遂良遗意，而诗尤飘逸，有《瓯香馆集》存世，所收花卉题画诗多首，情景并具。如《题莲》一首云："绿云飘渺动仙裳，红艳轻匀斗晓妆，闲向花房摘莲子，满衣金粉露花香。"又《画芋》一首，把一个普普通通的芋头写得非常有情致，诗云："还忆山堂夜卧迟，寒灯呼友坐吟诗，地炉松火同煨芋，自起推窗看雪时。"贴近生活，令人有身在画中之感。有些学者非以画名但亦时作画自娱，并自题其画，如朱为弼喜画花卉，他的《茮声馆诗集》中就有许多自题诗，在卷二中有《题自画墨牡丹诗》一首云："自怜生性爱涂鸦，敢以徐熙没骨夸，已是浮云看富贵，不应更写洛阳花。"这是曾得意于宦途之人的自诩且自嘲。明画家徐渭也有一幅墨牡丹画自题诗云："五十八年贫贱身，何曾妄忆洛阳春，不然岂少胭脂在，富贵花将墨写神。"这是画家发泄不得意的心情，表现其不屑宝贵的性格。同一题材有不同的题写，可借以了解二人的不同遭遇和性格。至于他题，则清人诗文集中，比比皆是。诗人学者，无不有此类作品，诸如汪琬《尧峰诗抄》、王士祯《渔洋山人诗集》、王昶《春融堂诗集》、陈兆仑《紫竹山房诗文集》、方东树《仪卫轩遗诗》、胡捷《读书舫诗抄》、王宗炎《晚闻居士集》、李兆洛《养一斋诗集》等，均有大量题画诗。我在中年时，曾抄录清人题画诗若干于一小册，诵读凝思，恍若亲见画幅，得遣闲消日之乐。这些题画诗不仅与画作相辅相成，增添意趣，亦可以看到对画作的评价和题诗者与画家之交往关系，对研究画史有很大的参考价值，更可供后学习作题画诗的借鉴。

近代画家也很注重题画之作，如人所熟知的齐白石在抗战时所画的水墨螃蟹画上的题诗云："处处草泥乡，行到何方好？昨岁见君多，今岁见君少！"诗很直白，但画家对日寇的侵华罪行，表示极大的愤慨，而诅咒敌人走向末路的爱国情感跃然画上。画家钱松喦先生在1957年游宜兴时，看到山川景物，炊烟袅袅，不禁作《溪竹烟袅》一画，并自题云："嫩晴溪石藓痕滋，鸡唱云中鸭噪坡，袅袅炊烟出深竹，山家恰好饭香时。"诗画相辅，映现出画家对自然和民生的欢欣。当代书画大师启功老师一生写有无数题画作品，以诗词跋语等不同体裁题写古今画作，清新可读，风趣优雅。启功老师曾把这些作品先后选入《启功韵语》、《絮语》和《赘语》中，后又由中华书局统入所编《启功丛稿·诗词卷》。这是我一生常读之书，其中如自画葡萄诗云："密叶张青盖，枯藤缀紫霞，梦中温日观，仍著破袈裟。"又《题画白莲》一首云："白露横江晓月孤，篷窗断梦醒来初。荷香十里清难写，昨夜沉吟记已无。"短诗深意，令人神往。

近日，偶有一事联及题画，记之或可备艺林谈助。著名画家范曾之博士生刘波君贺我八秩，为作《邃谷览胜》图，以作行乐，十易其稿始成，并录拙作《邃谷楼记》中论治史学一段于左，而敬空其右，冀其师为之品题。范曾少时负笈南开大学历史系，曾受业于我，有四十余年师生情谊，见刘君所作，欣然命笔，题画云："吾师鹤发面如童，邃谷归来意不穷；束髻曾经聆阔论，青云果是起飞鸿。成篇自比祢衡快，走笔还同贾谊雄；史志尘埋今有幸，千州万里仰斯公。"

并附题一跋说："作画者，吾之徒也；所画者，吾之师也。其可藏之名山，传之其人，必矣！"一诗一跋一画，乃存三世情谊。

从唐宋以来的题画诗有相当多数量，但汇总成编和加以研究的著述并不多。据我所知，汇集题画诗成总集者，最早是宋人孙绍远的《声画集》八卷。这是一部唐宋人题画诗的总集。《四库全书》就把它收入集部总集类二之中。全书共分古贤、故事、佛像、神仙、仙女、鬼神、人物、美人、蛮夷、赠写真者、风云雪月、州郡山川、四时、山水、林木、竹、梅、椉石、花卉、屋舍器用、屏扇、畜兽、翎毛、虫鱼、观画题画、画壁杂画二十六门。其分类界限不清，有欠准确，使用者不便。《四库提要》曾评其"编次颇为琐屑，如卷五梅为一门，卷六花卉门中又有早梅、墨梅诸诗，殊少伦绪"。但也肯定它所收多人，"其集皆不传，且有不知其名字者，颇赖是书存其一二。则非惟有资于画，且有资于诗矣"。另一种是清康熙时御定的《题画诗》一百二十卷。此书因当时编纂诸臣认为，孙氏《声画集》既篇幅不足，而历代有关书画题跋著述，又多偏重书跋而忽略题画诗，实际上题画诗的数量又很大，所以决定单独编成《题画诗》一书。《四库全书》收此书入集部总集类五，《四库提要》叙全书内容及价值颇详云：

> 集中所录，凡诗八千九百六十二首。分为三十门，如树石别于山水，名胜亦别于山水，古迹别于名胜，古像别于写真，渔樵、耕织、牧养别于闲适，兰竹、禾麦、蔬果别于花卉。配隶俱有条理，末为人事、杂题二类。包举亦为简括，较诸孙氏旧编，实博而有要。披览之余，觉名物典故，有资考证。鸿篇巨制，有益文章。即山川景物，开卷如逢。鱼鸟留连，烟云供养，亦足以悦性怡情。

康熙帝特为此书撰序，给予充分的肯定说："不逾几席，而得流观山川险易之形；近在目前，而可考镜往代留遗之迹。以至农耕蚕织，纤悉必具；鸡犬桑麻，宛然如睹。庶几与昔人《豳风·无逸》之图，有互相发明者焉。"此后也就未见此类汇编的纂辑，直到1935年始见有黄颂尧所编《清人题画诗选》，黄氏在其书序中曾言及编纂缘起说：

> 前清康熙时纂历代题画诗类一书，至明而止，体不分今古，词不别优劣，盖以备为贵也。而有清一朝，诗人项背相望。题画诗之见于各家别集者，浩如烟海，尚无有继前哲，搜罗而荟萃之者……兹为诸生便于诵习仿效

计，故于清人别集中，悉心抉择。其用事僻奥者，有专指者及牵扯应酬而少精彩者，皆摈不录。凡二十六家得诗一千二百余首。

黄氏执教于苏州美术专科学校，或见于诸生不娴题画诗，而编此书。其用心之深可敬，惟所收正如黄氏自称"家数不尽于此，诗亦不尽于此"。清前题画诗，既有康熙钦定之书，已能大体包罗，而有清一代题画诗当不止万首。甚望国画界有志者，聚合同道，选画人、诗人千家，参考孙、康二书类次，重加审定，明立类别，纂成《清人千家题画诗》，既可超越前者，又为国画界提供借鉴，并能从中选教国画专业学生，以提高当前国画之诗书画综合艺术水平，岂非一大功德？

原载于《中国书画》2004年第2期

谈史说戏

关于《火烧望海楼》一剧的编写

《火烧望海楼》是一出历史剧，它是以1870年的"天津教案"为根据而编写成剧的。

这出戏的编写是在省、市委召开文艺创作会议后，戏曲界为创作戏曲迎接国庆十周年的时候决定的。因而我们选择了中国近代史人民大众反帝斗争的这一题材。主要是想借此发扬我国人民反帝斗争的革命传统，用以激励和鼓舞群众，并丰富京剧的题材。

在开始编写时，曾在剧情和人物方面作过一些试探性的规划，准备以英法联军的暴行作序曲，以范永的悲惨遭遇作中心，以十六位烈士法场殉难作终结。但是，这个提纲总使人有一种低沉压抑的感觉，戏剧的基调也不够高，在反映历史真实方面有一定缺陷。为了使剧情更能反映中国人民的反帝革命精神，我们对整个事件又作了全面的研讨，对于剧情的布局和人物的刻画塑造方面也有所改动，重新拟定提纲。

"天津教案"发生的年代是在十九世纪七十年代里，那时，正是全国普遍展开反洋教斗争的年代，而天津教案在反洋教斗争中又是最具有典型意义的一次斗争，因此它除了有本身的特性外，还在很大程度上具有当时历史条件的共性，所以我们认为这出戏必须不脱离中国近代史的基础，为此就进一步地研究了毛主席的有关文件。毛主席在《中国革命和中国共产党》一书中曾指出："帝国主义和中华民族的矛盾，封建主义和人民大众的矛盾，这些就是近代中国社会的主要的矛盾。……而帝国主义和中华民族的矛盾，乃是各种矛盾中的最主要的矛盾。"又说："帝国主义和中国封建主义相结合，把中国变为半殖民地和殖民地的过程，也就是中国人民反抗帝国主义及其走狗的过程。从鸦片战争……直到现在的抗日战争，都表现了中国人民不甘屈服于帝国主义及其走狗的顽强的反抗精神。"

根据这个指示，我们确定，这出戏的基本线索主要是展示帝国主义和人民大众的矛盾，而要宣扬的是中国人民的反抗精神。表现人民群众遭到欺凌侮辱则是次要方面，官吏凌辱也是为服从于写反抗的需要。因此这出戏就改变了最初的以范永受凌辱为线索的低调，而成为以马宏亮英武不屈为线索的高昂的调子。

在确定了戏的基调后，我们又进一步研究剧情的发展。天津教案的爆发是由于教堂残害中国儿童，天津街市上迷失儿童而引起的，但只停留在这一点上还不足以揭露帝国主义的侵略本质，因此，我们从英法侵略军肆行野蛮的血腥侵略的序幕中开始，通过这一烧杀抢掠的序幕给人们印上一些外国侵略者的形象。把相距近几十年的历史用较少的笔墨把它们联系起来，使人们了解当时设教堂是侵略者为麻醉中国人民精神方面的一种侵略方式。

随着剧中人物范永一家遭到教堂迫害和描写一些被欺凌的中国民众，同时突出马宏亮那种英武不屈、气宇轩昂的气概。全剧从低沉，通过若干矛盾的曲折，渐趋高昂，到火烧一场，群众反抗情绪一直保持饱满、炽烈。全剧的主要场次有：骗产、市场、公堂、勘尸、夜探、闯院、烧楼等。

对于剧中几个主要人物的塑造，像马宏亮这个人的生平，史籍没有记载，但是我们在流传的板书中发现这个人有英雄气概，也是就义者之一，因此选择他作为显示中国人民反抗精神的代表人物。为符合当时社会条件，就把这种反抗精神融解在他的见义勇为的作风中；同时为了避免把马宏亮错觉为侠客之流，又有意识地把他们的身世和法国的侵略罪行联系起来。虽然我们主观上想把这个人物塑造起来，但由于缺乏更多的故事，因此，我们还感到有很多不够之处。他在戏中的身份是码头搬运工人。像范永，我们把他作为一个性格软弱怕事、最后无辜牺牲的人物处理。从他一家的遭遇来具体反映法国教堂和教民的罪行。但是尽量削减他的戏剧分量，以避免落入描写一家一户遭遇的旧套。范永是被人们同情的，但只代表当时的次要方面。他的剧中身份是个穷塾师。像刘杰这个清政府的天津知县，我们一方面写出他从守旧观点出发反对洋教，因而同情百姓受教民欺凌的遭遇，刻画出这个人还不失为一个好官；另一方面也不能忘记他终究是统治阶级中的人物，因而对老百姓还要打官腔、斥责等等。

除了上述以外，我们还在这出戏中大胆地试图突破一些旧的规范，例如在剧前增加序幕和朗诵词，加强同仇敌忾的气氛；在剧终以合唱赞歌结尾，使观众能有深刻的印象。其他如服装、配乐、曲调、布景各方面也做了一些改进。总之，我们选择这样一个题材，不仅是表演历史事迹，更重要的是要通过戏剧形式表明我们的爱憎，宣扬中国近代史上人民群众对帝国主义的不屈不挠的斗争精神，鄙视、仇视侵略者的侵略罪行，增强人们的民族自豪感。但是，由于水平限制，还不能如理想那样来表达。这个戏，春节要和群众见面了，希望在演出过程中能在群众帮助下逐步修改和丰富起来。

原载于《百花》1959年第3期

火烧望海楼（京剧）[*]

主要人物

马宏亮　码头搬运工人，三十余岁

范　永　穷塾师，二十七八岁

范　妻　二十五岁左右

龙　儿　范子，七八岁

于麻子　瓜贩，四十岁左右

刘　黑　棚匠，二十三四岁

刘　父　卖茶为生，五十岁左右

崔大脚（女）　卖糖小贩，三十余岁

刘　杰　天津县官，四十岁左右

高　升　刘杰的跟班，三十余岁

崇　厚　通商大臣，五十岁左右

武　二　教民，二十五六岁

安　三　教民，三十岁左右

王　三　教民，谢福音的亲信，三十五岁左右

谢福音　神父，法国侵略分子，三十五岁左右

罗淑亚　法国代办

丰大业　法驻津领事

法军官西门和法军

---

* 此为来新夏先生撰《火烧望海楼》剧本案头本。此剧经与天津京剧团张文轩先生合作，演出剧本署名来新夏、张文轩。——本文集编者注。

崇厚侍役

衙役

群众若干人

幕前朗诵：

1860 年的秋天，英法侵略军再度侵入天津，披着西方文明的外衣，在三岔河畔建立了总部，指使他们的士兵横行霸道，胡作非为。

清朝官吏狼狈逃去，人民在战火杂乱中遭受极大荼毒。

看，法国侵略军分子丰大业、谢福音，正带领着一群兽性的士兵在到处掳、掠、烧、杀。

序幕：

幕启，幕后有低沉渐趋高昂的合唱（唱辞后补）

景：

1860 年的秋天，天津城内，一些旧式的宅院街道在烈火中燃烧，远处可隐约看到鼓楼和城渠。

清朝官吏士兵，衣冠不整，面色惊惶，在大火中东奔西跑找出路，抱头鼠窜而下。

法军持枪或擎火把，到处掳、掠、烧、杀。二法军驱群众上，男妇老幼俱有，火起哭"批"，法军施蛮横，用枪托皮鞭打人，法国侵略军分子丰大业、谢福音着军服，率军乱行砍杀。有一法军，戏民女，冯瘸子怒极，阻法军恶行，被谢福音枪击腿部，致成残疾，众怒目傲视。马宏亮父母被枪杀，马恸极愤怒，法军挥鞭打群众下，幕缓落，起音乐。

配朗诵词：

清朝政府在战争中失败了，开始投入了帝国主义怀抱，崇厚奉命到津，进行卖国外交。法国侵略者确定了利用宗教形式的侵略方针。1868 年，法代办罗淑亚到津与崇厚议立教堂。

第一场　议事

　　（在音乐声中幕启，一侍者执帖上）

杂　役：启大人！

崇　厚：（内白）什么事？

杂　役：今有法国代办罗淑亚求见。

崇　厚：什么？

杂　役：法国代办罗淑亚要求见大人。

崇　厚：哎呀，快快，有请有请！

杂　役：有请罗大人！

　　（内传音照白，崇厚促忙上，整衣冠时法代办罗淑亚由役领上，崇见其至）

崇　厚：哎呀，失迎，失迎。

罗淑亚：您好，您好。（崇让坐后）

崇　厚：打茶。（役奉茶介）贵代办几时在津，何不事先告知，也好扫榻以待。

罗淑亚：我这次来天津，只想小住几日，因为怕惊动贵大臣，所以来津即赴领事馆居住，今天特来拜访。

崇　厚：哎呀，罪过，罪过，这一说，我倒失礼啦，哈。

罗淑亚：哪里，哪里，咱们打交道也不是一半年了，何必这么客气。

崇　厚：不是客气，论公事我这个通商大臣专司涉外事务，理应与各国使节多有往还，论私交，咱们是交深不言浅，你到天津，我也应当稍尽地主之谊，贵代办这么突然降临，使我不及安排招待，这……这……这可太说不过去啦。

罗淑亚：贵大臣特谦啦，近年来我们大法国与贵国往来频繁，贵大臣与恭王爷真是从中为力不少，这对调和我们两国不协之处大有裨益，我们最喜欢和你打交道。

崇　厚：贵代办夸奖啦，崇厚蒙我朝大皇帝重托，恭王爷的提拔，膺此重任，敢不尽心以赴，只是崇厚德薄能鲜，对各国使节之间，难免尚有不周之处，贵代办如此推重，倒使我惭愧啦，哈……

罗淑亚：哪里哪里，贵大臣办事素以稳重见称，这样的能员，目前在贵国确属少见，又是这样谦让真心，值得敬佩，很好，很好，谦让是贵国的传统习惯，依我看来，对于办理外交也很有帮助，哈……

崇　厚：贵代办此番莅津，有什么公干吗？

罗淑亚：啊，今天拜访，顺便谈点小事儿，就是在贵国传教布道的事儿。

崇　厚：哦……传教讲道，教堂礼拜，北京条约早有明文规定。教区也在同治二年商定永租，难道还有什么不足之处吗？

罗淑亚：啊，不是，不是，我来是想谈谈建堂的问题。

崇　厚：那就敬聆雅教。

罗淑亚：想那三岔河口教区，租定多年，只是政务羁绊，迁延时日。最近我们准备着手建堂，不知大人意下如何？

（乐起）

崇　厚：这是贵国之事，本大臣万无不允之理，只是还有一事，想要动问一下。

罗淑亚：贵大臣请讲。

崇　厚：想那三岔河口一带，商贾小贩，经常来往，市声喧嚣，又是船只碇泊之所，更是熙熙攘攘，再者面对通商衙门，距水师营也不过一箭之遥，人声嘈杂，恐怕不太适于教堂的清静传教讲道吧。

罗淑亚：多谢贵大臣的关心，我们对于教堂地点的选择，非常慎重。作过多次的商量，觉得三岔河口一带地方很是相当，一则靠近河流，便于交通往来，其二地点繁华，便于传经讲道，其三邻近我国领事馆，也便于保护照料，至于地近通商衙门和水师营，更可求得贵国保护，免遭近来各地的不良后果，再说贵国如再有咸丰三年太平军变乱之事，我国必当出师助剿，那时军舰进泊，自然有人照料，不劳贵国分心，岂非彼我两利吗？哈……

崇　厚：这般说来，贵代办倒虑得是，只是教堂与教区内华民还望和平相处，不要滋生华洋纠纷才好。

罗淑亚：这个自然，贵大臣尽可放心，我们建立教堂本为宣扬上帝福音，华民入教，不但得到上帝的仁慈，还能在上帝诱化之下，具有吃苦、忍耐、受难的精神，能相信上帝支配万事，人力何能有为的道理，不会有什么纠纷。

崇　厚：这就再好没有的了。

罗淑亚：只是还请贵大臣指令地方官员遇事协助，并求再次明谕百姓我们永租教区之事，也就够了。

崇　厚：这些微末细节，自当竭诚照办。

罗淑亚：那就谢谢贵大臣了，我就要回去与领事仔细研究建堂诸事，告文还请早
　　　　日颁给了。

崇　厚：这事放心，贵代办既有公务，也就不便强留，告文随后派差送到。

罗淑亚：改日打扰。（起身介）

崇　厚：送客！（罗下）哈……
　　　　（唱）庚申年订续约中外绥靖
　　　　　　　为洋务累得我每日焦心
　　　　　　　众百姓与洋人屡起争论
　　　　　　　设教堂布福音感化顽民

杂　役：天津新任知县刘杰求见。

崇　厚：嗯，他来得正好，请。
　　　　（役照白，刘杰上）

刘　杰：天津县刘杰，叩见大人。

崇　厚：贵县，少礼请坐。

刘　杰：大人台前焉有卑职坐位。

崇　厚：有话叙谈，哪有不坐之礼，请坐。

刘　杰：谢坐。（役打茶介）

崇　厚：贵县饱读诗书，深娴律例，受主上重恩出仕津门，定能上体君心，下抚
　　　　百姓，国家得此干员，实乃主上的洪福，黎民之大幸也。

刘　杰：不敢，卑职一介寒儒，得蒙主上重用，敢不竭尽忠诚，只是德轻才微、
　　　　寡闻陋见，谬蒙大人褒奖，实感惶恐，况且初到津门，人地两生，尚请
　　　　大人多多栽培。

崇　厚：哪里，哪里，以贵县之才识，治理百姓，定可胜任，何须特谦，不过津
　　　　地非其他各县可比，五方杂居，民性剽悍好斗，地处五河汇集，乃交通
　　　　之要道，东指渤海，北捍京畿，为都城之屏障，又加上庚申战后开为商
　　　　埠，增添了洋务，实属事务繁剧，尤以洋务一项，更费周章，遇事万望
　　　　多费思索，慎重从事呀。

刘　杰：大人所言甚是，只是我朝自庚申战后，外人在津所行非义，风闻民间早
　　　　有积愤，士农工商均有怨言，若不早思对策，只恐后患无穷。（崇皱眉
　　　　不语）这个尚祈大人明示。

崇　厚：洋务一事，有关国家大局，万万不可草率行事，你来得正好，我正有一
　　　　事与你商量。

刘　杰：是，是，请大人明示。

崇　厚：刚才法国代办罗淑亚到这儿交涉，商议在三岔河口修建教堂之事。

刘　杰：大人怎样定夺的？

崇　厚："法国传教士在各省租买田地建造自便"，北京续约早有规定，若不照
　　　　章行事，岂不有失天朝体面，而且三岔河口一带十五亩地方，也于同
　　　　治二年立有永租执照，只是恐怕百姓有与教堂无理寻衅之事，故尔，罗
　　　　代办要请我出一告文，这也在情理之中，我已应允，地方上如有纠纷之
　　　　事，贵县定要协同办理呀！

刘　杰：（唱）听罢言来吃一惊
　　　　　　　不由我心中暗思忖
　　　　　　　虽然是传教早弛禁
　　　　　　　怎奈是教义失却人心
　　　　　　　异国的宗教岂能深信
　　　　　　　它不敬天地与鬼神
　　　　　　　转而来再与大人论
　　　　　　　卑职我有言请上听
　　　　　　　虽然是明文有规定
　　　　　　　事关民心还须酌情
　　　　　　　拆房毁庙侮神圣
　　　　　　　只恐引起是非争

崇　厚：（唱）虽然民间有积愤
　　　　　　　办洋务不是那纸上谈兵
　　　　　　　不遵条文失了信
　　　　　　　引起边衅罪不轻
　　　　　　　若能够事两全老夫愿闻高论

刘　杰：洋人自入华以来，使臣见主上立而不跪，藐视天朝礼法，已引起朝鲜非
　　　　议，后又联军进逼京津，侵我土地，占我民舍，建立军营，任其军队
　　　　烧杀掳掠，早为百姓所痛恨，不意洋人竟在文庙砸毁圣像，别易。古圣
　　　　先贤之眼目，读书人闻之莫不发指，今又借条约要挟，扩大教区，拆毁

民居，这岂能再饮恨吞声，今日依其所求，明日又生别故，这样得寸进尺，贪而无厌何时是了呐，依卑职之见，不如今日拒其所求，静以观变，若生争端，先断其粮，后绝其路，哪怕洋人不退而求其次，若能伏以天威而稍敛其行，如此举可行，则国家幸甚，百姓幸甚。卑职所见不当，还祈大人明示。

崇　厚：（捻须冷笑）哼……

（唱）难道说你双手能扭转乾坤

贵县所言，不是没有道理，先断其粮，后绝其路，这样能困死洋人、饿死洋人。你怎么忘喽，大沽口他们停着军舰呐。八年前就因为不准洋人所求而开边衅，洋人侵犯京师，主上北狩热河，洋人烧毁圆明园，这边赔了巨额军款才定下这北京条约，如今又重弹旧调，难道贵县忍见庚申年的惨事重演吗？（刘杰作惊惶状）本大臣办理洋务，时间虽短，也有几年的阅历，贵县台，这点你还要特别的当心呐！

刘　杰：依大人之见哪？

崇　厚：准其所请，按明文办事。

刘　杰：那崇禧观呢？

崇　厚：听教堂拆除。

刘　杰：那三岔河教区内的民居呢？

崇　厚：由教堂给价收买限期搬家。

刘　杰：这、这，这只怕引起民愤吧！

崇　厚：那就要由贵县多加劝导。

刘　杰：卑职我……

崇　厚：要是因为这个引起邦交失和，起了争执，那时候贵县这点前程恐怕顶不住吧！

刘　杰：大人！

崇　厚：得啦，国家大事，不是你我所能挽回，不必多言。来呀，看茶！

刘　杰：卑职告辞。

崇　厚：送客。

杂　役：送客。

刘　杰：咳！

（唱）见此情不由我心中悔恨

恨只恨逢此境有志难伸

任洋人乱胡为骚扰百姓

拆庙宇毁神像有侮先人

我只好冷眼旁观袖手不问

我只好饮恨吞声掩耳不闻

七品官若不能解除民困

上愧对主上下愧对黎民

（摇头叹息下）

第二场　建堂

瓦工甲：洋人修教堂，

　　　　拆庙又拆房，

　　　　前儿的工钱他没给，

　　　　转天瞪眼不认账！

　　　　本当不把活来干，

　　　　无奈是肚子饿的慌。

瓦工乙：垂头丧气往前走，

瓦工丙：猛抬头见老张。

瓦工丁：张大哥，前儿的工钱可曾拿到手？

瓦工甲：咱们大家还不都是一个样，

瓦工丁：今儿个鬼子再不给工钱，

瓦工甲：再不给工钱，

乙、丙、丁：啊，

瓦工甲：咱们大家齐心努力，给他来个不砌墙！

乙、丙、丁：对，不给钱咱们不干活。

瓦工甲：怎么样，不给钱咱们就跟他泡！

乙、丙、丁：好主意，咱们就这么办！

王　三：入教堂如虎生翼，仗洋势任意而为。（看介）

咳，你们这些人是怎么回事，这墙昨儿个就是这么高，砌到今儿个还是这么高，这半天你们都干什么啦，啊，你们还想拿钱不拿钱哪？

瓦工甲：拿钱不拿钱，那得看你给钱不给钱啦！

王　三：这话说的多新鲜哪，不给钱你们能干吗？

瓦工甲：给钱，我们前儿个的工钱哪？

王　三：前儿的工钱前儿不拿，怎么今儿个想起来啦？

瓦工乙：前儿个我们哪儿找你去？

王　三：这可是胡说八道，前儿我就没动窝儿，工钱哪天不是收工前照发，分文不少哇。

瓦工甲：分文不少？前儿收工的时候，你跟我们转了一天的影壁、乱推饸饹船，连影儿都找不着你。怎么着，又弄这套不认账啊！

王　三：嘿，谁不认账啊，我说咱们说话办事儿可要凭良心哪。你们这些瓦匠，哪个都是今儿来明儿不来，哪天都换人，谁记得那么清楚哇，不给钱你们能答应吗？（神父上）

神　父：王三，什么事情？

王　三：神父，您不知道，这群瓦匠诚心搅麻烦，愣说咱们前儿的工钱没给他们开。

神　父：嗯，这可不能，我们是受过上帝教化的人，不会乱说的。如果我们欺骗了你们，上帝会给我们良心上惩罚，如果你们讹诈我们，那等于欺骗上帝，也会受到上帝的惩罚。

瓦工甲：上帝惩罚你们，我们不知道，我就知道我们前儿个没拿着钱，整整地饿了一天。

神　父：这是诽谤！

王　三：对，这是诽谤！

神　父：不要紧，上帝说过，若因为人辱骂我们，逼迫我们，捏造各样的坏话诽谤我们，有福了，应该欢喜快乐，阿门！

瓦工甲：当然，冲着扣了我们一天工钱，你们当然欢喜快乐，可是我们……

瓦工乙：三爷，您想想我们这群苦哈哈谁也不趁什么，全凭我们卖苦力气吃饭，左手钱，右手粮，前儿个也许您太忙，我们哥儿几个溜溜的等了您到掌灯，您也没见面。没别的说的，您跟神父谈谈，把钱给我们找补上，我们哥儿几个忘不了您的好处。

王　三：朋友，话不是这么说，钱的事小，名誉事大，按你这一说，好像教堂是赖你们工钱哪。

瓦工甲：赖不赖你心里明白！

王　三：你说我们赖你们工钱不发，我问问你有凭据吗？

瓦工甲：什么凭据，砌的这半截墙就是凭据！

王　三：哎哟，哎哟，就凭阁下一人能唱的了八仙庆寿吗？告诉你，闲话少说，老老实实干活，三爷不跟你一般见识，要是调皮捣蛋，三爷可不吃这套！

瓦工甲：赖工钱不给，我倒调皮捣蛋啦！？

王　三：可不是吗，告诉你老实点没亏吃，不然的话，三爷的为人，八成你也有个耳闻，别敬酒不吃吃罚酒，不识抬举！

瓦工甲：我说你可真是……

王　三：怎么呀，还想找乖的吗？

瓦工乙：张大哥，张大哥，胳膊拧不过大腿去，人家拔根汗毛比咱们腰粗，这苦吃了不是一回啦，谁让咱们愿意干呢？

王　三：对了，跑外面儿的得开窍儿，不愿意干走人，三爷是来僧不撵去僧不留，真格的有钱还发愁雇不着人吗？

瓦工甲：嘿，真是！

瓦工乙：张大哥，张大哥，这儿不干上哪儿干去，哪儿都没活儿。咱们出来啦，家里还等米下锅哪，咱们是养家不怄气，怄气不养家。

王　三：嗯，这话说得一点不错，唉，要干抄家伙干活儿，不干，走人！这么愣着，到时候我可不给工钱！

众　　：张大哥，张大哥，忍了吧，忍了吧！

瓦工甲：嘿！

王　三：（傲视介）嗯。

神　父：对，这样很好，上帝最喜欢能忍耐的人，能忍耐的人心地是最善良的，你们这样不但上帝喜欢，我也很喜欢，愿上帝降福你们，阿门！

王　三：上帝降福你们，阿门！

（甲怒极、又无法，众劝介，王三、神父冷笑，甲只好默然）

（马宏亮上，起倒板）

马宏亮：（唱）眼见教堂快修好

　　　　　　楼顶高耸上云霄

　　　　　　昔日里营房地今又传教

　　　　　分明是包藏祸心笑里藏刀

　　　　　八年前津门地被贼占了

　　　　　炮火中爹娘双双命丧了

　　　　　为子者不能尽孝我只得草草埋殓

　　　　　回忆往事忍不住珠泪嚎啕，儿的爹娘啊

　　　　　这样的血海深仇何日能报

　　　　　按怒火待时机再把恨消

瓦工甲：我越想越气，饶着白干一天还落个调皮捣蛋！

马宏亮：（唱）教堂口因何故口角啰唣

王　三：怎么呀，越想越不合算呐？哼，合不着不要紧，不干可以走人！（众人劝甲介）

马宏亮：（唱）定是那贼王三又在耍刁

王　三：朋友，甭气不忿儿，三爷在天津卫有个字号，能赖你这俩臭钱吗？你把耳朵伸长啦打听打听，三爷我特别对你们这帮穷人，敢说是一百二十个不含糊！不论你们这帮什么木匠、瓦匠，代棚匠全算上，我就没有一个不是当时开钱的，我还能欠你们的钱？

马宏亮：王三，

　　　　　（唱）一月前俺也曾搬运木料

　　　　　脚钱未付到今朝

　　　　　俺寻你不见

　　　　　三番五次令人好心焦

　　　　　今日速把俺钱十吊

王　三：这个，欠你的脚钱……

马宏亮：俺的脚钱！

神　父：什么脚钱，我们从来不欠旁人的钱，你这是讹诈！

马宏亮：啊！

王　三：兄弟，不错，不错，是有这么档子事，神父不知道，你消消气，我跟他说说去。

马宏亮：今日不给脚钱，马宏亮不是好惹的！

神　父：胡说！

王　三：哎！神父您不知道这小子可比不得旁人，没爹没妈，光棍一人，劲儿大，性子急，要是把他惹翻儿啦，他可什么都干的出来，上回他往水师营送粮食给他少算了十包大米的搬运费，这小子在水师营门口大吵大闹足有半天儿，到了儿还是把钱如数给他啦。这小子滚刀筋，不好斗，钱不多，给他吧，免得怄气。

神　父：哦，他常往水师营送粮食？（思索介）

马宏亮：俺的脚钱怎么样了？

王　三：（伪笑）我跟神父商量商量，神父，还是给他吧。

神　父：嗯，你的脚钱，我不知道他忘啦，只要欠你的一定算清给你，我们是向来善待一切人们，上帝告诉过我们，用十足的升斗连摇带按，上尖下流的倒在你的怀里，我们一文钱不会少，今天完全给你。

马宏亮：快给钱，休把舌哓！

神　父：一定给你，王三，去给他拿钱！

王　三：对对对！兄弟！我这几天太忙，所以让你白跑了好几趟，本想给你送去，又不知道你的住处，你等会儿，我给你拿去，马上就来。（下）

瓦工甲：这可真是软的欺侮硬的怕，咱们把嘴说破啰，他一子儿不给，瞧瞧人家，一子儿不短要到手啦！

瓦工乙：谢神父，您这可不对，一路人怎么两种待承？人家的照给，欠我们的打爬，这算怎么回事哪？

神　父：钱的事情我不明白，只有王三知道，你们跟他要，我不管。

王　三：神父，钱拿到啦！

神　父：给他给他。

王　三：哎，兄弟你前后运来五车木料，一车脚钱二吊，五车一共十吊，给你这是十吊大钱，一子儿不少，要是不够说话，咱们哥们过得着。

瓦工甲：王三，你说你不欠人钱，这是干嘛哪，我问问你怎么不跟他要凭据哪？

王　三：该谁的，就该谁的，欠他的当然给他。

瓦工甲：什么该他的给他，你瞧他身大力不亏不好惹，看我们老实好欺侮！

王　三：还是那句话，爱干就干，不干滚蛋！

马宏亮：弟兄们，因何故言语争吵？

瓦工甲：您不知道，我们哥几个在这儿当瓦匠，不是一半天啦，工钱没痛痛快快的给过，远的不说，前儿个又锁子儿没给，跟他一要，乱推饸饹船，到今儿个一提，他愣瞪眼不认账，还跟我们要凭据，您想，咱们要手艺的哪来的凭据，这不是欺侮人吗？

马宏亮：不给工钱你们就不做工，岂不两下勾销？

王　三：兄弟，少管闲事！

瓦工甲：您说的好，我一人，唉，不管事啊！

瓦工乙：有地方做工谁愿意受这份干瘪气鼓噎，没的地方没活干，不忍着点儿怎么办哪！

王　三：照你这么一说，好像三爷不讲理似的，那我为什么赖你们工钱不给，单给他钱哪？

瓦工甲：你怕他胳膊根儿粗，不敢惹他。

王　三：没那么八宗事，兄弟你知道哥哥的为人，你说我能办那事吗？

马宏亮：你的为人俺早知晓。

王　三：不是咱们自个儿吹，敢说长处不掐人家，短处不捏人家，我能讹他们这俩钱吗？

马宏亮：依我看准是你入了腰包。

王　三：没那事，我能办这种事吗？

马宏亮：若无此事，为何俺寻你多次，你避而不见？

王　三：那不是我太忙吗！

瓦工甲：什么太忙，那你是诚心转影壁。

瓦工乙：得啦，谁让咱们胆小胳膊细哪，说破了嘴唇他也不给，你穷矫情什么？

瓦工甲：真要有地方干活儿，我真不受这份王八气！

王　三：你嘴里干净点！

马宏亮：不给钱，你们大家就不干了！

瓦工乙：这儿不干，哪儿有活干哪！

马宏亮：到码头搬粮来。

瓦工甲：谁的介绍人？

马宏亮：兄弟我效劳。

众　　：对，改行不干啦，走！

王　三：咳，这……

神　父：别忙，别忙，王三你好好想想，是不是你忘啦？

王　三：我……忘啦。

神　父：你忘啦，一定是你忘啦。

王　三：不错，不错，是我忘啦。

神　父：误事误事，快给他们，快给他们！

王　三：哎哎哎，给给给，一人一份，拿去！

瓦工甲：想不到三爷还是吃这套啊！

王　三：别得了便宜卖乖啦！

瓦工甲：兄弟，我们哥儿们谢谢你啦，给我们哥儿几个指条明路，明儿再不给工钱，我们就猪八戒摆手——不伺候，到时候兄弟在码头上还得给我们搭句话。

马宏亮：无妨，包在小弟的身上！

瓦工甲：三爷得啦，工钱给啦，我们哥儿们再干两天，往后，哼！往后再有这事，我们也不怕啦！天到晌午啦，我们该歇晌吃饭啦，兄弟，一块儿走吧。

马宏亮：日后他再抵赖就把我找。

神　父：哎，别忙，别忙。你叫马宏亮是不是？

马宏亮：不错。

神　父：你这个人很好，我很喜欢你。（马欲走）别忙，别忙，你每天往水师营送粮食吗？

马宏亮：不错。

神　父：嗯嗯嗯，应该给他们送，我问问你一天送多少？

马宏亮：俺一天送去……

神　父：多少多少？告诉我，我会给你好处。

马宏亮：一千包。

神　父：很好，很好，这样的话往后多告诉我，给你好处。

王　三：神父，刚才那码事多气人，咱们不愿意跟马宏亮怄气，这帮穷棒子骨，也跟着齐行罢市，马宏亮还给他们撑腰，咱们栽这么个跟斗！

神　父：今天我们没栽跟斗，他这两句话很有价值，比那几串钱值得多。

王　三：怎么回事？

神　父：你不明白，一千包，一千包……

王　三：一千包怎么啦？

神　父：不要问。

王　三：是！

神　父：王三，你看这三条河周围都是教区啦，那两间破房子怎么还没弄过来？

王　三：您不知道，大买卖好办，人家大商人怕麻烦也不在乎钱。那产业跟白给咱们一样，唯独范家那两间破屋子，看的跟命根子一样。

神　父：想办法花两个钱也可以。

王　三：这两间破房还花钱？

神　父：当然要花钱，现在我是神父，不是法国军官，从今往后办什么事都要占住理由。

王　三：占住理由好办，姓范的欠我钱，今儿个到期，一会儿我跟二癞子一块儿要账去，他绝对还不起，想主意把他房契弄过来！

神　父：只要房契到手就行。

王　三：那么买房的钱哪？

神　父：我给你。

王　三：就怕他不搬家。

神　父：我们帮他搬。

王　三：要出了事哪？

神　父：我有办法。

王　三：那好极啦，我找二癞子马上就去。

神　父：越快越好。

王　三：是是是……（下，碰丰大业上）

神　父：领事先生来得正好。

丰大业：你好，嗯，教堂修好啦？

神　父：就剩那一点墙啦。

丰大业：还不错，你全都准备好啦？

神　父：嗯，就是入教的人不多，只有刚才王三他们几个人，到现在也没人往堂里送小孩。

丰大业：你得多想办法，找些穷人，只要入教，我们可以给钱，没人送小孩，我们可以拿钱买，不然的话，育婴堂里没有小孩那怎么能行呢？

神　父：可以，可以，这么办又要多花钱。

丰大业：不要紧，不要紧，领事馆拨给你。

神　父：行行行，这样一定能办好……

丰大业：还有的就是多注意你对面的总督衙门的动静。

神　父：这倒好办，我们站在楼上不但总督衙门里面看得清楚，连水师营与城里面都看得非常清楚，这一点请领事先生放心。

丰大业：最主要的是要弄清水师营究竟有多少兵力？

神　父：哈哈……领事先生托上帝的庇佑，今天我得到一个消息，一个非常有价值的消息。

丰大业：什么消息？

神　父：有一个搬运工人他每天往水师营送粮食，我问他往水师营送多少粮食，按粮食的数量一推算就可以得出非常精确的兵力数字。

丰大业：嗯，对，很好，很好，你问到没有？

神　父：问到了。

丰大业：每天送多少？

神　父：一千包。

丰大业：一千包一天，一次一包吃一百人，十包一千人，一百包一万人，一千包十万人——十万人，放屁，水师营哪有这么大兵力！

神　父：没有？

丰大业：一个水师营能装下十万人，这简直是胡说八道！

神　父：是是是，装不下十万人，他是胡说八道。

丰大业：还说有很高价值？

神　父：没有价值。

丰大业：你不要忘了中国的官儿好办，中国人不好斗。

神　父：是，中国人不好斗。

丰大业：愚蠢，愚蠢，再作详细调查！

神　父：是，再作详细调查。

丰大业：进来，还有事告诉你去办。

神　父：还有事叫我办？

第三场　骗产

（范妻上）

范　妻：（唱）离乱年遭兵燹家道贫困

恨法军无人性烧杀横行

叹我家遭回禄仅得活命

夫妻们可算得虎口余生

生一子名龙儿年幼聪明

仗儿夫启愚蒙苦度光阴

看红日照当头午时已近（行弦）

龙　儿：妈，妈，妈我饿啦!

范　妻：天交午时，你爹爹就要回来，待为娘将饭食取出，等你爹爹回来好一同用饭。

龙　儿：您快点吧，我饿着哪!

范　妻：儿呀，不要着急，随娘来呀。

　　　　（唱）待为娘取饭食等候你爹尊

　　　　（范永上）

范　永：（唱）看看债期已临近

　　　　　　　无力偿还急煞人

　　　　　　　闷恹恹且把家门进

龙　儿：爸爸，妈，我爸爸回来啦!

范　妻：官人回来了?

范　永：（强笑）

　　　　（唱）我只得展愁眉笑脸相迎

龙　儿：爸爸快点吃饭吧，您再不回来，饭都凉啦!

范　永：好好好，你先用吧。（龙儿吃介）

范　妻：官人在外，每日教授蒙童，甚是辛苦。

范　永：若不如此，你我夫妻，怎样度日呀!

范　妻：（介）官人请来用饭吧。

范　永：（举碗放下介）我吞食不下。

范　妻：这是怎么样了?

范　永：哎，娘子呀!

　　　　（唱）昔年法军进津城

　　　　　　　家遭回禄难谋生

　　　　　　　借王三纹银二两整（流水）

事到如今已三春

每年的利息往上滚

到如今本利算来有一十六两雪花银

眼看债期今日到

无力偿还怎不急煞人

范　妻：（唱）怪不得儿夫愁着紧

原来是欠债逼死人

家徒四壁如悬磬

只有这两间破房把身存

今年若不还欠债

来年越发难以还清

回头来便作官人论（官人）

倒不如变卖房屋债还欠银

范　永：（唱）若将这两间破屋还欠债

我夫妻和龙儿何处安身

龙　儿：爸爸，好好的卖房子干嘛呀？

范　妻：若不将房屋变卖怎能还债呀！

龙　儿：咱们该谁的钱哪？

范　妻：就是常来我家的那个王三爷。

龙　儿：就是他呀，我真恨他！崔大婶和黑叔他们也都恨他，崔大婶还给他编了唱儿。

范　妻：唱些什么？

龙　儿：您听呀：

（数板）王老三，王老三

信了洋教赛直眼

什么活儿都不干

一天到晚街上转

见了洋人就作揖

见了穷人就瞪眼

胡搅蛮缠不讲理

说诈又放印子钱

走道像个大母猪

简直是个混账王八蛋

（王三上，听见末一句，武二癞子同上）

王　三：小崽子骂谁哪？

龙　儿：骂的就是你！

王　三：什嘛？（作举拳打龙儿介）

范　永：（急拦）龙儿不要无理，快随你母亲到外边去吧啊，三爷，你可好啊？

（范妻拉龙儿下，龙儿边走边回头白）

龙　儿：你，你你干嘛来啦？（范妻与龙儿同下）

武　二：来啰，就有事吧。

范　永：三爷请坐。

武　二：三爷这边坐吧。（掸凳子介）

王　三：别客气，哦，吃饭哪？嘀，饭菜不错呀，黄的馇馇白的汤，比我家吃的
　　　　还好呐。

范　永：三爷到此有何贵干呐？

王　三：哼哼，你这读书明理的人，有点明知故问哪。

武　二：瞪眼装糊涂。

王　三：请问你，今儿个是几儿啦？

范　永：这个……（不安）

王　三：啊，您真是贵人多忘事，那么我再费费话，给您叙叙。三年前的今天，
　　　　你借了我二两银子，武二作中，立有字据，言明年息一倍，合银四两，
　　　　到期你归还不上，又延期一年。我就冲咱们老街旧邻的份上，让你再续
　　　　一年，文约改为本银四两，息银四两，共为八两。头年的今天，你又
　　　　假报苦穷，让我再给你展限一年。这真是善门难开呀，我如果要不答应
　　　　吧，又恐怕你脸上下不来台，我又赏你个脸儿，可是说定喽，今年一定
　　　　归还本利银子十六两。到了今儿个，您还不闻不问，这未免有点不够朋
　　　　友了吧？

武　二：你这不是让我这中人为难吗？

王　三：范先生，你看怎么办哪？

范　永：吓，三爷，欠债还钱，理所当然。你看我家徒四壁，一家三口，只仗我
　　　　每日去往塾中教授书文，博得几枚铜钱，将可糊口，哪有余银还债呢？

武　二：嘿，你可真是吃饱了灯草芯子啦，放这份轻巧屁！借钱不还，有这种道理吗？

王　三：二癞子！（止住他）范先生，咱们都是老街旧邻的，谁也瞒不了谁，你说你任什么没有，那么这两间房子是谁的哪？（看介）

武　二：你也不睁眼瞧瞧，这三岔河一带的房子都归教堂啦，就是你这两间破房，还当不当、正不正的矗在这儿，你再看看人家大法国领事馆，那房子够多漂亮，河楼教堂也快修好啦，修起来教堂，跟上天梯似的那么高，这块地方搁你这么两间破房子，人来人往的看着多寒碜，你还留着干嘛用呀？依我看，干脆赶快把它卖给教堂，落俩钱还三爷的账要紧。

范　永：我早已想过，除此两间破屋以外，别无长物，想当初若无此两间破屋，三爷也不能将银两借我，我是错在当初，悔在今日呀！

武　二：好啊，真是好人难做，三爷借钱倒借出不是来啦。

王　三：没良心的东西！

范　永：（唱）他二人来意早料定

　　　　　　　看来这两间破屋也难保存

　　　　　　　今日若不能还旧债

　　　　　　　到明年，卖却破屋也还不清

　　　　　　　左思右想心不定——

王　三：怎么样，依我看，干脆把这两间破房一卖，除去还我的旧账，还能剩个一二十两银子，可是这么嘛，八十岁留胡子——大主意还得你拿啊！

范　永：（唱）卖却它，我夫妻无处存身

王　三：没地方住那倒好办，我可以介绍你入教，只要受了洗礼，成为教民，就能受到上帝的保佑，住到堂里管吃管喝，孩子也有人养活了，你们两口子每月还可以闹俩钱儿花哪。

武　二：还告诉你档子新鲜事，只要你信了教，按神父话办事，另外还多给钱呢。

范　永：信教么就把钱，替神父办事也把钱，教堂到底为了什么？

王　三：法国神父说是以仁慈救世嘛，咳，教堂里的事多着呢，你入了教慢慢地就都明白啦。

范　永：多谢三爷美意，想我范永，幼读孔孟之书，习学周公之礼，若是入了洋教，岂不被那同宗弟兄耻笑，我不入教。

武　二：真是一条道走到黑，挨饿的脑袋。

王　三：那么丢下远的说近的，欠我的钱怎么办哪？

范　永：欠钱还债，古有常例，只是我如今无物可以变卖，只有这两间破屋，尚值几何，此时变卖，我夫妻无处居住，三爷也好，教堂也罢，若能将此房屋，典银二十两限期一年取赎，若到期不能赎出，任凭收房，我决无异言。

王　三：那么你把房契给我，我给你到教堂说说去，我这是一手托两家，朋友嘛，到时候就得帮忙。

范　永：咳！悔恨当初一念差，不该借银招惹他！

　　　　（寻出文房契介）

　　　　事已至此难挽转，愧对祖先九泉下。（交契）

王　三：听我信儿，那么我走啦。

范　永：不送。（下）

武　二：三爷，神父要这块地方挺急，一年等的了吗？

王　三：笨蛋，房契到手啦，日子还不由咱嘛！

武　二：哦哦哦，三爷高明，三爷高明。（奸笑下）

第四场　市场

于麻子：（担瓜担上，流水板）

　　　　（唱）恨刁民，倚教势，横行放荡

　　　　　　　为虎作伥，欺压善良

　　　　　　　自从天津遇魔掌

　　　　　　　家家户户就受灾殃

　　　　　　　想当初家有那瓜园整二亩

　　　　　　　被王三勾结洋人霸占作营房

　　　　　　　告到了当官拒不受理

　　　　　　　某有冤无处讲

　　　　　　　只落得在三岔河畔摆设瓜摊

　　　　　　　赚得几文铜钱供养老爹娘

暂将怒火，某忍在心上

（小圆场见冯瘸子提糕干盒上，作市声见于接唱）

又只见冯大哥站立道旁

（白）冯大哥这几日，你怎么不到市场来？

冯瘸子：咳！还不是我这条腿！就打鬼子来的那年，给了我一枪，人虽然没死，我倒他妈成了神啦，成天跟瘸拐李似的，（介）鬼子对我这点恩我是忘不了哇，一到阴天我就想得更厉害。

于麻子：却是为何？

冯瘸子：你不知道哇，一到阴天下雨的，我这条腿呀，疼的下不来地，出不来门，做不了买卖，赚不了钱，腿疼肚子饿！我能忘了他们的恩典吗？

于麻子：真他娘的没有人心的狗强盗！冯大哥，你若没钱度日，只管明言，小弟还有一串铜钱，大哥你拿去垫办度日吧！

冯瘸子：兄弟，谢谢你。不用啦，前两天，我可真窘，马宏亮马大兄弟，给我送去两串钱，我才买了点米，做点糕干，今儿个腿好了点，我就出来啦。

于麻子：哦，马宏亮！

冯瘸子：马大兄弟可真够朋友哇，小伙子年青、漂亮、身子股棒，有两下子，光棍一人在码头上混，里里外外没人不服哇！别人扛一麻包，他能扛二麻包，走跳板跟飞似的，安三、武二癞子，这帮人有见了他就跟耗子见猫似的。前些日子，二癞子又要赊我的糕干，我不赊，这小子又跟我要胳膊根儿，多亏我这马大兄弟来啦，二癞子眼见他，跟夹尾巴狗似的跑得真快。（笑介）

于麻子：哈……那路人哪，就是软的欺侮硬的怕嘛！

冯瘸子：可不是嘛，就会欺侮我这六根不全的人哪，像你这样的他就不敢惹。

于麻子：得啦，天不早啦，咱们该做买卖啦。

冯瘸子：走吧，这年头哇，就是人善有人欺，马善有人骑呀！

于麻子：有人不讲理，我就揍他娘的！

冯瘸子：你行，我不行噢！

（刘父上）

于、冯：（同白）伯父倒先来了。

刘　父：早就来了。

冯瘸子：兄弟我帮你个忙吧！

崔大脚：啊哈，（挎糖盒）当家的！

（鼓板）当家的是木匠

我卖糖到市场

品样俱全味道香

谁要不信请尝尝

香蕉橘子桂花味

鸭梨苹果薄荷凉

奴家虽是女流辈

不让当年孙二娘

于麻子：嗬，老台，怎么才露哇！

崔大脚：麻子，早来啦！瘸子大哥少见哪您啦，听说又犯老毛病啦？大爷，嗬，早您啦啊！

冯瘸子：老台，怎么才来呀？

崔大脚：咳，我能比得了您啦，我除去卖糖，家里还有事哪。

刘　父：是呀，家务也要料理。

崔大脚：是呀，还是上岁数的人明白，您拿秃子说吧，那真是耗子爬脚面，老实巴交的人，我不管谁管呐，起来先得给他做饭，吃饱了他提拉箱子拿着锯走啦，我还得收拾好啰才能出来不是，你们老爷们好办啦，就是做买卖这一档子事，我就不行啦，得里里外外满划拉呀，一天到晚，又得做饭，又得卖糖，这叫两头儿忙嘛您啦。

于麻子：嗬，老台，真行，一说话，就像卖砂锅似的论套啊！

冯瘸子：嘴跟梆子似的真溜乎。

崔大脚：没两下子，老娘们家，这年头敢出来做买卖！

刘　父：（笑）

于、冯：有你的，有你的！（摆摊介）

（刘黑上）

刘　黑：嘿，登梯爬高本领熟

每日扎棚上竿头

悬空凌渡如平地

人送绰号赛活猴

爸爸，于大哥、冯大哥，嗬，老台吗？

崔大脚：嘛，别人叫我老台还行，你这小猴三也叫我老台吗？

刘　父：黑子，这样老大没小。

刘　黑：爸爸，我跟我嫂子闹着玩儿叫惯嘴儿啦。

崔大脚：怎么样？挨说啦吧，别哭，来，嫂子给你块糖吃吧。

刘　黑：得啦，我又不是三岁两岁的孩子，还弄块糖哄我，留着回家给我们那位在家的和尚大哥去吧！

崔大脚：嘿，好哇，小黑子，跟嫂子上这个，真能白活，哏啊——还告诉你说，别看我们那口子脑袋没头发，到晚上我们还省着点灯费蜡哪！

于麻子：你们俩呀，见面就逗牙钳子，真是针尖碰上麦芒，一个不让一个呀！

冯瘸子：黑子，怎么样，这两天忙不忙？

刘　黑：活儿倒是不少，就是不称心，那不是给鬼子修教堂，搭的棚杆架子，鬼子脾气属他妈猫儿眼的——时时变，高兴时就给你工钱，不高兴等到一收工连人影都找不着，安三支王三，王三支鬼子，鬼子素常中国话说的挺利落哪，只要你伸手跟他一要钱，马上连味儿都变啦，把眼珠往上一翻，脑瓜儿一拨愣。（洋味）不知道！第二天再问他，还是外甥打灯笼——照旧："不知道！"

众　　：那么工钱哪？

刘　黑：写在瓢底下啦。

众　　：真他妈欺侮人！

刘　黑：咳，甭看他欺侮人，咱们也有主意呀，应当一天干完的活儿，咱们来个细水长流三天见，不见钱不上高，看谁鬼的过谁！

崔大脚：你是没长毛哇，长毛比猴还鬼。

刘　黑：这还有名哪，这叫磨洋工！

众　　：（笑）

　　　　（刘黑坐茶摊儿，范永携子上）

范　永：（唱）恨王三骗房契一去不返

　　　　　　　在家中盼得我望眼欲穿

　　　　　　　带龙儿到街头全都寻遍

于麻子：（哟喝市声）

　　　　吃来吧闹块尝啊！

　　　　斗大西瓜船大的块儿，两个大子儿咧！

冯瘸子：糕干，糕干！

桂花白糖馅的糕干、枣泥豆沙的糕干！

刘　黑：喝来嘿，大碗茶呀，大——碗——茶呀！

崔大脚：卖呀糖，卖呀糖，哪位来吃我的糖啊！

香蕉橘子薄荷凉糖，哪位要吃请来尝尝！

范　永：（唱）又听得吆喝声闹市声喧

众　：范先生来啦，您好哇，老没见。

龙　儿：崔大婶、刘爷爷、于大叔、冯大叔、黑叔。

刘　黑：嗬，龙儿吗？这小子，几天不见又窜了一头啊。

于麻子：这孩子越长越爱人啦，来，大叔抱抱。瞧，看咱这颗红痣，长的多正啊，真跟二龙戏珠似的，大了准保有出息。

刘　黑：你不打听打听，当初谁给踩的生啊。

崔大脚：嗳嗳嗳，又来啦啊，知道是你踩的生，全学可别学你黑叔，那么猴啦叭气的。

刘　黑：嫂子就跟我过不去。

龙　儿：大婶，昨儿个赛直眼王三又到我家去啦。

崔大脚：王三？

于麻子：他上你们那儿干嘛去啦？

范　永：咳，只因前年我借他二两银子未曾还上，拖欠至今本利算来，一十六两，他去讨债，我无法偿还，只好将那仅有的两间破屋由他将房契拿去典与教堂，偿银二十两，期限一年，在此期间，我也另寻房屋。谁知他一去不返，故而今日带领龙儿到街头寻找于他。

于麻子：借二两，三年变十六两，这是哪国的利息钱？

刘　黑：那小子是不杀穷人不富啊！

崔大脚：咳，范先生，您可真老实呀，不见钱把房契交他，那小子什么屎都拉的出来，不定又出嘛花招儿哪！

（武二上）

武　二：嘿，摊儿全都摆上啦，范先生也在这儿呐。

范　永：啊，武二哥，你可知他现在何处呀？

武　二：你找三爷干嘛？（龙儿跑下往别处玩耍）

范　永：房契典当二十两银，除去还他之费，还要把我四两纹银。

武　二：什嘛？典当房契银子二十两，没那么八宗事呀！昨儿个不是你说的，因为还
　　　　不起三爷的欠账，托三爷把房子卖给教堂合银二十两，说明今儿个搬家吗？

范　永：怎么讲？

武　二：今儿个搬家吗。

范　永：好贼子！

　　　　（唱）霹雷一声当头响

　　　　　　　恨心的贼子丧天良

　　　　　　　这样的行为禽兽样

　　　　（范妻上）

范　妻：（唱）步履伶仃心内慌

　　　　　　　不知官人何方往（见范）

　　　　　　　官人哪

　　　　　　　那王三带法人强占住房

　　　　官人哪，你领龙儿出门之后不到片刻，那王三带领法人入房中言说，你
　　　　将房屋卖与教堂。为与他争执，他将我赶出门来，将屋内的家具都抛出
　　　　门外了！

范　永：哦，好贼，青天白日竟敢如此胡为！

于麻子：这小子要造反哪！

刘、崔、冯：找他去！

　　　　（王三上）

王　三：找谁去？范永！你托我把房子卖给教堂，今日搬家。怎么到时候不搬，
　　　　你这不是让我从中为难吗？

范　永：昨日言明，乃是典当，怎说变卖？

王　三：嘿，昨日个死乞白赖地央告我，给你卖银子二十两，怎么啦，今儿个翻
　　　　脸不认账，瞧我好欺侮怎么呀。

刘　黑：谁要欺侮你，那还活的了哇！（刘父拦黑介）

崔大脚：这说不了，跟他打官司去！

于麻子：对，范先生，跟他打官司去！

范　永：好，我们去到公堂办理。

王　三：什么？到衙门哪，三爷没那么大工夫！闲话少说，给我腾房搬家！

众　　：不给他腾！欺侮人，还有王法没有啦！

　　　　（乱哄哄，马宏亮上）

马宏亮：（唱）幼年间也曾习拳棒

武艺超群非寻常

好管人间不平事

何惧土豪与强梁

街头因何人声嚷

于麻子：咳，马大兄弟，快来吧，这小子又欺侮人哪。

崔大脚：兄弟，这码事非你不可！

刘　黑：得，胳膊根粗的来啦！

王　三：大兄弟，哈……

（唱）咱弟兄可算缘分广

休听他们的胡言乱讲

到酒馆叙衷肠

我请客你一定赏光

马宏亮：少灌米汤，范大哥，欠他多少银子？

（范永白）

刘　黑：这小子驴打滚的利，前年借的二两银子，滚到今年不还，就是十六两，二两银子就要占人家房子。

马宏亮：（怒介）王三，你在这一带，每每为非作恶，欺压良善，今又重利盘剥，倚仗洋人势力，强霸民宅，你的良心安在？

王　三：马宏亮，（阴笑）兄弟你在码头上是个光棍儿，我王三在东门一带也是个人物，干嘛呀，这码事又碍不着你，那不亮面呀。

马宏亮：（冷笑介）路不平有人铲，事不平有人管！

范　永：此处难以分辩，我们还是去到公堂辩理。

王　三：我不去。

马宏亮：为何不去？

王　三：我没那么大功夫，这房子的买主是教堂神父谢福音，我把他找来，你们对说对讲，没我什么事。

马宏亮：回来，房契是你骗去，讲什么教堂不教堂，分明要借词逃脱，我劝你速速去到县衙便罢，如若不然……（卷袖介）

王　三：兄弟兄弟，别动手，咱们是自己人，我跟你去不结了嘛！

范　永：娘子你且带龙儿回家，我去去就来。

武　二：三爷，去您的，有什么话呆会儿再说。（授意给王下介）

马宏亮：走哇，走，去到县衙把理讲！

范　妻：龙儿呢？

于麻子：方才在此，往哪里去了？

范　妻：（唱）不知龙儿奔何方

　　　　　　　心急焦虑高声嚷

　　　　　　　龙儿，龙儿……

刘　父：这真是福无双至，祸不单行。

冯瘸子：刚才在这儿来的，远不了。

崔大脚：买卖不做啦，我帮你找去！

范　妻：龙儿，龙儿！

崔大脚：龙儿，龙儿！（与范妻同下，扫头下）

冯瘸子：人要倒霉什么事都碰得上，孩子又丢了。

于麻子：刚才这码事，我要不摆着摊呀，我真想……

刘　黑：要不是我爸爸按着我，早揍狗日的啦！

　　　（安三持一告文上）

安　三：众摊贩听呀，神父谢福音，现有告文，三岔河周围十五亩，早由崇大人
　　　　划为教区，为了传经讲道，必须清静无声，禁止市声吵闹，即日起教区
　　　　内的摊贩，全部挪出教区！

于麻子：放你妈的屁！

安　三：怎么骂人哪？

刘　黑：骂人是好的，还要管教管教你哪！

安　三：真他妈的要造反哪，我要不管教你，也不知道我地头蛇安三的厉害，接
　　　　嘴巴小子！

　　　（刘黑等群殴，安被刘打介）

安　三：好小子，骑驴看唱本——咱们走着瞧！（与众教民退下）

于麻子：好小子，别跑！（欲追介）

刘　黑：好小子，别跑！

刘　父：慢来，慢来，到了教堂焉有你等好处！

　　　（急急风上，西门提洋刀上，安三等又打伤冯，鸣枪下，打烂所有摊子）

冯瘸子：好哇，鬼子的奴才，又给我留下点恩哪！

于麻子：完不了，把瓜都打烂啦，还敢开枪，完不了！

刘　黑：爸爸，您把这些乱七八糟的收拾收拾，暂且回家。（转向于白）于大哥，咱们挽着冯大哥，也到衙门告状去！

于麻子：走，告状去！（下）

——幕落

第五场　陷弱

龙　儿：爸爸，妈妈！（走到教堂附近）

武　二：（上，碰龙儿，捂嘴，龙儿挣扎，遇谢福音）神父，王三爷因为那两间房子，跟范永到衙门啦，您快拿主意，我趁乱，又摘了个果儿来。

谢福音：很好，很好，办的很好。不要紧，你把他赶快送到堂里别让人看见，给你（掏钱介），这是上帝的赏赐，我还要到衙门去交涉，他们摊贩的胆子太大，敢打我的教民，这如同打了上帝一样，我一定去交涉，快把他带进去，不要叫人看见。

武　二：放心，谁也看不见，谢谢您，谢谢上帝。

第六场　公堂

（鸣鼓，升堂，刘杰上）

刘　杰：带击鼓人！

高　升：击鼓人上堂！（范永、王三上）

王　三：叩见大人！（王三不跪）

刘　杰：下站什么人，见了本县因何不跪？

王　三：奉教已久，不习中国的旧礼。

刘　杰：什么？你是教民吗？好哇，中国人入教，连祖宗传留的礼法都忘了啊！谁是原告？

范　永：小人原告。

刘　杰：有什么冤枉朝上诉。

范　永：大人容禀：

（唱，垛板）范永我居住在三岔河畔

遭遇着离乱年度日艰难

王三借与我纹银二两整

事到如今已三年

本利算来十六两

这样的重利盘剥欺苍天

昨日他赴我家逼还旧欠

家徒四壁难归还

无奈何，将仅有的两间破屋拿出典

言明典期整一年

谁知他定计将我陷

今晨起带领法人，抢占房屋，逼我把家搬

已往的事情讲一遍

望求大人与我申冤哪

刘　杰：可是实情？

范　永：句句实言！

王　三：完全是一派捏造，与事实完全不符。

刘　杰：这么说，你还有理由啦，那么你也把经过从实讲来。

王　三：别的先甭说，请问，他为什么勾结刁民马宏亮殴打良民、诽谤宗教哪？

刘　杰：怎么着，这内中还有马宏亮吗？

范　永：启大人，此事与马宏亮本不相干，王三带人强占小民房屋，小民要他到公堂求太爷公断，他执意不肯，亏的马宏亮见状不平，才得同到公堂。

刘　杰：本县也夙知码头上有一个马宏亮，喜打不平，见义勇为，我早想见见他，你且起来过一旁，来呀，带马宏亮！

高　升：马宏亮上堂！

马宏亮：来也——

只为不平事，

仗义到公堂。

叩见大人！

刘　杰：抬头，本县看看你。

马宏亮：（抬头介）

刘　杰：嗯，倒像条汉子。马宏亮，我问问你，范永与王三因房屋争执，与你无关，你为何搅入其中，惹是生非，把你家乡住处，及这次的所闻所见，给我一一讲来。

马宏亮：大人容禀：

小民马宏亮，乃本城人氏，庚申年法军侵入天津之时，炮火声中父母双丧，留得小人孑然一身，在码头之上，搬运米粮，以为生计。今晨搬运已毕，行至三岔河旁，只见王三，扭定范永，气势汹汹，小人见状不知何故，向前询问，才知原来三年前范先生借得王三纹银二两，无力偿还，在重利盘剥之下，三年累计一十六两。大人请想，这市街之上，竟有如此的重利！这还不要说起，那王三又勾结教堂，借端要挟，设计将范先生房契骗走，今晨带领了法人，又将范先生室内用具抛至门外，又到市场，问范先生寻衅。大人注意这等行径，实属胆大妄为，藐目无法，小人素日也知王三，每每依仗洋人势力，时常欺压善良百姓，一时间气愤难平，挺身而出，与之争辩，只因他蛮横无理，故而与他同来公堂，望求大人审断此案，以煞教民气焰，百姓受益匪浅，至于小人干扰旁人之事，受罚受责，在所不辞，此事还望大人公断！

王　三：我说大人，千万不能听信他们一面之词，范永欠账已久，到期不还，马宏亮出头干涉，串通一气，意在讹诈，大人就应处以应得之罪名。

刘　杰：哈哈哈！（笑介）你说的一点不错，依本县看来，这案中实有扰乱市面、讹诈图赖之举，可是你还忘下一桩恃强霸产的罪名哪！

王　三：那么就请大人秉公处理，判处马宏亮扰乱市场、伙同讹诈的罪名！

刘　杰：你说的是他？（指马介）哈哈哈，这档子事就用不着你操心啦！马宏亮，你先站立一旁，（转问王三）你这讹诈的罪由，乃是设计哄骗旁人之物，夺为己有，不付所值的资财，妄撰词句颠倒是非，才能构成讹诈的罪名，你既告他俩设计讹诈，那么他俩伙同讹你什么东西了呢？

王　三：这个……

刘　杰：什么？

王　三：范永欠小人银两无力偿还，把房产变卖还债，到期赖词不搬，这不是讹诈吗？

刘　杰：范永欠你多少银子？

王　三：十六两。

范　永：二两银子!

刘　杰：二两银子怎么又变成十六两啦哪?

王　三：那是前年的事。

刘　杰：前年也罢，今年也罢，事隔三春，二两银子怎么变成十六两啦哪?

王　三：当初借银之时也曾言明，借银二两，一年为期，到期归还，本利四两，到期还不上又延期一年，即以四两作本照例行息，到期归还八两，至期又未归还，拖到今年，大人您想这不是不多不少整整的十六两吗?

刘　杰：好哇，借银二两，历时不过三年，本利竟高达十六两之巨，这种利息你可真算得起是把铁算盘哪!

王　三：民间借银早有惯例，也非我所创，况且当初借银之时早经谈妥，这也是姜太公钓鱼——愿者上钩哇!

刘　杰：哼，好一张利嘴，借债还钱，你为什么谋夺他的房产哪?

王　三：只因他欠银到期，归还不上，托我把他身下之两间破屋，以抵欠债，说时卖空儿，他到期不挪纷而成讼。

刘　杰：言明几天腾房?

王　三：这个……

刘　杰：几天?

王　三：三天。

范　永：哎呀大人哪，小人昨日明明讲定将祖遗破屋二间典银廿两，限期一年，卖房之说实乃谎言，三日之限更是胡说!

刘　杰：着哇，既然三日为期，为什么今天就逼人搬家哪?

王　三：他卖给教堂，神父等着使那块地方，他等不及啦，才叫他提前搬家。

刘　杰：你说三天也罢，两天也好，既然把房子卖给教堂，那么卖房的单据哪?

王　三：这个……（介）洋人买东西全讲实物，房契到手，用不着写字据那种俗套。

刘　杰：那么剩下的四两银子哪?

王　三：嗯，民间风俗买卖房产，买者提三成，卖者提二成，成三破二以作中人的酬谢，外国人不出这笔花费，我们作中人的，不便破此旧例，当然要出在这卖主的身上。

刘　杰：你住了吧，你凤日的所作所为，本县早有耳闻，平日依仗洋人势力，为非作歹，放债如此高息，已然失却良心，如今设计骗走房契，害得范永一家无栖身之所，显系逞强霸占，如今证据确凿，你还有什么说的吗？

王　三：大人，我跟范永乃是债务纠纷，买卖房屋之事那是范永和教堂的事情，您要刨根问底，最好到教堂问问谢神父吧！

刘　杰：嘿，我把你这个昏了心的奴才，你张嘴神父，闭嘴洋人，你别忘了你穿的中国衣裳，住在中国的土地，吃的中国饭，说的中国话，你的头发不黄，眼珠不绿，你祖宗三代都是中国人！竟敢藐视中国法度，见官不跪，咆哮公堂，哼……你好大的胆子！

　　　（唱）久闻你夙日里并非良善

　　　　　　尔竟敢藐国法欺苍天

　　　　　　今日里咆哮公堂尔真大胆

　　　（击鼓声，内白："冤枉啊！"）

　　　　　　又听得击鼓声有人申冤

　　　　　　击鼓人

高　升：击鼓人上堂！

于麻子
刘　黑　}（左白）叩见大人！
冯瘸子

刘　杰：你们有什么冤枉？

于麻子：小人于大售瓜为生。

冯瘸子：小人冯全卖糕干为生。

刘　黑：小人刘黑是个棚匠，我爸爸摆茶摊儿。

于麻子：我等每日在三岔河畔摆设茶摊儿度日，我等乃是摊贩，就在这三岔河畔摆摊为生，我们俱是摊贩……

刘　黑：哎哟！我的哥哥，您这是怎么啦？

于麻子：你不知道，我一生气，说不出话来嘛！

刘　黑：哎哟，这是什么褃节儿，您怎么说不出话来啦，这不是要命吗！哎呀大人哪，小人名唤刘黑，乃是个棚匠，我爸爸在市场摆设茶摊儿，父子二人相依为命，于大、冯全俱都是小摊贩，每日设摊在三岔河旁已有数载，不意今日有教民安三手持告文，去到市场，言说教堂是传经讲道清静之地，严禁市声喧哗，将三岔河方圆十五亩完全划为教区，声言教区以内即日起不准设摊。大人请想，小民等衣食用度养家活口，全凭市场摆设小摊赚得蝇头微利，才能活命。这么一来，岂不断去小民等的生路，当即上前与安三争论，发生争执，安三勾来洋人，持刀逞强，砸毁所有的小摊儿，并刀伤冯全左臂，鬼子的兽行实实令人气愤难平，万般无奈才击动堂鼓。大人，您乃是一县之主，民之父母，还望大人，速提洋人到案，审清情由，赔偿货价，医治刀伤，惩办凶手，准许小民等摊设原处，以维生计，若能如此，鬼子们不敢任意胡为，小民等受益匪浅，有生之日不忘太爷您的大恩大德呀！

刘　杰：（既怒又犹疑）（众越发愤恨不平）

　　　　（唱）见此情形心暗算

　　　　　　　事关洋务非等闲

　　　　　　　七品官怎能判这样案件（沉吟介）

　　　　　　　判不公又怎为百姓的父母官

　　　　　　　罢！暂收怒火心头按

　　　　　　　暂且下票捕安三

　　　　（白）来哪，拿我人签拘票，去到教堂，把安三抓来公堂对质！

高　升：遵命。

　　　　（五锤神父上）

谢福音：往里通禀，说我要见。

高　升：启禀大人，谢福音求见。

刘　杰：好哇，他来的正好，有请！

高　升：有请。

　　　　（谢昂首而入，斜视众人不屑一顾，傲慢之色露于表）

谢福音：大人，您好。

刘　杰：贵神父来此，有何公干？

谢福音：我有点事情，和你谈谈，我们法国自从胜利之后，在贵国已八年有余，为了将我们西方的文明，传入你们国家，才不惜重资，在三岔河修建一座胜利之后教堂，还设那仁慈堂、育婴堂，收容你们中国穷人养活不起的小孩，还欢迎你们这些穷人入教，给他们讲经传道，这不过是秉上帝的意志，以仁慈救世，现在你们的通商大臣崇厚，将三岔河一带十五亩方圆土地租给我们，我们便有权使用，他们这群刁民天天在那里故意搅乱，每天乱吵乱叫，扰乱我们，我叫安三、西门劝他们搬开，不但不搬，反打了安三，我才来告诉你，为了我们法中两国邦交和睦，不要伤了和气，叫他们明天赶快搬走吧。

马宏亮：住口！既然你们法国文明，为何用炮火攻我城池，为何怂恿教民霸占民产？（指范介）为何刀伤冯全？为何隐匿凶手？

冯瘸子：你文明，瞧，这刀伤是你们法国人砍的！再瞧我这条腿，是你亲手拿枪打的！

谢福音：那完全是误会，那完全是误会。

刘　黑：你说设仁慈堂收容我们的孩子，我们这方儿前左右还没见有人往你那里送孩子的呢！我也没听说过先拿大炮打完了人，再仁慈人家的孩子的，谁知道你们葫芦里卖的什么药，咱们说话可要口得应心哪！

刘　杰：贵神父所说的事情倒有，只是真相不符，法人与教民安三既未行凶，那么冯全的刀伤是他自己砍的不成吗？

谢福音：这很可能，你们天津人，好人太少，往往用刀自己砍自己，做了伤，好讹我们教堂的银子。

于麻子：放你妈的屁！

谢福音：这个人怎么这样不文明，阿门！上帝原谅你，会饶恕你的罪过。（祈祷介）阿门！

刘　杰：贵神父，小民虽然言语粗鲁，倒是句句实在，本县亦知贵国是文明国家，一定通情达理，只恐贵神父听信坏人的挑唆，不分黑白，当官审问必须两造对案，才能判决，贵神父来的正好，还望将安三交出，以便当堂审讯。

谢福音：安三是我们一个非常安分的教民，慢说无有过错，纵有过错，贵县也审问不得！

刘　杰：怎么审不得？

谢福音：国有国法，教有教规，你们的国法，只能治一般平民，入了教，就得由上帝来处罚。

刘　杰：你这话说的可就不对啦，国法秉乎天理，天理顺乎人情。宗教信仰亦不违此例，你这样多方借词包庇凶手，袒护教民，这不但有失你们上帝的意志，对于你们这个文明国家的名誉也有损吧！

谢福音：你既然执意这样，我们不便多谈，关于教区内的摊贩的事情，我去找你们的上司崇厚，安的事我不便答复，你去找我们的领事吧！王三，回去！

众　　：不能叫他走啰！

刘　杰：他的案情尚未完结，不能带走！

谢福音：不要忘了他是教民，你们也不能管他，只有上帝管他，对不起，王三，走！

王　三：是，神父！

众　　：不能叫他走了！

于、刘、冯：干脆，打狗日的！（刘恐事态扩大压介）

刘　杰：慢呀！事关洋务，非同小可，不可造次！

众　　：白白的放他走去不成？

刘　杰：先容他暂去一时，本县自有道理。

谢福音：很好很好，你全都不对，这一点很好，很懂道理，上帝祝福你们吧！阿门。（与王三下）

马宏亮：大人，将洋人放去，怎样定案？

于麻子：这是什么事，这是……

刘　黑：嘿，要把我气死！

冯瘸子：我这刀算白挨了！

刘　杰：你等不必如此，此有关洋务，我如果按律而断，怎奈是咱们辱国丧权的天津条约早有明文规定，有关夷务须由通商大臣偕同该国领事共同审问，我身为县令，权轻力微，他也不服哇，若一再争执，又恐事态扩大，越发不好收拾，你们放心，待本县将此事据实上陈于崇大人，定能秉公而断，你们安心回家等候听传，下堂吧！来啊，备轿往通商衙门去者！

众　　：谢大人，暂且忍下心头恨，

马宏亮：耐过数日听信音。（众愤愤地下）

刘　杰：高升，吩咐准备轿子，往通商衙门去者。

高　升：下面听着，给大人准备轿子，通商衙门去者。（内应介）

——幕落

第七场　诡道

武　二：（叹时调上）春夏秋冬四季天，寒来暑去又一年，一年只有十二个月，十二个月哇，三百六十天……

王　三：（手提画眉笼子上）二癞子！

武　二：三爷！怎么样？听说您这画眉叫得不赖呀。

王　三：嗯！还听得过，可是价码儿也够瞧的啦。

武　二：这不是范家那档子事落下的吗？

王　三：啊，就剩这么个玩艺儿。

武　二：您行啊！还落下点嘛儿。我倒好，香香嘴全造了粪啦，任嘛儿也没落下。

王　三：你这小子，有多少钱也架不住你糟哇！

武　二：我倒没旁的，就是爱吃点喝点。

王　三：听说范家他媳妇死啦？

武　二：可不是吗，快一年啦。

王　三：那小娘们倒怪可惜的。

武　二：范先生一人搬到大杂院跟冯瘸子他们一块住去啦。

王　三：嗯，这回剩下一个人倒好啦。

武　二：可不是吗，一人吃饱了一家不饿。

安　三：三爷，二癞子！

王　三：嗯，范家近来怎么样？

武　二：倒是读书的人想得开，这码事他忍啦。

王　三：这叫知书达礼，圣人跟他说过，百事忍为高吗！

武　二：他也不敢不忍哪，甭说他啦，这码事连咱们这的县太爷让荣大人捋的够呛，差点连顶子都摘啰！

王　三：不识抬举，凭他芝麻大的七品官，敢管教堂的事，这不是拿鸡蛋往石头上碰吗？

安　三：官倒好说，就是那帮穷人难对付，上回我轰小摊的时候刘黑蹽了我一脚，这口气我到今儿个也没出！

武　二：可不是吗，特别是那个卖西瓜的大麻子，一见人把两眼瞪得跟包子一样要咬人，见了他们那样子的，你就来了属黄花鱼的——溜边儿。

安　三：溜边儿？没那事！我惹不起小的，还打不过老的吗？

王　三：嗯，那帮穷小子，还真得留神，咱们是穿鞋的，不跟光脚的斗。

武　二：对，三爷说的对。

安　三：对，三爷说的对。

王　三：咱们说点正经的吧，这几天堂里的孩子又不足啦。

武　二：又不足啦?

王　三：孩子小，不好弄，伤耗不少，神父也挺着急。没有孩子，仁慈堂招牌不好挂，教堂要干的别的事也就容易露馅了，咱们俩这两天送的孩子不多，还得想主意多搞点呀!

安　三：行行行，这算不了什么。

武　二：(将安三介)不过是，不过是……

王　三：怎么啦?

武　二：三爷您不知道哇，这两天，这两天市面太紧，不好摘呀。您说要不去吧，吃喝住，可比在这费得多呀，您说哪样，也离不开这个呀! (用手作圈介)

王　三：好小子，跟我来这套，在三爷手里，你还绕得出圈去吗，要跟三爷拿?

武　二：不是不是，三爷，我们哥俩这两天手里太窘啦，没别的，求三爷赏俩钱儿! (安也照白)

王　三：嗯，这还差不多，那可有你的好看儿。

武　二：是是是，三爷! 我们哥俩是您拉拔起来的，还有说的吗?

王　三：拿去。(给介)

安、武：谢三爷赏!

王　三：慢着，告诉你们俩，堂里要货挺急，到时候要是交不上货，哼，你们可提防着点!

武　二：三爷放心。

安　三：管保没错。

武　二：收集定钱。

安　三：到时交货。

王　三：到时没货，哼，谅你们难活!

武　二：三爷您擎好吧。

安　三：您擎好吧，没错。(王下)

武　二：怎么样，奔下来啦吧。

安　三：每回都是货到钱回，谁想到先要定钱哪。

武　二：咱们摘下果来归他。经手三分肥，他先吃头口，咱们顶喽子，这时候不拿他一下什么时候拿呀，过这村没这店。

安　三：这地方就得服你。

武　二：像你哪，不开窍!

安　三：得啦，奔下来啦，没别的，弄半斤烧刀子喝吧！

武　二：那还用说，不为这个咱们干这个吗？走啦，正是今朝有酒今朝醉！

安　三：万事不如喝一杯！

第八场　勘尸

刘　父：（唱）每日里串街头只为糊口

　　　　　　　赚得来几文钱好度春秋

　　　　　　　御饥寒哪顾得东奔西走

崔大脚：卖糖咧！

刘　父：（唱）崔大嫂挎着篮筐也到街头

崔大脚：（叹）卖糖咧，卖糖咧，我的糖跟别人的味儿不一样，吃嘴里管保是甜的！

刘　父：呵，崔大嫂，今天的利市如何？

崔大脚：行啊，不离儿，大爷好哇您啦，不摆茶摊儿改行卖大仁果啦？

刘　父：先前摆茶摊尚能多卖几文，自从年前被那洋奴将摊儿打了，家具打碎，蚀了本钱改卖这大仁果，这买卖就不如从前了。

崔大脚：那码事儿，想起来真够气人的，咱们在三岔河口摆摊也不是一年半载啦，一修起教堂，愣轰咱们不准摆，告状罢，官儿不但不管，崇厚这老家伙也是饱汉子不知饿汉子饥，还出张告示，说嘛，那块地租给教堂啦，中国人不帮助中国人，倒替外国人办事，欺侮咱们。他跟外国人一鼻子出气，架炮往里打，咱倒好，耗子掉风匣里边啦——两头受气！

刘　父：唉，宁作太平犬，不作离乱民。

崔大脚：这一来不要紧，你老看那些二毛子，赛直眼，一个个的要疯，也忘了姓嘛啦，成天到处横冲直撞，摇头晃脑，那是嘛呀，我瞧着就有气！

刘　父：逢此世道，如之奈何，只好忍耐了吧！

崔大脚：忍，忍嘛？你越忍他越来，他们是软的欺侮硬的怕，你越老实他越欺侮你，他怎么不欺侮马宏亮、于麻子哪，他们块儿大胳膊根儿粗，惹急了妈真揍他！

于麻子：管打咧，包圆的西瓜！（担挑上）

崔大脚：卖西瓜的，那儿卖包圆，能便宜点吗？

于麻子：那您包圆好办，行行，您瞧瞧这西瓜，个个管打管开，生了娄了是我的。（见崔介）老台你怎么竟打哈哈呀！

崔大脚：那么样，麻子开张啦吗？

于麻子：开张？我今儿个是姜太公卖面，由清早儿到这会儿连个问主都没有，这会儿不比那会儿，那会儿有个准地儿摆摊，熟主也好找，西瓜还能破开卖，这会儿倒好，成天挑着挑子满天飞，连个准地儿都没有，这都是他妈鬼子给咱们带来的好处哇！

崔大脚：你还算好哪，块儿大胳膊根儿粗，那帮赛直眼不敢惹你。

于麻子：惹我？那口气，我憋了快一年啦，还没出哪！还惹我，我就跟他们玩玩命！

崔大脚：你行啊，安三、二癞子他们见你就溜边，可是刘大爷、冯大哥就不行啦，常赊账不给钱，比抢都厉害。

于麻子：他妈的，咱们是骑驴看唱本——走着瞧！

崔大脚：别忙，这笔账咱们记着，早晚得算！

于麻子：对，咱们是寒天饮冷水——

刘　父：点点记心头。

（安三、武二上）

安　三：兄弟！

武　二：三哥！

安　三：这回你俩时气不错啦，一摘就是俩，没别的，还不请请哥哥吗？

武　二：咳，咱们哥俩谁跟谁呀，还分你的我的吗，谁花谁的不一样啊，就是这回我摘那两果交给三爷啦，杵还没奔下来哪！

安　三：跟我来这套，你是溜杵不掉哇！

武　二：三哥哪的话，今儿个您的东儿，明儿个杵下来，我还请怎么样？

安　三：准的？

武　二：没错，咱们哥们还能上这个吗！

安　三：行，一人喝怪闷的慌的。

武　二：我先点酒菜，咱哥俩好喝酒儿，（见刘父等人）三哥，那老帮子在这哪，黑子没跟着。

安　三：我来。

武　二：别忙！（于怒视介）

崔大脚：嗬，好，一块地来俩绿豆苍蝇，别瞧作（zòu）相不济，看样还真他妈恶心人！

安　三：嗬，这是咧子。

武　二：三哥，这娘们儿不好斗。

于麻子：等着，到了秋末，它飞不动的时候，我逮住狗儿的，就拿这把西瓜刀一个瓜儿一个瓜的剁狗儿的！

武　二：瞧见没有，搂着机子啦，弄那把刀要把咱们哥俩当了西瓜，那可不是闹着玩的！

安　三：不要紧，穷不跟急斗，不惹他。

武　二：哎，光棍不吃眼前亏，咱们来软的。（向于）于大哥，哈……少见哪，买卖什么样？

于麻子：快改行啦，老有绿豆蝇跟着嗡嗡转，谁还买呀。

武　二：要是本钱不够，说话，咱哥们过得着。

于麻子：你那俩钱来的不容易，好好留着，将来买块坟地，留神死了没地儿埋！

安　三：老二，（使眼神介）老台吗，买卖怎么样？

崔大脚：谁的事谁办，问这个干嘛？

武　二：不是，你买卖要是不好，我们哥俩多给你介绍几个主顾儿。

崔大脚：嗬啊，想不到你们俩还有这份善心！

安　三：在外边跑腿儿就得眼皮杂。

武　二：我们哥们全是外场人儿，哪不交朋友嘛，谁能保险日后不求谁呀！

崔大脚：这叫我怎么说哪，得啦，跟二位调个侃儿吧。

武　二：什么侃儿？

安　三：什么侃儿？

崔大脚：兔儿爷掉河里啦——

武　二：此话怎么讲哪？

安　三：此话怎么讲哪？

崔大脚：不敢劳你们二位的金身大驾。

武　二：嘿，你瞧拿咱们哥们这份好心倒当成驴肝肺啦！

于麻子：真有那么一天，我非好好的弄顿驴下水吃不可！

安　三：我说我说。（要问于）

武　二：三哥，（拉安介）干嘛呀，咱们哥们都受过洗礼啦，神父不是说过吗，当人打我左脸的时候，我把右脸也递过去，咱们人大量大肚子大，听两句咧子怕什么!

安　三：（压气借台阶转向刘父）老帮子，拿两子儿花生!

崔大脚：哎哎哎，说话客气点，你爸爸比你岁数大，这么叫你愿意听吗?

安　三：嗬，这可是骑脖子拉屎，我告诉你……（于怒视介）

刘　父：好好好，三爷二爷!（递花生介）

安　三：两子儿这么点儿，多少钱一斤?（发泄气介）

武　二：三哥，有点就够吃的啦，走吧，喝酒去!（刘父愣介）

崔大脚：咳咳咳，钱呢?

安　三：钱?

武　二：钱没有，银子倒有，你找的开吗?

刘　父：我将将出来，无钱可找。

武　二：还是的，喝完了再给捎来，不就结了吗?

刘　父：昨日还欠我四文呢。

武　二：谁说的，胡说八道!昨儿个我在堂里一天没出来，会欠你四子儿?

崔大脚：昨儿你没出来，那酒铺酒到狗肚子里去啦?

武　二：我出来啦，也没买你的花生啊。

刘　父：你明明欠我四文!

武　二：你胡说八道!

马宏亮：（内白）走!（上介）

　　　　（唱）范兄身有恙

　　　　　　　前去送米粮

　　　　（武、安与刘父吵声，马与武、安对视介，安、武怯）

武　二：三哥，您有零钱吗，刘大爷是有这码事，我忘啦，不错不错，对对……

安　三：我……

武　二：我摸摸，我许有。（摸介）有有有，前后六个钱给你，走走走，三哥。

刘　父：你二人每人两文，共是四文，算上昨日一共八文钱。

武　二：好好好，再给你两个子儿，走走走，三哥，喝酒去，喝酒去!

安　三：老帮子回头见。

崔大脚：耶耶耶，好嘛，哏儿啊。

武　二：走走走，三哥喝酒去，三哥喝酒去。（狼狈下）

于麻子：老台，真应了你那句话啦，这俩小子见了马大兄弟，那四条腿跑得比兔子还快！

马宏亮：伯父，他二人又在此做甚？

刘　父：咳，还不是买货不把钱。

崔大脚：在这捣半天乱啦，看见麻子气粗没敢惹，正跟大爷这找麻烦，兄弟一
　　　　来，瞧见没有，把尾巴一挟，跑的多快。

马宏亮：小弟不似大哥、大嫂、伯父等，倚仗生意每日串走街头度日，若是招惹
　　　　他们多有不便。小弟我孤身一人，又无室家拖累，我怕他什么，纵然他
　　　　们人多势众，哼，哪放在小弟心上，若是任凭他们胡为，他等也曾吃过
　　　　小弟的苦头，故尔见小弟至此，他们就……哈……

于麻子：行，好兄弟，你算给咱们天津卫的哥们露脸啦。

马宏亮：方才之事，小弟不知内中情由，若是晓得，我岂肯轻轻地放他们走去！

崔大脚：好嘛，比我那秃老亮强多啦，我们那口子，窝囊废！

于麻子：得啦，老台，崔大哥像你说的那样窝囊嘛，走树底下，都怕树叶砸着。

崔大脚：那嘛不信哪，有时候我们吵嘴，揪起来他就不是个儿嘛。

于麻子：好劲，不打自招，甭说没事竟欺侮我们崔大哥。

崔大脚：这是八百年前的事儿啦，今儿个咱们不是扯闲篇儿吗。

马宏亮：崔大哥这几日在哪里做工呢？

崔大脚：不是在那嘛，修那僧王祠哪。

马宏亮：（问刘父）刘黑呢？

刘　父：也在僧王祠啊，马大哥，常言道宁得罪君子，不得罪小人，那洋人日后
　　　　还是少惹他们为是。

马宏亮：无妨，无妨，惹出祸来，不过坐上几年监牢，也不能叫他们任意横行，
　　　　无人出头，岂不被人笑俺天津无有英雄！

于麻子：兄弟说了半天，你倒是干嘛去呀？

马宏亮：只因范先生失子丧妻之后与冯大哥搬在一处居住，心中常常闷闷不乐，
　　　　以致身患小恙，为此小弟买些粮米与他送去，也好度日。

崔大脚：你说范先生那么老实的人儿，长处不招人家，短处不掏人家，走这么一
　　　　步倒霉字儿，房子没啦，孩子丢啦，媳妇死啦，人又病啦，这真是黄鼠
　　　　狼单咬病鸭子，老天爷也不睁眼，单跟穷人找麻烦，你瞧王三那小子倒
　　　　挺美，他那孩子怎么不丢呢？

于麻子：要说龙儿那孩子真够招人喜欢的。

崔大脚：可不是吗，别的不说，眉毛中间那颗红痣子长的多周正，那孩子多乖呀，小嘴又甜可，张嘴大婶闭嘴大婶，叫得你怪心热的，这一丢哇，别说范先生难受，我一想起来，还掉眼泪哪！

马宏亮：听说这几日，孩童又丢却不少。

于麻子：这些拍花的缺了八辈子德啦，你说把孩子一丢，作父母的多难受哇。

崔大脚：哎，听说仁慈堂的小孩可不少哇。

马宏亮：哦，有这等事？

于麻子：他们不是说教堂仁慈救世人，往那里送孩子，鬼子会有好心眼？我才不信哪。范先生的房子叫他霸占去啦，冯大哥的腿叫他们打瘸啦，把咱们轰的满天飞，连准地儿都没有。打官司吧，神父就出头，官也不敢惹他们，这路人会给咱们好好扶养孩子？谁知道他们葫芦里卖的什么药！

崔大脚：那他到底为了嘛呢？

马宏亮：是啊，他们到底为了什么呢？

刘　父：还不是邀买人心。

于麻子：对，老虎带素珠——假充善人。

崔大脚：咱们也没听说谁往里送过孩子。

于麻子：管他呢！哎，兄弟，（马沉思）你不是给范先生送米去吗，天不早啦，我也该回家吃饭啦，有什么话回头再说怎么样？

马宏亮：好，伯父，大嫂，我要先行一步了。

于麻子：（叹）走哇，
　　　　（唱）只有那贫穷汉志同心齐

马宏亮：（唱）与范兄送粮米患难相帮（全下）

刘　父：好一个马宏亮，为人直爽，
　　　　（唱）仗义气送粮米亚似孟尝
　　　　这街头无生意到那条小巷（转身欲走，安、武醉上）

安　三：站住，老帮子，这回可走单了吧？

刘　父：（唱）他二人醉醺醺要起祸殃

崔大脚：站住干嘛，你要哪么地？

安　三：你这老帮子，还讹我们四个子儿！

崔大脚：赊账凭嘛不还？

武　二：这爷们赊账就没还过钱！

刘　父：好好好，我退你四文钱。（怕惹事）

崔大脚：大爷，凭嘛退钱？

安　三：这回还钱都不行啦，告诉你老帮子，你那小猴崽子头年踢了我一脚，这口气我一直都没出。怎么着，今儿个你还敢说我，大爷没功夫跟他怄气，今儿得管教管教你，今儿得教训教训你！

刘　父：你们要怎么样？

崔大脚：好哇，这是找碴儿吧？大爷，不要紧，你躲远点，别看我是老娘儿们，揍你们这俩秃蛋还行！

武　二：好娘儿们，还骂我们俩是秃蛋，又小一辈儿，趁着麻子、黑猴没在，动手！
　　　　（崔大脚打武二，安三揪打刘父，崔回救刘，武又追拦，刘父终被安三用掌推倒在地，重伤致死）

安　三：老二扯乎！（二人跑介）

崔大脚：好小子别跑！（随说随正衣服）大爷，怎么样，要紧吗？大爷——哎哟，了不得啦，安三打死人啦！
　　　　（群众上）

群　甲：怎么啦？（纷纷问）

崔大脚：安三跟刘黑有碴儿，把他爸爸给打死啦！

群　乙：凶手哪？

崔大脚：跑教堂去啦！
　　　　（刘黑上）

刘　黑：走！（急上）
　　　　什么事，什么事？（遇崔大脚）

崔大脚：你爸爸叫安三、武二打死啦！

刘　黑：哎呀（吊毛跪介）
　　　　（唱）一见严亲泪双倾
　　　　　　　　叫孩儿顿起这杀人心
　　　　　　　　列位将尸首来看定
　　　　　　　　我去到教堂把命拼

崔大脚：慢着，走到教堂他们人多倒不怕，他把门一关，你骂死啦他也不开门，那不是白费事吗？再说大爷的尸首怎么办哪？
　　　　（内锣声）

崔大脚：好，县太爷打这路过，你告上一状站住脚。

刘 黑：告状，那不是白费吗？

崔大脚：管他有用没用，咱们站稳了脚步再说。

（刘杰、衙役、高升上，刘黑拦路）

刘 黑：冤枉！

刘 杰：什么人拦路喊冤？

刘 黑：小人刘黑，教民安三、武二打死我父，大人作主！

刘 杰：怎么啦？他们竟敢打伤人命吗？

刘 黑：正是。

刘 杰：好哇，他们的胆子越来越大呀，住轿！

（下轿介）

刘 黑：行凶之时小人不在，有崔大嫂亲眼得见。

崔大脚：给老爷磕头。

刘 杰：凶手行凶之时，可是你亲眼得见？

崔大脚：当时有我在场。

刘 杰：为什么行凶？

崔大脚：他们买东西不给钱，因为这打起来的。

刘 杰：行凶之后……

崔大脚：跑到教堂去啦！

刘 杰：怎么着，跑到教堂去啦？

崔大脚：是，您啦。

刘 杰：高升！向前验尸。

高 升：是！

（马宏亮上）

马宏亮：（唱）送粮已毕回家往

高 升：启大人，验得男尸一具，年六旬有余，头部有一处打伤，长约二寸，宽约五分，脑后又有磕伤一处，因流血过多不救身死。

马宏亮：（唱）人声嘈杂为哪桩

（白）啊，大嫂这是怎么了？

崔大脚：哎哟，兄弟甭提啦，你跟麻子刚走不大一会儿，那俩小子冤魂不散就回来啦，喝得醉啦古冬就找碴巴，我一人对付俩哪来，按不住他们呀，安三把刘大爷给打死啦!

马宏亮：竟将刘伯父打死啦?

马宏亮：（唱）听一言来火往上

　　　　　　不由恶气满胸膛

　　　　　　恨不能将贼子

群　丙：启禀大人，小民之子柱儿于昨日走失，大人作主!

群　丁：启禀大人，小民之女贾金于昨日丢失，大人作主!

群　戊：大人，我儿栓子前儿个找不着啦，大人作主!

刘　杰：哎呀!

　　　　（唱）听诉状叫本县无有主张

　　　　（白）都怪你们自不小心才有此事，把状子留下，听候传讯。

　　　　刘黑，将你父尸首先行埋葬，待本县与教堂办理交涉，要还凶手，替你

　　　　父报仇也就是啦!

刘　黑：全凭大人作主。

刘　杰：高升，顺轿回衙。（懊丧下）

刘　黑：得啦，到这时候我也没旁的说的啦，这仇早晚得报! 嫂子，各位乡亲们

　　　　帮个忙，先把我参埋了再说。

　　　　众跪

　　　　启哀乐

　　　　众下

　　　　马独留场上

马宏亮：（一望两望变像介）

　　　　嗯! 教匪竟敢如此胆大包天，先前他等不过是依仗教势，敲诈勒索，欺

　　　　压良善，为恶尚少。近来在洋人纵容、官府包庇之下，气焰更涨。如今

　　　　竟敢在光天化日之下，大庭广众之前，酗酒行凶，挟仇寻衅，胆大妄

　　　　为，竟将刘伯父打死! 这才是未入教尚如鼠，一入教就如虎。如今他等

　　　　所作所为比虎狼还厉害十倍，唉呀! 方才之事我若在此多留片刻，谅无

　　　　此举，刘伯父丧命，倒叫俺悔之不及了! 哎呀，讲什么悔之不及，刘伯

　　　　父丧命，凶手逃入教堂，难道任他逍遥法外? 待俺寻到教堂，要出凶

　　　　手，好与刘伯父报仇! （欲前复停介）教堂铁门紧闭，如之奈何! 只好

　　　　暂忍胸中气，耐心等时机。（将转身，教堂鸣钟介）哎呀且住，方才街

头之上，众百姓纷纷告状，言说走失婴儿，崔大嫂言道，育婴堂内，婴儿甚多，又经这平日未见有人送入，这育婴堂内的婴儿是哪里而来，难道说这迷拐婴儿之事又与教堂有关不成？也罢，俺不免等到这夜半三更，路静人稀，窥察这教堂左右，若遇安三迷拐婴儿之事，将他扭获当官，也好与伯父报仇，与民除害。我就是这个主意呀！咳！我就是这个主意呀！

（亮像介下）

第九场　夜探

刘　黑：（按走边形式窥探教堂）

（唱）含悲忍泪葬严亲

　　　可恨教匪胡乱行

　　　杀父之仇怎能忍

　　　执刀月夜找仇人

（白）多亏众位哥儿们帮助拦我，将爹爹葬埋，诸事料理已毕，只是安三、武二躲在教堂之内拒不到官，官府也无计可施。父仇一日未报，我的气愤难平，为此身怀利刃，窥教堂左右，倘若苍天有眼，仇人夜晚出堂，将他拿住，也好与爹爹报仇雪恨！看，月色苍茫，乌云遮蔽，就此走遭也！

（唱）俺只为父仇难伸

　　　俺只为父仇难伸

　　　若不能报却父仇恨难平

　　　恨洋人包庇教民

　　　恨洋人包庇教民

　　　仗势胡为狼子心

　　　因此上怀揣利刃黑夜行

　　　窥察教堂寻仇人

（白）安三呀安三，此番若遇你黑爷爷，把你千刀万剐也难消我恨！

（唱）紧行走且莫消停

紧行走且莫消停

顾不得天黑月色昏沉

拿住了万恶贼身碎刀凌

（小钹滚头子变大锣）（刘下，马宏亮上）

马宏亮：（唱）俺只为不平愤

俺只为不平愤

恨教匪，乱横行

仗势胡为伤人命

恨教堂包庇教民

竟抗拒不到公庭

因此俺黑夜而行

到教堂窥探动静

恍惚间似有人影

（白）看前面有一黑影鬼鬼祟祟，直奔教堂，想是教匪作恶而归，伯父呀伯父，你若在天有灵，前面若是安三，侄儿将他拿，也好与你报仇雪恨！

（唱）俺乎顾不得道路难行

望伯父在天有灵

助侄儿拿获仇人

俺这里甩开虎步莫消停，紧紧随跟

（亮相下，刘又上，马随上，月色昏迷，看不清对方，致引起误会，双方摸黑，最后刘黑拔刀出声）

刘　黑：好小子，你招家伙！

马宏亮：哎呀呀，原来是黑兄弟。

刘　黑：哎呀，大哥是你呀！

马宏亮：正是。

刘　黑：大哥你黑更半夜的跑这儿干什么来啦？

马宏亮：只因伯父死伤，凶手藏于教堂之内，拒不到案，官府无计可施，为兄气愤难平，黑夜到教堂，若遇机会，一来与伯父报仇……

刘　黑：好兄长，不亏咱们哥儿们交友一场，你帮着我能报了这杀父之仇，慢说兄弟，就是我爹死在九泉之下，也忘不了你的好处，兄弟我先谢谢啦！

马宏亮：你我也非一日之交，何言此话！

刘　黑：教堂门开啦。

马宏亮：你我闪躲一旁。

　　　　（武、安挟物鬼祟地上）

安　三：兄弟，虽然是黑更半夜，我也害怕呀！

武　二：不要紧，埋完就回来，怕什么，又不是埋了一两回啦。

安　三：我倒不是怕这个，我怕刘黑这小子黑更半夜的半边憋着我玩儿命。

武　二：没那事，咱们到地里刨坑就埋，埋完了就走，快快的，不要紧，不要
　　　　紧，走着，走着！（下）

刘　黑：大哥，真是老天睁眼，安三、武二这俩小子黑更半夜出来啦，待我结果
　　　　他两人的性命！

马宏亮：兄弟且慢，看他二人，鬼鬼祟祟，挟定一物，必然另有罪行，你我弟兄
　　　　尾随在旁，看他等做些什么，然后动手也还不迟。

刘　黑：大哥言之有理，我暂容他多活一时。

马宏亮：你我弟兄悄悄地跟随……

刘　黑：走！（二人原下）

第十场　埋尸

　　　　（武、安上，放下棺材）

安　三：兄弟你刨坑，我瞭望。

武　二：好，我来。

安　三：快点！（马、刘上）刨好了没有？

　　　　（刘抓安，马踩住）

安　三：哎哟，有人！

　　　　（武持锹欲打，被马掠过来，一人踩一个）

刘　黑：好你个安三！我只道你躲在那王八窝里一辈子不出来哪，这也是你的恶
　　　　贯满盈，小子你闭眼吧！

安　三：哎呀，妈呀！

马宏亮：且慢！问明白再杀不迟。

刘　黑：先让他多活一会儿！（把二人对绑介）

马宏亮：我来问你，二人挟定何物？

武　二：啊，（介）那是棺材。

刘　黑：啊，你们又害死人啦？

安　三：不是……是堂里死的孩子。

马宏亮：啊，有这等事，待我看来！（搜场）啊，棺木之内竟有三口孩童尸首！

刘　黑：什么？我瞧瞧，哎哟，好狠的鬼子，一口棺材装仨！哎，甭说，最近丢这些孩子也是教堂干的啦！

马宏亮：定是他等无疑！

刘　黑：好小子，你们入了教堂之后，作出这些伤天害理之事，你打死我爹，又帮助教堂埋尸灭迹，这样没有人心的东西，留着你干嘛用，我宰了你吧！

武、安：哎哟，妈呀！

马宏亮：且慢，兄弟若是将他们杀死，岂不是灭了活口？

刘　黑：那……依大哥你说怎办？

马宏亮：依为兄之见，看天已明亮，唤来地保，邀集乡邻，告到当官，这一回看他们还有何话可讲！

刘　黑：好，谅他们也跑不了，再让他们多活一会儿。（内更声五鼓）打更的来啦，打更的！

　　　　（一更夫上）

更　夫：什么事？

刘　黑：凶手安三、武二杀死我父，又替教堂埋尸灭迹，你们瞧瞧去！

更　夫：我瞧瞧。（介）哎哟，一口棺材里边装仨！

刘　黑：你还愣着什么？（锣鼓介）乡亲们！

　　　　（众乡民及崔、冯、于、范上）

众　　：什么事，什么事？

马宏亮：杀人凶手安三、武二被我等拿获，他等又替教堂作罪恶勾当，在此埋尸灭迹！

众　　：啊，教堂，又害谁啦？

刘　黑：他们在这儿埋死孩子，瞧，一口棺材就装了仨！

众　　：啊？（惊介）一口棺材就仨，好狠心的鬼子，这些孩子死得多可怜啊！

马宏亮：这不是范先生儿子龙儿？

范　永：哎呀！（急奔扶棺哭）

（唱）见尸身不由我神魂飘荡

好一似万把刀刺我胸膛

观容貌认不出昔年的模样

衣褴褛骨瘦如柴面皮焦黄

思娇儿梦寐间时刻难忘

想我儿想得我痛断肝肠

你的母思我儿呕血身丧

万不料小娇儿身遭拐卖

你……命丧教堂

哭娇儿哭得我悲声大放

我那苦命的娇儿呀

众　　　：打死他，打死他！找教堂辩理去！这些日子丢的孩子准是他们干的，打死他，打死他！

马宏亮：（拦介）（唱）众乡亲莫动手我有主张

（白）众位乡亲，暂且莫要动手，今日才得寻获，如今各处丢失孩童甚多，此事定是教堂所作无疑，若将他二人打死，活口已灭，洋人定然抵赖我等行凶，嫁祸陷害他们。依俺之见，倒不如告到当官，请太爷将这二贼按律而断，然后再寻教堂辩理，任凭洋人有百般狡猾，在这人证物证面前，还怕他抵赖不成？

众　　　：好，这主意对。带好他，咱们打官司告洋人去！

（众捆武、安，唱水仙子）

（唱）恨恨恨恨洋奴，恨恨恨恨洋奴（众加打……烘托气氛）

拐幼儿虐待致死，心似狼毒（加众打声）

恶贯满盈，今被捕获，押凶犯同到官府

（锣经变，马押武、安，气势高昂下）

第十一场　愤控

（内击鼓声、众喊冤、役喊堂威，刘杰急急风上）

刘　杰：（唱）连日里为案件愁眉难放

昼夜苦思无有主张

实指望到任所不负众望

下抚百姓，上报君王

又谁知冤案层出似波浪

恨贼首包庇教民祸心藏

寻衅杀人天良丧

拒不到官匿教堂

又听得堂鼓震心哪连天响（内喊"冤枉……"）

人声沸腾闹翻江

听声音好似霹雷响

动地惊天口口喊冤枉（急急忙忙大堂上）

高　升：启禀大人，今有众百姓，拿获杀人凶犯安三，并迷拐幼儿犯武二癞子，
　　　　聚集多人拥塞堂口，请大人定夺！

刘　杰：好哇！

　　　　（唱）带凶犯和原告，所有见证人全上公堂

高　升：堂口听着，大人有命，带杀人凶犯安三、拐犯武二癞子，尸亲原告，及
　　　　所有的见证人等，上堂回话呀！

　　　　（马宏亮内架子）

马宏亮：俺，来了！

　　　　（倒板）豪杰怒气高千丈（马、刘、于、范押武、安）

　　　　　　不由人一阵阵怒满胸膛

　　　　　　拿获了凶犯愁眉放

　　　　　　公堂对质雪冤枉

　　　　　　哪怕那洋人狡猾巧言讲

　　　　　　少时间叫他哑口无言口难张

　　　　　　押拿凶手大堂上

　　　　　　尊一声大人听端详

　　　　　　俺只为街头累遇不平事

　　　　　　我与他夜半三更探教堂

　　　　　　刘黑为报父仇教堂往

　　　　　　我二人暗伏堂口观行藏

       只听得教堂铁门一声响

       他二人鬼鬼祟祟出教堂

       跟踪尾随荒郊往

       却原来他二人挟定棺木把尸首来埋藏

刘　杰：哦，他们敢埋尸灭迹，棺材里被害的是谁？

范　永：大人！

    （唱）清晨起东方将明亮

       耳听得人声喧噪闹嚷嚷

       都道说教堂迷拐幼儿把案犯

       一年前龙儿走失不知奔何方

       闻此流句忙到现场

       叹龙儿衣衫褴褛骨瘦如柴，死得好不惨伤

刘　杰：怎么着，你一年前走失的儿子，是叫教堂给拐去啦？

于麻子：大人！

    （唱）非但是龙儿遭迷拐

       还有那许多孩子遭祸殃

       在荒郊三具尸骸在棺中放

       他二人就丧尽天良

刘　杰：这么一说，这些日子丢的孩子全是教堂唆使他们干的啦？

马宏亮：大人！

    （唱）在中途也曾问招状

       他言道拐儿童送到仁慈堂

       一个孩童银二两

       这样的行为似豺狼

刘　黑：（唱）杀父的冤仇犹如山海样

于麻子：（唱）俱是洋人唆使他二人犯王章

马宏亮：（唱）罪恶昭彰难述讲

       望大人审清情由，伸雪冤枉

范　永：请大人与我子伸冤！

刘　黑：给我爹报仇！

马宏亮：此事还请大人公断！

于麻子：此事还请大人公断！

刘　杰：你们都给我起来，你等休要如此，待本县审清情由，问出口供，也好定案。安三、武二，如今证据确凿，还不将你们的所作所为给我从实地招来吗！

众　　：说！

安　三：（念"西江月"）堂口人声喧嚷

武　二：吓得我魂胆俱丧

安　三：事已至此无话讲

武　二：只好供认已往

安　三：我俩素无正业

武　二：每日吊儿郎当

安　三：王三介绍入教堂

武　二：我俩才入教帮忙，明着信奉上帝，暗中作些勾当，先讹范永两间房，得了银子二两，半道碰见龙儿，这才顺手牵羊，把他送到仁慈堂，又得银子二两。

刘　杰：这么说，孩子都是你拐的啦？

武　二：不是我一人，还有他哪！（指安介）

刘　杰：谁叫你们迷拐孩童的？说！

众　　：说！

安　三：我俩入教之后，得装善人模样，没有一人肯上当，神父急得够呛，这才定下主意，我俩去往四乡，迷拐小孩送教堂，神父见了就赏。

刘　杰：好哇，助纣为虐，迷拐幼儿，你还行凶杀人！

刘　黑：你为什么打死我爹？

众　　：说！

安　三：那次去轰摊贩，刘黑一旁逞强，一脚踹我后脊梁，此仇我记在心上，那天冤家路窄，刘黑不在身旁，借酒撒疯逞顶强，打死他爹命丧。

刘　黑：好小子，我宰了你吧！

安　三：哎哟，不是我一个人干的，还有他哪！（指武介）

武　二：还有谢神父、王三哪！

于麻子：你们谁也跑不了！

刘　杰：且慢动手，留作见证。安三、武二，这么说各处丢的孩童，俱是教堂唆使你们所作的啦？

安、武：对喽，一点不错！

刘　杰：那么，昨晚上你们又干些什么哪？

武　二：大人您不知道，我们哥俩往四乡弄的孩子倒不少，神父也高兴啦，门面也撑起来啦，哪知道弄来这些孩子，不知道他们是想家心切，还是水土不服，到了仁慈堂不是哭，就是闹。神父也对得起他们，只要一哭，不是打，就是不给饭吃。他这么一教训孩子不要紧，死的可就没数啦！昨晚上又死了仨，我才跟安三黑夜出来，掩埋尸首，没想到，碰见他们俩啦。这是已往的真情实话，没有一点儿夹带藏掖，干脆该怎么办您就怎么办得啦！

安　三：大人，可是这么着，事是我们俩人干的，您得刨根儿，神父要不买孩子，我们拐来往哪儿卖去？没人给我撑腰我也不敢伤人。

武　二：您要光拿我们垫背，没教堂神父、王三什么事儿，我们俩可死了都不闭眼。

范　永：哎呀，大人哪，谋夺小人之产乃是教堂唆使，拐去小人之子乃是教民所为！

刘　黑：打死我父乃是教民所为，凶犯拒不到官，是洋人的包庇！

于麻子：轰散摊贩，强划教区，俱都是洋人的主使！

马宏亮：桩桩件件俱都是洋人主使，教民胡作非为，如今人赃俱获，老大人身为民之父母，就该秉公而断，以泄民愤。若再犹疑不决，置而不问，岂不使作恶者逍遥法外，被害者含冤九泉！依小民之见，押定安三、武二前往教堂搜查，救出被拐的孩童，那时即人证物证俱在，任凭洋人狡猾，也难抵赖，崇厚纵然包庇，也有口难开，然后不问洋人教民，与冤案有关者，明正典刑，按律而断，刀刀斩尽，刃刃诛绝，也好与被害的百姓报仇雪恨！

众　　：对，咱们到教堂找洋人去！

刘　杰：哎呀，这可使不得！这些案件，涉及洋务非同小可，若是处理不当，引起边衅，有关国家大局，其罪非小。你等稍安勿躁，待本县请示崇厚大人再做定夺。

马宏亮：哎呀，大人哪，年前为了霸产伤人之事也曾请示崇厚。

范　永：却被他，将我的房产反而断与教堂。

刘　黑：教民打死我父，他也袖手不管。

于麻子：兄弟，到这节骨眼儿，找他们做官的，他们是不管哪，你说咱们该怎么办吧！

马宏亮：依小弟之见，你我弟兄，携同父老兄弟押定凶手去到教堂搜查！

刘　黑：非这么不可！

于麻子：众位老哥儿们！

　　　　（群众百姓上）

众　：怎么样啦？

马宏亮：众位父老兄弟们，时才公堂之上，凶犯已然招认，所有冤案，俱是洋人唆使所作，如今尚有许多被害的孩童，在教堂受苦，县尊怕事，不敢出头，还要请示崇厚，若是找崇厚定然包庇洋人，我等冤仇何日能报，为此邀集众位父老一同去往教堂，前去搜查，救出受苦的孩童，将人证物证摆在大庭广众之前，看洋人怎样抵赖！

众　：这主意好，我们大伙儿都去！

马宏亮：如此走哇，走哇！

刘　杰：哎呀，这可使不得！

马宏亮：（唱）你枉把朝廷的爵禄享

于麻子：（唱）不为人民作主好窝囊

刘　黑：（唱）不为人民作主好窝囊

范　永：（唱）讲什么引起边衅把祸闯

马宏亮：（唱）分明是贪生怕死惧外洋

　　　　　　　押定凶手教堂往（众押武、安众随下）

　　　　　　　到教堂闹一个搅海翻江（亮相下）

刘　杰：哎！

　　　　（唱）见此情倒叫我无有话讲

　　　　　　　说得我满面羞惭愧无光

　　　　　　　此一去定把大祸闯

　　　　　　　拼一死紧步随跟我也到教堂（急下）

第十二场　闯院

　　　　（乱锤，众内喊）

　　　　洋鬼子滚出来，把拐的孩子交出来！

　　　　　　把鬼子带到衙门去，再不出来咱们打进去！

　　　　　　（教堂内，谢福音神色仓皇，不知所措地来回转圈）

谢福音：（念）教堂外边人声嚷，听声音能够震坍了房，

　　　　　　（众内喊白介，丰大业率法军官西门等上）

　　　　　　吓得我心惊肉跳神无主，领事先生，快快快想主张。

　　　　　　（丰大业心惊，而故作镇静）

丰大业：看，你的脓包样，不要失掉我们大法国的尊严！

谢福音：我我我……（强作镇静，内众又喊介）我实在怕的慌！

丰大业：怕什么？

谢福音：我不……怕。

　　　　　　（内众又喊，谢又惊）

丰大业：不要慌。

谢福音：对对，我，我不慌。（内又喊，谢失手掉《圣经》）

丰大业：我们手中有刀，还有枪。

谢福音：领事先生，一把刀能杀多少个，这人山人海，光有手枪也用不上。

　　　　　　（王三狼狈上，喘气不止地说）

王　三：领事先生，神父，了……不得啦！

丰大业：到底为了什么事？

谢福音：到底为了什么事？

王　三：咱们教堂门口人山人海，围了个水泄不通，安三跟二癞子全都叫老百姓逮住啦，人太多啦，我也闹不清是怎么回事，他们乱嚷嚷：把拐的孩子交出来，洋鬼子滚出来！

丰大业：胡说！

王　三：我说错啦，叫咱们滚出去，不不不，叫咱们出去，我在门里不敢答碴儿，心想不理他们，等会儿劲头一过也就散啦，没想到这些穷棒子骨，不但不泄劲儿，越嚷越凶，声音是越来越大，这码事不比寻常，大概其乱子不小！

谢福音：这可、这可怎么办？

丰大业：把铁门上锁！

王　三：哎哟，不行哦，甭说锁啦，这些人把铁门挤得直晃悠，神父还是出去，跟他们讲讲上帝的仁慈。

谢福音：这会儿上帝也帮不了我的忙啦，人太多啦，领事先生，你出去说说好了……

丰大业：我我我……（众喊）（也不敢出去）我也不能出去，我是大法国领事，跟这帮穷骨头没有交涉的必要。

谢福音：那那，怎么办，上帝，阿门！（内喊"滚出来"）领事先生，这怎么办？

丰大业：你去！

谢福音：我去？

丰大业：你去，你先出去，跟他们谈谈，问问他们的意思，故意的延长时间，千万不要叫他们进来，如果进来事情就不好办了。

谢福音：他们要真进来怎么办？

王　三：那么些人拦也拦不住。

丰大业：真要进来，孩子的事情不要紧，还可以有话说，你们得来的那些消息和文件，赶快把它烧掉！

谢福音：什么，还有什么？

丰大业：蠢货，就是那水师营兵丁的数字，炮台的位置地点……除去圣经以外的东西全部烧掉！

谢福音：全部烧掉！

王　三：全都烧掉！

丰大业：你敷衍他们，我去通商衙门找崇厚，叫他再出告示，把他们的官儿一吓住，就好办啦！

王　三：您由教堂出去吧，也许能镇住他们。

丰大业：愚蠢愚蠢，我不是神父怎么能由教堂出去，现在我没得到告示，我出去也没用，我还是由那条密路回领事馆去。（欲走）

丰大业：（众又喊介）西门，你带着他们，跟我一起去。

谢福音：（拿着未烧完的文件上）领事先生，把西门留下帮帮我们壮壮胆子吧！

丰大业：不行，不行，他们要保护我，不是……他们留在教堂容易出误会，他们一定要跟着我那才合法，西门，快跟我走！（内又喊介）（谢、王惊）不要怕，要沉着！（仓皇领西门下）
（内又喊介"滚出来"）

王　三：神父，咱们出去行吗？

谢福音：不要怕，要沉着，不要怕，要沉着！（喃喃地说）上帝保佑，阿门！
（王仿效介，下）

第十三场　烧楼

马宏亮：（内唱倒板）呐喊声音如雷吼

　　　　（众纷纷两边上，双抄、望门、众嚷介）

众　　：鬼子滚出来！还我们的孩子！

　　　　（于、刘押安、武，引马上唱）

马宏亮：（唱）惊天动地鬼神愁

　　　　恨洋人霸占这三岔河口

　　　　强划地区占地头

　　　　霸民产，行凶杀人，仗势胡为如同禽兽

　　　　迷拐孩童往教堂收

　　　　恨官府畏势力旁观袖手

　　　　英雄豪杰才出头

　　　　为救那被害的孩童出虎口

　　　　与洋人算清旧冤仇

　　　　将教堂团团围住，水泄不透

　　　　（刘杰上）

刘　杰：（唱）急得我遍体生津，满脸汗流

　　　　（白）众位老乡们

　　　　若因此起战争覆水难收

　　　　（唱）与洋人讲道理，万万不可争斗

众　　：（唱）说什么讲道理不可争斗

　　　　怕什么起战争覆水难收

马宏亮：（唱）今日定要算清旧恨

众　　：（唱）非跟他们算清老账

马宏亮：（唱）众百姓报却新仇

众　　：对，让洋鬼子给我们受害之人偿命！

刘　杰：哎哟，那可使不得，历年来为了教堂，谋夺民产行凶杀人之事，本县曾
　　　　累次请示通商大臣崇大人，崇大人一再地嘱咐，事关洋务，千万不可造
　　　　次行事，如果引起边衅有损邦交，其罪非小，如今虽然教堂迷拐幼儿，

证据确凿，将教民抵罪，他是华民尚有词可讲，若是涉及洋人，必须通过该国领事，共同审问，中国官员无权干涉，这事情，条约早有明文规定，咱们今天只可与洋人讲清道理，万万不可逞一时义愤，引起不良恶果，如果将事态扩大到不可收拾，那时即本县丢官事小，只恐你们的身家性命，也有所不保哇！

马宏亮：哎呀，事到如今还讲什么身家性命不保，俺爹娘十年前，双双命丧炮火之中！

于麻子：他强占三岔河，轰的我们满处乱跑，还砸了我们的摊子！

范　永：侵夺我产，逼死我妻，害死我子！

冯瘸子：鬼子亲手打折了我的右腿！

刘　黑：他怂恿教民，杀死我爹！

马宏亮：如今又使教匪，迷拐儿童，使人一家骨肉分散，稍具人心谁能熟视无睹，若再隐忍不言，洋人野心贪而无厌，定然得寸进尺，百姓们越发难以得活，事已至此还怕什么引起边衅，今日定要救出被害儿童，与洋人算清旧恨新仇！

刘　黑：县台，您可上食国家俸禄，下给万民分忧，是我们天津卫的父母官，把事办好了您升官换纱帽，办不好顶多扔了翎子顶子，伤不了筋，动不了骨，可是您得替我们想想，难道这杀父的冤仇就不报啦吗？

刘　杰：把安三处决，给你父偿命，也就是啦！

刘　黑：您真高明，请问您，安三要是没有鬼子撑腰，他敢杀人吗？

马宏亮：今日杀死安三，难道日后不出第二个教匪？

于麻子：大人，您不敢动洋人哪，我们不怕！反正光脚不怕穿鞋的，今儿个鬼子老老实实地认罪便罢，不认罪呀，我就跟他玩儿命！

众　：对，今儿个鬼子不认罪，咱们就跟他拼啦！

刘　杰：这……咱们还是以理服人。

马宏亮：他再若闭门不出，我们就打破铁门，进内搜查！

众　：对，咱们冲进去！

　　　（教堂铁门徐启）

刘　杰：别忙，别忙，教堂铁门开啦，有理讲倒人。

王　三：什么事，这么乱七八糟的。

　　　（王三鬼祟地探头上）

众　　：（怒）王三出来啦，跑不了他，把他逮住！

王　三：（怕）什么事，有我什么事儿，神父来啦，有话跟他说。

　　　　（王回身，神父上，神父掩盖不住内心的恐慌，故作镇静）

谢福音：你你你，（咳嗽）要干什么？（见刘杰）哦，刘大人在这儿，很好。这群人为什么骚扰教堂？这太没有礼貌啦！

众　　：你们有礼貌，为什么拐我们的孩子？说！说！

谢福音：（惊慌失措，张口结舌，掩饰内心的恐慌）上帝救救我，不不，救救他们吧，不要叫他们心怀恶意，把他们刚愎的心除掉，换上一颗柔顺善良的心吧！

众　　：满嘴喷粪！

冯瘸子：列位，别听他一嘴仁义道德，他一肚子男盗女娼！你们瞧，（指腿）我这条腿就是他亲手打的！

众　　：把这个狗男女也抓起来！（刘杰拦介）

谢福音：这，完全是误会，完全是误会。上帝说过不要和恶人作对，有人打你右脸，你把左脸也转过来给他，应该爱你们的仇敌，上帝最喜欢有最大忍耐的人，这样人死了会上天堂的，阿门！

于麻子：嘿，你可真能白话，咱们先把他送上天堂再说！（刘拦）

刘　杰：哎……有话好说，别动手……

马宏亮：众位父老何必与他饶舌，先进教堂，救出受难的儿童，看他还有何话讲！

众　　：对，咱们先搜教堂！

刘　黑：我去，你们看住鬼子。

于麻子：别让他跑喽！

谢福音：这这，不行，不是教民强进教堂，这是侮辱上帝！

马宏亮：为人不做亏心事，半夜敲门心不惊，既然居心无愧，为何怕俺搜查？

刘　黑：跟他讲理，那不是对驴弹琴！（欲进）

谢福音：这这不行！

于麻子：你滚开这儿吧！（三人下）

谢福音：刘大人，你看看这是什么样子，你怎么能袖手旁观？

刘　杰：治理子民固属分内之事，只是教堂的所作所为，深遭民怨，如今民愤已起，这时候你可叫我管谁呀！

　　　　（搜场，马、于、刘抱儿童上）

马宏亮：列位父老，看看这是洋人的仁慈！

于麻子：这些孩子都没人样啦！

众　　：（纷认儿子）拴子，柱子！（抱起介）

小　孩：妈，我饿，怕，他（指谢）打我……

众　　：好狠心的鬼子！

马宏亮：你假借传道为名，霸占民产，纵匪行凶，亲手残杀百姓，今又命教匪迷拐儿童，这人证俱在，你还有何抵赖！

众　　：（愤怒指责）说！

谢福音：这是陷害。

众　　：胡说，我的儿子丢了半年多啦，现在由你教堂搜出来的，不是你叫人拐的还有谁？说，说！

谢福音：（拭汗）这些孩子，完全是你们中国的穷人送来的，上帝仁慈，我才收容他们。

马宏亮：谢福音，那安三、武二在公堂之上已然招供，迷拐儿童，乃是你的主使！

谢福音：不不不，不要听他们胡说，这这这，（欲使群众情绪转移目标）这俩人虽是教民，可是行为不好，已然遭到上帝的唾弃，他们送来的孩子倒有几个，我不明白，就糊涂地收下啦，所以才引起大家的误会。

众　　：怎么回事，你们俩说实话！（指武、安）

安　三：哎，神父，到这时候，您别一推六二五哇，不是您说，叫我们拐孩子给仁慈堂壮门面吗？

武　二：您要不收，我们拐了孩子哪儿卖去呀？

马宏亮：你还有何话讲？

谢福音：这是，这是，陷害，陷害！

众　　：好个狡猾的鬼子，瞪眼不认账，把他带走，带走！到衙门说理去！

谢福音：（慌介）你们不能带我，我不去，我是法国人，中国没有权力审问我，这是条约上明文规定的，你们的皇上……

马宏亮：（纵声狂笑）哼……
　　　　（唱）那条约规定我们不能认

众　　：（众随声唱）我们不能认

马宏亮：（唱）貌伪善，心似蛇蝎，你比那禽兽狠十分

众　　：（随唱）你比那禽兽还狠十分

马宏亮：（唱）仗势霸民产

众　　：（随唱）仗势霸民产

马宏亮：（唱）逞凶乱伤人

众　　：（随唱）逞凶乱伤人

马宏亮：（唱）还敢巧言论

众　　：（随唱）还敢巧言论

马宏亮：（唱）欺我中国无能人

众　　：（随唱）欺我中国无能人

马宏亮：（唱）今日里定算清新仇旧恨

众　　：跟他算账，算清老账，非把他们带到衙门不可，咱们大伙定审他，带
　　　　走，走！

谢福音：不能带我，我是法国人！

刘　黑：你这是在中国犯的法！

谢福音：我们有外交关系，得跟我们领事交涉。

于麻子：谁管你领事领家的，谁犯法也不成。走！
　　　　（丰大业率西门法兵怒上）

丰大业：别忙，刘杰，这是什么意思？

刘　杰：哎呀！领事先生，来得正好，迷拐儿童犯人乃系教民，供招涉及教堂，
　　　　百姓蜂涌至此，又在堂中搜出不少被拐儿童，民愤难泄，定要贵神父同
　　　　到公堂对质，神父坚决不允，因而发生争吵。领事先生，您看，这件事
　　　　情，该怎么办哪？

丰大业：哈……（佯笑）好办……给你这个。（交刘手札）

刘　杰：（接过看介，念）"兹有法国驻津领事丰，来署声称，有无知奸民，谣
　　　　言惑众，聚众讹诈教堂，此等行为，实属目无法纪，可恶已极，着命天
　　　　津县刘杰，从速赶散围聚教堂门首之乱民，勿得迟延，若因此而事态扩
　　　　大，唯该县是问。通商大臣崇。"

刘　黑：崇厚这老小子，胳膊肘儿往外拐！

于麻子：走，咱们找他去！

崔大脚：（在人丛中挤出来）列位别忙，这里有鬼，我刚才就跟这鬼子来的，他说
　　　　告文是崇厚写的，他为嘛大闹通商衙门，还开枪啦，差点没把崇厚打死，
　　　　这张告示要是真的，他为嘛开枪？甭说，这玩艺儿，又是鬼子逼出来的。

众　　：鬼子又耍花招儿哪，把他一块带走！

丰大业：（怒急咆哮介）刘杰，你全部把他们轰开！

刘　杰：民间积愤已非一日，事已至此，我实实无能为力。

众　　：带他走，抓鬼子。

丰大业：好好好，你身为县令，竟敢怂恿刁民，骚扰教堂，就是向我们法国挑衅，如果爆发更大的事件，哼，你要负责！

刘　杰：这个沉重，我可担不起。领事先生，今日之事能否缓和，这全看您的啦，如果能叫贵神父到堂上一趟，俟民愤稍减，也好从权办理，要是执意僵持，把事态扩大到不可收拾，那可难怪本县维持不力啦！

众　　：没那些说的，把他也带走！

丰大业：（怒极）你赶快轰开他们。

刘　杰：实难从命。

众　　：不成，不成，把他带走！

丰大业：（怒极掏枪向刘杰介）

高　升：大人留神！（以身挡刘杰）

丰大业：沙土色比！（开枪击毙高升，众乱嚷声息，稍静片晌）

众　　：鬼子开枪啦，鬼子又打死人啦，这简直没咱们活路啦！

丰大业：你们全都给我滚，不然开枪全都打死你们！

马宏亮：（怒不可遏地一跃而出，踢去丰手中枪，收一句腿儿）
　　　　到此时你还敢（介）开枪伤人！
　　　　（二人架高升下）

于麻子：乡亲们，鬼子没法讲理，咱们拼了吧！

众　　：拼了吧！（丰扑马驾住，纷纷驾住）

刘　杰：哎呀，这可使不得！（欲拦被法兵险砍一刀）

刘　黑：你呀，躲开这儿吧！（刘杰被崔大脚拉开）
　　　　（开打，杀尽法兵，最后丰、谢、王狼狈地向群众叩头，纷纷被马、于、刘杀死介）

刘　杰：（将欲拦没拦住）咳，这下儿事情闹大啦，杀死洋人事情能完得了吗？

刘　黑：县台，您别这么前怕狼后怕虎的，今儿个咱们才杀死多少鬼子，您别忘了十年前，鬼子打死咱们多少人？

于麻子：怕什么，脑袋掉了碗大的疤，二十年后又是好汉子一条！

马宏亮：着哇，纵然头颅落地，也叫洋人知道，我中华男儿不甘心受外人欺压，众位父老，如今洋人已被杀绝，留这万恶的教堂何用，将它焚烧了吧！

崔大脚：对，一不作，二不休，搬倒葫芦洒了油，要出气就出到底儿，留这镇物干嘛，烧它就跟烧鬼子一样！

于麻子：烧哇！

刘　黑：烧哇！

众　　：烧！（众执火把烧介）（在欢欣中唱四门子）

（唱）半空中隐隐烟云涌

　　　看看看连天烈火红

　　　烧教堂，雪国耻，泄民愤

　　　哦呵，除去了百姓们的眼中钉

　　　烧得好哇

　　　怒火燃烧，洋人震惊

　　　从今后再不受鬼子欺凌

　　　中华男儿，抖擞威风

　　　好，好男儿，为国争荣

　　　（舞蹈中最后现出马、于、刘、崔等亮相）

——幕落·剧终

血战紫竹林（京剧）*

登场人物

张德成　义和团首领　五十岁

曹福田　义和团副首领　四十岁

张德全　义和团二师兄　三十五岁

黄　莲　红灯照首领　二十五岁

海　干　义和团骨干　三十四岁

赵　刚　义和团骨干　二十八岁

郑老汉　老渔民　六十岁

裕　禄　清廷直隶总督　四十五岁

聂士成　清廷武卫军首领　四十二岁

马玉昆　清廷武卫军首领　三十八岁

载　澜　清廷亲王　六十五岁

王　唯　裕禄亲信　三十岁

任裕升　清廷小吏　二十八岁

丁嘉烈　某国驻华领事兼鸿兴洋行总经理　四十岁

梅华奇　鸿兴洋行经理，买办　四十岁

鹊　飞　某国海军陆战队司令　三十二岁

女秘书　某国领事馆秘书　二十四岁

---

* 本剧本编剧来新夏、马铁汉。

任老三　鸿兴洋行把头　三十二岁

任　四　鸿兴洋行伙计，后混入义和团　二十五岁

八拳民　报子、马伏

四女兵

四清兵

二公差

二侍役

四洋兵

众百姓

第一场

时间　1900年初

地点　天津城郊紫竹林附近鸿兴洋行

幕启　卖棉花的众百姓排成一行，拥挤不堪，人声嘈杂。任老三打算盘，任四持秤

任　四：排好喽，排好喽！卖棉花的排好喽！收购的时间还没到，一份一份的先登记！

郑老汉：掌柜的，早也是收，晚也是收，你们早点收了，我们拿到了钱，好去买点东西。

任老三：嘀，你说的倒方便！现在的行市时涨时落，牌价还没下来，怎么收哇？要是涨了，你们吃亏不要紧；要是落了，我包得起吗？

众百姓：价钱可别再落了，受不了哇！

任老三：还是的，要卖就登记，不卖请走人。咱们丑话说在前头：谁要是登上记不卖了，可得交俩子儿的手续费！

众　：价钱低了还不许不卖，还要交手续费！

任　四：瞧这小气劲儿的，没瞅见吗？"公平交易，童叟无欺"。你多少？九斤。你哪？七斤。你？（随问随写，众百姓逐个下）

（丁嘉烈偕梅华奇上。二公差随上）

任老三：总经理，经理！

丁嘉烈：好，好。棉花就按刚才定的价格收购。

梅华奇：是，总经理。（对任）暂时先落百分之三十。

任老三：是，经理。

丁嘉烈：关于紫竹林租界的范围和民工的问题？

梅华奇：民伕已有专人负责。（指任）

丁嘉烈：很好，裕禄总督已然同意，希望你们及早办理。

任老三：是，总经理。只要路桩一到，马上按图划界。

丁嘉烈：还有，布尺暂不出售，根据市场情况再做适当调整。

梅华奇：请总经理放心，市场上现有的棉布全是洋货，马上停止出售。

丁嘉烈：很好，我们对列位的期待甚殷，希望今后携手并肩，共享幸福！

梅华奇：是。按您的吩咐办。

丁嘉烈：上帝赐福你们！（握手）

梅华奇：送总经理。

丁嘉烈：免。

任老三：难得一次。

丁嘉烈：不用！（傲然而去）

梅华奇：嗬！好小子，这件事你办得不错哇！屎壳郎掉在粪坑里——得吃得喝呀！

任老三：老盟叔，咱爷俩谁跟谁呀，不是您从中帮忙，我往哪儿摆呀！

梅华奇：好小子，会说话。叫他们动手吧！

任老三：喳，老四啊，由此往南按图划界，赶紧找人先把桩子钉上。

任　四：是喽！（对公差）二位多辛苦吧！

二公差：没说的。哼！（下）

（众百姓议论纷纷上）

郑老汉：我明明是十斤六两，到这儿变了九斤半啦！

百姓甲：我的分量也亏不少哇！

梅华奇：吵什么？

郑老汉：你们的秤亏心，扣我们的分量！

任老三：废话，这是洋秤，比中国秤加一。

众百姓：啊！比中国秤加一？

梅华奇：还告诉你们，刚才总经理从卫里来，说天津新花上市，价钱大跌。咱们今天棉花的收购牌价，改为每斤二十子儿！

百姓甲：什么？二十子儿一斤？

郑老汉：比昨儿个落十个子儿！

百姓乙：这太不像话啦！

梅华奇：别吵啦！告诉他们爱卖就卖，不卖就拿走，别在这搅我们的买卖！（拂袖而去）

任老三：是啦！你们听见没有？

郑老汉：好，好，我不卖啦！还给我的棉花！

众　　：还给我们的棉花！

任老三：呆着吧！当你们家的买卖哪！不卖行啊，每人交俩子儿的手续费！

郑老汉：真是阎王爷不嫌小鬼瘦啊！

百姓甲：要钱没有，要命一条！

任老三：干嘛？要玩命啊！

（二差役拿木桩狼狈上，群众追上）

百姓丙：凭什么把我的房子划进去？

百姓丁：官街官道钉上桩子就不许走人，像话吗？

任老三：紫竹林一带划归洋人租界，这是裕禄老大人同洋人商定的，修静海到天津的铁路工程，由咱们镇包了，已然印好了股票，有地按地入股，没地的来修铁路，三十人工为一股，到时按股分肥。

百姓甲：告诉你姓任的，入股没钱，做工没那么大工夫！

任老三：哟嗬，说好的不成；头儿把告示念叨念叨。

差　役：听着！（打开布告）为布告事：静海到天津一段铁路奠基工程已由本镇测量任老三承包，业在本县备案，准其征用民伕，招募股款。如有刁民无理取闹，拿送县衙，严惩不贷！

众　　：什么？不给洋人干活就抓人，这是哪家的王法？

百姓甲：简直是官逼民反哪！

任老三：好小子想造反，抓起来！

（二差役拿出锁链向前，众拦阻，一片混乱）

张德成：（内）你们慢动手！

（张德成上，赵刚随上）

众　　：张老师！

张德成：乡亲们！

郑老汉：张老师，您来得正好，任老三勾结洋人，强买强卖，说什么划界修路，强拉民伕，不去就要抓人……

任老三：张老师，哈……划租界，修铁道，征民伕是县太爷的委派，他们抗拒官府，理应拿办！

张德成：任老三！先前你倚仗父势鱼肉乡里；如今入教之后又勾结洋人敲诈勒索、无法无天，再若如此猖狂，只恐难逃公道！

任老三：张老师，您这话可言重啦！不错，我是基督教徒，可从来不懂得欺侮人呀！

百姓丙：不懂得欺侮人？那李二的媳妇是被谁逼死的？

郑老汉：你那驴打滚的高利贷，有多少人倾家荡产、背井离乡？

任老三：哈哈！好哇张老头，你跟曹福田以练拳为名煽动百姓早犯禁令，按理说地方士绅早该协助官府缉拿你归案；我念在老街四邻的面上从未深究。怎么着，今儿个你竟敢聚众斗殴反抗官府，不给你点儿厉害，你也不知道马王爷三只眼！锁！

（任老三、二差役上前动手，均被揪住）

张德成：贼子大胆！

　　　　（唱）卖身投靠原形现，

　　　　　　　恬不知耻做汉奸，

　　　　　　　蝼蚁岂能将泰山撼？

　　　　　　　取尔的人头祭苍天！

任老三：（战抖）张老师饶命啊！

张德成：斩！（赵刚杀死任老三）

二差役：哎哟，妈呀！

张德成：斩！尔等甘当洋奴，助纣为虐，欺压百姓，该当何罪？

二差役：我们是奉命差遣，概不由己，您高抬贵手，饶了我们吧！

百姓丁：这样的奴才斩者无亏！

张德成：他等虽然为恶，岂能不教而诛，姑免一死，借尔等之口晓谕静海县令，就说义和拳抗洋人、杀赃官。今后官商人等必须小心安分，如若不然，那任老三就是尔等的榜样！去吧！

众　　：滚！

二差役：喳！（狼狈逃下）

百姓乙：张老师，今天的事真是大快人心哪！

众　　：总算出了这口气！

曹福田：（内）走！

（曹福田率二拳民上）

曹福田：张老师！小弟奉命搜索教堂，搜出火药一包，田地契约账目不少，小弟
　　　　我全把它烧了！

众　　：全烧啦！烧得好！

张德成：曹贤弟将近日战况晓谕众乡亲！

曹福田：是。父老乡亲们：如今各地义和拳纷纷起义，捷报频传，吴桥一战，劳
　　　　乃宣望风而逃；沫水一战，杨福田全军被歼；张老师已命二师兄张德全
　　　　手执揭帖，晓谕裕禄，不许残害百姓，撤除筑路清军，如若不然，我等
　　　　入津之后，先杀洋人，再取他的脑袋！

众　　：好，太好啦！

百姓甲：张老师，这回我可用不着偷偷摸摸的了，曹老师发我套衣裳，我要入坛！

众百姓：我们也入坛！

曹福田：好哇！

张德成：乡亲们！

　　　　（唱）义和拳举义旗任重道远，

　　　　　　　整河山驱洋鬼力挽狂澜，

　　　　　　　设神坛除强暴官洋丧胆，

　　　　　　　救百姓出水火诛恶扫奸。

　　　　　　　只要是我拳民诚心相见，

　　　　　　　大功告成指日间，

　　　　　　　休整驻扎在静海县，

　　　　　　　鸿兴栈改为"天下第一坛"！

　　　　　　　回坛！

众　　：啊！（亮相，造型）

　　　　——幕落

第二场

时间　前场

地点　天津城郊紫竹林租界鸿兴洋行总经理室

幕启　室内陈设中西式家具，墙上悬挂中国地图

（丁嘉烈望着地图，慢慢转过身来）

丁嘉烈：（唱）亚细亚洲中国为首，

海外市场可冠全球，

资源丰富应有尽有，

待机而动渔利坐收。

（女秘书上）

女秘书：领事先生，鹊飞将军到！

丁嘉烈：请！

女秘书：请鹊飞先生！（下）

（鹊飞戎装上）

鹊　飞：领事先生，您好！

丁嘉烈：啊！非常荣幸，见到将军如此精神焕发，使我无限欣慰，来来来，请允许我为将军的健康祝福。干杯！

鹊　飞：谢谢。愿上帝为我们降福。（互饮）

丁嘉烈：将军远来中国，对于这里的气候，还习惯吗？

鹊　飞：中国的一切，都抱有极大的兴趣。

丁嘉烈：很好。

鹊　飞：遗憾的是，你们这里这些政治家的外交活动，陛下非常满意。而对我们军人说，处于今天这种环境，唉！真是英雄无用武之地。

丁嘉烈：将军的意思是……

鹊　飞：政治家怎么能理解军人的心情！要知道军人的职业是战争，没有战争，我们就等于失业。因而就会感到局促不安和极大的苦闷。每天坐守兵舰，停泊在大沽口，任那海水冲击，要知道，我需要听到的是战争的枪声，而不是海水的咆哮！

丁嘉烈：将军，不要激动！

（唱）奉劝将军要克己，

一味蛮干得不偿失，

轻易开战要付血本，

哪有外交手段成本低？

紧备战莫松懈耐心待命，

迟早让你战火纷飞。

局部利益服从大体，

高瞻远瞩再干一杯！

（对饮。梅华奇急上）

梅华奇：总经理，总经理！

丁嘉烈：发生了什么事情？

梅华奇：总经理，不好了！

（数唱）昨天你刚刚离开静海地，

义和团大队人马举义旗，

杀赃官灭洋人震撼天地，

丁嘉烈：啊！我的货栈、棉布呢？

梅华奇：（接唱）全部被占去未剩点滴。

丁嘉烈：啊，是这样！（呆坐椅子上）

鹊　飞：下去！

梅华奇：唉！（下）

鹊　飞：领事先生！我马上回到兵舰上，让炮火为我们的真理争辩！

丁嘉烈：慢，鹊飞将军，我要提醒你，只有冷静才是唯一的制胜方法。

鹊　飞：难道我们就忍受这样狂热的侮辱？

丁嘉烈：我们非但不允许这样狂热的侮辱，我们更要利用这个机会。然而，如果
　　　　考虑得不够周密，那就会遭受更大的损失！

鹊　飞：损失？战争当然要付出一定的代价！

丁嘉烈：代价？请问将军，你有几只兵舰停泊在大沽口？

鹊　飞：一只。

丁嘉烈：兵舰上有多少士兵？

鹊　飞：有海军陆战队二千五百人！

丁嘉烈：难道我们仅凭这一只兵舰二千五百人就能控制这四亿人口的国家吗？

鹊　飞：我们还可以派出大批舰队，来远征这个古老的国家。

　　　　（女秘书上）

女秘书：北京公使的紧急电报！

丁嘉烈：唔！（接过电报，侍役下）

　　　　（念）"领事先生钧鉴，北京拳匪蔓延，近日竟将交民巷使馆包围。见电后，请速与驻津各国使馆联系，会同各国进京，不要单独行动，以保存实力，切勿错过良机……"

鹊　飞：机会来啦！

丁嘉烈：既然事情闹到如此地步，我们就能与各国联合进攻。鹊飞将军！速将停泊在大沽口的兵舰起锚，做好战斗准备！

鹊　飞：耶司儿！（是。先生！）

丁嘉烈：照会直隶总督裕禄：现在京津拳匪蠢动，排外之风大盛。我鸿兴行静海分栈已被非法占领，叫他下令迅速捕捉，并晓谕大沽口守将，联军登陆不准拦阻，否则一切后果，全部由他负责！

女秘书：（边听边记）是，先生。

丁嘉烈：哼哼！出兵之前找借口，再与列强定计谋。嘿……（狞笑）

　　　　——切光·幕落

第三场

　　　　二幕前

四清兵：（内）绑着走！

　　　　（四清兵押二拳民上，任裕升上）

任裕升：走！（拳民不屈）

　　　　（二百姓下场门上）

百姓乙：了不得啦！鬼子又过队伍啦！

任裕升：闪开！让差事过去。

百姓乙：鬼子过兵啦！

任裕升：（惊）啊！绕道而行！

来新夏文集

四清兵：啊！（推二拳民下，任裕升下）

（张德全上。窥视）

张德全：且住！洋兵不断增援紫竹林，官兵不但熟视无睹，反而变本加厉捕捉拳民弟兄，这……待俺赶上前去将弟兄们救下！

（海干暗上）

海　干：且慢！

张德全：海干师父，我正寻你！

海　干：德全不在静海，到天津何事？

张德全：天下第一坛就要入津驱赶洋人，是我奉了兄长之命带来揭帖一份，特烦师父晓谕裕禄，叫他命令沿途清军不得拦阻。行在此处，只见洋人增兵租界，官军不但不理，反而捕捉拳民，此事岂能容忍，待俺赶上前去！

海　干：不可，不可！他等已然身陷虎口，你一人前去也无济于事。况且身有要事，岂能为此纠缠？

张德全：依海师父之见？

海　干：那裕禄老贼，拳民纷纷起义，他虽大力捕杀，怎奈捉襟见肘。倒是他惴惴不安，特将贫僧请进府去，每日求神问佛，预卜吉凶。你今来下揭帖，贫僧倒有一计。

张德全：海师父有何妙计？

海　干：少时你乔装改扮，随定贫僧混进督署，执刀相逼恫吓裕禄，老儿此时胸中无主，必然应允，成功之后定能保得拳民弟兄性命无伤。

张德全：此计甚好，就依海师父。正是——

海　干：擒贼先擒首，

张德全：打蛇先打头！请！（同下）

二幕启：直隶总督内衙。设有屏风、几案，左有红漆柱，右有一窗户

（裕禄上）

裕　禄：（唱）义和拳在京津犯上作乱，

　　　　　　思想起好叫人心不安然。

　　　　　　洋人照会似雪片，

　　　　　　无奈何请来了海干圣僧求佛言。

　　　　　　他传言稍安勿躁免抄斩，

　　　　　　佛祖将会解忧烦，

前思后想实难办……

（张德全上）

张德全：裕大人！

裕　禄：（惊）啊！你？

张德全：住口！（亮刀，裕抖）

　　　　（接唱）若声张管叫你一命归天！

裕　禄：我不嚷，我不嚷！

张德全：坐下！

裕　禄：是！（二人坐）请问豪客贵姓高名，打何处而来？

张德全：俺就是静海县天下第一坛张老师麾下二师兄张德全！也就是你终日派人
　　　　搜捕的义和神拳，今日特来登门拜访！

裕　禄：哦，哦，哦！原来贵宾驾临衙署，多有慢待。看茶！（欲出）

张德全：站住！别要花招，不然要你的命！

裕　禄：不，不，你错会意啦！别动刀，别动刀！

张德全：你且坐下，听某忠告！

裕　禄：嗳，嗳。

张德全：如今洋人犯我中原，胡作非为无法无天。你身为国家大员不思救国安民
　　　　之策，其罪一也；媚外求荣，袒护洋商民，欺压百姓，其罪二也；滥施
　　　　命令，捕杀我拳民弟兄，其罪三也！今日俺奉命前来告知于你，洋兵聚
　　　　集紫竹林租界之中，蠢蠢欲动；我坛不日就要入津，抗洋杀敌，你速下
　　　　令沿途官兵不准阻拦，胆敢违抗你来看！

　　　　（掷匕首刺柱上）此刀就是你的对头也！

　　　　（唱）本当将你来问斩，

　　　　　　　宽宏大量义和拳。

　　　　　　　现有揭帖你要仔细看，

　　　　　　　阳奉阴违命难全。

　　　　　　　嗻，俺去也！（越窗而下）

　　　　（海干暗上。裕尚惊魂未定）

海　干：裕大人。

裕　禄：（惶恐）一定照办，一定照办！

海　干：贫僧在此。

裕　禄：哎呀，圣僧啊！方才……（指窗外）

海　干：适才贫僧奉大人之命求得乩语，大人请看！

裕　禄：待我看来！

　　　　（念）慎重待变，故态莫犯，

　　　　　　　若违佛意，定遭暗算。

　　　　　　　呀！佛祖保佑！（抚颈看匕首）

海　干：此乃佛意，大人详察。

裕　禄：弟子神会、神会。

　　　　（侍役甲上）

侍役甲：禀大人，澜公爷微服来津已到府门。

裕　禄：哦！澜公爷微服出京定有要事。圣僧回避！

海　干：贫僧告退。佛祖此语，大人详参。（稽首下）

裕　禄：弟子神会，弟子神会。（见柱上匕首）

　　　　快点把它弄下来！

侍役甲：（见刀诧异）大人这刀……

裕　禄：少废话，拔下来！

侍役甲：喳！（拔下匕首）

裕　禄：有请澜公爷！

侍役甲：有请澜公爷！

侍役乙：（内）有请澜公爷！

　　　　（载澜微服上）

载　澜：（唱）恨洋人真无理滋生事端，

　　　　　　　立阿哥他也要横加阻拦，

　　　　　　　老佛爷招拳民圣裁独断。

载　澜：裕禄接旨！（从袖中拿出密旨）

裕　禄：是。

　　　　（接唱）奴才裕禄叩请圣安！（跪爬半步）

载　澜：谕尔裕禄：捍卫京城，为国屏障，久著勋劳，朕甚嘉焉。迩来义和团宫
　　　　廷内外所在多有，皆抱负正气，以扶清灭洋为宗旨。谕到着裕禄，就地
　　　　招用，编之营伍，所有义和团粮饷械弹均着督署按册拨发，着裕禄仰体
　　　　朕心，相机办理。钦哉此旨！

裕　禄：奴才接旨，香案供奉。（交侍役甲下）

　　　　公爷请坐。（侍役乙奉茶退下）请茶。（二人饮茶）

载　澜：裕大人神色欠佳，莫非身体不爽吗？

裕　禄：唉！将才……哦，将才审问几个拳匪刚刚退堂，所以……嗯……嗬嗬！

载　澜：嗯。裕大人，为国宣劳，军机尽知，老佛爷也多有垂注。

裕　禄：谢老佛爷。裕禄有一事不明，请公爷指教！

载　澜：裕大人不必过谦，请讲！

裕　禄：唉！公爷，

　　　　（唱）义和拳与官府势如冰炭，

　　　　　　　朝廷中禁邪教照令再三，

　　　　　　　不杀贼已然是网开一面，

　　　　　　　若招团只恐怕势难两全。

载　澜：（唱）人言道裕大人卓识灼见，

裕　禄：（白）公爷过奖。

载　澜：（唱）有谁知遇拳事倒有纠缠。

裕　禄：（白）公爷指教。

载　澜：（唱）义和团在北京聚众数万，

裕　禄：（白）是啊，天津也不少哇！

载　澜：（唱）立拳坛设护卫声势壮观。

　　　　　　　恨洋人藐我朝天颜触犯，

　　　　　　　立阿哥他也要横加阻拦。

　　　　　　　老佛爷立下了神机妙算，

　　　　　　　观二虎相争斗稳坐山巅。

　　　　　　　先招那义和团就我篱樊，

　　　　　　　灭洋人杀拳民两不费难。

裕　禄：（唱）多谢公爷来指点，

　　　　　　　启示裕禄不嫌烦，

　　　　　　　圣谕到来当遵办……

　　　　（白）只恐——

　　　　　　　张、曹性傲不易招抚！

载　澜：（唱）稍安勿躁记心间。

临行之时，太后老佛爷再三嘱咐，义和拳匪蔓延已遍，必须因而用之，徐图挽救，切不可孟浪从事，所以一定要稍安勿躁。

裕　禄：稍安勿躁?

载　澜：嗯，静以观变，相机行事，还得多看风头哇!

裕　禄：嗯!（想起扶乩语）圣聪，佛意。来呀!（侍役甲上）候补道王唯进见!

侍役甲：候补道王唯进见!（下）

王　唯：来也!

（王唯上）

王　唯：多年候补，终未挂牌，今日呼唤，必有所差。（进门）参见大帅!

裕　禄：见过公爷。

王　唯：参见公爷。

载　澜：罢啦!

王　唯：呼唤卑职有何分派?

裕　禄：本部命你速置"扶清灭洋"大旗一幅，去往静海招抚张德成，叫他们火速率团入津。另有本部堂裕字旗一面也命其收领。

王　唯：这……启禀大帅，此事非同小可，闻得那张德成盘踞静海，羽翼已丰，其人智勇双全，夙以洪秀全自居；曹福田桀骜不驯，骁勇剽悍，也恒以杨秀清自命。卑职此去招抚，只恐有些难办……

裕　禄：这……

载　澜：裕大人，王唯之言固是可虑，可义和团灭洋志坚，张、曹当不例外。我看此去就以灭洋为词，相机行事，至于改其编制的裕字帅旗嘛……我看，只要他们一入津门，善后之事，那不就好办了吗?

裕　禄：是、是、是。足下此番招抚言词，宜多委婉。按照公爷的钧示，先请张、曹入津灭洋，送旗之事相机办理，事成之后重重有赏。

王　唯：是，卑职定当照办，事后还请公爷、大帅多加栽培!（请安）

裕　禄：去吧!

王　唯：卑职告退，正是：宦途多风险，顺水好行船。（下）

裕　禄：公爷出京宣谕圣意，一路辛苦，多受风尘，敢请在津少作盘桓盘桓。

载　澜：我是密旨出京，不宜久留，还得马上回去。

裕　禄：时机紧迫不及修本，请公爷代陈下情。

载　澜：我替你转奏就是了。

裕　禄：来……

载　澜：慢！我乃微服出京，勿事招摇，你甭送啦！

裕　禄：礼当恭送！

载　澜：哪儿那么些客套哪！我走啦！

裕　禄：（唱）万不料变幻得如此突然，

　　　　　　乩语云戒杀戮静以观变，

　　　　　　懿旨到也叫我勿躁稍安。

　　　　　　这才是圣旨佛意连一线，

　　　　　　我还是求海师再把禅参！

　　　　（白）阿弥陀佛！

　　　　（见柱上刀疤，倒退，冷战不已，捂项下）

第四场

　　　　时间　前场次日

　　　　地点　静海县天下第一坛

　　　　幕启　帷帐高悬，设高台左右有"替天行道"、"杀赃灭洋"旗和兵器架。

　　　　　　　张德成持令旗立于高台上。赵刚在旁

张德成：操演上来！

赵　刚：操演上来！

众拳民：啊！

　　　　（众拳民练武。唱曲牌）

　　　　　　义和团，神助拳，

　　　　　　灭洋杀赃不费难，

　　　　　　扒铁道，把电线砍，

　　　　　　旋再毁坏火轮船，

　　　　　　杀尽鬼子除外患，

　　　　　　赃官劣绅再周旋，

　　　　　　拯救黎民出灾难，

　　　　　　还我好河山，还我好河山！

张德成：收操！

报　子：（内）报——

　　　　（报子上）

报　子：曹、黄二位到！

张德成：各归坛口！有请！（众拳民下）

　　　　（曹福田、黄莲两边上。二拳民、二红灯照随上）

曹福田：张老师！

黄　莲：张老师！

张德成：请！

　　　　（三人落座。二拳民、二红灯照下）

曹、黄：承蒙相召，有何见告？

张德成：二弟德全进津探来重要军情，请二位到此共议对策。二弟走上！

张德全：（内）来也！

　　　　（张德全上）

张德全：奉命入津卫，探听军情归。参见兄长、二位老师！

众　　：罢了！

张德成：将你入津一事仔细讲来！

张德全：容禀：

　　　　（念）小弟入津时，得遇海干师，

　　　　　　　督署会裕禄，晓谕他尽知。

　　　　　　　我团入津事，命他传意旨，

　　　　　　　沿途不得拦，违者后悔迟。

　　　　　　　临行之时，海干师父密报：洋人聚集紫竹林内，蠢蠢欲动。

　　　　　　　清延有意招我团共灭洋人，其中真伪必须严加分辨！

曹福田：张大哥，洋人不怀好意，分明是欺我中华无人，小弟不才，愿率领一队

　　　　人马充当先锋，直捣紫竹林，先将鬼子杀尽，然后再除赃官！

　　　　（唱）天津卫众弟兄囹圄身陷，

　　　　　　　众百姓盼我团如盼甘泉。

　　　　　　　那清廷对洋人有意驱赶，

　　　　　　　我何不探虚实顺水行船。

黄　莲：张老师！

（唱）救百姓灭洋是我夙愿，

何惧那虎穴与龙潭。

入津城黄莲我并无他见，

只是孤军深入难周旋。

尚请静海留一半，

事态有变好救援。

曹福田：（唱）倾坛入津声势喧，

灭洋全靠咱第一坛，

裕禄老儿若要奸险，

叫他认认我曹福田！

张德成：（唱）圣母说话有远见，

贤弟言语威风添。

任它摆下鸿门宴，

诡计阴谋定戳穿。

纵然其中有暗算，

难挡我天下第一坛。

此去津门闯风险，

大敌当前莫迟延。

兵力集中免分散，

倾坛入津敌胆寒。

黄　莲：老师高见，黄莲并无他言，此番进津当须小心为是。

曹福田：那个自然。

（赵刚上）

赵　刚：启禀老师：直隶总督裕禄派官至此。请老师亲迎大令！

曹福田：好大的口气！

张德全：如此胆大妄为，吩咐，升坛！

赵　刚：是，升坛！

（鼓乐大作。众拳民执械上，张等上座）

张德成：来，叫他们报门而进！

赵　刚：是。呔！张老师有谕，叫你报门而进！

王　唯：报！直隶候补道王唯告进。

（众喊堂威）

王　唯：参见各位老师。

张德成：远路至此有何见教？

王　唯：不敢。我奉裕帅札谕，奉旨前来招安！

曹福田：呀呸！那裕禄老儿他是甚等样人，竟敢招安我坛？

众　　：讲！

王　唯：不，不是招安，是招请。小官失言，招请，招请！

张德成：（挥手众退）招请我坛为了何事？

王　唯：容禀：

　　　　（念）久闻神坛灵验，声势动地惊天，

　　　　　　 灭洋救国是夙虑，裕帅不敢怠慢。

张德成：嗯。

王　唯：（念）特制锦旗一面，命我前来请坛。

　　　　　　　 扶清灭洋人共见，青史名标永传。（献旗）

张德成：我团向以灭洋为旨，既是裕帅诚心相邀，不知有何打算？

王　唯：小官斗胆，请老师接旗后再陈下情。

张德成：哼，赵刚将旗放在一旁。

　　　　（赵刚夺过，放在桌上）

张德成：讲！

王　唯：只因洋人据津多年，紫竹林一带尤为专恣，津民饱受凌虐，盼老师如久
　　　　旱之望云霓，裕帅为表寸诚，又送给裕字旗一帧，请老师一并收下，以
　　　　壮军威。

曹福田：啊！

张德成：贵道，这裕字帅旗又算何意？

曹福田：讲！

王　唯：是！裕帅素日对张老师甚为敬重，今送来帅旗不过表示诚意，此番进津
　　　　灭洋之后，建立功勋也好奏请升赏。

张德成：哈哈……多谢你家裕帅美意！这扶清灭洋之旗尚符本坛意旨，那裕字旗
　　　　明示亲热，暗藏诡诈。烦你回复裕督，就说我坛粮饷器械自己筹办，
　　　　不求封赠，不求居官。这易旗改编之事，忒以欺人，断不能受。话已讲
　　　　明，出坛去吧！

众　　：出去！

王　唯：是是是，小官告辞！（挥汗）嘿！（下）

黄　莲：听王唯之言，可见裕禄毒辣阴险，还须多做准备。

张德成：圣母言得极是，德全听令！

张德全：在。

张德成：王唯此番回津，裕禄必然有所警诫。命你带队以为先锋，火速进军先发
　　　　制人！

张德全：遵命！

张德成：黄莲圣母，烦你带领红灯照沿途宣扬我坛宗旨，入津之后，救死扶伤，
　　　　送归汛地。

黄　莲：遵命！

张德成：曹贤弟，你可督队后行，入津之后，先赴监牢，救出在押弟兄！

曹福田：遵命！

张德成：众家弟兄！

众　　：有！

张德成：速速准备行装，明日五鼓由水路进津，一路之上不准擅入民宅，私离队
　　　　伍，若有违犯，定罚不贷！

众　　：啊！

张德成：（念）堪笑裕禄见识浅，

曹福田：（念）妄想改编第一坛，

黄　莲：（念）万众一心狂澜挽，

众　　：（念）同心协力定胜天。

　　　　——幕落

第五场

　　　　时间　前场数日后
　　　　地点　天津法场附近。天色阴霾
　　　　幕启　号角声声。众清兵押二拳民上，任裕升引聂士成上

聂士成：（唱）义和拳原本是愚民作乱，

却因何裕大人竟自招安，

我与拳匪有积怨，

他竟敢与我军处处为难，

怒气难消我就斩囚犯！

（"圆场"曹福田率四拳民上，劫下二拳民）

曹福田：（接唱）不抗洋杀义民你全无心肝！

聂士成，洋鬼犯我中华，你全不思抗洋杀敌，却纵容你军抢掠百姓，如今又挥舞屠刀杀戮义民，是何道理？

聂士成：答话者何人？

曹福田：俺曹福田在此！

聂士成：啊！大胆的曹福田竟敢无视大清法令，擅劫法场。来人，拿下了！

（唱）今日叫你鲜血染！

（众清兵扑向曹等，被打倒在地）

曹福田：（接唱）看你们哪个敢上前？

（双方架住。张德成、裕禄上）

裕　禄：使不得，使不得！

（唱）顾大局切莫要短兵相见，

聂军门又何必舞戈挥拳！

张德成：（唱）裕大人这桩事你如何了断？（行弦）

裕大人，你既然招请我团入津抗洋共图大业，今又下令杀我拳民弟兄，这样反复无常，你居心何在？

曹福田：你是何心肝？

裕　禄：这个……

聂士成：大人，这些人都是土匪乱民，擅自与我武卫军相抗，犯了大清重典，若不斩首以儆效尤，只恐难凭公道！

拳民甲：我等练拳，身犯何法？

拳民乙：洋兵无故杀我父老，你不但不管，反要斩杀良民，这就是你的公道？

聂士成：嗯……

张德成：着哇！手执洋枪杀人者无罪，赤手空拳被害者犯法，试问这个公道何在？天理何在？

聂士成：啊？这个……（语塞）

张德成：裕大人还是收回成命，免伤和气！

曹福田：还是放了的好！

裕　禄：张、曹二位老师讲情，理当应允。

聂士成：大人，这些都是判了重刑的死囚，若是准情，只怕标下的弟兄不服！

裕　禄：是啊！此事有关我大清重典，实在不大好办哪！

张德成：（猝然变色）裕大人！再三反复执意不肯，只恐我坛弟兄不服！

聂士成：大人，标下拥兵在此，料不妨事，不能放！

裕　禄：这……

张德成：你放不放？（闪身，示意张德全）

裕　禄：不大好办！

张德全：裕禄！

裕　禄：啊！（一惊）

张德全：（接唱）你可认识我张德全？

裕　禄：张……（战抖）放放放！

张德成：狱中的弟兄？

裕　禄：打开监门，全部赦免！

张德成：曹贤弟，打开监门！

曹福田：喳！喳！喳！……得令！

聂士成：嘿！（垂头丧气）

——幕落

第六场

二幕前

（郑老汉上）

郑老汉：哈……

（数板）大沽口，开了战，

罗总兵，是笨蛋，

一触即溃全军完。

这几天，街上乱，

鬼子增兵好几千，

义和团可真能干！

沿路截杀鬼子三百三。

裕督一见也傻眼，

只好静海去请坛。

张老师，真威严，

神通广大法力无边，

他带领乾字团、坎字团……

都是二三十岁的青壮年。

刀枪剑戟光闪闪，

浩浩荡荡一眼望去看不到边，

精神抖擞齐声喊：

"扶清灭洋，杀鬼奸！"

鬼子一见吓破了胆，

就好像：兔子见鹰、鼠遇狸猫、乌龟缩头、

一个一个往租界里钻。

如今天津城内外，

街头巷尾都设坛，

黎民百姓愁眉展，

这可真是变了天。

这才是老天睁开眼，

我急忙奔走把好信传！好信传！

  幕启 裕禄官邸，裕禄坐在案前看书，烦躁地扔下，站起

裕 禄：（唱）义和团在天津军威大展，

     众拳民好似那猛虎下山，

     这件事倒叫我颇费盘算，

     利用它与洋人巧妙周旋。

    （侍役甲上）

侍役甲：启大帅：马军门求见！

裕　禄：快快有请！

侍役甲：有请马军门！（下）

（马玉昆上）

马玉昆：标下给大帅请安！

裕　禄：（急扶）哎呀！远路风尘来到津门，用不着客套，请坐，请坐！

马玉昆：谢大帅！（坐。侍役乙呈茶，退下）

裕　禄：京津沿途拳匪势盛，洋人又累累增兵，马军门率军而来，一路之上还顺利吗？

马玉昆：标下率军来津助战，为保实力未与洋人周旋，虽与拳民小有冲突，也未过分争执。托大帅福庇，尚称顺利。

裕　禄：马军门从来机智通权，老朽尽知，比聂军门强多啦！

马玉昆：大帅过奖。标下此番到此，尚有要事请示大帅。

裕　禄：马军门请讲。

马玉昆：标下离京之时，京都拳匪曾闯入宫廷，扬言欲取一龙二虎之首级。老佛爷甚为震怒，暗召李中堂回京准备对策，灭洋之举已成过去，谕标下来津代宣佛意，并请示大帅如何办理，不知津门的拳匪情况如何？

裕　禄：唉！招团入津原想以洋人为饵，使其就我篱樊，没想到入津之后，甚是嚣张，与我军屡有冲突，难以控制，不知老佛爷的意思究竟是……

马玉昆：佛爷说大清二百余年的江山，岂能送于乱民之手？既不足恃，莫若弃之。

裕　禄：嗯，圣聪果断！

（侍役甲上）

侍役甲：禀大帅，拳民任四求见。

裕　禄：哦，叫他进来！

侍役甲：喳！（下）

马玉昆：大帅，拳匪常来督署骚扰吗？

裕　禄：张、曹二人催战不是一次啦！因为圣意未决，都被我以粮械不足给回绝了！

马玉昆：这么说，又是拳匪前来催战？

裕　禄：不，这个人原是洋商鸿兴栈的店伙，裹胁入团，经买办梅华奇的引见，刻下与各国领事的书信往来，都仗着他给传递哪！

马玉昆：此人可靠？

裕　禄：当然可靠。

马玉昆：大帅真是老谋深算，进退有方，标下拜服。

裕　禄：宦海浮沉，变化不定，哪能不留余地呀！（相视而笑）

　　　　（侍役甲领任四上）

任　四：给大帅请安！

裕　禄：罢啦，你们梅经理好吗？

任　四：托您的福。梅经理叫小民代他问候大帅，现有书信呈上。

裕　禄：（接信）带他下边侍候！

侍役甲：喳！（领任四下）

裕　禄：这是洋人的照会。（念）"目下津门拳匪与联军屡有冲突，阁下并未制
　　　　止，反而一再纵容，各国领事对此情形深为不满……丁嘉烈。"

马玉昆：大帅，这封照会来得正好，平乱剿匪既符合上谕，又结好洋人，真是大
　　　　好机会，大帅何乐而不为？

裕　禄：只是张、曹二人剽悍叵测，实难摆布，如何斡旋哪？

马玉昆：标下倒有一下策。

裕　禄：有何高见？

马玉昆：拳匪既然催战再三，大帅可准其来署议事。是时部署二路进军，派拳匪
　　　　担任前驱；同时密书联军可派重兵分守重隘，以逸待劳。标下再与聂军
　　　　门督队后进。咱们不能驱狼斗虎，还不能驱狼喂虎吗？那时节，前有洋
　　　　人，后有我军，腹背夹击，何愁那些金刚不坏之身的拳匪不平啊！

裕　禄：（捻须而笑）哈哈……妙哉！妙哉！真是个智多星，老朽不及矣！

马玉昆：大帅过奖。

裕　禄：来人哪！

　　　　（侍役乙上）

裕　禄：拿我名帖请聂军门与张、曹二位老师督署议事。

侍役乙：喳。（下）

裕　禄：待我修书。（"急三枪"）带下书人！

　　　　（侍役甲引任四上）

任　四：大帅。

裕　禄：这有书信一封，小心带回，交给梅经理。来呀，赏他五十两银子。

侍役甲：是。（取银递任四）

任　四：每回都领大帅的赏钱。

裕　禄：好好干，等事态平定之后，我还要提拔你哪！

任　四：谢大帅栽培！跟您告退。（下）

裕　禄：去吧！

侍役乙：（内）张、曹二位老师到！

裕　禄：张、曹来署，多加小心。聂军门怎么还不来呀，真误事！

马玉昆：先请他们进来，咱们相机行事。

裕　禄：好。有请！

侍役甲：有请！（下）

　　　　（张德成、曹福田、张德全上。二人迎入。"吹打"）

裕　禄：我来介绍，这是义和拳张、曹二位老师，二师兄张德全，这是马军门。

张德成：哦，马军门！

马玉昆：玉昆由京都到此，尾随各位效力，今日拜会尊颜，真乃荣幸之至。

裕　禄：有话咱坐下说。（众落坐）

　　　　张、曹二位老师驾到，有失远迎，尚祈宽恕！

张德成：裕督何必过谦。我等入津数日，多承关注，只是会同攻打紫竹林一事，未即议行，实实有违我等入津的初衷。

裕　禄：尽忠为国可钦可敬，今粮械已然小有头绪，又逢马军门来津助战，特此敦请二位与聂军门来署，计议如何攻打紫竹林。

张德成：聂军门何在？

裕　禄：已派人去请。

侍役乙：（内）聂军门到！

裕　禄：有请！（离坐）

　　　　（聂士成上。"吹打"）

聂士成：标下给大帅请安。哦，马军门久违、久违，哈哈……

　　　　（聂、曹怒视）

曹福田：哼！

裕　禄：请坐，请坐！（众落坐）

聂士成：召唤标下有何见谕？

裕　禄：只因洋兵不断向津增援，我义民屡挫敌锐，迫使联军困守紫竹林，难越雷池一步；张、曹二位老师催战频连，为此特请诸公到署商议如何攻打紫竹林一事。不知张、曹二位老师有何高见?

张德成：我等此番入津本以灭洋为志，望裕督决策早与洋人开战，德成等赴汤蹈火，万死不辞!

马玉昆：（奸诈地）张老师忠勇无双，令人可敬，只是紫竹林洋人麇集，火力甚强，第一坛的义民只恐难以血肉之躯相应吧!

曹福田：哼!第一坛非但有血肉之躯，还有救民的丹心一片，不似你这样怕什么火力不火力呀!

张德成：（机警地）马大人所言极是。义民虽有忠心，怎比武卫军久经战阵、武器精良，此番定能大显身手，以申报国之志吧!

马玉昆：这个……

裕　禄：官兵义民当共歼洋人。张老师第一坛究竟有多少兵力?堪任哪路?

曹福田：咱第一坛的兵力嘛……

张德成：（暗阻）坛中兵力绝难与武卫军相比，只是津郊内外颇多呼应，入津后信坛者日见其多，因军事倥偬尚难清数。

裕　禄：哦，入坛者众足见张老师威望日隆，可喜可贺。但不知进攻紫竹林如何着手?

张德成：攻洋人，绝外患，事关大局，还须妥善筹划，周密计划。

聂士成：大帅，兵贵神速，谈什么妥善、周密，他们既然为难，聂某愿统武卫军前往!

张德成：抗洋杀敌，本为我坛夙愿，进攻紫竹林何敢后人，聂军门此言欠妥!

曹福田：武卫军，武卫军，紫竹林的洋兵可不比市井小民，你呀，啧啧……（不屑地）还是整顿整顿你的军规吧!

聂士成：曹某人!督署议事乃国家体制，你出言无理，欺人太甚!

曹福田：咱说的是实话!

聂士成：你胡言乱语!

曹福田：咱就是这样说法!

聂士成：你!（二人相抗，马拉聂，张拉曹，裕打圆场）

马玉昆：聂军门、聂军门，一言半语何须相争，咱们还是听大帅的裁夺吧!

裕　禄：既然如此，本帅可不恭啦!

（唱）紫竹林灭洋人大局已定，

　　　张老师率拳民中路进攻，

海光寺请二师兄独担重担，

聂军门督后队准备接应。

聂士成：且慢！大帅，标下戎马半生，转战沙场，从未借助他人，更羞与旁人为伍，有道是养兵千日，用兵一时，标下拼得一死，也要报效主上，海光寺一路，标下愿独任其艰。

张德全：聂军门，你武卫军抢夺百姓，甚为得力，攻坚抗洋，你还要量力而行。

张德成：多口！裕大人，既然聂军门忠忱爱国，岂忍相拒，就请大人准其率领武卫军独挡海光寺。

裕　禄：这……

曹福田：嗯，某倒要见识见识这位抗洋人的英雄！

聂士成：大帅，若不允令，标下无颜率兵，情愿退出营伍。

裕　禄：聂军门，你……（欲言又止）

张德成：聂军门抗洋志坚，大人为何如此犹豫？

裕　禄：这个……

马玉昆：啊，张老师，大帅因见二师兄英俊有为，故委以重任。既然张老师谦让，就让聂军门独任一路吧！

裕　禄：好吧！聂军门听令！

聂士成：在。

裕　禄：命你率领本部人马攻打海光寺！

聂士成：得令！

裕　禄：慢！可要小心在意，切莫轻举妄动啊！

聂士成：多谢大帅关注。标下还要整顿队伍，我要告辞啦！

（唱）海光寺由聂某独当此任，

叫你们看一看咱武卫军。（下）

裕　禄：聂军门……

马玉昆：大帅……（暗示）

裕　禄：唉！

（唱）中南两路安排定，

只剩车站一路兵，

曹福田：（唱）老龙头车站俺曹某担任……

马玉昆：曹老师，此番进攻老龙头车站，马某不才，情愿接应断后。

曹福田：承蒙关注！

（接唱）说什么接应与先行，

曹某生来性情耿，

心直口快你莫挂心，

前队后队无足论，

目标一致灭洋人，

哪一个怕死来怯阵，

那时节休怪我翻脸无情。

马玉昆：诚然，诚然，愿供驱使！

裕　　禄：好啦！

（唱）三路人马安排竣，

分头准备莫消停，

裕禄年迈难督阵，

张老师指挥全军把令行！（递旗）

张德成：裕大人！

（唱）双手接过兵符令，

德成言来听分明，

此一番军民同心把国拯，

兵分三路灭洋人，

左右必须相呼应，

一路有失损全军，

倘若是贻误军机不奋进，

俺张某定要按军法执行！

马玉昆：张老师说哪里话来，既然大帅委以重任，玉昆当然不负众望、奋勇当先。

裕　　禄：张老师，咱们军民一心，众志成城，何患洋人不灭。我还要备办酒宴，
准备给你们庆功哪！

曹福田：布置已妥，我们走哇！

张德成：马大人！

（唱）会战时还望你及时接应。（行弦）

马玉昆：义不容辞，愿供驱使！

裕　　禄：张老师放心，若有他意，天神鉴之。

曹福田：哎呀，走哇！

裕　　禄：祝二位旗开得胜！

马玉昆：祝二位旗开得胜！

张德成：（接唱）但愿得此一去壮志得申。（同下）

马玉昆：大帅，您怎么全权授命，都交给他啦？

裕　　禄：（冷笑）哼哼！

　　　　　（唱）到如今讲什么全权授命，

　　　　　　　　无非是施小计迷惑他心，

　　　　　　　　我只怕聂门军阵前有损，

马玉昆：（唱）少时间派人去告知真情。

裕　　禄：（唱）曹福田交与你休要他活命，

马玉昆：（唱）我料他难逃出标下掌心。

裕　　禄：这……嘿嘿……（相笑）

马玉昆：这……嘿嘿……（相笑）

　　　　　——幕落

第七场

　　　　　时间　紧接前场

　　　　　二幕前

　　　　　（梅华奇执信上）

梅华奇：领事先生，领事先生！回信来啦！

　　　　　（丁嘉烈上）

丁嘉烈：唔！是真的！（看信）好极了！好极了！裕禄同意与我们合作，共同消
　　　　　灭义和拳。真是绝处逢生，这一下就清除了我们前进路上的障碍。感谢
　　　　　仁慈的上帝！

梅华奇：感谢上帝！

丁嘉烈：密斯脱梅，马上随我到联军司令部去。统帅得知此事，一定会奖赏你的！

梅华奇：谢谢！

丁嘉烈：我们要重新布置兵力，多设洋枪洋炮，先消灭义和拳，然后再进攻清朝
　　　　军队，各个击破，事不宜迟！

梅华奇：耶司儿！

　　　　——切光

　　　　幕启，天津城郊

　　　　张德成站在垛口瞭望，四拳民警戒，远处不时传来枪声、呐喊声，阴霾
的天空被远处的火光映红

张德成：（唱）三路进军威风展，

　　　　　　　拳民摩掌又擦拳，

　　　　　　　今日才得偿夙愿，

　　　　　　　扶清灭洋整江山。

　　　　（拳民甲上）

拳民甲：报！父老百姓拥军至此！

张德成：待我出迎！

　　　　（百姓甲、乙、丙、丁上）

众百姓：张老师辛苦了！

张德成：众位父老多受辛苦！

百姓甲：张老师啊！

　　　　（唱）可恨洋鬼来侵犯，

　　　　　　　百姓们受凌辱苦不堪言，

　　　　　　　张老师抗洋人趁民心愿，

　　　　　　　因此壮声威上到阵前支援。

　　　　（众百姓献鸡蛋、烤饼给众拳民，互相推让）

张德成：父老乡亲们！

　　　　（唱）列位盛情衷心感，

　　　　　　　不驱洋鬼心不甘。

　　　　　　　阵前流弹甚危险，

　　　　　　　还望父老把家还。

　　　　父老盛情，德成深感肺腑，前沿阵地不宜久留，大家请回去吧！

众百姓：张老师多多保重！我们回去了！（恋恋不舍下）

探　子：（内）报——（上）

南路聂军门朝服上阵，队形不整，军心涣散，在八里台与洋兵遭遇。聂军门他突围不出中弹而亡！

张德成：再探！

探　子：啊！（下）

张德成：聂士成！

（唱）军威不振身遭陷，

一路受损全军牵。

哎呀，且住！南路失利，犹如人缺一臂，洋兵必将从右翼进攻中路。必须作一准备。赵刚听令！

赵　刚：在！

张德成：命你领兵一队前往南路抵挡一阵，如若难支，即退守南门！

赵　刚：得令！（下）

探　子：（内）报——（上）

东路曹老师身陷重围！

张德成：啊！那马军门呢？

探　子：马军门按兵不动，袖手旁观！

张德成：再、再……探！（大怒）好匹夫！（探子下）

（唱）骂声匹夫真大胆，

竟然坐视不救援。

马玉昆哪，贼子！尔竟敢抗拒我命，拥兵不出，坐视成败。待张某回师，岂能容你！

探　子：（内）报——（上）

马玉昆非但坐视不救，反而帮助洋人袭击我军，曹老师腹背受敌，危在顷刻之间！

张德成：哎呀！

（唱）霎时军情生万变，

马贼洋鬼互为奸。

德全因何不回转？（"扫头"）

（张德全上）

张德全：大哥，我们上当啦！

张德成：哎呀，贤弟呀！曹老师被清军洋鬼前后夹击，危在顷刻，命你带领本部

　　　　人马，速往东路接应！

张德全：得令！

探　子：（内）报——（上）

　　　　东路全军尽殁，曹老师为国捐躯！

张德全：啊！

张德成：哎呀！

　　　　（唱）东南二路碧血染，

　　　　　　　孤军怎与贼周旋？

张德全：（唱）寻找马贼把账算——

张德成：且慢！

　　　　（唱）必须要从长计议再把敌歼！

　　　　撤往城中！

第八场

　　　　时间　前场数日后

　　　　二幕前

　　　　（任四上，鬼鬼祟祟偷视左右，拍手。梅华奇伪装上）

任　四：经理！

梅华奇：嘘——（环顾四周，凑近）事情办得怎么样了？

任　四：挺顺手。这是城门的钥匙。

梅华奇：好，总算这几天的罪没白受。

任　四：经理，您可得藏好了，要是叫他们发现，那可就没命啦！

梅华奇：你先带着！

任　四：哎，经理，这钥匙到手，下一步……

梅华奇：三点钟开城门，插上白旗迎接联军！

任　四：还得开城啊！

梅华奇：怎么？一千两银子那么好拿呀？

任　四：这……好哩，干！

　　　　（幕内击柝，喊“杀鬼除奸……”由远及近）

梅华奇：啊？

任　四：啊！张德全巡城来了，怎么办？

梅华奇：我还由水道爬出去，赶紧报告联军：张德全离城门太近，你得想主意把
　　　　他支开！（欲走）

任　四：经理，现在城里可就剩我一个人了，到时候联军可得来呀！

梅华奇：哎哟！胆小哪得将军做。就你这样还想发财哪！要知道舍不得孩子套不
　　　　着狼！哼！（下）
　　　　（张德全率四拳民上）

张德全：什么人？

任　四：（一惊又故作镇静）我。

张德全：大得，

任　四：大胜。哦，二师兄啊！

张德全：任四，到此做甚？

任　四：我……刚才跟着张老师巡城的时候，他忽然想起一件事，叫我请您前去
　　　　商议。

张德全：我叔父今在何处？

任　四：嗯，到西门了吧！

张德全：啊！俺将从西门而来，怎么未曾见着？

任　四：那，那兴许还没去哪！我奉命由北门而来，要不然你们到北门瞧瞧，碰
　　　　巧还能赶上。

张德全：俺待前去看来，打道北门！（率拳民下）

任　四：您头里走！我开城门去。（下）
　　　　幕启，北门城头。星光闪耀，气氛紧张，杂以柝声、枪声

张德成：（内唱）天昏昏夜沉沉柝声阵阵——
　　　　（四拳民上巡逻，赵刚引张德成上）

张德成：（唱）星光闪，照孤城，
　　　　　　　荒郊四野枪声震，
　　　　　　　不由人心如火焚！
　　　　　　　恨清廷施伎俩将我招请，
　　　　　　　实指望入津门灭洋安民。
　　　　　　　也是我失警觉把朝廷轻信，

　　　　　大不该率弟兄倾坛入津。

　　　　　裕禄贼多奸巧弃城宵遁，

　　　　　第一坛撑危局独抗洋军。

　　　　　恨只恨马玉昆虎狼成性，

　　　　　勾结洋兵夹击我团，

　　　　　曹贤弟血染津门。

　　　　　众洋鬼援军到蜂涌而进，

　　　　　集兵力御强敌退守孤城。

　　（内更梆锣声，张望）

　　　　　那边厢一队人灯光隐隐，

　　　　　却原来是圣母引来红灯。

　　（四红灯照引黄莲上）

黄　莲：（唱）抗强敌与津民共担重任，

　　　　　红灯照勤巡逻盘查歹人。

　　　张老师！（行礼）

张德成：圣母！

黄　莲：张老师连日操劳，又亲自守城，倍受辛苦！

张德成：唉！（内疚）悔不听海师父与圣母之言，中了裕禄借刀杀人之计，弟兄们伤亡惨重，曹老师壮烈捐躯，如今困守孤城，皆德成之过也。

黄　莲：老龙头一战，要不是清军掣肘，此时，已驱洋鬼于海外，全怪朝廷狗官媚外误国，怎么能都怨您哪？

赵　刚：张老师，日前一战，我军虽有伤亡，但斗志依然旺盛，又有津门父老相助，弟兄们忍辱待机。只要一声令下，我等情愿奋勇杀敌，誓扫妖氛！

众拳民：奋勇杀敌，誓扫妖氛！

张德成：（精神振奋，左右两顾）好哇！我坛虽遭小挫，士气犹盛，若能上下一心，驱逐洋鬼定操胜券。（愤慨地）可恨清延懦弱苟安，致使大好河山支离破碎，好男儿见此情形怎不痛心疾首！

　　　（唱曲）满目疮痍呵令人激愤！

众　：（和）令人激愤！

张德成：（唱）割地赔银呵祸国殃民！

众　：（和）祸国殃民！

赵　刚：（唱）义和神拳呵协力同心！

众　　：（和）红灯照夜呵永不迷津！

众红灯罩：（和）永不迷津！

　　　　（金鼓齐鸣，火光冲天）

　　　　（众内望，任四跑上）

任　四：张老师，可了不得啦！东门火起，洋人眼看要进城了！

张德成：啊！

　　　　（唱）东门突然军情紧，

　　　　　　　莫非坛内有奸人，

　　　　　　　将计就计去接应！（"扫头"众同下）

任　四：呵呵！……你奔东，我奔南，咱们分头行事。（下）

张德全：（内）嘿嘿！

　　　　（四拳民引张德全上）

张德全：（唱）任四竟然将我骗，

　　　　　　　胆敢乱把军令传！

　　　　　　　急忙我把北门转——

　　　　（拳民甲急上）

拳民甲：（唱）任四通敌献城关！

张德全：（怒抖）可恼！

　　　　（唱）闻听此言似火燃，

　　　　　　　速速报信去总坛！

　　　　　　　恨不得将贼子碎尸万段！

　　　　（任四、梅华奇引一小队联军上。小开打。张德成率四拳民冲上。众惊）

张德成：（接唱）管叫尔等有来无还！

　　　　（杀败洋兵，梅华奇用任四掩护自己逃下。任四被擒）

任　四：张老师饶命啊！

张德全：你这卖国求荣、认贼作父的东西！嘿！

　　　　（杀死任四）

　　　　（黄莲率四红灯照上。执"扶清灭洋"大旗）

　　　　（海干率冀中老团众拳民上，执"杀鬼除奸"大旗）

海　干：参见大哥！小弟奉命率冀中老团弟兄赶到。

张德全：一路多受辛苦！

黄　莲：如今洋兵被援兵击退，正好一鼓作气，直捣紫竹林！

张德全：大哥！小弟愿做先锋，杀尽洋鬼，誓为曹老师与众家弟兄报仇雪恨！

众　　：我等愿做先驱，定要扫尽洋鬼！

张德成：嗯。援军已到，洋人败北，正好乘胜歼敌！

海　干：我说大哥，洋人虽败，火力甚猛，只凭血气之勇，难免无谓伤亡。

张德成：海师父有何良策？

海　干：你来看，（老团民呈护身牌上）此乃冀中父老所献妙策。棉被数床用水
　　　　浸透，绑上竹竿作为掩护，就是洋鬼枪弹也难以穿透。

众　　：此物何名？

海　干：此物名叫防枪避弹护身牌。如今大举进攻可多备此物，洋兵枪弹失灵，
　　　　定能一战成功。

张德成：如此德全听令：速速制作此物！

张德全：得令。（下）

张德成：众家弟兄：德成自白河起义以来，严惩豪顽，杀鬼除奸。不料裕禄假意
　　　　授命，马玉昆狼子野心。致使奸徒混迹坛中，曹贤弟血战殒命。此番洋
　　　　兵袭城，多亏海师父及时赶到，方挽危局。如今我军士气大振，又有神
　　　　牌护身，定能扫尽群魔，以解此恨。

众　　：我等抗洋杀贼定报此仇！

张德成：弟兄们！

　　　　（唱）可恨清廷多阴险，

　　　　　　　卖国求荣逞凶顽，

　　　　　　　清廷洋鬼俱祸患，

　　　　（愤而拔剑砍去"扶"字，取过"扫"字）

　　　　（接唱）扫清灭洋杀鬼奸！

　　　　（天幕出现一片朝霞。气氛大转）

　　　　（张德全上）

张德全：多蒙父老相助，神牌备齐！

张德成：好哇！此番出兵与洋鬼交战，必须人人奋勇，个个当先！（众应声）任
　　　　它枪弹密似雨，难挡俺神牌护身躯！磨兵刃刀枪要锐利，报冤仇直捣紫
　　　　竹林！（曲牌。舞蹈。众怒吼助威）出城歼敌者！

众　　：啊！（领起"圆场"，众鱼贯而下；马僮带马，张德成上马下）

第九场

时间　清光绪二十六年夏（公元1900年7月4日）

地点　马家口租界地

幕启　街口一角。街垒上布有沙袋等防御工事

（二洋兵巡逻，呵欠下）

（张德全、赵刚、海干、黄莲上。"走边"。隐蔽。二洋兵上）

二洋兵：什么人？

（张德全突然跳起杀死洋兵甲）

洋兵乙：啊！义和团！义和团！（边喊边逃下）

（枪声大作。四拳民冲上，扑跌、舞蹈）

四拳民：（唱曲）看看看战火燃，

听听听杀声响连天，

借借借销烟起处把身掩，

挺挺挺彪躯奋勇齐向前，

抖抖抖起了威风英雄胆，

好好好男儿为国除邪奸！

（枪声更紧，四护身牌冲上，冲破街垒，洋兵溃逃。众拳民翻越街垒追下）

张德成：（内唱）硝烟起处火光现——

（八拳民执旗上，马伕翻跟斗引张德成上。大纛旗随上。"趟马"）

（唱）借机冲杀好攻坚。

二兵合一把鬼斩，

凯歌高唱瞬息间，

挥戈策马往前赶！

众拳民：啊！（同下）

张德成：（接唱）紫竹林顷刻踏平川。（"趟马"下）

第十场

时间　紧接前场

地点　紫竹林租界领事馆内外

幕启　丁嘉烈吸烟、踱步。电话铃声

丁嘉烈：（拿起电话）哈啰！是我。什么？马家口告急！胡说！那是义和拳小股的流窜部队，给我顶住，消灭他们！（挂）

（梅华奇上）

梅华奇：报告，领事先生！……（喘息）

丁嘉烈：哦，密斯脱梅，联军全部进城啦！

梅华奇：（喘甚）啊……进去了！

丁嘉烈：好极了！我马上报告司令部，重重赏你！

梅华奇：还赏哪？我们进是进去了，可又原样出来啦！

丁嘉烈：（诧异）什么？

梅华奇：您不知道哇！

（数）任四开城门，我们往里进，

谁知中埋伏，围上来许多人，

不是我跑得快，早已变死人、变死人！

丁嘉烈：饭桶！你破坏了我的计划！马上给司令部打电话，请统帅增援我们！

鹊　飞：你为什么见死不救？我要控告你！

丁嘉烈：发生了什么事情？

鹊　飞：马家口失守！

丁嘉烈：桥头阵地呢？

鹊　飞：统统完蛋！

丁嘉烈：为什么不开枪，用火力顶住？为什么？

鹊　飞：也不知道他们用的什么新式武器，子弹打不透啊！

丁嘉烈：（惊顿）啊？上帝！

梅华奇：报告，电话接通！

丁嘉烈：（接过电话）喂，喂！我是紫竹林领事馆，我们遭到拳匪袭击，速传派兵增援！什么？你们也遭到攻击，联军调不出来？喂，喂！这条老狐狸,见死不救!

(女秘书跑上)

女秘书: 领事先生! 义和团杀来了!

丁嘉烈: 叫他们给我顶住!(众逃下)

(窗外爆炸声,女秘书惊叫。火光,暗转)

(紫竹林街头,远处的楼房在燃烧。杀声震天,一队洋兵败上)

(张德全率四拳民由街垒后冲上,双方混战。众架住下。张德全亮出七节鞭与洋兵甲开打。洋兵甲败,张德全追下)

(赵刚持三节棍上。力战洋兵乙。洋兵乙败,赵刚追下)

(海干持"拐子"上,与梅华奇遭遇,打"单刀拐",梅华奇败,洋兵欲袭击海干,被海干用"羊头"撞倒。海干追下)

(黄莲持"峨嵋刺"率四红灯女儿上,力战洋兵;梅华奇上,被黄莲刺死。洋兵败北,黄莲追下)

(张德成执"双手带"[大刀]上。大战鹊飞,鹊飞败,四洋兵冲上,张德成大砍众洋兵。洋兵纷纷败逃)

(墙头后一洋兵欲放冷枪,被一红灯女儿刺死;半壁洋楼的破窗口,另一洋兵欲放冷枪,被一拳民投过红樱枪刺死堕地)

(拳民甲持大旗上,横扫众洋兵。众洋兵"跟斗"、"扑跌"四散奔逃。拳民甲追下)

(张德全追丁嘉烈上,丁开枪不中,手枪被击落,欲逃,义和拳、红灯照两侧冲上,丁嘉烈走投无路,举起双手,龟缩在地)

(义和拳全体将士上,以张德为主的一组英雄群像的造型,威武雄壮)

(烈火愈旺,化作满天红光)

——幕落·剧终

文昭关

《文昭关》一名《一夜白须》。京剧、汉剧、川剧、豫剧、秦腔等剧种都有此剧目。过去有把伍子胥箭射武城黑，拒召逃亡的《战樊城》，伍子胥与申包胥会面互誓的《长亭会》，伍员（即子胥）逃出昭关的《文昭关》和《鱼肠剑》、《专诸别母》、《刺王僚》等连演，总称为《鼎盛春秋》的。

《文昭关》的剧情主要依据《东周列国志》第七十二回《伍子胥微服过昭关》。这一回目的梗概是：伍子胥与公子胜（太子建的儿子）逃亡到离昭关六十里的历阳山，因昭关有图影缉拿，不敢过关，幸遇隐医东皋公款留，设谋过关，但经过七日未得良策，伍子胥报仇心切，一夜之间须发皆白，于是东皋公设计请友人皇甫讷扮伍员闯关，转移守关人视线，结果皇甫讷被捕，伍子胥与公子胜乘乱混出昭关。戏剧的情节基本上以此为依据，只是删去了公子胜这个人物，使矛盾更集中在伍子胥身上。

不论是小说或戏剧，伍子胥有父兄被杀的切骨之仇和闯过昭关等情节都是有史实根据的。《史记·楚世家》中记子胥之父伍奢是楚太子建的太傅，少傅费无忌怂恿楚平王自娶为太子所娶的秦女，又谗害囚禁了伍奢，并谋加害伍奢二子伍尚与伍员。结果伍尚归死，伍员拒召，"遂出奔吴"。这段记载比较简单，而且也不够完整。因为伍子胥离楚逃亡，并不是直接"奔吴"，而是经过一些辗转的。在《史记·伍子胥列传》中记载前后情节比较完备。本传先记太子建因被谗害遂出奔到宋，伍子胥拒召后，首先是"闻太子建之在宋，往从之"。"伍胥既至宋，宋有华氏之乱，乃与太子建俱奔于郑。"后来太子建谋为晋内应以灭郑的阴谋被郑发觉，太子建被郑人所杀，伍子胥遂与太子建的儿子公子胜出亡过昭关。过昭关的故事，《楚世家》不载，而《伍子胥列传》则有详细的记载：

郑定公与子产诛杀太子建。建有子名胜。伍胥惧，乃与胜俱奔吴。到昭关，昭关欲执之，伍胥遂与胜独身步走，几不得脱。追者在后。至江，江上有一渔父乘船，知伍胥之急，乃渡伍胥。伍胥既渡，解其剑曰："此剑直百金，以与父。"父曰："楚国之法，得伍胥者赐粟五万石，爵执珪，岂徒百金剑邪！"不受。

《东周列国志》基本上依此情节线索敷衍成文，但它塑造了一个见义勇为、出入于危难的隐士东皋公。这个人物可能就是从江上渔父得到启发，而再创造增入的。在《渔丈人》一折戏中就根据史文安排了渔父相助渡江、伍员赐剑和渔父投江自杀以明不泄机密等情节。

《文昭关》这出戏集中表现了伍子胥的悲愤、焦灼、忧愁的心情和立志复仇的决心。因此，当他发现自己一夜之间愁白了头时，不禁悲从中来，唱出了"冤仇未报容颜变，一事无成而鬓斑"。

《文昭关》以伍子胥为主角，是重唱工的老生戏。饰演伍子胥的能手前有汪桂芬、孙菊仙、王凤卿，后来杨宝森。过去言菊朋、谭富英曾排演过全部《鼎盛春秋》，《文昭关》是其中的一折。这出戏在艺术表演上也是很有特色的。伍子胥在幕内先念"马来！"既要有气魄，又要有韵味，还要给人以远道而来的感觉。出场后的〔散板〕："伍员马上怒气冲，逃出龙潭虎穴中"一句中的"虎"字拉长，"穴"字略一行腔，"中"字音短而有力，唱得简捷有力，符合伍子胥的悲愤焦急心情。〔西皮原板〕"恨平王"一段，要唱得气力充沛，特别是"父纳子妻"几个字，要唱得刚劲有力，要把伍子胥对楚平王的愤懑心情，充分地表露出来。

"一轮明月照窗前，愁人心中似箭穿"一段唱，是这出戏的核心唱段，围绕一个"愁"字来发抒郁闷、忧愁的心情。随后，几个"我好比"的排比句，就把被困在关内的压抑情绪，在抑扬顿挫的唱法中感染了听众。这是京剧的一种传统写法，《四郎探母》中的几个"我好比"也表达了这样一种感情。

在这以后的大段唱，越唱越快，步步上升。要腔简韵厚，轻快流利，直到"鸡鸣犬吠五更天"一段，以"我不杀平王我的心不甘"作结，完整地表达了伍子胥激愤忧虑、立志报仇和决不屈服的内心世界。

剧中"我本当拔宝剑自寻短见……爹娘啊"的几个哭头，唱得声泪俱下，令人心酸。临行前一段〔二六〕"伍员在头上换儒巾……"唱得慷慨激昂、壮志满怀，对东皋公表示"倘若过得昭关境，一重恩当报你的九重恩"，不仅表达了感激之情，也把剧情推向高潮，展示了伍员必过昭关的决心。

1980年第一期《京剧艺术》上有钮骠写的《谭鑫培不怕讥讽唱昭关》一文，叙述了谭鑫培有不怕非议的创作精神。谭鑫培常演黄天霸之类，没有演过文昭关，有一天却在前轴贴演此剧，想在舞台上创造一个新角色，遭到当时名演员徐小香的讥讽，竟在三庆园下场门倒官座的墙上，显眼地写下了"叫天儿本演黄天霸，他也要唱文昭关"十五个墨笔大字。这也是有趣的梨园掌故。

《文昭关》是一出唱工戏，必须要有好琴师衬托。王凤卿演唱《文昭关》时，即由其子少卿操琴。少卿熟知其父唱腔之关键处，如"一轮明月"这段唱腔中的几个"我好比"的小过门和"思来"后面的小垫头，少卿都能随着唱腔，掌握分寸，表达情绪，所以王凤卿唱了几十年都离不开少卿这把胡琴。杨宝森演唱此戏，如由乃兄宝忠操琴，则相得益彰。宝忠能拉会唱，完全掌握该剧唱腔、剧情，真能托得天衣无缝。宝忠昆仲合作的《文昭关》称得起珠联璧合，若再加上杭子和的鼓，堪称"三绝"。

《文昭关》的内容基本上传播了历史知识，艺术上也自有特色，可以说是一出比较好的传统京剧。

原载于《谈史说戏》 来新夏等著 北京出版社1987年版

赠绨袍

《赠绨袍》是一出传统剧，京剧、川剧中都有这个剧目。

《赠绨袍》一剧，是根据历史小说《东周列国志》第九十七回《死范雎计逃秦国，假张禄廷辱魏使》的基本情节改编的。其剧情大意是：战国时，齐国强盛起来。魏国遣中大夫须贾赴齐和聘，须贾自知能力不济，于是荐舍人范雎同去。至齐，齐襄王以当年魏曾出兵助燕攻齐之事责之，不允和聘。须贾无言以对，范雎则慷慨陈词，理折齐王，使和聘成功。齐王爱范雎才，盛情待之。须贾忌范雎才，返魏后，诬陷范雎私通齐国，丞相魏齐不察，将范雎答责致死，复弃其尸于厕。范雎复苏，被人救出，匿于郑安平家中，改名为张禄。后随在魏出使的秦国谒者王稽逃至秦国，被任为丞相，使秦国势大张。后来，须贾又出使至秦，屡次拜谒丞相张禄而不得见，难以返魏。范雎乃乔装落魄之人，来拜访须贾。须贾疑范雎为鬼，被范谎言遮过，须贾以范雎复能为己所用，转盛待之，范雎假作不耐寒冷时，须贾解自己的绨袍以赠。范雎引须贾至相府，须方知范雎即是张禄，不胜恐惧。范雎在宴待诸国使时，历述被害经过，令须贾食牛马料以辱之。须贾愧悔莫及，狼狈归魏。

京剧《赠绨袍》的故事情节，与史传的记载大致相符，只是某些细节略有出入。《史记》卷九十七《范雎蔡泽列传》记载：

> 范雎者，魏人也，字叔。游说诸侯，欲事魏王，家贫无以自资，乃先事魏中大夫须贾。
>
> 须贾为魏昭王使于齐，范雎从。留数月，未得报。齐襄王闻雎辩口，乃使人赐雎金十斤及牛酒，雎辞谢不敢受。须贾知之，大怒，以为雎持魏国阴事告齐，故得此馈，令雎受其牛酒，还其金。既归，心怒雎，以告魏相……

　　把史传、小说同京剧本进行比较，有几处不同。首先，史传是齐王"使人赐雎金十斤及牛酒"，小说相同，而京剧则是齐王在偏殿设宴亲自招待范雎；对须贾，则为他在馆驿"洗尘"。其次，史传是须贾"令雎受其牛酒，还其金"的，京剧则是齐王在偏殿宴上，劝范雎留齐为客卿，范坚却未允，齐王才赐金及牛酒，而范雎恐过分推辞，影响和聘，自己却金受酒的。又次，史传记载须贾只是怀疑范雎"持魏国阴事告齐"，才"心怒雎"，"以告魏相"的；小说大致相同，而京剧则是须贾出于嫉贤妒能而存心陷害的。再次，史传载齐王只是"闻雎辩口"，所以须、范二人不一定曾面见过齐王，那么，齐廷答辩的情节是出于小说家的虚构，京剧则因袭了小说。另外，史传和小说说搭救范雎的守卒是出于范雎的利诱，而京剧中救范的守卒，则是同情其遭遇而"见义勇为"的。其后范雎逃秦、报仇等情节，剧本、小说、史传三者便没有什么大出入了，甚至剧中的一些对白和史传、小说中的对话都基本一样。只是史传和小说中叙述范雎随王稽到秦国后，如何逃过穰侯的盘查、如何说动秦昭王，取得信任的记载，为了剧情集中的原因，在京剧中便删略了。

　　范雎其人，从史籍中的记载来看，应当属于苏秦、张仪一类的"纵横家"，他有一张能言善辩的利嘴，也有一套纵横捭阖的政治手腕。他遇厄于魏，显赫于秦。至秦以后，他抓住了秦国当时统治集团内的矛盾，很快取得了秦昭王的信任。他也确实为秦出了力，在他任相期间，以秦昭王的母舅、穰（音 ráng）侯魏冉遭到贬黜，使得秦国大权集于君主之手。他又为秦昭王恢复了原由张仪制订的"远交近攻"的战略方针，因而屡次打败韩、魏等诸侯国，使秦国拓疆易地。著名的秦赵长平之战，也是采用了范雎的计策，"纵反间卖赵，赵以其故，令马服子（赵括）代廉颇将"（《史记》卷九十七《范雎蔡泽列传》），从而取得决定性胜利。长平之战的结果，赵国的四十万降卒被秦坑杀，史称"赵壮者尽于长平"（《史记》卷八十一《廉颇蔺相如列传》），赵国的军事实力被大大削弱，很难再与秦抗衡了。不但如此，自长平战后，秦对列国的战争，基本上是节节胜利，长平战后不到四十年，秦便统一了中国。因而，在秦的统一事业中，范雎也是有一份劳绩的。这些是范雎比较光荣的一面。范雎当然也有其不光彩处：武安君白起，是秦国著名的战将，长平之战的总指挥。范雎因忌其功大，恐其会位高于己，便进谗言于秦昭王，借故削夺了白起的兵权，并最终将其杀害，而以自己的恩人郑安平代其为将，也搞了点儿"任人唯亲"的东西。所以司马迁说他任相后"一饭之德必偿，睚眦（音 yá zì，怒目而视）之怨必报"（《史记》本传），不是没有根据的。后来，在一次战争中郑安平兵败降敌，根据秦法，"任人而所任不善者，各以其罪罪之"，因而，范雎罪当"收之族"（同前）。但秦昭王以其功大，没有加罪。不久，范雎的另一恩人王稽，也犯了"交通诸侯"之罪而被诛，这便使得范雎日感不安，燕国人蔡泽乘机至秦游说，劝说范雎"功成身退"，于是范雎主动辞去了相位。

范雎在戏剧中的艺术形象，比真实的历史人物要美好得多。特别是在逃往秦国前，他被描写成一个忠义之士：他随须贾出使，是"志在安邦"（《赠绨袍》第一场范雎唱词）。被迫逃亡时，他对故土又是那样恋恋不舍，"忍不住泪落心伤"，"万般无奈离却了父母之邦"（第六场，范唱）。剧作家的大胆虚构、夸张，使得《赠绨袍》一剧更加感人，因为人民喜爱这样的人物。当舞台上的范雎被责时，观众也跟着叹息，对他报以深切的同情；而当须贾跪倒在秦国相府时，观众则发出会心的笑，表示出对他的痛恨和唾弃。剧作者对须贾这个人物的刻画也是很成功的，特别是范雎假装失意往拜须贾那场戏，写得相当精彩。当范雎缓缓述说自己至秦后的"遭遇"时，须贾的态度随着范雎"遭遇"的变化而变化：范雎说至自己被"主人"赶出府来时，须贾（白）："哼，如何，如何？我曾对你说过，你恃才逞能，好高犯上。如今你那东翁将你赶出府来，都是为的你这一张高傲的嘴。我看你呀，本性难移，一辈子也没有出息呀！"而当范雎讲到自己又受到"张禄丞相"的青睐，还能够引须贾面见"张禄"时，须贾又转而诏笑（白）："你真是个有出息的！你可记得，我曾对你说过，范先生才高智广，只是时运未到，将来时运亨通，必然大富大贵。今日你红光满面，我看你一定是官运到了！"剧作家就是这样用强烈的对比手法，深刻地揭露出须贾这个人物卑鄙而丑恶的灵魂。

《赠绨袍》是一出唱、做并重的须生戏，剧中也有许多优美动人的唱腔。过去演出此剧的，前有高庆奎，后有李和曾。但由于该剧较少演出，因而它不像《斩黄袍》、《逍遥津》、《碰碑》等高派剧那样为人所熟知，因而其中的精彩唱段也不为戏迷们所习唱。但如果从整个戏曲史的角度来看，该剧的"资格"却是很老的——元代便有一出《须贾大夫诨（音suì）范叔》的杂剧，它大约是"赠绨袍"故事最早的一个戏剧脚本。

原载于《谈史说戏》　来新夏等著　北京出版社1987年版

连营寨

公元221年，三国蜀主刘备因吴国夺取了蜀的荆州，并杀死了蜀守将、刘备的义弟关羽，遂动员了蜀及少数民族士兵数十万人，以收复荆州，为关羽报仇为名，进攻吴国。在猇亭（今湖北宜都县北）大败吴军，随征之胡王沙摩柯射杀吴大将甘宁，东吴为之大震。吴主孙权派遣诸葛瑾押解杀害张飞的降将范疆、张达二人及张飞的首级，赴蜀营求和。刘备不允，设位哭祭张飞与关羽，斩杀范疆、张达、傅士仁、糜芳，立誓灭吴。孙权大惊，接受谋臣阚泽的推荐，起用年轻将领陆逊，挂帅应敌。刘备轻视陆逊，不加戒备。因天气炎热，蜀军移营于茂林深处，扎下七百里连营。陆逊乘蜀军劳师疲惫，连营扎寨之机，使用火攻，火烧连营，蜀军伤亡惨重。刘备险遭擒获，幸诸葛亮预见先机派勇将赵云来救击败吴兵，蜀兵退守白帝城。这就是京剧《连营寨》的历史本事。

《连营寨》的京剧剧情，基本上脱胎于罗贯中《三国演义》第八十三回"战猇亭先主得仇人"和第八十四回"陆逊营烧七百里"。其情节与正史所记大体相同。据《三国志·吴书·陆逊传》载称：

> 乃敕各（兵）持一把茅，以火攻拔之。一尔势成，通率诸军同时俱攻，斩张南、冯习及胡王沙摩柯等首，破其四十余营。备将杜路、刘宁等穷逼请降。备升马鞍山，陈兵自绕，逊督促诸军四面蹙之，土崩瓦解，死者万数。备因夜遁，驿人自担，烧铙铠断后。仅得入白帝城。其舟船、器械、水步军资，一时略尽，尸骸漂流，塞江而下。备大惭恚。

这次蜀吴交锋，史称"彝陵之战"，是三国时大战役之一。刘备拥兵数十万，陆逊仅有五万兵丁。陆逊采取先让一步，后发制人的战略，消磨敌人士气伺机反击，并将蜀军拖至"兵疲意阻，计不复生"时，利用刘备联营七百里的错误措施，采用火攻，出奇制胜，终于取得大败蜀军的辉煌战果。

京剧《连营寨》，一名《哭灵牌》，又名《火烧连营》，是谭鑫培的代表作。川剧、汉剧、秦腔、徽剧、豫剧，均有此剧目。言菊朋自《小桃园》、《伐东吴》、《战猇亭》、《连营寨》、《八阵图》至《白帝城》连演，总称《吞吴恨》。上世纪五十年代，中国京剧院李和曾等曾排演以《连营寨》为核心的《彝陵之战》。

《连营寨》里刘备的"点点珠泪往下抛"，连唱十数句的〔反西皮二六〕唱腔，是谭鑫培的创作。唱词历数与关羽、张飞的兄弟友情历程，悼念关羽、张飞的事功品行。唱腔悲愤填膺，情发乎中，令听众亦为之动容。其后王又宸、言菊朋、奚啸伯等名角，唱这段〔反西皮二六〕时，亦都能一字一泪，如泣如诉地发抒哀思，感人至深。尤其是王又宸在这出戏的哭头里，当刘备叫喊二弟、三弟时，头上的珠子颤抖乱动，结合剧情，扣人心弦。今已难见！

这出戏的道具行头由于是祭奠内容，所以满台素装，一般认为不够喜庆。但是慈禧非常爱看这出戏，常命谭鑫培、杨小楼合演。谭饰刘备，杨饰赵云，可称珠联璧合。内廷戏台较大，据闻，当时台上有素装士兵多达九十人，形成满台白，有人私下嘀咕，这不是什么好兆！

原载于《谈史说戏》 来新夏、马铁汉主编 山东画报出版社2007年版

哭秦廷

　　《哭秦廷》是取材于春秋时史事的一出传统戏，它是早年著名演员高庆奎经常上演的戏，因而成为高派代表剧目之一。高派传人李和曾虽也演出，但演出频率不高，而其他流派演员，也因此戏音调高亢，有相当难度而不演，所以这出戏很少见于舞台而不为众多观众所熟悉。

　　《哭秦廷》的剧情是，春秋时楚人伍子胥为报楚平王杀其全家老小而借吴兵破楚，时楚平王已死，其子昭王亦已逃亡他国。子胥遂掘平王墓，鞭尸三百，以报仇雪恨。楚大夫申包胥与伍子胥曾立有"子灭楚，我必兴楚"之约，因往秦国借救兵，秦哀公迟疑不决，申包胥遂立在秦廷，痛哭七日七夜，感动了秦哀公，遂允借兵，使之复楚。

　　申包胥哭秦廷借兵复楚，在历史上确有其事。《史记·伍子胥列传》曾记其事，与剧情基本吻合，伍传中说：

　　　　始伍员（音 yún）与申包胥为交。员之亡也，谓包胥曰："我必覆楚。"包胥曰："我必存之。"及吴兵入郢，伍子胥求昭王，既不得，乃掘楚平王墓，出其尸，鞭之三百，然后已。申包胥亡于山中，使人谓子胥曰："子之报仇，其以甚乎！吾闻之，人众者胜天，天定亦能破人。今子故平王之臣，亲北面而事之，今至于僇死人，此岂其无天道之极乎！"伍子胥曰："为我谢申包胥曰，吾日莫途远，吾故倒行而逆施之。"于是申包胥走秦告急，求救于秦。秦不许。包胥立于秦廷，昼夜哭，七日七夜不绝其声。秦哀公怜之，曰："楚虽无道，有臣若是，可无存乎？"乃遣车伍百乘，救楚击吴。

　　高派传人李和曾演《哭秦廷》时饰申包胥，在演技上充分发挥高派独有的高亢嘹亮嗓音和最完善地表现人物的慷慨激昂、壮怀激烈、悲痛欲绝等情绪的唱法，深度刻画了申包胥这一人物。特别是在"申包胥站立在秦廷殿外，思想起楚国事好不伤怀……"这一大段，腔调从〔二黄导板〕转〔二黄原板〕，又转〔反二黄原板〕的婉转曲折，既将高派特色发挥得淋漓尽致，又表现出申包胥内心错综复杂的感情，起起伏伏的情绪跌宕。戏词中既有对楚平王父纳子妻的谴责，又有对伍氏全家惨遭杀害的同情；既有对伍子胥破楚鞭尸的愤怒，又有对秦哀公不肯借兵的不满情绪等等。这大段唱词的难度很大，唱起来亦很吃力。但李和曾在演唱时却能做到运用自如，恰到好处。每当听这段唱时，内心随之起伏，屏声息气，直到唱完，立即听到如雷掌声，令人赞叹不已！

原载于《谈史说戏》 来新夏、马铁汉主编 山东画报出版社2007年版

萧何月下追韩信

　　《萧何月下追韩信》（以下简称《追韩信》）是一出传统京剧，是著名须生流派——麒派的代表剧之一。说来，《追韩信》在麒派戏中，还真有点儿"代表性"：它的最初脚本，是由麒派创始人周信芳（艺名"麒麟童"）自己创作的。该剧初编成，演出于上海，但不是周信芳自己主演，当时主演萧何的是刘奎童，周信芳只演配角——韩信。这是1920年前后的事。所以，在传统京剧中，《追韩信》是比较"年轻"的，到现在只有六十多岁。周信芳自己主演该剧，大约是在1924年。那时，周在烟台，"为了给穷苦的同行买义地，和当地的京剧界合演了一场义务戏"（《周信芳舞台艺术》），演出的剧目便有《追韩信》。在几十年的舞台实践中，周信芳对《追韩信》不断加工、提高，使之成为深受广大群众喜爱的传统剧目之一。

　　《萧何月下追韩信》取材于小说《西汉演义》，内容描写秦末农民战争推翻秦王朝后，项羽违背原来"先入关中者王"的约定，自立为西楚霸王，而贬先入关中的刘邦为汉中王。刘邦很不甘心，便在暗中积蓄实力，又让张良往各处寻访堪任元帅的人才，伺机灭楚兴汉。张良知道韩信是个人才，而在项羽部下未得重用，劝其弃楚归汉，并写了一封推荐信（角书）给他。韩信至汉，自思若以角书自荐，恐为人所轻，乃密而不呈，先往招贤馆应试。主持招贤的夏侯婴见韩信确有韬略，乃报知丞相萧何。萧何面试韩信，大为赏识，竭力推荐于刘邦之前。刘邦以为韩信出身微贱，又辞以张良的角书未至，不加重用。萧何言之再三，刘邦终不允诺。韩信得知，假意逃走。萧何闻讯，立即前往追赶，在一个月夜，方才追及，夏侯婴亦得报，随后追至。二人同劝韩信返回。韩信见二人意诚，乃出示角书，三人一起归来。萧何再荐于刘邦，示以角书，刘邦乃拜韩信为大将。

　　小说和戏剧中的故事，是根据《史记》卷九十二《淮阴侯列传》的记载敷衍而来的。《淮阴侯列传》载其事如下：

> 及项梁渡淮，（韩）信仗剑从之，居戏（一作"麾"）下，无所知名。项梁败，又属项羽，羽以为郎中。数以策干项羽，羽不用。汉王之入蜀，信亡楚归汉，未得知名，为连敖（官名）。坐法当斩，其辈十三人皆已斩，次至信，信乃仰视，适见滕公（即夏侯婴），曰："上不欲就天下乎？何为斩壮士！"滕公奇其言，壮其貌，释而不斩。与语，大说（音yuè，同悦）之。言于上，上拜以为治粟都尉，上未之奇也。
>
> 信数与萧何语，何奇之。至南郑，诸将行道亡者数十人，信度何等已数言上，上不我用，即亡。何闻信亡，不及以闻，自追之。人有言上曰："丞相何亡。"上大怒，如失左右手。居一二日，何来谒上，上且怒且喜，骂何曰："若亡，何也？"何曰："臣不敢亡也，臣追亡者。"上曰："若所追者谁何？"曰："韩信也。"上复骂曰："诸将亡者以十数，公无所追，追信，诈也。"何曰："诸将易得耳，至如信者，国士无双。王必欲长王汉中，无所事信；必欲争天下，非信无所与计事者，顾王策安所决耳。"王曰："吾亦欲东耳，安能郁郁久居此乎？"何曰："王计必欲东，能用信，信即留；不能用，信终亡耳。"王曰："吾为公以为将。"何曰："虽为将，信必不留。"王曰："以为大将。"何曰："幸甚。"于是王欲召信拜之。何曰："王素慢无礼，今拜大将，如呼小儿耳，此乃信所以去也。王必欲拜之，择良日，斋戒，设坛场，具礼，乃可耳。"王许之。……

《汉书》卷三十四《韩信传》亦载此事，除字句稍异，本事尽同。

史籍所记，与戏剧的情节是有出入的。

（一）史籍并不载张良访信、荐信之事。实际上，鸿门宴后，刘邦入蜀，张良送到褒中，因张良世为韩人，刘邦即"遣良归韩"（《史记》卷五十五《留侯世家》）。当时韩王仍在项羽那里，项羽为张良曾从刘邦故，不许韩王归国，后又将其杀害。张良逃出，"间行归汉王"（同前）。其后，他一直未离开刘邦左右，也没有刘邦让他去寻访元帅之事。在楚汉战争的许多关键时刻，张良是给刘邦出了不少好主意的，刘邦也曾称赞他有"运筹帷幄之中，决胜于千里之外"的本领，他同萧何、韩信一起，被后人称为"汉初三杰"，在刘邦统一中国的事业中卓著功勋。历史家曾记载了张良青年时期在博浪沙刺秦皇，亡命下邳在圯桥纳履之事，这本来就富有些传奇意味了。可能也正由于此，到了小说家的笔下，张良就更被蒙上了一层神仙般的色彩，成了与《三国演义》中的诸葛亮、《大明英烈传》中的刘伯温一类的人物了。《追韩信》一剧中，张良虽没有出场，但他的一封角书，却是韩信能否拜将的关键之物。

（二）夏侯婴结识韩信不是在"招贤馆"中，而是在韩信犯法当斩之时。史传上也没有刘邦在蜀"招贤"之事。夏侯婴这个人物，《史记》、《汉书》中均有传。他同萧何、曹参一样，是刘邦在沛时的故交，跟从刘邦起义，因屡立战功，"赐爵封转为滕公"（《史记》卷九十五《樊郦滕灌列传》）。楚汉彭城之战，刘邦大败，欲丢弃自己的子女，即后来的孝惠帝和鲁元公主，赖夏侯婴多方保护，二人才免于难。汉统一后的第二年（公元前201年）刘邦被匈奴困于平城，夏侯婴护驾亦有功。至汉文帝初年，夏侯婴方卒。从夏侯婴的经历看，他是一员能征惯战的将官，在京剧中，应当扮作武生、武净之类的角色，而实际上，他却由丑角应工。这是因为，在多次战役中，他总是遇危而安，属于一个"福将"。这样的人物，在戏曲中，往往被扮成一些诙谐、滑稽的角色，像隋唐戏中的程咬金一样。至于小说和戏剧中让他主持招贤馆，恐怕是要从多方面突出韩信是个人才，这是小说、戏曲中常用的"衬托"的方法。事实上，首先发现韩信有才能的，的确也是夏侯婴。

至于史传和戏剧还有某些细节上的不同，如史载萧何追上韩信不一定是在夜间，而戏中却偏偏演成"月下"；史文没有夏侯婴追韩信，而戏中却故意安排婴随何后的情节等等，这些无非是要渲染气氛，加强喜剧效果而已，勿须多谈的。

《萧何月下追韩信》，是一出优秀的传统剧，它成功地塑造了一个重视人才、求贤若渴的古代政治家的形象。而周信芳的精湛表演，更把萧何刻画得栩栩如生，使我们觉得这个人物可亲可爱。这里，我们想提一提周信芳的唱工。我们知道，京剧讲究"唱、念、做、打"四个字，对于正工老生来说，前三个字尤为重要。有人说，麒派的特点在念和做，特别是做工方面。这种说法失于片面，周信芳在唱工方面，也是造诣很深、独具特色的。《追韩信》一剧中，有两个大段唱腔，一是初荐韩信时的"我主爷"那一段〔西皮流水板〕，一是追到韩信时的"三生有幸"那一段〔二黄碰板〕。前一段，周信芳唱得欢快、流畅，"但愿得言听计从重整那汉家邦，我们一同回故乡"一句，一顿一扬，干脆利落，准确地表达出萧何发现了人才，感到刘邦取天下有望时的那种由衷的喜悦之情。后一段，周信芳唱得深沉、委婉，"顾不得山又高、水又深，山高水深、路途遥远、忍饥挨饿，来寻将军"一句，有抑有扬，错落跌宕，恰当地倾吐出萧何盼望韩信回转，为汉出力的那种至诚之心。这两段唱腔之所以脍炙人口，甚至被人们誉为周信芳的"绝唱"，不是没有原因的。周信芳的唱，确实有以声传情、以情感人的艺术魅力。

周信芳对艺术精益求精。《追韩信》一剧，演了几十年，他还总是不断修改。原来，"我主爷"这一段唱词中的第三句，曾经唱成"遵奉王约圣旨降"，不但唱着拗口，文句也不甚通顺，后来唱时，便改为"怀王当年把旨降"了。这是对他自己的戏，对配角的戏，他也精心考虑。例如，韩信逃走，有一场趟马过场的戏。一般的"趟马"身段，多是勒马三鞭。有些人演此剧，多不加深思，用勒马三鞭的旧套。周信芳认为，勒马三鞭式的"趟马"，是要表现剧中人催马疾行，而这时的韩信，不是真心逃走，是要看萧何"追也不追"，没有拼命打马的必要，因此，他要演员改成勒马反踢腿，右转身，亮相时往回看的身段。这样一来，不仅身段更美，而且使表演更符合剧情。周信芳对艺术严肃认真、一丝不苟的态度，也是很值得称道的。

原载于《今晚报·星期文库》2007年2月20日

王昭君

京剧《王昭君》，一名《昭君出塞》、《汉明妃》和《青塚记》。剧情是汉元帝刘奭后宫美人王嫱（昭君），因不肯贿赂画工毛延寿，被有意丑化其面容，使元帝不加召幸。昭君哀怨，弹琵琶自伤遭遇。元帝发现其容貌艳丽，就立为明妃，并欲斩毛延寿，毛逃往匈奴，呈献王嫱画像，怂恿匈奴王发兵索王嫱。元帝自感兵力不足，不得已割爱，送王嫱出塞和亲。昭君至匈奴，与匈奴王相约三事，终于斩毛延寿于北廷。

这一剧情和正史的记载，颇有出入。两汉书均记王嫱和亲一事，如《前汉书·元帝纪》说：

> 其改元为竟宁，赐单于待诏掖庭王嫱为阏氏。

阏氏也作"焉提"，是汉时匈奴单于之妻的称号。正由于这种和亲使双方处于一种相安和谐的关系之中，汉元帝还把这一年改年号为"竟（通境）宁"，表示边境的安宁（竟宁元年是公元前33年）。

在《汉书·匈奴传》中所记比这更详细些，记称：

> （匈奴王呼韩邪单于）自言愿婿汉氏以自亲，元帝以后宫良家子王嫱，字昭君，赐单于。

在《后汉书·南匈奴传》中记昭君经历甚详，传中说：

> 昭君字嫱，南郡人也。初，元帝时，以良家子选入掖庭，时呼韩邪来朝，帝敕以宫女五人赐之。昭君入宫数岁，不得见御，积悲怨，乃请掖庭令求行。呼韩邪临辞大会，帝召五女以示之。昭君丰容靓饰，光明汉宫，顾景

裴回（徘徊），竦动左右。帝见大惊，意欲留之，而难于失信，遂与匈奴。生二子。及呼韩邪死，其前阏氏子代立，欲妻之，昭君上书求归，成帝敕令从胡俗，遂复为后单于阏氏焉。

根据这些史料记载，昭君和亲确有其事，其具体情况可以归纳为二点。

（一）公元前33年（汉元帝竟宁元年），匈奴王呼韩邪单于来朝，自己请求愿为汉婿，与汉结亲，于是元帝把后宫良家子王嫱赐给单于。这是通过友好交往所提出的要求，并非"匈奴发兵索王嫱"，而王嫱也是自请"求行"的。

（二）王嫱在临行时，元帝才发现她"丰容靓饰，光明汉宫"的美貌姿容，不胜追悔，"意欲留之"，但又不愿失信于匈奴，终于把王嫱遣嫁给呼韩邪单于，称为宁胡阏氏。呼韩邪死后，大阏氏的儿子继位，请求按照匈奴习俗，再婚王嫱。王嫱请示汉朝，成帝命她服从匈奴习俗，于是王嫱又作了后单于的新妇，前后奉事两代单于。两个氏族的不同习俗，很可能使王嫱在思想感情上接受不了，希望汉朝廷能接她回来，想不到成帝命她从俗。这很可能正是昭君哀怨的原因所在。她不是因出塞而有哀怨。

至于京剧中毛延寿因索贿不遂故意丑化画像之事，不见史传记载，而是见于《西京杂记》。《西京杂记》是东晋葛洪托名刘歆所撰的历史小说集，所记是西汉遗闻轶事，其《画工弃市》一段就记这一故事说：

> 元帝后宫既多，不得常见，乃使画工图形，案图召幸之。诸宫人皆赂画工，多者十万，少者亦不减五万。独王嫱不肯，遂不得见。匈奴入朝，求美人为阏氏。于是上案图，以昭君行。及去，召见，貌为后宫第一，善应对，举止闲雅。帝悔之，而名籍已定。帝重信于外国，故不复更人。乃穷案其事，画工皆弃市，籍其家资皆巨万。画工有杜陵毛延寿，为人形，丑好老少，必得其真；安陵陈敞、新丰刘白、龚宽，并工为牛马飞鸟众势，人形好丑，不逮延寿；下杜阳望亦善画，尤善布色，樊育也善布色；同日弃市。京师画工于是差稀。

这段故事并未专指毛延寿，而是一起因王嫱事件而引发的大贿赂案，几个著名画家都牵连进去，其中毛延寿是水平最高的画工，戏剧选择毛延寿作为此案的代表人物，是有一定理由的。

后世文人多有以昭君故事为题材而写作诗词的，如晋石季伦，唐杜甫、白居易，宋王安石等都有咏明妃的诗作。它们与史实都有不同程度的出入，而哀怨情绪居多。石季伦的《王明君词》（晋避司马昭讳，改称明君）最后就以哀怨结尾，词中说：

> 我本汉家子，将适单于庭，
> 辞决未及终，前驱已抗旌。
> 仆御涕流离，辕马悲且鸣，
> 哀郁伤五内，泣泪沾珠缨。
> 行行日已远，遂造匈奴城，
> 延我于穹庐，加我阏氏名。
> 殊类非所安，虽贵非所荣，
> 父子见陵辱，对之惭且惊。
> 杀身良不易，默默以苟生，
> 苟生亦何聊，积思常愤盈。
> 愿假飞鸿翼，乘之以遐征，
> 飞鸿不我顾，伫立以屏营。
> 昔为匣中玉，今为粪上英，
> 朝华不足欢，甘与秋草并，
> 传语后世人，远嫁难为情。

昭君远嫁而有乡思，这是意中之事，但悲愤哀怨到有匣中玉粪上英的泣诉，则是诗人以意逆志的感情，也包含着诗人所处历史时代的民族偏见，不能视作昭君怨。

有关王昭君的戏剧，传至今日者，有元马致远《汉宫秋》、关汉卿《哭昭君》、吴昌龄《月夜走昭君》，明陈与郊《昭君出塞》等杂剧和明人《和戎记》传奇等。地方剧方面，川剧有《汉贞烈》，秦腔、同州梆子有《昭君和番》，滇剧有《王昭君》，河北梆子、湘剧、徽剧等也都有这类剧目。1978年曹禺还创作了话剧《王昭君》，赋予了新的思想内容，塑造了新的昭君形象。

京剧中的王昭君，既要能唱，又要有武功根底。民初的陈德霖是当时既有嗓子、又有武功的名角，曾贴演过《昭君出塞》，与之同台演出的有饰呼韩邪单于的李寿山，饰王龙的郭春山，其他配角有小百岁、屈兆奎、庞士云等，成为当时被人称道的一出珠联璧合的好戏。后来，尚小云、梅兰芳等都演过此戏。而尚小云《汉明妃》中的《出塞》一折尤见精采。

尚小云的《出塞》一折，通过演唱的感情倾诉、环顾流盼的眼神和一连串的探海、蹦步、跳步、单腿勒缰等马上动作鲜明地表现出昭君出塞时那种留恋乡土、怀念故人、自请和亲而又疑虑重重的复杂心情。特别是最后那一个犹如徐风轻掠的大圆场动作，是在〔四击头〕锣鼓中挥舞马鞭，后退两步即疾速趋步搓动、上身前倾，头上双翎垂地，身后斗篷飞起，敏捷轻盈，最后用单手掬住双翎定住，这不单造型优美，而且把在漫长进程中，跋涉山川时的各种复杂心情，诗情画意般地揭示出来了。为尚小云配演马童的李盛斌，也是配合严谨，极见功力，为全剧生色不少。

原载于《谈史说戏》　来新夏等著　北京出版社1987年版

长坂坡

《长坂坡》是一出有名的传统京剧，也是群众喜闻乐见的三国剧目之一。它一名《单骑救主》或《当阳桥》。除京剧外，汉、川、徽、豫、秦等剧种也有这个剧目。

《长坂坡》的故事本于《三国演义》第四十一回后半和四十二回前半。主要描写刘备从新野撤走，在当阳为曹兵追及，士兵、百姓和眷属都被冲散，幸赖部将赵云英勇奋战，救出简雍、糜竺、甘夫人和阿斗的故事。故事的基本情节和史传出入不大，如《三国志》的《蜀书》卷二《先主传》（刘备传）、卷六《张飞传》和《赵云传》等处的概括性记载，都和剧情大体相似。

《长坂坡》是忠实于《三国演义》原作的，剧情和人物都一本于演义，甚至戏词中还截用了演义的原文。

这出戏是一出好的传统历史剧。它使许多人物以丰富生动的性格活跃在舞台上，并把这一段史事逐渐定型化。若干年来，长坂坡救阿斗几乎成为喜看传统京剧者所熟知的故事了。这出戏也寄托了人们的善良愿望和好恶爱憎：人们为曹操上当而称快，也为赵云脱围而庆幸。全剧把赵云这位古代英雄表现得有血有肉有感情，第十二场中赵云与糜夫人之间为托付阿斗而引起的感情回荡是多么感人的场面啊！又如对张飞这个人物就用两个主要情节塑造出他的可爱处：一个是马尾系树枝，一个是拆断桥梁。前者令人感到张飞还是粗中有细的人，而后者却使人感到张飞终究是张飞，他自以为聪明，实际上把弱点暴露给对方了，前辈剧作者如此巧妙地把张飞的性格作了完整的刻画，不能不赞叹这是一种神来之笔。

《长坂坡》对于剧情的起讫处理也是比较合情理的。从曹操点将开端，可使观众开门见山地感到刘备处境已十分危急，而第二场赵云立即作为一员英姿焕发的虎将被推到观众面前，使赵云很快地占有了观众，取得剧中主角的地位。至于以拆桥结尾正表明赵云已完成这一次的战斗任务了。

《长坂坡》的主要内容是通过描写赵云的忠心耿耿和英勇奋战，反映当时曹、刘之间紧张的敌对形势，并分析了刘备之所以能有"三分"之势，是靠"夫济大事，必以人为本"（《蜀书》卷二）的政治资本。这就是刘备从新野逃走随带的"众十余万"。刘备自知"天时"和"地利"都不如曹操和孙权，要想立足，必须抓住"人和"，剧中在一定程度上想表现这一点，所以在第二场中，刘备答复简雍的"抛弃车辆百姓，走为上策"的建议时说："从新野相随数万百姓，怎忍一旦抛弃"，接唱〔西皮散板〕："抛弃百姓心不忍"，这正是刘备的"今人归吾，吾何忍弃去"的"不忍心"态度。正因为有这一点，才使刘备有了创业之基。晋朝史家习凿齿曾论述这一点说："先主虽颠沛险难而信义愈明，势逼事危而言不失道。追景升之顾，则情感三军；恋赴义之士，则甘与同败。观其所以结物情者，岂徒投醪抚寒，含蓼问疾而已哉！其终济大业，不亦宜乎？"（《蜀书》卷二注引）

这出戏是以赵云活动为中心，也许有人怀疑剧情主要渲染赵云忠君或效忠个人的思想。其实不能这样看，在封建社会里要求没有忠君思想是不现实的，何况当时赵云与刘备还不完全能算君臣关系呢！因为：第一，刘备当时并不是君，而是还处于颠沛流离的患难之中，赵云没有乘人之危而背弃刘备是一种"义"行。第二，刘备与赵云的关系已超出一般所谓君臣范围，他们一直有密切的情谊，据《赵云别传》说："先主就袁绍，云见于邺。先主与云同床眠卧，密遣云合募得数百人，皆称刘左将军部曲。"刘备把赵云提到次于关张的"四弟"地位，彼此是一种"情同手足"的情谊。第三，赵云救阿斗也并非因他是"储君"，而是要保护刘备的骨肉，正如糜夫人所说："可怜他父半世飘流，只有这点血肉。"第四，赵云在剧中的几次冲杀，主要是表现他对众百姓的掩护。这正是赵云所以成为群众所喜爱的英雄的道理所在，他是"胜利"和"脱难"的力量。这和历史上姜维等最后议谥时曾以"柔贤慈惠、执事有班、克定祸乱"等标准衡量他的功绩基本上是吻合的。

这出戏中塑造的简雍似乎离历史记载较远，他形象猥琐，像个传令兵，而《简雍传》中描写他的风度是"优游风议，性简傲跌宕，在先主坐席，犹箕踞倾倚，威仪不肃，自纵适。"（《蜀书》卷八）同时他又是"谈言微中"的善谏者和能谋善断的重要谋士。

这出戏中还有一个与历史不合的事实，即阿斗的生母问题。《三国演义》和

《长坂坡》中都把阿斗作为糜夫人所出，可是，史籍记载阿斗系甘夫人所出，而赵云保护突围的是甘夫人和阿斗。据《三国志·二主妃子传》载称："先主甘皇后……随先主于荆州，产后主。值曹公军至，追及先主于当阳长坂，于时困逼，弃后及后主，赖赵云保护，得免于难。"（《蜀书》卷四）

又同传记甘夫人卒后谥"皇思夫人"，后迁葬时，诸葛亮等根据"母以子贵"原则进谥"昭烈皇后"。可证其与阿斗的生身关系。

再《赵云传》中也载称：

> 及先主为曹公所追于当阳长坂，弃妻子南走，云身抱弱子即后主也，保护甘夫人即后主母也，皆得免难。（《蜀书》卷六）

这只是说明剧情与历史的出入，并不一定非要阿斗从糜夫人怀中挣脱而扑向甘夫人，因为这种改动会牵涉全剧结构安排的。

《长坂坡》写曹操的笔墨虽然不甚多，却使曹操那种志得意满和仓皇逃奔的形象很调和地并存于剧中。它的最妙处是写曹操的胜利追击，而却使人感到曹操狼狈失败；写曹操威风明智而却使人感到愚蠢可笑。这种冲突足证前辈剧作者手法的高明。但还有点不足之处，从剧情来看，曹操追击刘备是"大耳刘备实可恨，他不该忘却保奏恩"，意思是恨刘备离他而去。但历史的事实却是："曹公以江陵有军实，恐先主据之，乃释辎重，轻军到襄阳，闻先主已过，曹公将精骑五千，急追之，一日一夜行三百余里，及于当阳之长坂。"（《蜀书》卷二）因此，这一次的追击战，不是曹刘个人恩怨问题，而是曹操的一种有战略意义的军事行动。

原载于《谈史说戏》　来新夏等著　北京出版社1987年版

战宛城

京剧《战宛城》，一名《张绣刺婶》、《割发代首》和《盗双戟》。有的夹演昆腔《醉韦》。其他剧种如汉剧、徽剧、豫剧、秦腔等都有此剧目。川剧有《征宛城》、粤剧有《曹操下宛城》等剧名。《战宛城》和《长坂坡》、《走麦城》、《铁笼山》等剧一样，都是以三国故事为题材的历史故事剧，早年曾是谭鑫培、杨小楼、侯喜瑞、于连泉等著名京剧演员的拿手好戏。解放以来，由于它本身有某些不健康的部分，已很少上演，所以它就不像其他三国戏那样为众多观众所熟悉。

《战宛城》的主要情节是：曹操统兵往宛城讨伐张绣，曾传令三军沿途不可践踏青苗，违令者斩。但行军途中，他自己的马因受惊而入麦地，践踏了青苗，曹操遂欲拔剑自刎，为众将所劝阻，最后割发代替斩首，用来儆戒三军。兵至宛城，张绣战败归降，后因曹操掳占其婶母邹氏而欲反曹，但怵于典韦勇悍难制，所以先派胡车儿盗取典韦的称手兵器——双戟，然后袭击曹营。结果，曹操毫无准备而败，轻骑逃奔，一子一侄丧命在乱军之中。典韦也因猝不及防，赤身战死。张绣杀入曹营，刺死其婶母邹氏。

这出戏的情节主要取材于《三国演义》第十六、十七和十八回。但是经过戏剧创作上的加工和整理后又不尽同于《三国演义》中所描述。如演义中写曹操两次讨伐张绣，而京剧为使剧情更加集中，则合为一次。又如京剧对曹操马踏青苗和张绣刺婶的情节在先后顺序的安排上也做了不同于演义但更富于戏剧性的改动。戏剧情节和演义故事的出入大致如此。

《战宛城》中的主要事件和几个剧中人物大致都可以从史传中找到依据。

曹操马踏青苗一事见于《三国志》卷一《魏武帝纪》裴松之注中。裴注引《曹瞒传》说：

（太祖）常出军，行经麦中，令"士卒无败麦，犯者死"。骑士皆下马，付麦以相持，于是太祖马腾入麦中，敕主簿议罪；主簿对以《春秋》之义，罚不加于尊。太祖曰："制法而自犯之，何以帅下？然孤为军帅，不可自杀，请自刑。"因援剑割发以置地。

可见马踏青苗似确有其事，但裴注并非引来专注某段正文或某一往事，而是附载于传末，似乎是作为一种备考的遗闻掌故。因之，很难说这就发生在曹操讨张绣的途中，不过剧作家引此史文来塑造剧中人物形象则是完全被允许，而且它也不违背历史的真实。

曹操与张绣在宛城交兵以及张绣降而复反的史实见于《三国志》卷八《魏书·张绣传》和卷十八《魏书·典韦传》以及裴注等。如《张绣传》记道：

张绣，武威祖厉人，骠骑将军济族子也。……绣随济，以军功稍迁至建忠将军，封宣威侯。济屯弘农，士卒饥饿，南攻穰，为流矢所中死。绣领其众，屯宛，与刘表合。太祖南征，军淯水，绣等举众降。太祖纳济妻，绣恨之。太祖闻其不悦，密有杀绣之计。计漏，绣掩袭太祖。太祖军败，二子没，绣还保穰，太祖比年攻之，不克。

《典韦传》记张绣反曹的经过说：

太祖征荆州，至宛，张绣迎降。太祖甚悦，延绣及其将帅，置酒高会。太祖行酒，韦持大斧立后，刃径尺，太祖所至之前，韦辄举斧目之。竟酒，绣及其将帅莫敢仰视。后十余日，绣反，袭太祖营，太祖出战不利，轻骑引去。韦战于门中，贼不得入。兵遂散从他门并入。时韦校尚有十余人，皆殊死战，无不一当十。贼前后至稍多，韦以长戟左右击之，一叉入，辄十余矛摧。左右死伤者略尽。韦被数十创，短兵接战，贼前搏之。韦双挟两贼击杀之，余贼不敢前。韦复前突贼，杀数人，创重发，瞋目大骂而死。

又《张绣传》裴注引《傅子》说："绣有所亲胡车儿，勇冠其军。太祖爱其骁健，手以金与之。绣闻而疑太祖欲因左右刺之，遂反。"

看来，这些记载和《战宛城》的基本情节没有什么大出入。所异者只是某些细节，如曹操霸占张济妻是史实，但是否姓邹则无从查考，而是作者所加；又如胡车儿是张绣的亲信而有勇力，曹操要收买他，被绣发觉，这是史文，但绣派胡车儿盗载则无明文，不过从记载推测是有可能的，是一种合理的演绎。这些都是细节。重要的是《战宛城》给人一个印象：张绣一直是曹操的对立面，实际情况，并非如此。后来张绣在曹操与袁绍相拒于官渡时即率部归附曹操。曹操为了笼络这部分势力，为子曹均娶了张绣之女，结为儿女亲家，拜绣为扬威将军。张绣由于在官渡之战中立了功而迁为破羌将军，又因从破袁谭，得封邑二千户，成为在当时诸将封邑中超出常规（无有满千户）者。最后，张绣在随征乌丸途中死，谥为定侯。

《战宛城》从京剧行当上看是一出文武并重的大戏。它包括生、旦、净、丑各种角色。每一角色又都有其难度较大的表演。早年，谭鑫培、余叔岩扮演张绣是以老生应工，但因谭、余武功根底扎实，故唱、念、做、打都很精采。杨小楼饰演张绣是以武生应工，但他有一副略带炸音的好嗓子，故又别具一格，与谭鑫培相比，有异曲同工之妙。侯喜瑞演曹操马踏青苗的趟马动作堪称一绝。裘盛戎演曹操则以唱工见长。于连泉和荀慧生都扮演过邹氏。于在刺婶一场中表演的摔打可称绝技，荀在表演邹氏思春之情时，又独见一功。50年代时，孙毓堃、于连泉和侯喜瑞曾合作演出过，后来就很少演出了。

原载于《谈史说戏》　来新夏等著　北京出版社1987年版

群英会

　　《群英会》是三国戏中流传很广、称颂人口的一出戏。它一名《草船借箭》，故事本于《三国演义》第四十五回至四十八回。滇剧、湘剧、徽剧、豫剧、秦腔等剧种中都有此剧目。这出戏虽然处处写周瑜的"智"，但又无一不是在烘托诸葛亮超人的"智"；因为周瑜的一切巧计都不能逃脱诸葛亮的睿智，使周瑜常常处在一种哭笑不得的尴尬地位。所以，这是一出颂扬诸葛亮的戏。

　　这出戏除了诸葛亮、周瑜、鲁肃、黄盖和曹操等为人所熟悉的人物外，还有一个活跃分子蒋干。蒋干在剧中扮演了一个自以为聪明得计而处处落入圈套的可笑人物。这出戏由于有了蒋干而把剧情一层层地向前推进，终于把曹操推到了失败。他是剧情发展必不可少的人物，但和历史上的蒋干对照来看，却是有些冤枉。不过，蒋干奉曹操之命去游说周瑜一事则是史有所载的。演义和戏曲可能就以此为核心而丰富发展起来的。

　　蒋干在陈寿的《三国志》中没有专传，后来裴松之为《三国志·周瑜传》作注时所引录的《江表传》中，对蒋干其人和渡江说瑜的故事讲得很完整。从《江表传》的记载可以知道这样一些情况：

　　蒋干字子翼，九江人，很有仪容，"以才辩见称，独步江淮之间，莫与为对"。那么，蒋干实在是一位仪表堂堂、风度翩翩的才子，而不是舞台上那种形容猥琐、鸡鸣狗盗的丑角人物。同时也知道他还是一个既有文才，又善词令，驰名江淮之间而首屈一指的大名士，不是一般帮闲清客之流。蒋干奉曹操派遣到江东去游说周瑜，这是历史事实。不过一见面，周瑜便先发制人，揭穿了蒋干的来意。立即对蒋干说："子翼良苦（很辛苦），远涉江湖为曹氏作说客邪？"蒋干连忙掩饰，诡称远道而来是为和故友叙叙友情，并非来作说客。周瑜又进一步借音乐作譬喻说："闻弦赏音，足知雅曲"，表明自己已全部了解蒋干的来意。这种咄咄逼人之势，迫使蒋干再也张不开游说之嘴了。周瑜把蒋干安置在宾馆，三天以后，才又亲自陪同蒋干巡视兵营，使他看到吴军中的仓库、军资、器仗，以显示吴国的实力。接着又在宴会上炫露自己的物质享受——侍者、服饰及珍玩之物，以显示吴主对自己的厚遇，甚至直截了当地明告蒋干说：

> 丈夫处世，遇知己之主，外托君臣之义，内结骨肉之恩，言行计从，祸福共之，假使苏、张更生，郦叟复出，犹抚其背而折其辞，岂足下幼生所能移乎？

正由于周瑜事先洞察蒋干来意，处处先着，所以使得这位以才辩独步江淮间的名士也完全处于被动，只能满面笑容而"终无所言"，并且也只能以"瑜雅量高致，非言辞所间"向曹操复命。所以《群英会》中蒋干盗假书等等情节都是按剧情要求而虚构的故事。

那么，蒋干盗书是不是一点根据都没有呢？也并非如此，从历史记载中还是有蛛丝马迹可寻的。《江表传》记述周瑜初见蒋干设宴招待后即安置他到宾馆休息，并告诉蒋干说："适吾有密事，且出就馆，事了，别自相请。"这段话虽然并没有讲得很明白，但从前后文意看，这是周瑜有意授人以隙的诡计，希望蒋干立功心切上钩。因为"密事"最容易引起对方的兴趣。可能蒋干也很高明，没有上钩，所以也就没有留下更多的文字记载。不过，前辈的剧作家则敏锐地抓住了"密事"的潜台词，大作文章，蔓衍情节，于是就发展为窃听机密、偷盗假书等等情节。这是不违背历史真实所创造的戏剧情节，是完全合理而应被允许的。

《群英会》看来在着力写周瑜的智，但主旨在烘托诸葛亮的超人之智。戏中的草船借箭，就是集中点明诸葛亮才智超过周瑜的有意之笔，周瑜在诸葛亮面前只不过是一个小有才的人物罢了。

草船借箭这个情节可以说是《群英会》的戏胆，所以过去这出戏又名为《草船借箭》。这个故事并不是没有历史依据的。裴松之在注《三国志·吴书·吴主传》时，引《魏略》说："（孙）权乘大船来观（曹）军，（曹）公使弓弩乱发，箭着其船，船偏重将覆，权因回船，复以一面受箭，箭均船平，乃还。"另外，唐朝名将张巡守睢阳，用草人借箭的故事和此也很类似。据《新唐书·张巡传》记述说："城中矢尽，巡缚藁为人千余，被黑衣，夜缒城下，潮兵争射之，久，乃藁人；还，得矢数十万。"

这里所谓"潮兵"是指叛将令狐潮所率兵，大约有四万围住睢阳，被张巡略施草人借箭之计，就巧得数十万支箭，除了草人与草船不同外，基本情节完全相似。罗贯中在撰《三国演义》时，可能以孙权受箭的史料为依据，又借用了唐朝张巡以草人借箭的故事，附会在诸葛亮的身上，而写成了诸葛亮草船借箭这个故事的。

原载于《谈史说戏》　来新夏等著　北京出版社1987年版

定军山

《定军山》一名《一战成功》，又名《取东川》。它是京剧中一出文武老生的重头戏。唱念做打，均见功力。汉剧、川剧、滇剧、徽剧、秦腔、晋剧、同州梆子、河北梆子和粤剧等剧种都有这一剧目。

全剧反映了刘备与曹操在汉中地区的交锋战况。刘备部下的老将黄忠与严颜击退了进攻葭萌关的曹将张郃，又乘胜攻取了曹军屯粮的天荡山，杀死曹将夏侯德。黄忠另引一军攻定军山。曹将夏侯渊擒黄忠牙将陈式，黄忠擒渊侄夏侯尚。于是双方约定走马换将。黄忠乘换将时射杀夏侯尚以激怒夏侯渊来追，引至荒郊，用拖刀计杀渊。

《定军山》中黄忠斩夏侯渊事的基本情节在《三国志》的黄忠、法正、刘备、曹操、夏侯渊等人的纪传中都有记载。如《黄忠传》中说：

> 建安二十四年，于汉中定军山击夏侯渊。渊众甚精，忠推锋必进，劝率士卒，金鼓振天，欢声动谷，一战斩渊。

在法正和刘备的传中记夏侯渊争战定军山时，刘备"兴势作营，渊将兵来争其地。正曰：可击矣"，于是刘备"命黄忠乘高鼓噪攻之，大破渊军"。"渊等授首"。在曹操和夏侯渊的传中也记有建安二十四年春，夏侯渊与刘备作战，被刘备所杀的事实。

根据史传所载，可以知道定军山战役确有其事，它发生在建安二十四年春，即公元219年春，曹操部将夏侯渊领兵来争定军山，刘备派老将黄忠对阵，并命重要谋士法正从旁赞画。从人员配备看，刘备对这一仗相当重视，结果蜀方利用地形"乘高鼓噪攻之"，获得了"一战斩渊"的胜利。

这出戏的故事虽然大体取材于《三国演义》第七十回和七十一回，但情节不尽相同。演义的第七十与七十一回主要讲"老黄忠计夺天荡山"和"占对山黄忠逸待劳"。这主要根据《三国志》的有关记载渲染而成，但敷衍了一些情节。所以《定军山》在正史、演义与剧情三者之间是互有异同的。

《三国演义》中有诸葛亮先后两次智激老黄忠的故事，这是正史中所未载的。第一次是诸葛亮用张飞来激黄忠去战胜进攻葭萌关的魏将张郃；第二次是诸葛亮用关羽来激黄忠去战胜夏侯渊。演义中的这两段写得栩栩生动，尤其是刻画黄忠宝刀不老的形象更为感人。京剧把这些描写糅进剧情中，并安排了一段〔二六〕唱道："师爷说话言太差，不由黄忠怒气发，一十三岁习弓马，威名镇守在长沙。……"接着又进行了"帐下的儿郎把自夸"和"三次开弓秋月样"等表演，树立了老将的威武形象。

《三国志》中记载这次胜利是黄忠"乘高鼓噪攻之"，"金鼓振天，欢声动谷，一战斩渊"。演义中就加以渲染，写了黄忠与法正商议战机，法正如何谋划定计，结果利用曹军叫战倦怠松懈之机，一举破敌，阵斩曹方主将，获取了全胜。而京剧可能由于演出的需要，为了突出黄忠的智勇双全，老谋深算，便删掉了法正这个人物，安排了夏侯渊下战书，黄忠一段唱："这一封书信来得巧，天助黄忠成功劳。"最后引夏侯渊于荒郊，用拖刀之计斩渊，完成了剧情的发展，这种简捷明快的手法深得"减头绪，立主脑"的要旨。

另外，在《三国志·魏志·夏侯渊传》中曾记有曹操告诫夏侯渊说：

> 为将当有怯弱时，不可但恃勇也。将当以勇为本，行之以智计，但知任勇，一匹夫敌耳。

《三国演义》的第七十一回中也有曹操手书致夏侯渊的写述，大略说：

> 凡为将者，当以刚柔相济，不可徒恃其勇。若但任勇，则是一夫之敌耳。

这是很明显地从正史记载中化出来的。无论正史或演义写这段事情都是作者有识之笔，因为从这一叙事中就可以论断夏侯渊匹夫之勇的必然失败，也衬托了黄忠是有勇有谋的良将。京剧中则没有曹操手书或告诫夏侯渊的词句，因为戏剧终究不是写史或说史，各有取舍，无可厚非。

《定军山》因为又名《一战成功》，所以擅演此剧的谭门在解放前常以此剧作为春节开锣剧目，取剧名吉祥之意。这出戏过去认为是谭鑫培、余叔岩的代表作，尤其是谭氏四代（鑫培、小培、富英、元寿）都专擅此剧。谭鑫培从剧照看，骨重神寒，颇有大将威风，而谭富英，不仅继承谭派艺术精髓，又问艺于余叔岩、雷喜福，博采众长，更有坐科的武功基础，所以唱作俱佳，可称一绝，特别是在"我主爷攻打葭萌关"的〔快板〕里，边唱边作，把人物的精神状态，表现得淋漓尽致，韵味无穷。几个大刀花，干净利落，更见功力。从"在黄罗宝帐领将令"一段中表现出谭派唱法尺寸快的特点，但可贵的是仍能字字清晰入耳。

《定军山》不仅可供艺术上的享受，而且也能从中汲取某些有益的东西——它正为老黄忠的精神塑造了一个艺术形象。

原载于《今晚报·星期文库》2007年2月22日

刮骨疗毒

　　《刮骨疗毒》是一出以红净为主的京戏。川剧中有《疗疾》剧目。它主要依据《三国演义》第七十五回的故事。剧情说关羽在水淹七军后，在取樊城时被曹仁毒箭所伤。名医华佗自荐刮骨。关羽一面与马良对弈，一面坦然伸臂受医。戏中主角关羽既是个历史人物，又是个妇孺皆知被尊称为"关公"的小说戏剧人物。他在封建社会长期以来与岳飞并被树立为忠君典范的武圣偶像。尤其是关羽，经过小说和戏剧作者的不断精心塑造，使他具备了正直、忠诚、勇敢、坚毅等美德。这是一具对人物"神化"的标本。《刮骨疗毒》也曾分担了这一"神化"任务。由于小说戏剧虚构了名医华佗为名将关羽疗疾的精彩场面，于是这一故事就广为流传。过去春节时还有以此为题材的年画，甚至某些正式的知识性读物也把它绘声绘色地当作真实历史写进去了。其实，这个故事中有与史实相合部分，也有与史实不合部分。因箭伤关羽请医生为自己刮骨疗毒，是见于史文的。在陈寿的《三国志》卷三六关羽本传中就记道：

　　　　羽尝为流矢所中，贯其左臂，后创虽愈，每至阴雨，骨常疼痛，医曰："矢镞有毒，毒入于骨，当破臂作创，刮骨去毒，然后此患乃除耳。"羽便伸臂令医劈之。时羽适请诸将饮食相对，臂血流离，盈于盘器，而羽割炙引酒，言笑自若。

　　这段史文在关羽本传中占的比重很不小，可见这种勇敢行为当时是被惊为奇迹而确有其事，所以陈寿才会采而入史，并给以一定的笔墨。所以"刮骨疗毒"这件事的主要筋络是有历史根据的。不过剧情与史文尚有几点小的出入，但这种出入合情合理，而且是可被允许的，如：

　　第一点，关羽的箭伤史文没有主名，而戏中则说是中了曹仁毒箭；受伤的时间史文是"尝为流矢所中",即说曾经被流矢射中过,没有确指何时,而戏中说是水淹七军后,进攻襄樊时的事。这从本传看,时间次序有颠倒,本传先记关羽刮骨疗毒,然后续记建安二十四年,关羽率兵攻曹仁于樊,曹操派于禁来援,遇到秋天大霖雨,汉水泛滥,于禁因所督七军皆没而降。我看这种颠倒,根据剧情的需要是完全可以的,戏中所写水淹七军,攻曹仁于襄樊都是实有其事,把为流矢所中的箭伤制造者落到曹仁头上,是合理的安排。

第二点,关羽动手术的场面,史文说正是关羽"请诸将饮食相对"的时候,而戏中则是与马良对弈。这也是必要的。因为这出戏主要是为了刻画关羽的勇敢精神,搞一个宴会场面的诸将群戏就破坏了主题。至于选择马良这样一个陪衬人物也很恰当,史传记马良是当时被乡里誉为最有才名的人物,陈寿评论他是"马良贞实,称为令士"。刘备入蜀后,马良留在荆州,而关羽正是"董督荆州事",关羽请诸将,其中必有马良,只是改饮食相对为对坐下棋而已,这样岂不显得更为悠闲自若一点?

第三点,史文中仅提到了医者,而戏中则定名为华佗,这也是可以理解的。华佗是当时驰名的外科医生,这种神奇手术是非华佗莫属的。我看这种安排虽不是历史事实,但却是历史的真实。史文所记为关羽刮骨疗毒的医者即使不是华佗,也是医术高超、属于华佗类型的神医。这种设计在艺术创造上应当是被允许的。至于华佗本人,由于长期以来蒙上一层传奇的色彩,所以他的生平事迹往往在史实基础上加以发展和夸张了。那么,历史上的华佗究竟是怎样一种面貌呢?

华佗是汉魏之间的名医,这是毫无疑问的。《后汉书》和《三国志》都有他的本传,裴松之注又引录了《华佗别传》。这些传记都记载他的高超医道和妙手回春的奇迹,也夹杂了一些传说,如说"时人以为年且百岁而貌有壮容",说他对扎针、用灸、下药、开刀都有神效奇功。当曹操听到他的许多成功医例后,就召置左右,为自己诊治头痛病。后来华佗由于不愿长期为曹操侍医,回乡后托辞久假不归而被杀。关于华佗之死,《三国演义》写得很离奇,在第七十八回中写曹操因头疼,无良医可治,于是华歆推荐华佗,华佗诊视后,主张先用麻药麻醉后,再用利斧开脑,取出脑中"风涎",才能根治。曹操疑心这是要谋害自己,便把华佗下狱,拷掠致死。这种开脑治病法无疑是小说家言,但他是从史传中的一段记载敷衍开来的,那就是华佗在诊断后所说:"这病不能很快好,要经常治疗,才可以延缓岁月。"实际已指出这是不治之症了。所说开脑术只是不治之症的另一种表现语言。当然,华佗的真正死因不是这样。据史传所记有这些原因:

一是华佗"本作士人，以医见业，意常自悔"，不想以医道来建立事业。

二是华佗长期离家思归，向曹操请假回家，到家后借口妻病，屡次续假不归。

三是华佗自恃家道生活不成问题，不肯再应命出来。但是曹操的病痛又需要华佗来诊治解除，所以在累次招呼都被托辞拒绝的情况下，曹操大怒，派人检查，结果发现华佗所言不实，就把他下狱致死。

华佗的死期没有明确记载，但华佗传中记曹操爱子仓舒病困，固无良医诊救，终至于死。当时，曹操曾后悔杀了华佗。据此，华佗之死当在仓舒之死以前。仓舒是曹操的爱子曹冲的号。曹冲是个聪明才智的孩子，史传中记载着他利用船只吃水的深度来秤大象的故事。他大约死在建安十三年（208）或稍后，因此，华佗之死当在建安十三年以前。而关羽刮骨疗毒的记事在建安十九年马超归蜀之后、建安二十四年攻曹仁于樊之前。那时，华佗可能已死去近十年了，所以刮骨疗毒的医者当然不是华佗，而是一个有相当水平的外科医生。也许这个医生就是华佗的学生吴普或樊阿等人。

原载于《今晚报·天津文库》2007年2月23日

空城计

《空城计》是一出十分著名的传统剧。京剧、徽剧、晋剧等剧种中都保留着这一剧目。其剧情大意是：三国时期，魏、蜀对峙，蜀将马谡请令镇守要塞街亭，以拒司马懿所率的魏军。谡刚愎自用，违背蜀帅诸葛亮的节度，街亭为魏将张郃攻破。司马懿遂率兵攻诸葛亮的驻地西城。亮得知魏兵将至时，蜀将赵云等均已遣出，西城空虚。危急之中，亮乃定空城之计，命大开西城四门，自坐城楼饮酒抚琴。司马懿兵临城下，见其状，疑有伏兵，不战而退。及探明西城果然空虚，再复来攻时，亮已将赵云军调回，中途截击，司马懿惊退。诸葛亮亦退至汉中，挥泪将马谡斩首。京剧演此剧，或全部演出，称"失空斩"，即《失街亭》、《空城计》、《斩马谡》的简称；或分折演出，《空城计》是其中一折，起于诸葛亮得知街亭失守，止于司马懿退兵。

关于"空城计"的故事，在《三国志》、《资治通鉴》等史籍中均未见记载，只是南朝刘宋时的裴松之在为《三国志》作"注"时，征引的"郭冲三事"中，有文如下：

> （诸葛）亮屯于阳平，遣魏延诸军并兵东下，亮惟留万人守城。晋宣帝（即司马懿）率二十万众拒亮，而与延军错道，径至前，当亮六十里所，侦候白宣帝说亮在城中兵少力弱。亮亦知宣帝垂至，已与相逼，欲前赴延军，相去又远，回迹反追，势不相及，将士失色，莫知其计。亮意气自若，敕军中皆卧旗息鼓，不得妄出庵幔，又令大开四城门，扫地却洒。宣帝常谓亮持重，而猥见势弱，疑其有伏兵，于是引军北趣山。明日食时，亮谓参佐拊（音fǔ，拍击）手大笑曰："司马懿必谓吾怯，将有强伏，循山走矣。"候逻还白，如亮所言。宣帝后知，深以为恨。（《三国志·蜀书·诸葛亮传》注）

这里的记载，大约便是空城计故事的最早来源。但裴松之本人对于这一记载是不相信的，据他考证，诸葛亮屯兵阳平时，司马懿"尚为荆州都督，镇宛城，至曹真死后，始与亮于关中相抗御耳"，而此之前后，"无复有于阳平交兵事"，用史实论证了这条材料的不实。裴氏还推论说，如果司马懿怀疑诸葛有伏兵，"正可设防持重，何至便走乎？"另外，所谓"郭冲三事"是郭冲对司马懿之子扶风王司马骏的一次谈话，从情理推度，"对子毁父，理所不容"。根据这些，裴氏判断，这段记载"所引皆虚"（引文均同前）。裴松之的考证，是很有道理的。《三国志》的作者陈寿和《资治通鉴》的作者司马光，又都是很严谨的历史学家，他们对于史料的处理，是十分审慎的，正由于此事之不可信，所以他们未将此事写进自己的著作。这正是他们具有非凡的"史才"的表现。至于失街亭、斩马谡之事，却是符合历史的真实的，《三国志》的诸葛亮、马谡、曹真诸传和《资治通鉴》中，都有此二事的记载。而空城计则是小说和戏剧的艺术创作，在两件史实中插入一段虚构的情节，反倒显得更加生动，引人入胜了。

《空城计》一剧，是一出很不错的传统剧，足智多谋而又严于执法的诸葛亮，老谋深算而又疑虑过重的司马懿等艺术形象，一直为广大群众所津津乐道。由于此剧以唱工为主，可以说是老生演员的"开蒙戏"，因而它几乎是"无生不唱"——说到这儿，有一件轶事值得一提。京剧界的第一代宗师程长庚先生，擅长三国戏，而他偏偏不演不唱《空城计》。据说，他认为此剧"殊失诸葛公谨慎身份"（周贻白：《中国戏剧史长编》引《梨园旧话》）。程先生是否知道此事不符史实，我们不得而知，但他不演此剧，未免过于偏颇。如果说《空城计》中的诸葛亮失于谨慎，那么《草船借箭》、《借东风》、《卧龙吊孝》中的诸葛亮岂不是更为"冒险"？

《空城计》一剧虽短，却不乏精彩之处："城楼"一场的前半，剧作者安排了诸葛亮和二老军的一段唱白对话，这一细节的铺垫，应该说是别具匠心的。它表明，虽然司马大兵将至，而诸葛亮依然各处巡视，指挥若定。这里，诸葛亮的唱腔是〔西皮摇板〕，这一板式的特点是紧拉慢唱，节拍自由。紧拉，突出了形势的危急；慢唱，表现了诸葛亮此时成竹在胸、从容不迫的心理状态。音乐和剧情融为一体，收到极为强烈的艺术效果。观剧至此，使人禁不住击节赞叹，佩服音乐设计者的巧思。

"城楼"一场后半，诸葛亮和司马懿对唱，是全剧的精华，特别是诸葛亮的〔西皮慢板〕和〔二六〕那两大段唱腔，更是脍炙人口。前辈京剧艺术家，对此都是花费心血加以锤炼的。由于演员对于人物的体会不同，演来亦特色各殊：听马连良，观众觉得诸葛亮潇洒恢弘，旁若无人；听杨宝森，观众又觉得武乡侯韬略深沉，镇定持重……尽管流派迥异，但都给人以美的享受。

1937年初，京剧艺术研究家张伯驹正值四十华诞，在北京隆福寺街福全馆饭庄举办一场堂会，演出剧目即为全部《空城计》。由张自饰诸葛亮，杨小楼饰马谡，余叔岩饰王平，王凤卿、程继先分饰赵云和马岱，钱宝森饰张郃，慈瑞泉、王福山饰二老军，名票陈雪香饰司马懿（因邀金少山未果）。演出阵容硬整，空前绝后，一时传为梨园佳话。

原载于《今晚报·星期文库》2007年2月21日

汾河湾

《汾河湾》一名《打雁进窑》，是四喜班的老本。它在徽剧、汉剧、秦腔、豫剧、江淮剧、晋剧、河北梆子等剧种中都有。川剧、湘剧和滇剧中称为《打雁进窑》。武安落子中有"薛礼还家"剧目。京剧"汾河湾"早期曾由王九龄、时小福演出，后来成为名演员谭鑫培（生）与王瑶卿（旦）的代表作。谭鑫培还多次和梅兰芳合作演出，而梅兰芳又与名须生奚啸伯合作在国外演出。其他如程砚秋与王少楼、尚小云与王凤卿等也都擅演此剧。因此，《汾河湾》长期以来成为京剧舞台上经常演出并为人们所熟悉的一出戏。

《汾河湾》的剧情基本上依据《征东全传》第四十一回。它的主要情节是，唐初名将薛仁贵投军后，妻子柳迎春生子薛丁山。丁山长大后因家贫而每日打雁养亲。一日，薛仁贵富贵还乡，行至汾河湾，正好遇到丁山打雁，由于丁山箭法精熟而引起仁贵的赞叹。这时，突有猛虎窜至，仁贵怕虎伤人，急发袖箭，不料误伤丁山。仁贵遂仓皇逃去，到寒窑和柳迎春相会，历述别后情景。忽然仁贵发现床下男鞋而疑迎春不贞，经柳说明为子所穿，即欲见子，始知方才误伤致命的就是己子丁山，夫妻悲伤不已。

这出戏中的地点、人物大都可以稽考。如汾河湾是指山西南部的汾河弯弯曲曲而得名。柳氏确是薛仁贵妻的姓氏，并曾动员薛仁贵从军。薛仁贵则更是唐代历史剧目中的重要剧中人，如"三箭定天山"、"独木关"、"淤泥河"和"摩天岭"等都是以表现薛仁贵英勇为主题的剧目。他是唐初的名将，《旧唐书》卷八三、《新唐书》卷一一一都有专传。根据史传，薛仁贵的生平大致是这样的：

薛仁贵，隋大业十年（614）生，唐高宗永淳二年卒（683）。山西绛州龙门（今山西河津县）人。少贫贱，以田为业。善骑射。唐太宗时，因出征辽东求猛将。仁贵妻柳氏劝他从军，于是往见将军张士贵应募。仁贵从军后，屡立奇功，被太宗称为"虓（音嚣，勇猛）将"，用他来代替一些老将，珍九姓，征高丽，伐突厥，讨贺鲁，累官至左骁卫大将军，以功封平阳郡公。仁贵自幼在汾河湾打雁，所以练就一手好箭法，能张弓"一发射穿五甲"。殄灭九姓时，"仁贵发三矢，辄杀三人，于是虏气慑，皆降"。军中为之歌道："将军三箭定天山，壮士长歌入汉关。"年七十岁卒，由"官给舆，护丧还乡里"。

从史传记载看，戏文的情节基本上符合史实，不仅薛仁贵和柳氏、投军和立功封爵等等如此，即如丁山打雁，箭法高超也是从薛仁贵精骑射，一发穿五甲等事实作了合理的发展。本传中所说"将军三箭定天山"可能是京剧"三箭定天山"所取资的史源。

《汾河湾》中的"闹窑"则未见史载，而是剧作者结构剧情时所必要而铺陈的情节。

《汾河湾》是一出生与旦的对儿戏。唱、做、工都很见功力。薛仁贵与柳氏见面后的"家住绛州县龙门"大段唱工，非常动听而极见演员功力。据说，当年谭鑫培在这段唱中博得不断的掌声，后来奚啸伯唱这一段时咬字清，韵味厚，也为人所称道。

1960年5月，梅兰芳在中国戏曲学院戏曲表演艺术研究班上讲过他和谭鑫培合演"闹窑"时的体会说：

> 闹窑一段，夫妻久别重逢，柳迎春急于要知道薛仁贵做了什么官，而薛仁贵一上来偏不说实话，从马头军引起了马头山、凤凰山等等的争辩。这在薛仁贵完全是一种逗趣的举动，故意造成曲折，再说出真话，好让柳迎春格外高兴。谭老先生在这段戏里，演得非常轻松，这是很合乎剧中人物的心情的。薛柳二人有两次吵嘴，薛仁贵先是假吵，后是真闹。如果头里的假吵做过了头，就和后面的真闹没有多大区别了。谭老先生的表演是把前后两个不同性质的吵闹分得很清楚的。柳迎春在这两次吵嘴里，也有两种性质，正和薛仁贵相反，先是真吵，后是假闹。我陪谭老先生演过以后，得到启发。在鞋子矛盾当中，假闹的时候，我也采用了轻松的表演手法。

梅兰芳的这段体会说明老一代的表演艺术家是如何从他人的表演中吸取养料来丰富自己、提高自己。同时也说明《汾河湾》这一剧目在表演上是颇为细腻深沉的。如果一个演员在唱、念、做等方面没有较高的造诣，是很难把这出戏演得恰到好处的。

原载于《今晚报·星期文库》2007年2月24日

贵妃醉酒

京剧《贵妃醉酒》是写8世纪时唐玄宗李隆基和杨贵妃之间的"爱情"故事。杨贵妃是弘农郡杨玄琰之女，小字玉环，作道士时号太真。在宫内备受宠幸，偶尔见疏，在百花亭独饮，不觉沉醉，怨望自伤。《贵妃醉酒》主要就是刻画这种怨望自伤的心理状态。

唐玄宗与杨贵妃的所谓爱情故事在《新唐书》的《玄宗纪》和《杨贵妃传》中均有记载。《玄宗纪》记开元二十八年（740）"以寿王妃杨氏为道士，号太真。……天宝四年（745）八月壬寅，立太真为贵妃"。《杨贵妃传》中有更详细的记载：

> 玄宗贵妃杨氏……始为寿王妃。……开元二十四年（736）武惠妃薨，后庭无当帝意者。或言妃姿质天挺，宜充掖庭，遂召内禁中，异之，即为自出妃意者，丐籍女官，号"太真"。更为寿王聘韦诏训女，而太真得幸。……天宝初，进册贵妃。……天宝九载（750），妃复得谴还外第。国忠谋于吉温……（贵妃）引刀断一缭发，奏之曰："以此留诀！"帝见骇惋，遽召入，礼遇如初。……及西幸至马嵬，陈玄礼等以天下计诛国忠，已死，军不解。帝遣力士问故，曰："祸本尚在！"帝不得已，与妃诀，引而去，缢（贵妃）路祠下，裹尸以紫茵，瘗道侧，年三十八。

从这段记载可以知道：杨玉环原是玄宗子寿王李瑁的妃子。玄宗自武惠妃死后，找不到中意可心的妃嫔，于是有阿谀逢迎者介绍杨玉环美貌多姿，能歌善舞，举止闲冶，善迎人意。召入宫中后果然被玄宗所看中，但因她是儿子的妃子，碍于面子，不能直接召幸，于是就授意她出家当女道士，再纳入宫中。杨玉环入宫以后，得到了异常的宠幸，正如白居易《长恨歌》中所说："承欢侍宴无闲暇，春从春游夜专夜，后官佳丽三千人，三千宠爱在一身。"天宝初年，杨玉环被封为贵妃。中间曾一度失宠，但不久又"礼遇如初"。最后，由于安禄山"范阳起兵"，"渔阳鼙鼓动地来"，玄宗不得已逃出长安"西幸"，行至马嵬"六军不发无奈何"，士兵哗变，要求处死国戚杨国忠，继而又以"祸本"的罪名要求处死杨贵妃。这样，一代美人便"宛转蛾眉马前死"。杨贵妃终于死在逃亡途中。

《贵妃醉酒》的基本情节就是描写杨玉环入宫后的一度失宠遭遇而加以敷衍，虽然具体细节与史书所记不全一致，但基本上体现了历史的真实。这种怨望自伤不仅是争宠，也是发泄玄宗与她年龄悬殊、结合不美满的悲哀。唐玄宗与杨贵妃相差整整的一代，从几件大事可以看出二者当时的年龄悬殊：

年代	唐玄宗	杨贵妃
开元二十八年（740）	五十五岁	二十二岁为道士
天宝四年（745）	六十岁	二十七岁晋封贵妃
天宝十五年（756）	七十一岁	三十八岁缢死于马嵬

看来，唐玄宗比杨贵妃年长三十三岁，二人正式结合时，唐玄宗是生机衰退的花甲老叟，而杨贵妃却是一个正在妙龄的二十七岁的少妇。这是不般配的一对。他们之间当然不可能有真正的爱情。唐玄宗只不过是看上杨贵妃的容貌，巧取来做玩物；杨贵妃婉姿万态，以迎合玄宗，也只是仰慕荣华，追求权势。所以，《贵妃醉酒》并不能说抒写了一个爱情故事，而只是反映了唐玄宗朝三暮四，喜新厌旧的淫乐，揭示了贪求权势的杨贵妃一旦见黜时那种怨望自伤的灵魂而已。

京剧《贵妃醉酒》一名《百花亭》，相传是四喜班吴鸿喜所创。有路三宝和梅兰芳两种不同的演法。于连泉（小翠花）是路派的演法，演《贵妃醉酒》时踩跷，更增加了身段的袅娜娉婷。而梅兰芳则别有独创。

梅兰芳在《贵妃醉酒》一剧中唱做并重，他唱的〔四平调〕，柔和舒缓而有感情。先叙景写情，再见景生情。当贵妃出场后，先写明月"海岛冰轮，玉兔东升"，"奴本嫦娥下九重"，借嫦娥自况，正以示冷冷清清。随后通过玉石桥，"栏杆斜倚"，"鸳鸯来戏水"，"金色鲤鱼水面朝"。继而，天空大雁成对，地上百花盛开，如此良辰美景，玄宗未能驾临，只能在百花亭独饮闷酒，形单影孤，哀怨嫉恨，借酒浇愁愁更愁，又怎能不醉酒。最后，只能无精打采，悄然回宫去忍受孤寂凄凉。梅兰芳饰演贵妃好就好在能把这位高贵妇女醉前仁望，醉后失望的内心世界渲染无遗，而做功上的卧鱼、闻花、衔杯、舞扇等动作尤见功力。

梅兰芳在《贵妃醉酒》中的衣饰也很值得注意，头戴凤冠，软顶有翠鸟羽毛扎成的三只凤，满缀珠翠，两鬓有大珠穗，额前有小珠穗。第一场里穿红蟒，第二场改穿宫衣，周身缀有五色绣花飘带，用金银线及五色丝线绣成。这种服装，特别便于发挥舞蹈的性能。

在《贵妃醉酒》这出戏中，胡琴的配合也很重要。梅兰芳后期琴师王少卿在《贵妃醉酒》中拉〔柳摇金〕时掌握速度，很"坐得住尺寸"。快时从容匀净，慢时紧凑绵密，快慢互转时衔接无痕，使演唱者得到充分发挥，烘托出一种舒畅和谐的境界。

梅兰芳一生酷爱演出《贵妃醉酒》，自称得自陈德霖的传授。1932年旧历年初二曾在北平中和戏院贴演《贵妃醉酒》，由曹二庚饰高力士，姜妙香饰裴力士，博得时誉。建国后演出时，高力士则由萧长华饰演，成为一出功力悉敌的折子戏。

1962年8月间，为了纪念梅兰芳逝世一周年，特在北京人民剧场演出《贵妃醉酒》，由杜近芳饰杨贵妃，孙盛武饰高力士，李金鸿饰裴力士。三十年后，又见一代传人。

原载于《今晚报·星期文库》2007年2月19日

贺后骂殿

在我国各地方剧种中，以写公元976年宋太祖赵匡胤死后，其弟赵光义与侄赵德昭争夺帝位为主要剧情内容的剧目，各地都有。如川剧有《烛影摇红》，滇剧有《骂金殿》，湘剧、豫剧、汉剧、秦腔有《二图》，晋剧、河北梆子、同州梆子等也都有此剧目。

京剧《贺后骂殿》，又名《烛影计》。它是已故表演艺术家程砚秋的代表作。剧情是写宋太祖赵匡胤死后，其弟赵光义代为帝位，匡胤妻贺后因夫死不明，乃使长子赵德昭上殿质问，赵光义大怒，要斩杀德昭，德昭气急撞死在金殿，贺后遂携次子德芳上殿，历数光义的过错，光义谢罪，赐贺后上方宝剑，封入养老宫院，并加封赵德芳为八贤王，御赐凹面金铜，上打昏君，下打谗臣。

《贺后骂殿》的剧情和史传所记出入较多，主要有以下几点：

（一）剧中的主要人物贺后是宋太祖赵匡胤的第一位夫人，她在后周显德五年（公元958年）就已经死去，年仅三十岁。当时赵匡胤尚未称帝，贺氏也无从为后。两年以后（公元960年），赵宋建立。又过了两年（公元962年）始追封贺氏为皇后。赵光义继赵匡胤为帝时是公元976年，这时贺后已死去十八年，根本无法"骂殿"。赵光义继位时，赵匡胤的皇后是宋后。宋后是赵匡胤的第三位夫人。如果赵光义继位后真有赵匡胤的皇后骂殿事件，那也应该是"宋后骂殿"而决非"贺后骂殿"。

（二）赵匡胤的死因，传说一直是疑案。释文莹的《湘山野录》记此说较详。大意是赵匡胤病重召光义入内，当天晚上，有人看到窗户上有烛影灯光摇晃和斧斫声音，接着赵匡胤死讯传出，所以疑是为赵光义所暗害。赵氏弟兄相及之事见于《宋史》，在公元961年，赵匡胤即位的次年，赵母杜太后曾问赵匡胤："你知道你怎样得的天下？"赵匡胤说："是祖宗与太后的积庆所致。"杜太后说："不然。真正的原因是周世宗使幼儿当皇帝，假使北周有年长的人继位，天下岂能归你所有？将来你死后，应当传位给你弟弟。因为能立长君，方为社稷之福。"言外之意，这样宋朝的江山才能保得住。十五年以后，即公元976年，赵匡胤临死时，"受命杜太后，传位太宗"。于是，赵光义"遂即皇帝位"。所以正史上并无烛影斧声之说。《木发散人鼓词》中有两句话说："听信娘亲把江山让，烛影摇红是什么家法。"上一句出自正史，而下一句得自传说。

烛影斧声之事不能肯定其有无，但赵光义使用阴谋夺得帝位则可能无疑问。在《续资治通鉴》中曾有这样的记载：

> 帝（赵匡胤）崩于万岁殿。时夜四鼓，皇后（宋后）使王继恩（太监）出，召贵州防御使德芳。继恩以太祖传国晋王之志素定，乃不诣德芳，径趋开封府召晋王（赵光义当时封晋王，领开封府事）。……乃与王俱进至寝殿。后闻继恩至，问曰："德芳来邪？"继恩曰："晋王至矣！"后见王，愕然，遽呼官家，曰："吾母子之命，皆托于官家"，王泣曰："共保富贵，勿忧也。"

这段记载，非常细致生动，完全证明赵光义事先勾结内监，临时搞了一次内外呼应的宫廷政变。正因为有这一事件，烛影斧声之说才得以长期流传，而不能斥之为无根之谈。

（三）赵德昭并非为剧中所说那样：他在赵光义即位时上殿质问，遭到迫害，遂气急撞死于金殿。赵匡胤共有四子：长子德秀、次子德昭、三子德林、四子德芳。德秀、德林早亡。德昭就是《贺后骂殿》中的"大皇儿"。德昭在赵光义即位后，被封为武功郡王、永兴军节度使兼侍中。太平兴国四年（公元979年），赵德昭曾随赵光义出征幽州。有一次，军中忽然找不到赵光义在何处，有人就谋立德昭为帝，后来赵光义知道后，非常不悦而耿耿于怀。及班师归来，因北征不利，久未颁赏，赵德昭上言催促。赵光义大怒说："等你称帝后，行赏未晚。"德昭退而自杀，死后被追封为魏王。德昭之死，在具体时间和原因上，戏剧和史事虽有出入，但德昭被逼而死的基本事实则是一致的。

（四）关于赵德芳被封为八贤王之事，也不见于史传。公元976年赵光义接位后，即封赵德芳为山南西道节度使、兴元尹、同平章事。太平兴国六年（公元981年）死，年仅二十三岁。许多以宋初历史为题材的戏剧中所经常出现的八贤王，当然不是这个二十三岁即早死的赵德芳。八贤王应说是前辈剧作家所创造用来排难解纷、发扬正义，使剧情出现波澜的一个艺术形象而已。

　　《贺后骂殿》是青衣、老生的唱工戏。过去不断在舞台演出。程砚秋饰演贺后，在唱工、做派上有不少的创造，尤其在唱腔上，缓急快慢、时而高亢激昂、时而若断若续，以字行腔，颇得韵味隽永之妙。为程配赵光义的前有郭仲衡，后有哈宝山。言菊朋也曾饰演过赵光义，也以唱工取胜，连续三大唱段都能一气呵成，尤其是封王一段，更是抑扬顿挫，悦耳动听，具见音韵方面素养之深。他曾与女儿慧珠同台合演此剧。言慧珠正式下海时，在北京东安市场吉祥戏园，即与言菊朋合演此剧及《打渔杀家》双出，作为创基的"打泡"戏。

　　　　　　　　　　　原载于《今晚报·星期文库》2007年2月25日

改编《长坂坡》兼论给曹操洗脸

京剧《长坂坡》是一出有名的传统剧，它是群众爱看的三国剧目之一。最近，天津京剧团有意改编，这是很值得赞成的。这里，提出一点个人感觉和看法供改编者参考。

改编《长坂坡》的必要和可能

《长坂坡》一名《单骑救主》或《当阳桥》。它不仅是京剧剧目，也是汉、川、徽、豫、秦等剧种的一个剧目，在观众中影响很广。

《长坂坡》的故事本于《三国演义》第四十一回后半和四十二回前半。主要描写刘备从新野撤走，在当阳为曹兵追及。士兵、百姓和眷属都被冲散，幸赖部将赵云英勇奋战，救出简雍、糜竺、甘夫人和阿斗的故事。故事的基本情节与史籍出入不大，如《三国志》的《蜀志》卷二先主传、卷六张飞传和赵云传等处的概括性记载都与剧情大体相似。当然，历史真实和艺术真实有一致性，也有区别性，不必一定强求一致；但既有现成的一致性，那岂不是改编工作中一个优越的条件吗？

《长坂坡》是忠实于演义原作的，剧情和人物都一本于演义，其戏词中还常截用演义原文。

尽管如此，这出戏仍然有其本身的艺术价值。它使许多人物性格丰富生动，在舞台上活跃起来，并且把这一段史事逐渐定型化。若干年来，人们从这出戏中熟悉了这段史实，长坂坡，救阿斗，几乎成为妇孺皆知的事情；同时，剧中也寄托了人们的善良愿望和好恶爱憎：人们为曹操上当而称快，为赵云脱围而庆幸。

这出戏把赵云这位古代英雄表现得有血有肉有感情，在第十二场中，赵云与糜夫人间为托阿斗而引起的感情回荡，是多么感人的场面！又如对于张飞这个可爱人物，同样是为表现他谋阻曹兵追击的两个情节：一个是马尾树枝，另一个是拆断桥梁；但结果是前者令人感到张飞还是粗中有细，后者却使人感到张飞终究是张飞，是自以为聪明，却把弱点暴露给敌人了，所谓巧妙的几笔把张飞的性格勾画得很完整。这类的例子还可以举一些。由此可见，这是一出精华颇多的"看家戏"，完全有必要精益求精地提高它，给人们一个最完美的艺术享受。如此说来，这出戏是否还有用笔的余地呢？我想如果从精雕细刻的角度来看，大家总还能想出些办法来的。京剧中的许多优秀剧目就是经过历来多少不知名的作者（包括观众要求在内），根据历史和传说，加上自己的想象和判断，创造出来和不断丰富起来的，《长坂坡》亦不能例外，远的过程姑且不论，即以解放后中国戏曲研究院的整理本来看，就有进步，如原本根据演义在第二场有简雍占风的情节，整理本加以删除，不仅不有损剧情，反而显得更精炼更真实。如果能有更多的人就主题、思想和语言各方面研究分析，我想是有用笔余地的。

总之，我认为京剧《长坂坡》的改编既有必要也有可能。

对改编《长坂坡》的一点看法

《长坂坡》一剧的起讫，顾名思义是以长坂坡一战为中心，戴冠穿靴都会不切题。这次，天津市京剧团为改编而进行内部演出时，带演《汉津口》。这点还值得商榷。因为《长坂坡》的主角是赵云，一带汉津口，由于观众受传统习惯影响，看到马童的精彩表演和威震华夏庄严凝重的"关老爷"一出场，注意力很快转移，使赵云显得黯淡无光，"关老爷"把赵云的戏抢了！所以只演到张飞喝退曹兵，便很完整了。如果说，一定要使刘备有着落，表演到"先主斜趋汉津，适与羽船会"（《蜀志》卷二）的《汉津口》故事才算完，那下面还有《舌战群儒》、《激权瑜》和《临江会》等等。三国剧目的故事几乎都是连贯不断的，如果一定要有交代，那很难掐断，所以只要把一个主题表述完整即可，而《长坂坡》演至拆桥实已完成任务了。因此，我觉得还是不带《汉津口》为好。也有人主张，从《汉阳院》演起，我觉得那样也不好，因为前面刘备戏多了（如携百姓渡江，哭祭刘表墓），赵云出场不能给人一种中心人物之感，同时战斗气氛也欠浓。而目前从曹操点将开端，使观众开门见山地感到刘备处于危急之中，主角赵云在第二场时立即被推到观众面前，并且是一员英姿奋发的虎将，于是赵云便很快地占有了观众。原本对起讫的处理是合情合理的，我认为还应该继承这个起讫。

《长坂坡》的主要内容是通过描写赵云的忠心耿耿和英勇奋战，反映当时曹刘之间紧张的敌对形势，并分析了刘备之所以能有"三分"之势，是靠"夫济大事，必以人为本"（《蜀志》卷二）的政治资本。也许有人怀疑，剧情是否渲染了赵云的忠君或效忠个人的思想。我看不能这样想，在封建社会要求那些人们没有忠君思想是不现实的，何况当时赵云的具体情况与忠君思想还有距离呢！第一，刘备当时并不是君，而是还处于颠沛流离的患难之中，赵云没有乘人之危而背弃刘备是一种"义"，是被人们承认为对的行为。第二，刘备与赵云的关系已超出所谓君臣范围，他们有一定的历史关系，从一开始就有密切情谊，据赵云别传称："先主就袁绍，云见于邺。先主与云同床眠卧，密遣云合募得数百人，皆称刘左将军部曲。"而且一直深信，倚为心腹。尽管赵云称刘备为"主公"，而刘备已把他提到次于关张的"四弟"的地位，人们也皆以"四将军"目之。这种"异姓兄弟，情同手足"的友谊是当时人们欣赏的风格。第三，赵云救阿斗，并非是作为"储君"看待，而是感到没有尽到责任，愧对刘备；糜夫人托阿斗，也非作为小主，而是要求赵云"可怜他父半世飘流，只有这点血肉"，这是多么浓郁的人情味。第四，赵云的几度冲杀，固然是为表现其英勇，但从舞台的几个过场看，也保护了众百姓。因此，全剧目前的主题是明确而有表现意义的。

《长坂坡》这出戏中，我感到有几处可以斟酌和考虑：

（1）刘备这次逃走，随带的"众十余万"，是刘备的政治本钱。刘备自知"天时"、"地利"不如曹、孙，所以抓住"人和"一点。剧中第二场，刘备答复简雍"抛弃车辆百姓，走为上策"的建议时说："从新野相随数万百姓，怎忍一旦抛弃。"接唱〔西皮散板〕："抛弃百姓心不忍"，总之是从"今人归吾，吾何忍弃去"的"不忍心"角度出发，事实上，刘备的真意是在"夫济大事，必以人为本"这一点上。也正是这点，使刘备有创业之基，也使人们对刘备有一种"仁慈宽厚"的感觉，晋史家习凿齿曾论述过这一点，说："先主虽颠沛险难而信义愈明，势逼事危而言不失道，追景升之顾，则情感三军，恋赴义之士，则甘与同败。观其所以结物情者，岂徒投醪抚寒，含蓼问疾而已哉！其终济大业，不亦宜乎？"（《蜀志》卷二注引）习的立场固是扬刘抑曹，但在剧中却不妨用一二句话点明一下这个内容。

（2）这出戏是以赵云的活动为中心的，因此有必要有几场抒写其感情的戏。赵云在三国人物中是一个"好人"，姜维等在议谥时曾以"柔贤慈惠、执事有班、克定祸乱"等标准来衡量他的功绩。在三国戏中，赵云也是一直为观众所喜爱的英雄，他在观众心目中是"胜利"和"脱难"的力量。《长坂坡》中有几场感人的戏，如第十二场的托斗。但也还有可对赵云多加笔墨的场子，如第二场戏是刘备在当阳县歇马。当时的特定环境是"哭声遍野追兵紧"，"秋末冬初，寒风透体，好不凄凉人也"，赵云身负保护刘备等的重任，一定是百感千愁，大有一泄胸臆的要求：他既可能咏叹环境，也必然会担心安全问题。但通场只是一遍巡视表演和几句简短的道白。起更以后，刘备等轮替抒发感情，赵云却倚马而寐，一直到过了四更，张飞来喊，他才"哎呀"而起，这位将军未免有点麻痹和失职！如果在这一场中能使赵云有些表现性格的表演，我想更能使这个人物活化。

（3）简雍这个人物在剧中处理得太猥琐，像个传令兵，他的工作完全可以由糜芳去做。据简雍传描写他的风度是"优游风议，性简傲跌宕，在先主坐席，犹箕踞倾倚，威仪不肃，自纵适"（《蜀志》卷八），同时又是一位"谈言微中"的善谏者和刘备的初期重要谋士。因此，是不是把简雍的剧中地位再提高一些。

（4）这出戏的最妙处是写曹操的胜利追击，而却使人感到曹操狼狈失败；写曹操威风明智而却使人感到愚蠢可笑。这种冲突使我们不能不佩服前辈剧作者手法的高明，这一个冲突是否能在剧中深化。

（5）这出戏中还有一个与历史不合的问题，即阿斗的生母问题。"演义"和戏中都把阿斗作为糜夫人所出（第二场和第十二场都有交代）。可是，史籍记载阿斗系甘夫人所出，而赵云保护突围的是甘夫人和阿斗在一起。先主甘后传载称：

> 先主甘皇后……随先主于荆州，产后主。值曹公军至，追及先主于当阳长坂，于时困逼，弃后及后主，赖赵云保护，得免于难。（《蜀志》卷四）

同传又称甘夫人卒后追谥"皇思夫人"，后来迁葬时，方由诸葛亮等根据"母以子贵"的原则进谥为"昭烈皇后"，也可证其与阿斗之生身关系。

再赵云传中也载称：

及先主为曹公所追于当阳长坂，弃妻子南走，云身抱弱子即后主也，保护甘夫人即后主母也，皆得免难。（《蜀志》卷六）

这个问题在历史上属于繁琐考证，不必多去管它，但在戏中却有推敲必要。相沿若干年来，阿斗都是糜夫人之子，现在有没有必要根据历史，让阿斗回到生母身旁。如果回来，那么剧情牵动太大：第一个问题，第二场和第十二场中糜夫人的演唱都要改动；第二个问题，第十二场最富有感人力量的一场戏（即托斗一场）没有办法存在了；第三个问题，要把甘夫人从现在那种冷冰冰的地位提到感情冲突很剧烈的地位上来安排，要由她把阿斗抱过来。总起来说，问题虽小，影响却大，它几乎牵一发动全身，会打乱整个戏的体系和结构。为了慎重对待传统剧目，我不愿草率地乱出主意，只是作为一个问题提出来，由改编者和大家来共同商讨。

以上只是举了些感觉到的例子，缺乏正面的立意，仅以供改编时参考。

兼论给曹操洗脸

曹操在三国剧目中也是占有重要一席的。戏剧中的曹操比历史上的曹操，其在群众中影响和力量更大。最近，给曹操翻案的问题，在学术界展开了热烈的讨论。郭沫若、翦伯赞等也专论了一下这个问题。郭老亲自动手，写了《蔡文姬》，创造一个新曹操，这个做法值得推广，这是一个对曹操和观众都有利的事情；翦老则是提出为曹操恢复名誉的口号，主张给曹操洗脸，这个办法，我想还可以商榷。恢复一个人的名誉，途径很多，归纳起来，不外两条：一条是多给这个人工作任务，让他在具体工作中去表现，去改变人们对他的观感；另一条是用命令宣布一下，某人已是"好人"，这是不是立即能为群众理解和接受，还是问题。郭老采取了前一条办法，给了曹操许多新任务去表现自己，这在艺术上完全允许作者可以根据历史和传说，通过想象和判断，去创造情节和人物的。因此，尽管郭老的《蔡文姬》新作中的曹操与众不同，是个"了不起的英雄"；但，那是提出了一个新的艺术形象，是企图用具体东西来争取和说服群众，这对艺术发展有利。可是，对于传统剧目则不能不审慎从事。把曹操白脸洗掉或改涂其他脸谱，如果对戏剧、对观众都没有大影响，我也不是非坚持给曹操抹白粉不可，问题在于现在传统剧中的曹操确已是若干年来在观众中的一个定型人物，许多三国剧目靠他展示矛盾冲突，一旦大刀阔斧地一改，观众的爱憎情感或者能用宣传教育来改变，可是许多三国剧目将无法上演，至少要大部分从头改编（几乎等于创作）。我觉得承认历史上的"好"曹操还原和允许传统剧中"奸"曹操存在是完全可以的。最近王昆仑先生写了一篇《历史上的曹操和舞台上的曹操》文章，意见很中肯，我认为是对艺术的一种持平之论。他提出对待传统剧的几个"考虑"是很有意义的，他说："要考虑历史真实和艺术真实有一致性，也有区别性。要考虑思想性、艺术性的提高和群众的能否骤然接受。要考虑经过多年来千锤百炼的优秀剧目会不会受到损伤，要考虑是否能骤然叫演员们抛弃了久经培养成熟的特定的做功、唱功，而另学一套？"据此，在对待三国剧目中的曹操也就有仔细研究的必要。我想，第一，曹操的脸谱似乎不一定急于改变，脸谱固然能代表人物的性格，但主要是为夸张人物，使观众有所识别。人物性格除脸谱外，更重要的思想内容须通过演唱表达。蒋干和张文远都是鼻梁上一块豆腐干，但是一个被观众认为是迂腐书呆子而感到可笑，另一个则被认为是可恶淫棍而感到可耻。当然，我也不是固执的一定不肯为曹操洗脸。如果经过苦心孤诣地创造新曹操和精雕细刻地提高旧曹操，曹操的形象会在观众的同意下逐渐改变的，其中自然也包括洗脸在内。第二，目前对于传统剧中曹操的处理是要怎样从情节和语言等方面不生硬地提高它。在《长坂坡》剧中有几场戏描写曹操都不错，虽然笔墨不多，却使曹操那种志得意满和仓皇逃奔的形象很调和地并存于剧中。观众从剧中看到曹操在这次战役中是一个失败的胜利者，而刘备方面是胜利的失败者。两种情况（曹操的追击和刘备的败逃）得出一个结局（曹操被吓逃退，张飞拆桥后事实上也是逃走，都是离开当阳桥背道而"退"）；一个结局却又博得两种反应（观众嗤笑曹操的逃退，欢笑张飞的逃退），这是《长坂坡》精彩之笔。如果把曹操换一个性格，不是这样聪明而又愚蠢，并把白脸洗掉，以"好人"面貌出现。其结果正会如王昆仑先生所说："那么舞台上的对立面和人物形象都要重新处理。"如此说来，是否曹操就不能动了呢？也并不然。例如第十三场徐庶献计一场，现在看起来，是徐庶利用了曹操"爱将之意"，献了"只要活赵云，不要死子龙"之计，暗中保全了赵云，而使曹操大上其当。这里便有加工余地。"爱将"是曹操的长处，也是可被利用的弱点。徐庶利用它触动曹操是合情理的；但作为身经战斗的军事统帅来说，这样轻信似嫌简单。这里至少有两个情节可以考虑，一是徐庶系入曹营不久的谋士（这点与事实有出入，但可不论），曹操是否能立即相信这个过去"一策未献"的谋士，何况徐庶是由刘备处骗来，如今，提出对待刘备部将之计，能不考虑吗？二是曹操当时思想上因"爱将"而不施冷箭，是可以理解的；但更重要是曹操主观估计赵云已在自己兵将重围之中，不可能冲围出去，如能把赵云收为己用，也与自己的雄图有利。假设剧中表述了这一点，则一可加强赵云之英勇，二可冲淡曹操轻信人言的缺陷，三可加深曹操主观意愿（不可能冲出去）和客观实际（事实上冲出去了）的矛盾冲突。此外，从剧情来看，曹之追刘是"大耳刘备实可恨，他不该忘却保奏恩"，是恨刘备离他而去；但事实上是，"曹公以江陵有军实，恐先主据之，乃释辎重，轻军到襄阳，闻先主已过，曹公将精骑五千，急追之，一日一夜行三百余里，及于当阳之长坂。"（《蜀志》卷二）因此，这一次的追击战，不是曹、刘个人恩怨问题，而是曹操的一种有战略意义的军事行动。剧中最好能体现这一点。

关于处理三国剧目中曹操问题，实际上牵涉改编传统剧的态度问题。马少波同志等改编《赤壁之战》有条经验是："既要大胆革新，同时又要照顾到观众的正当的传统习惯。"改编传统剧目是要有大刀阔斧的精神，但却应抱着精雕细刻的态度。

一九五九年三月十五日写

原载于《天津日报》1959年3月26日

喜听《还魂》弋阳腔

　　最近，白先勇改编的青春版《牡丹亭》进入校园后，在青年学生中确是引起相当大的轰动。我有幸观看它的演出，从在场青年男女对它的热烈反应，证明这一改编的成功，正如戏剧评论家宁宗一先生所说："在我看来青春版《牡丹亭》是把它对青春的呼唤，即春之歌推进到呼唤心灵自由的层面。"无怪乎这么多充满青春活力的男男女女频频发出源自心灵的掌声。宁先生还对这一改编给予充分的肯定："传统的文学艺术经典，必须进行现代化的转换，具体地说，这是一个如何把老经典带入新世纪的问题，是一个传统文化与现代化的互动问题。"（《青春版〈牡丹亭〉的现代启示录》，《光明日报》2005年5月13日）这一启示使我回想到四十多年前另一出牡丹亭的改编本。

　　上世纪五六十年代对旧戏剧曾有过一次所谓的"戏改"，并把若干成功的范例到各地巡演。六十年代初，我在天津看过好几出地方剧种的改编本，其中印象最深的是赣剧弋阳腔的《还魂记》。

　　赣剧弋阳腔是我国有长久历史的古老剧种之一。它对皮黄、梆子等剧种都曾有过重要影响。据老艺人见告，弋阳腔约在明正德年间即已存在，流行范围甚广，有不少如《珍珠记》、《尉迟恭》和《张三借靴》等优秀剧目。弋阳腔的特色是只用锣鼓、铙钹伴奏，为一人启口，众人接腔的形式。风格粗犷、奔放而淳朴，现在赣剧的弋阳腔颇接近于明代旧弋阳腔，保存了古典艺术的一些特点。当年演出的赣剧《还魂记》便是经石凌鹤先生根据《牡丹亭》改编的一出弋阳腔优秀剧目。

　　《牡丹亭》是明代大戏剧家汤显祖的名作"四梦"之一，其中有不少光彩夺目的名句为人们所传诵。但是我一直未看过全本演出，只看到如"春香闹学"、"游园惊梦"等折子戏。这些折子戏在昆、京、川、徽、楚等剧种中都有。《牡丹亭》不能或不曾全本演出，据我推测，一方面由于全本内容分量过重，许多文辞也较艰深难懂，另一方面可能缺乏有魄力的剧作者能去芜存精地将文学本改编成一个完整的演出本。石凌鹤先生的改编，给人们提供了得以欣赏这一名剧的机会，是值得感谢的。他摆脱了某些旧的束缚，进行了较多的时代转换和诠释，改编成能为一般观众理解和接受的剧本，并用弋阳腔这一古老剧种的形式来演出，对于研究和整理戏剧遗产，是有一定意义的。田汉先生在展谒汤显祖墓的诗作中曾称"莫道梦痕无觅处，'还魂'新入弋阳腔"，就是对改编本给予的肯定。

田汉先生为此还写了《还魂记及其他》一篇专文，肯定了石编本在语言音乐和表演方面的成就，但又认为石编本演到花神祝贺丽娘回生，与梦梅相见为止，似乎矛盾过于简单空泛，减弱了该剧的社会意义。而石先生则认为止于回生，矛盾已经解决，如果保留以后的枝节，反而冲淡主题。见仁见智，各抒己见，固无需求同。不论如何，石先生的改编《还魂记》终究是一件有意义的工作，对当时的戏改工作，有重要参考价值。

还有，《还魂记》演出中那种能表达丰富感情和浓厚生活气息的音乐老腔，确为全剧生色不少。演员潘凤霞饰演的杜丽娘是唱作繁重的角色，她能始终一贯地认真表演，刻画出一个长在深闺，受礼教束缚，而又憧憬着幸福生活的宦门小姐，其感情变化也很有层次。其他如饰演梦梅和春香的演员，也都达到潇洒飘逸和天真活泼的表演要求，令顾曲者得到很大的满足。

青春版《牡丹亭》和石编本《还魂记》都在进行戏改的探讨，各有特色；但作为观众，我总觉《还魂记》似乎更有原味，至少不能遗忘曾经有过这样一次改编。时隔四十多年，我对《还魂记》仍能有比较清晰的记忆，不能不说是印象深刻吧！

二〇〇五年春

原载于《天津日报》2005年7月5日

影视创作"无妓不戏"当休

影视作品应该给人以启迪，这是创作者起码应有的社会良知。如果只为迎合低级趣味，脱离剧情，胡乱插入若干花花绿绿的场面，也许票房价值有所提高，但要用良知去换取，是否值得？实践证明，某些影视作品"戏不够，床上凑"，不但没有赢得观众，反而使人觉得浅薄。但是近年来，这种趋势又有抬头，用与剧情不甚相干的情节来凑戏的现象已非个别。

近来在各种屏幕上看到过一些"戏说"或"不是历史"的历史剧，姑不论与历史距离有多远和是否合乎历史，但在屏幕上却总少不了一些晃动着的妓女形象和放下帐子的床上戏。似乎有"无妓不戏"和"戏不够，嫖来凑"的味道。尤其是对作为最高统治者的皇帝，不管剧情如何，好像"嫖娼"是不可或缺的情节。在那些以所谓"戏说"标名的影视剧中，总有几场皇上逛妓院的场景。祖爷乾隆帝嫖娼逛窑子，并和妓女缠绵；玄孙同治帝照方抓药，也偷偷去逛妓院。从场景看，他们似乎去的是同一个去处。难道皇上的生活只有这么点儿事可做文章吗？我真为编导们遗憾。有些已获得大名并得到大家赞许的剧作似乎也未能免俗，《宰相刘罗锅》是许多观众喜欢的戏，演员的演技无可厚非，内容情节是否远离历史也可先不置议，因为编者早已声明这"不是历史"，但是，是不是非要写进乾隆下江南嫖娼和刘墉隔门搅春梦这类情节才能突出刘墉的性格呢？我对影视剧编撰尚属门外，只能表达一些观众的遗憾而已。

最近读到一本为庆祝当代最重大历史节日，并由大牌导演、编剧执导、编写，由名角担纲的大型历史影片的后期脚本。原来期望值较高，希望能看到近代历史大变动的宏伟历史图卷。但是，刚一翻读，其他情节故事之可议处姑置不论，在人物表已赫然列有畅春院妓女与鸨婆、盲乐师等六人，并有若干分镜头戏。妓女中的为首一女颇具侠肝义胆，她与一买办公子有爱情纠葛，又被琦善与买办合谋用作"和番"的工具，把她和义律扯到一张床上，以求平息战局，并设两场此女受义律粗暴蹂躏的场景，最后此女遭到沉江之悲惨结局。读剧本至此，我实在感到一阵难以倾诉的痛楚，就像一盆脏水泼在反侵略的熊熊烈火之上，散发出阵阵难闻的气味。

我不是什么卫道士，抱着非礼勿视的观念来非议这些事。我只是感到这些场景果真是剧情所需要？如为追求感官刺激也还不够，如为剧情需要也贴不上边。既称历史图卷，我虽读书未遍，但也并不知道何所依据。不过从这位侠妓的作为看，似乎有八国联军时名妓赛金花和德帅瓦德西桃色传闻的痕迹。不论是搬用，还是独创，如与剧情无多牵涉则此类情节大可不必；否则强插一笔，对我国家、民族是亵渎，还是屈辱？这确实是值得人们深思！

原载于《光明日报》1996年8月21日

游记

卧游云山雾水

　　人的知识来源，不外直接与间接，也就是通常所说的"读万卷书，行万里路"。古人早有典范在，伟大的史学家司马迁撰写名著《史记》便是建基于读书与游历，他年十岁已诵读《左传》、《国语》和《世本》等古史著作，并陆续掌握儒家诸经典；与此同时，从二十岁开始游历，到过江苏、浙江、湖南、山东、河南、湖北以及四川等地，访求遗迹，搜集口传，充实史书内容。另一位伟大的地理学家明朝的徐霞客更以艰苦卓绝的精神周历名山大川，写下了至今闪烁光彩的名著《徐霞客游记》。清初大学者顾炎武驱两驴负书走口外要隘，亲加考核验证。所以一个求知者除了检读群籍外，还必须饱览河山，有时行万里路或远胜于读万卷书。

　　游历是生活中不可或缺的内容，但体力、财力和时间，三者缺一不可。以往大多是乘公出之便，就近观览风光而已，可能既非自己心向往之的胜地，又不能流连忘返，迁延时日，更担心同行者兴趣不一，往往不能尽兴。待到年龄老了，离开工作岗位，时间可以自由支配，手头也略有积蓄，可以兴之所至，但是，最基本的体力条件又有所不足。单枪匹马，不仅家人亲友不放心，就连自己似乎也无把握。如果参加群体活动，有人照顾，却既麻烦别人，又使自己产生老之已至的悲哀，再想起当年骑自行车出西直门去西山，登鬼见愁，又骑车返回的英气，真有好汉不提当年勇的唏嘘！终于，我探求到一条比较满意的途径——"卧游"。它是省钱省事省力且可从心所欲的一条捷径。

　　所谓"卧游"，只是一种浪漫化的词语，并非专指躺下而言。偎在被窝内，仰瘫在老板椅上，斜靠着沙发的扶手，歪倚在被垛上，都属于"卧游"的范畴。"卧游"有两条途径，一是文字，二是图像。

文字卧游是找一些不论古今的游记文字来读。它既可用以印证曾游之地，引起若干美丽的回忆，1950年，我曾奉派到湖南桃源参加土改九个月，到过产方竹的桃源洞，传说是陶渊明的桃花源所在。四十多年过去了，记忆被岁月逐渐淡化，不久前重读《桃花源记》，不仅引起对湘西山水风情的遐思，更映现出当年三大革命之一的土改运动轰轰烈烈的场景，无形中增添了不少活力。它又能增拓对祖国河山和世界风光的视野，如《永州八记》是唐柳宗元被贬到湖南零陵后对当地优美山水所写的游记，随手从书架上拿下《古文观止》就能从《钴鉧潭西小丘记》和《小石城山记》二文中领略到唐代零陵地区竹木怪石的美景。翻出一套《走向世界丛书》，可以看到清代好几位先进人物所描述的欧西风情。我的一位乡前辈钱单士厘女士于1903年从日本经朝鲜、中国东北、西伯利亚至欧俄，旅行八十天，写成了第一部女子出国记——《癸卯旅行记》，介绍所见所闻，不仅量其风物，还能了解到二十世纪初一位半封建时代女性对域外的识见。接着，1910年她又写出《归潜记》，记在意大利的见闻和撰者对中西文化交流的看法。读中国早期外交官清人志刚、张德彝等所撰出使记，可知英国蜡像馆中尚有林则徐夫妇蜡像，"阶前对立，仪表如生"。当代也有不少海内外游记之作和报刊的短篇小什，都可备文字卧游之需。

图像卧游主要通过电影纪录片和电视片。无论是有头有尾的名胜记录，还是"请您欣赏"的某些片段和几个镜头，都能收到益智悦目的效应。"神州风采"、"世界各地"以及"正大综艺"中的海内外风光介绍，都能给人们一种未能亲见和难以亲见的满足。或躺或倚，或步或坐，都能使上天赐予的大自然美景尽收眼底。有时比亲临其地更易得到美的享受，因为电影电视又经过一道摄取影像的艺术加工，所以镜头运用远近景的技巧，往往使人感到比亲眼所见更亲切而优美，甚至懊恼地疑惑自己为什么未见此景呢？正如诗人所谓"不识庐山真面目，只缘身在此山中"，倒不如图像卧游来得真切！

不论文字卧游，还是图像卧游，对于享高年者都有百利而无一害，省钱省力，安全有得，不出斗室而尽览天下，不履险难而遍游山川，排遣时光，益智健身，颐养天年，莫佳于此。耄耋之人异室异地而处，何不卧游与共，各得其乐！

原载于《天津老年时报》1995年4月1日

消夏梨木台

为了逃避城市喧嚣，高温酷热，到蓟县黄崖关脚下的下营去小住几日。小楼一角，背倚不算太高，满布植被的山坳，前望不远处，则是水量不算太大的沟河水流，缓缓南流，却送来丝丝凉意，令人身心为之一爽。在此读几天想读而未能读的书，真是一种难得的享受。周围的一些景点，已大多看过，难以拨动我出游的心弦。住了两天，李铁辉夫妇和方槐上山来看望。方槐是上世纪五十年代的学生，已逾古稀之年；铁辉夫妇则是七十年代的学生，也已五十出头了。我每次来此避暑，他们总是来欢聚一次。每次都讲许多有趣的人和事。这一次，方槐讲了不少县城里的琐碎政闻，铁辉则极力为我描述附近的梨木台景色，尽力怂恿我必往一游。梨木台是我未曾游览，也未听说过的胜景。在铁辉绘声绘色地描述下，不禁打动我的游兴。既然离住所不远，又听说其自然风光优胜，不妨一游。于是和妻子商定次日行动。铁辉见说动我出行，亦非常高兴。这一天一直聚谈到午后四时，始尽欢而散。

梨木台距我的住所二十余公里。它隶属于九龙山国家森林公园，位于下营东船舱峪村北。周围有九山顶、八仙山自然保护区、龙泉山庄及九龙山等自然名胜。从住所驱车到山门半个多小时，景区门票40元，年过七十的老人，可免费入山，我又一次得到社会的优遇。入门后有电瓶车运行六七里到达山口，收费15元，对老年人来说，可节省很多体力，虽然景点宣传品中说："梨木台自然风景区内峰林峡谷雄、险，森林景观幽、秀，潭、泽、溪水长流，藤萝攀援缠绕，被专家学者誉为天津的神农架。"这些话只有亲履其地之后，才真正感受到自然景观带给人们的愉悦享受，远远超过一些商业性语言的内涵。

我从电瓶车上下来，步行不几步，即进入山口，放眼望去，只感到一种平坦舒缓。山路两旁的石英岩山峰，令人感到雄伟，但没有什么险峻的压抑，在归来下山路的右侧，我才看到峰石峡谷间有一条百余级石梯，陡然直上，的确呈一种险势，也许就是所谓的"登天缝"。中青年或能一鼓作气登顶，而老年人只能望而却步，自叹脚力之不济。树木郁郁葱葱，迂回曲折，确有一种小林海幽秀之感。高高石壁的罅隙或缺口时见有泉水若白练下垂，或宽或窄，一泻到底，遇有片石叠层，平面略呈凹势，便成小潭，俯视潭底，清澈可见。旋自潭口下流，又成一小瀑布，若遇立石，则水分流复合，成众瀑争流之势，其声励人心志，而其景壮美满目，令人伫立久视，当一涤胸怀之郁闷。

梨木台为自然景观，确乎难见人工斧凿痕迹。入山之路，亦非阶梯，而系顺山势缓坡上行，极宜老人登临。山路时有溪水漫流，若涉水而过，不没脚面。如不愿涉水，则路旁设有软桥，由众多小圆木捆扎而成，桥身离地面较近，不大摇晃，两旁有链索可扶持。全程约有七八处此类软桥，颇增情趣。一般缓行，沿途流连，不到二小时即达梨木台，它是一个约有半个足球场那么大的平台，以绕台周边皆为梨树得名。临风而立可尽收全景。平台上建有草亭和游廊，供游人休憩。一般多由此折回，若有余力，再沿山间小路，穿行于茂林繁草，前行五里，尚有另一景观，但游人较少继续前行的。下山到山口时发现右侧山涧溪水中矗立双柳，树根处有乱石堆阻相隔，而树帽枝叶繁茂，相拥相抱，情切而有阻力，当属情侣一类，溪中横卧片石，题作"情侣抱石柳"，也尚切题。沿途类此题石者，不止一处，为自然景观稍增颜色。回归自然当为消夏胜处，深望少作人工雕琢，为人间留一处好风景。

写于二〇〇七年八月

原载于《天津老年时报》2007年8月31日

三访红山

　　童年时，我在萧山外婆家读小学。晚间常有四五位沿江沙地上的老人聚在外婆家的店堂里闲谈，有时谈到沙地坍塘，总要唏嘘一番。我也时不时插几句："为什么不把冲过来的沙地围起来呢？"幼稚的问话总是让老人们嗤之以鼻：围塘，简直是天方夜谭，头天才围上一小块，第二天坍塘，连新围的土石都冲得一干二净，怎么围？

　　离乡几十年，都没有回过家乡，虽然家乡的一情一景常在梦里萦绕。八十年代初，全国开展编修新方志工作，我有幸应邀回乡，参与编修，很惊讶地听说萧山治理沙地很见成效，围垦的土地上建起了农林牧副渔五业俱备的红山农场，不仅给萧山带来了大笔财富，而且常有国内外政要参观视察，博得了很大声誉。可惜时间紧迫，我未能有机会去领略沙地新貌。

　　九十年代初，舍弟新阳离乡四十年后，从台湾回乡省亲，接待部门特地安排参观红山农场，我也陪同前往。红山农场的景象使我这个第一次来访的游子愕然不已：宽大的办公楼、一排排崭新的居民楼群、负责人介绍的一系列生产生活数字……一切都让人深切地感受到这块总面积达五十余万亩的垦区所焕发出的勃勃生机。这个欣欣向荣、真正富裕起来了的农村，难道真的就是我小时候所听说的沙地吗？我惊喜交加。

　　去年春天，为了展示家乡的繁荣新貌，我特意邀几位来杭州的朋友参观萧山。又一次到红山参观，已时隔五年，这片土地给我的是更大的惊讶。最引人瞩目的是居民住宅区的大幅度增长。一排排造型独特的楼房使同行的朋友都露出羡慕的神色，感到十分意外，甚至认为这是对外窗口的标本。村里非常寂静，各户都锁着门，好不容易有一户正在装修，遇到一位看家的老太太。我们用乡音亲切地交谈。她毫不掩饰地将自家的"发家史"全盘托出：她的儿子是场里的推销员，谈成一笔生意可以有提成和奖励。媳妇在厂里做工，每月有好几百块钱的收入。孙女中学毕业后在萧山宾馆服务，收入也不少。自己则在家里做点编篓的家庭副业，挣点零花钱。全家一年的收入总不会少于四五万元。她笑着说："我们不算好，也就是小康吧！"她的欢乐情绪感染着我们每一个人，我更觉自豪无比。而更令我高兴的是，老友费黑不顾病痛所主编的《萧山围垦志》已经杀青。从此，萧山人民以自己的勤劳和智慧摆脱苦难赢得富裕生活的历程将永载史册。

今年秋，我再次有幸陪同华盛顿大学的郝瑞教授到萧山做人口问题研究的调查，第三次来到红山。这里已完全泯除了农村村镇的痕迹，成为城市的一个部分。农民住宅是第五代的模式，修造和装饰得更漂亮更现代了。眼前的一切使自诩曾多次到过中国农村的郝瑞教授疑惑不已，只有惊叹他无法理解的巨变。

归途经过开发区，从疾驰的车中向外望，洁净宽阔的道路，巍峨高耸的楼群，我们仿若置身于一个新兴的大都市中，令人心情振奋。

祝福你，红山！祝福你，萧山！

原载于《萧山日报》1999年12月14日

湖滨赏月

赏月，特别是在著名的西子湖边赏中秋之月，真是一种难遇的雅事。今年中秋我有幸应邀来杭，并被东道主安排在西湖边的一座宾馆里住。这座宾馆沿着湖滨而建，据说这里过去是一位谢姓富翁的花园，世事沧桑，久已成为某部门的一份"三产"。我到宾馆时，放眼四顾，整个西湖尽收眼底。果然湖光水色，惹人痴醉，难怪古往今来有多少名宦豪客、文人学士流连徜徉，寄情于此。不仅东坡、乐天留有遗迹，就连那位写出美丽故事白蛇传的剧作者也选择西湖作为支点来编织千古艳称的天上人间的恋曲。甚者如明朝田汝成、田艺蘅父子两代倾情于西湖，其父归田后，盘桓湖山，著《西湖游览志》，为后世传写西湖美景；其子席父余荫，放浪形骸，以"朱衣白发，携二女奴，坐西湖花柳下"，与友人斗酒酬唱。父子行事，具见多种史传。杭州之有天堂之誉，大半由于西湖。数百年后，西湖尤为远客所向往，而湖滨旧园，更备受青睐，庄园宾舍，频有修建。我虽如漂萍游云，暂栖数日，也是一次难得的机会。

我们抵达宾馆的当晚，主人在卧房摆放了水果和月饼，准备作为客人晚饭后过中秋所食用，我感谢主人的细心周到。我因为独居双人间，享受了两人的配量。晚餐后，我接待了几拨朋友后，已近十时，我和同伴漫步在湖滨的青石路上，因为水位较高，不觉得心悸，并不时有一股清凉的水汽袭来。青石路的内侧是一大片草坪，设有若干白色桌椅。因为我们出来得晚一点，已经难以找到座位。草坪上没有电灯，只有烛光。许多住客围桌而坐，听不到高声喧嚣，只有细语欢笑。因为烛光昏暗，为了更好地看清对方含笑的面容，必须彼此贴得近些，笑语声也自然受到一定制约。不论情侣，还是亲朋，都似喁喁哝哝地倾诉，真地拉近了感情的距离，我恍然悟到烛光晚会的妙处。

中秋之夜，月色显得比其他月份的十五更亮，更诱人。没有风，只能吹起湖面微微的涟漪，把皎若银盘的月亮映入湖水，又层层地延展开来，似乎要把这柔情蜜意的嫦娥笑貌推出水面，送向人间。千里共婵娟，那是古代表达思念之情的倾吐；在交通发达的今天，千把里路已无需朝发夕至，至多两个来小时，就能与婵娟相共，他和她也许在烛光下腻语，也许正漫步在湖滨的青石路上缓声慢诉着离情别愫。每逢佳节倍思亲早已成为慰藉亲人的习惯成语，不怎么能引起远人的激情。在宾馆的两百多米长的湖岸线外，在更多的环湖岸边有无数的笑语欢声从片片段段的灯光丛中飞出，湖心岛上那些曾经辉煌过的庄园只闪烁着寂寥的点点灯火。湖面上有两簇相映的灯光在相向浮动，好像月亮把星星洒向人间共同度过尘世的秋夜，原来是两只游船。我走得有点乏了，便坐在面向湖面的石椅上，静静地凝视那清亮的湖水，忘却了世俗的一切烦扰，寻找到真正被迷惑的自我。眼光与水中的月光连结相映，月亮显得更亮更圆，抬头一望，原来月已当空。夜，已近子夜了，草坪的笑语还未消失，但我却借口体乏身寒，向同伴提议回房休息。因为我已无意中从报上看到再有两个多小时将有月食，我不想让不知情的同伴承担皓月被遮盖的黯淡。从卧室的窗上可以仰望月亮正在上升，我也不愿看到昏暗遮掩光明，于是闭眼小憩，等待月亮的重光，哪料到由于旅途困顿竟沉睡过去，一觉醒来，太阳已经接替月亮普照大地！

一九九七年十一月六日

原载于《枫林唱晚》（学识走笔·大学生文库）　来新夏著　南开大学出版社1998年版

水乡乌镇

　　江南水乡是非常吸引人们向往的去处，周庄之类的水乡久负盛名，但一直没有亲临其地的机会。最近我的故乡浙江也有一处水乡进入了人们的视野，那就是浙北的乌镇。有人在传述她的秀美动人，屏幕上也在放映着她的景色，令人神往，总想能有一览其胜的良机。终于在2001年11月初旬，我应浙江省图书馆学会第十一届学术年会之邀，到杭州与会。日程中有安排去乌镇观光的内容，真是天遂人愿。

　　乌镇是座具有千年悠久历史的古镇，位于浙江省北部，京杭大运河绕镇而过。我们一行六人，从杭州乘中巴出发，路经南浔镇，访问了嘉业堂藏书楼，并在镇上进了午餐后，约行一小时，即到达乌镇。那天，天朗气清，游人特多。而入口处像一座山寨门那样，把守甚严，游客排队鱼贯而入。进镇以后，顿觉豁然开朗。一条笔直的青石板路贯穿全镇。青石板路像久别的故人那样，把我带回到七十多年前住在外婆家的旧镇时。那年我九岁，在镇上读小学。每逢雨天，我撑着桐油布伞，穿着钉鞋，踏着青石板路，叮叮作响，有时为了多听几遍，我竟然会在青石板路上多走两个来回。十几年前回到旧镇，青石板路已改成一般马路，再也听不到悦耳的叮叮响声了。乌镇的青石板路，虽依然脚下，却没有了钉鞋的敲打声和与青石板协奏出那种撩人乡思的余音了。

　　这条青石板路有它自己的名字，叫做大东街。由东到西有千余米，街的两旁是一些传统作坊和旧式平房或两层楼的民居，南侧的民居依傍着通贯全镇的东市河而建，水阁、廊棚，仅靠几根石柱依托而突出在河面上，民居的倒影在水面上晃动，与地面民居相映成趣。这条千米小街似乎有一种不甚明显的区划，进镇后迎面见到的是街北一些传统作坊。这些作坊仍在按着传统方式生产并出售产品，一家名为公生糟房的造酒作坊，从远处就能闻到浓郁的酒香，诱人寻访。这是一家前店后厂的酒厂，穿过店堂，就是作坊，只见几个赤膊汉子正围着大木槽操作，不远处有口大缸，储存着新酿出来的酒，可以随时用木勺来品尝，的确味道醇厚，没有掺兑，厂家自题名曰"三白酒"，因为行旅不便，我只采购了一斤装的小瓶。再有一家生产有当地特色的蓝印花布作坊，也是前店后堂，穿过店堂，还要走一段青石板的染店弄，方见有一座大院落，高高的晾架上，飘荡着成匹的蓝花印布，好像电影《菊豆》里的一幅场景。厅堂里展出着蓝花印布的历史和生产状况，让游客增长了不少有关蓝花印布的知识。旁有一小屋，有人在为游客表演染前刮浆的工序。店堂里陈列着蓝花印布产品，据说这种蓝花印布制成妇女服装，颇有韵味。所以让不少人解囊，买一些回去，作为对亲友的馈赠和对家人的慰藉。

走过作坊区，便进入这条街的民居区。无论是临河的平房，还是街北的二层楼，都把门板擦洗得非常干净，纹理毕见。虽然镇政府不准民居设店，以免破坏旧街风貌；但还有个别民户在门槛里摆个小摊，倒也无伤大雅。探身室内，虽然采光差些，却收拾得井井有条。有一户四位老妇正围坐一起，作竹城之戏，笑语悠闲，其乐融融，令人艳羡！民居前面就是文化区的地段，有江南木雕陈列馆、余榴梁（藏者名）钱币馆、修真道观和戏台等等，形成当地一种文化氛围，而最引动游客的文化亮点，则是"茅盾故居"，茅盾以其在当代文学史上的不争地位，给故乡争得照人的光辉。故居是一套院落式住房，够不上豪宅的格局，各屋的陈设比较简单，一间书房据说是茅盾生前自己布置的，也不过是书桌、书柜和几把椅子而已，足足称得上是书香门第。

文化区的尽头，也就是东市街的尽头，由北南拐，走过一座名曰应家桥的拱形桥，便是商业区，有一些新商店，而不是什么老字号。唯一一家老字号是汇源典当，柜台有一人多高，我踮起脚，还看不到柜台里面。记得十来岁时，因家长失业，年关时拿了一包衣服去当，连跳几次，够不着柜台口。后来有个小学徒从里面出来接过去，当时还很诅咒了一番。现在想想，这种高柜台可能含有一种防抢劫的作用。全镇的观光点也到此为止，应该沿着南街往回走。但是漫步两里多地，感到有点疲劳；同时到水乡似乎应该走一下水路，众议金同。恰好应家桥头也正是这条东市河的船埠，大家就在此登船。游船只是一般船只，容量较小，所以我们其中一人只好在岸上傍河而行。船行驶得很慢，河水虽算不上清澈，但还没有污染过甚的异味，岸上疾行的朋友，不时大声报道南街民居的状况，没有太多的特色。只是快到东头时，见有一家丝绵加工店，在长案子的两侧，有人在抻长丝绵，很有点像唐人的"捣练"，只不过唐人《捣练图》上是两位银盆大脸、低胸长裙的美女，而眼前所见，则是两位十分干练的老妪在辛勤地劳作。她们的手工加工品或许不致有伪劣假冒，我很想能买件丝绵坎肩，通过岸上朋友的联系，没有成品，都需要量体裁衣定做，只好作罢。

船渐渐地靠拢东头的财神湾码头，正是原来入口处附近，天色苍茫，似乎已到"净园"的时候，游客都簇拥着离开这独具韵致的江南水乡。我们一行人乘原车在越来越暗的暮色中驶返杭州。一路上，大家仍在不停地议论水乡见闻，似乎游兴未尽，真希望还有再来的机会！但我却在想，未尽和缺憾，甚至只是向往，才是真正美的境界；如果一切圆满和完整，那就会有"不过如此"的感觉而索然无味了！

原载于《社会科学报》2002年1月31日

钱江潮

——1997年中秋节海宁观潮归来而作

钱江潮的起始，已难考查，总是在很古老的年代。它蕴积着许多动人的传说故事，也给予天堂杭州一处美丽的景色。远在宋朝以前，钱塘江潮不仅有伍子胥、文种因被冤杀，激愤难平，遂推浪沸腾的故事；还有一些文字记载，如对江潮的成因，是随月盛衰，江口狭浅，还是积沙涌潮等等科学或接近科学的说法；更有足称信史的官方文字，在唐代一部具有全国通志性质的《元和郡县图志》中就记有每年农历八月十八日，几百里外的男男女女都会来共观"舟人渔子，溯涛触浪"，好像现代人看冲浪运动一般，但只是寻常的热闹；直到南宋时，由于朝廷南迁，定都临安（杭州），加以衙署官僚的凑趣，形成了空前的盛况。在宋人的一些讲风物的书中都以"倾城而出"和"车马塞途"等等语词来形容，甚至政府也正式把八月十八日定为观潮节，至今相沿不废。

根据潮汐变化的原理，应该以八月十五为观潮节，为什么要定在八月十八呢？又为什么观潮要到海宁盐官而不在杭州呢？我在童年时曾住钱塘江南岸一个旧镇——西兴镇的外婆家，几乎每天晚间总有几个老人聚拢到外婆家，海阔天空地神聊一通，兴致高时，往往捱到将近半夜才散去，所谈多是古老传说和乡风民俗，故事性很强，所以我总是坐个小板凳，全神贯注地奉陪到底。钱江潮的故事是他们的话题之一，传说钱江潮原是八月十五最好，但是杭城秋闱（指在秋天举行的乡试）发榜也在八月十五，南岸应考士子不论中与不中，都在当天匆匆渡江回家过一年一度的团圆节，许多观潮客也都挤上航船到江中去看潮。有一年，因为船载过重，倾覆沉没，使得浙东沿江各县中举的士子全部遇难，偏安杭城的宋朝皇帝也为之震惊，遂定八月十八日为观潮节，并敕令高潮外移。这虽是一种传说，但也算爱护知识分子的善举。果然，江涛也怕皇帝，从此钱江潮景遂以十八为最佳，遂有"八月十八船到潮"的壮观，而半夜潮、一线潮等壮观也在盐官呈现。传说终归是传说，因为十五的月亮确是不十分圆，所以民谚中就有"十五不圆十六圆"之说，江潮既相应月亮，那么十七到十九才是高潮日。至于江潮东移也是因为宋以后的江流改道，延至明初，江口盐官也就成为观潮的最佳处。道理虽然清楚，但终不如传说那么美妙动人和耐人寻味。

我虽然生于杭州，在杭州读过小学，是地道的钱塘人，但一直无缘观钱塘江潮，无疑是一种遗憾；以后觅食四方，更难实现愿望，也就慢慢地淡忘了。有一次，我在读祖父《匏园诗集》的时候，在卷二读到老人写于清光绪十六年的《观涛行》一首，极生动地描述了江潮的气势和观潮的盛况：

> 西风飒飒仕女惊，浙江八月秋涛生。云日半阴天欲午，人人尽作观涛行。匆忙结伴如蜂拥，裙屐翩翩相接踵。忽听长鲸怒吼来，千军万马齐腾涌。初看两岸波光活，一线隐从海门达。须臾澎湃岸东西，樯帆颠簸浪花泼。白练横飞瀑布悬，排山倒海势滔天……

这首诗触动了我的乡思，重新唤醒我对钱江潮的怀念。我想弥补这一遗憾而苦无机会。足足地等待了六十多年，我终于等到了应邀在中秋到杭州开会的良机，当然这也是东道主为了能使客人观潮的有意设计。中秋节我到杭州，住在湖滨，实现了湖滨赏月的宿愿。开了三天评稿会，旧历八月十九日晨，在主人的精心安排下，驱车两个来小时，到达海宁市盐官镇，在小普陀寺休息并进素餐。饭后，由当地水文站一位工程师陪同和引导到看台的最高层，放眼远望，十几里的江面辽阔寂静，没有一只航船，也看不到弄潮儿的踪迹。两层看台几乎坐满，底层江岸簇拥着无数的候潮客，他们似乎是要把奔腾而来的涛声听得更真切，让浪花水珠拂面泼洒而过，因为这也许是一生中很值得珍惜的一次。

看台的柱子上贴着来潮的时间是下午二时一刻，还有两个来小时的余闲，可备观赏看台周围的景色。蓦然右盼，看到一只双眼注视江面而屈蹲着的铁牛，神态凝重。据传说某朝有个皇帝为了镇潮铸十八铁牛，从海宁东尖山口到盐官，分地段摆好，镇住了海潮。传说伍子胥和文种为了发泄他们蒙冤的愤怒，推波助澜，使江潮排山倒海而来，危及两岸居民和观潮客的生命财产，于是成千上万的百姓在江边祷诉：他们的不幸是吴王和越王的罪责，这笔账应该找吴王和越王去算，不应该迁怒于百姓。随着人们的祷诉，漫溢的江水渐次纳入河道，潮峰也在减势，并且往下倾泻时也像人那样勾一下头，百姓说，这是伍、文二神在表示歉意。美好的传说，蕴涵着人们多少善良的愿望！坐在身旁的工程师不停地在我耳畔灌输着有关江潮的知识，还讲了很多有关钱江潮的诗词赋，如晋朝的顾恺之，唐朝的李白、白居易，宋朝的周密、苏轼，明朝的徐渭以至清朝的乾隆帝和今人赵朴初等的作品，并送我一本《海宁观潮指南》，许多人的诗词都选辑在这本小册子中。

这位工程师对钱江潮有着深厚的感情，他似乎想把他所知道的一切都告诉我。就在我们谈兴正浓的时候，忽然周围观众纷纷起立，注视东方，原来涛声已隐隐约约可以听到，这正如赵朴老诗中的首句所说那样，"天边忽地起轻雷"，这时的时针正指着两点十分。轻雷的声音愈来愈响，正像暑日预示着郁积多日的暴雨即将来临，浪花已经在地平线上从海口一刷齐地由东向西推进，不断地和由西向东的上游水流相撞击，涛声愈来愈响，浪尖涛头愈来愈高、愈明显。它们像在一个口令指挥下，笔直地横列在宽达十余里的江面上齐头并进，真像在江面上拉直的一条线那样。工程师急切地告诉我，这就是一线潮。周围欢呼起来，一线潮已经从视线的前方像一条直线那样，腾涌翻滚而过，时针正指两点二十分，比预测只慢了五分钟，应该说已是相当准确的了。江潮的确壮观，涛声轰隆，潮峰逾人身高多多，如果江潮稍稍偏离河道，岸边的观潮客将会被江潮无情地吞噬。宋朝诗人苏东坡"海上涛头一线来，楼前指顾雪成堆"的诗是古人的诗意描写；工程师说，世界闻名的南美亚马逊河的潮水，也要让钱塘江潮一筹，则是今人的科学类比。

一线潮过去了，一些人紧跟着追向前去，想再看前面碰头潮的天崩地裂、回头潮的怒吼回首；另一些人则仍留在原地，深思回味刚刚过眼的浪潮。这正像面对社会上的商潮一样，有些人在一浪又一浪地追逐，稍不留意，或许有的人会被卷进去，几经浮沉，被浪潮抛来掷去，于是，有的挣扎几下沉没了，有的可能被送回岸上，吐出几口江水，缓慢地挺起身子，一步一回头，眷恋着弄潮儿的浪漫，无奈地回归自我。始终站在商潮岸边的另一些人，望着浪潮从面前远远地过去，注视着起伏浮沉，紧蹙双眉，惦念着在商潮中翻滚的人们。我木然地站在看台上，没有宋人范仲淹观潮时那种"海面雷霆聚，江心瀑布横"的情怀，只剩下唐朝诗人白居易观潮后的感叹："早潮才落晚潮来，一月周流六十回。不独光阴朝复暮，杭州老去被潮催。"人间沧桑，亦复如此！

工程师看我痴痴地望着远去的江潮发呆，用手拉了我一把，我醒悟过来，一切早已归于正常。还是板桥悟得快，他看到"潮平浪滑逐沙鸥，歌笑山青水碧流"，立即领悟到"世人历险应如此，忍耐平夷在后头"的世态人情。我随着工程师向台下走去，工程师回头问我观感如何，我说不如诗人们描绘的那样惊心动魄，真是看景不如听景，为什么台下底层的观潮客却那样热火朝天，挥动拳头欢呼，紧跑着逐潮？工程师微带憾意地回答说："凡是在台上观潮的人，都感到不过如此，而在台下江岸观潮的人反而赞不绝口。"我很惭愧自己的失言。是不是在台上居高临下地俯视，会把下面的一切都看得平淡无奇，无动于衷？圣人说"登泰山而小天下"，也许就是这样一种感受吧！

作于一九九七年十一月十五日

原载于《邃谷文录：来新夏自选文集》（下册） 来新夏著 南开大学出版社2002年版

钟情海宁

海宁地处长江三角洲的南翼，东距上海百公里，西接杭州，南濒钱塘江。它只不过是浙江北部一座七百平方公里陆地面积、六十多万人口的县级小市，但当你一进入这座城市时，便能深深地感到自己已浸润在浓郁的文化氛围中。这里有历经百年、首举图书馆旗号的县级公共图书馆，有举世闻名的钱江潮和随之而兴的潮文化，有不胜枚举的文化名人，且不说古人，就以现代文化名人而言，就能数出一大串，有国学大师王国维、图书文献学家张宗祥、鉴赏家徐邦达、诗人徐志摩和穆旦、作家陈学昭等，真是钟灵毓秀，人才辈出，令人神往！虽然前几年到盐官来观过潮，但当日从杭州往返，来去匆匆，没能瞻仰这些名人的故居，一倾仰慕之情，而引以为憾。今年5月，因为祝贺中国第一个举图书馆旗号的县级图书馆百年纪念，在海宁滞留了三天，了却了一直未能去怀的宿愿。

我难以拜谒所有的名人故居，因为海宁的名人实在太多，只能有所选择。我的首选是徐志摩和王国维，这两位名人在各自领域中都是顶级人物，他们都死于非命，一位飞机撞山，一位自沉于湖，当年都是震惊社会的大新闻，只不过王国维所治的学术，离民众远一些，性格又内向，社交也不广，只不过是一介寒儒；而徐志摩的诗则流传较广，我读中学时，课本中就选有《别了！康桥》的诗，他性格浪漫潇洒，家境富裕，交游又广，与当时文化名流多有来往，尤其是婚姻和恋情的故事所迸发出的诱人魅力和耀眼色彩，使他的社会名声显然高于王国维。

徐志摩在海宁有新老两宅，都在硖石镇上。老宅在保守坊，是祖居，是徐志摩的出生地。我去参观的新宅在干河街。它是1926年，徐父虽不满志摩与小曼的婚姻，但舐犊情深仍为他们特意建造的。这是一座有六百平方米的中西合璧小洋楼，起坐间沙发壁上悬有"眉轩"二字，志摩昵称为"香巢"。志摩和小曼的新房在"香巢"的二楼，是前后间。卧室的陈设虽然属于新派，但比较简单，仅有一床、一桌、一柜、一台而已。可以想见，他们曾在这里度过多少一生中最刻骨铭心的甜美而缠绵的时光。新宅在浩劫中除了原来中厅所悬梁启超的题匾被砸现已换成启功先生所题安雅堂横匾外，似乎没有受到更大的破坏，地上所铺德国制造的彩绘地砖仍是当年的旧物。楼后小天井里的一口水井，也是旧物。志摩曾借物思人，在这里发出过期待小曼的呼唤："眉！这一潭清冽的泉水，你不来洗濯，谁来？你不来解渴，谁来？你不来照形，谁来？"楼里有几间展室，常规地展出了徐志摩的生平诗作和婚姻生活。其中最引人注意的是梁启超在徐陆婚礼上以证婚人的身份所作的训词。梁启超在这篇古今罕见的训词中说：

> 志摩、小曼！皆为过来人，希望勿再作过来人。徐志摩！你这个人，性情浮躁，所以在学问方面没有成就。你这个人，用情不专，以致离婚再娶……陆小曼你要认真做人，你要尽妇道之职。你今后不可以妨害徐志摩的事业……你们两人都是过来人，离过婚又重新结婚，都是用情不专。以后要痛自悔过，重新做人！愿你们这是最后一次结婚！

这番义正词严的训话，确是梁老夫子爱之深、责之切的由衷之言。每个字都很有分量，都击中两人的要害，可惜日后他们的行事却让老先生失望了！

王国维的故居则与徐家大不一样，王家是一般商人，只是一套普通民居院落。虽然王国维的学问比徐志摩深得多，但不如徐志摩既以新诗成名，趋向时尚，又多浪漫爱情故事，在民间有更大的影响。王国维则一生抑郁困惑，似乎有许多纷扰，纠缠得他难以解脱，也许这正造就了他的学术成就。他的自沉，虽然有不同的说法，但终以此而过早地结束了他可珍贵的生命，给中华文化留下了绝大的遗憾。故居中展出的生平和著述，令人惋惜这位学人的命运遭遇，也感谢他为我们留下如此丰富的文化遗产。故居门前的塑像，线条疏阔，但深邃思考的神情使人久久难以忘怀。其他一些名人如张宗祥、徐邦达等人的故居，都比王国维故居显得有规模。王国维的身后仍然是那么孤寂冷落！

如果把时代再前推一些，海宁从宋以来就拥有一大批以藏书出名的文化名人。据说称得起家的有三十八家，在浙江省是仅次于杭州而居于绍兴、宁波之前的地位。藏家之多可以说是灿若繁星。海宁的藏书家不是仅仅藏书，而都是学有专攻的学者，甚至有些是全国的顶级人物，如查慎行、周春、周广业、吴骞、陈鳣等都列入清末张之洞所编《国（清）朝著述诸家姓名略》的六百人中。这些藏书家都有精心营造的藏书楼和丰富的藏书，可惜大多毁于兵火动乱，只有蒋光育的"衍芬草堂"保存较完好。蒋氏是书香传承的藏书世家，蒋光煦的"别下斋"，积古籍十余万卷，可惜焚毁于太平军过境时，光煦为此痛惜呕血，不久身亡。其族弟光育的"衍芬草堂"因为在事前妥善转移保护，所以藏书楼和所藏图书、版片尚能基本保存，使后人得以亲享书香。

海宁的文化氛围，孕育出无数文化名人，也吸引许多人走向海宁。我虽然只短短地停留了三天，但已感到这块地方时时可见对文化氛围的营造，就在历经百年的县级图书馆里，就不同一般地开辟了一间比较宽敞的屋子，题作"书香屋"，里面有几套藤桌椅，满壁插架随时可取读的中外图书，坐下后就有一杯清香的新茶捧送来品尝。迎面有副对联，写着"茶品春夏秋冬，书读古今中外"。这种悠闲雅致的情趣也许正是造就无数文化名人的渊薮，也许这正是让我对它情有独钟的一种魅力。

原载于《访景寻情》（学人屐痕文丛）　来新夏著　岳麓书社2009年版

人文绍兴

从遍地文化的中华大地，优选出若干文化遗留比较集中的城市，由政府命名为"文化名城"的，究竟有多少，我没有认真地计算过。这些城市大体可分为两类：一类是以自然景观占先，如平遥和丽江是以古城为世人称道；另一类则以历史人物带动景观取胜。浙江的绍兴便是这样一座以人文内涵为人认同的文化名城。

绍兴是我童年第一次离开出生地杭州外出的游踪所至。1928年，我刚刚六岁，祖父以光复会员的身份，经老友、时任浙江民政厅厅长马叙伦的推荐，出任北伐过后的绍兴县县长，我亦随任同往。但仅仅过了六个月，一生以教读著述为主业的祖父，因不习惯官场陋习，就挂冠而去。在此期间，我也从长辈谈笑中知道了禹陵、鹅池、东湖等人文景观的故事，可惜因为年幼，不能自己出游，而祖父又约束很严，不许人陪游，所以留给我的只能是一些朦胧的故事记忆！

五十多年后的1983年，我借回故乡萧山之便，顺访了绍兴。我拜谒了禹陵，缅怀大禹三过家门而不入，尽心治水，奠定禹域的丰功；泛舟东湖，恍若面对秋侠的抚剑自雄，途经轩亭口，又隐隐地听到"秋风秋雨愁煞人"的悲愤；偕游兰亭，趺坐于流觞曲水之侧，遐思两晋风流，羲献父子，挥洒自若；参观鲁迅故居，已成聚落，念念于追寻百草园和三味书屋的痕迹；走进青藤书屋，玲珑剔透，修竹丛丛，依稀若见明代画家徐渭的身影，他仍在捻须微笑，诙谐世事；迈入沈园，谛听到哀艳凄绝的诗人往事……像这样的人文景点，在绍兴几乎随处可寻。从人物想到无数诱人的景点，览景点又派生出多少历史人物的动人故事。这就是绍兴之所以是"人文绍兴"。后来，我又来过绍兴几次，但每次都是带着意犹未尽的遗憾离去。

"人文绍兴"不仅继承和完善先人的遗泽，还在不停地创造新的人文景观，给当代人以进一步认识绍兴的依据，给后人留下一笔笔足资缅怀的文化财产。"千石诗林"就是新世纪绍兴文化人镶嵌在绍兴土地上的一块闪烁荧光的新的文化创造。

"千石诗林"位于绍兴的城东，有名的若耶东溪的东岸，在一块不规则的长方土地上，错落有致地摆放着从会稽山等地搬运来的各式各样的石块，有些堆砌成石壁，有些似是随意弃置，散放在这块土地上，很自然地点染成一幅朴素的野景，别有情趣。绍兴人为了赋予这些顽石以人文的灵性，在石壁和石块上镌刻上自魏晋以来古今文人墨客的佳句，还留下部分横竖矗立的石块，为当代文人留下了题咏的空间。2002年，他们向社会征集笔墨，并承诺陆续上石。我的朋友吴小如和陈桥驿都在被征之列，而我则籍隶萧山，或因历来萧绍同属会稽，有同乡之谊，而忝陪末座。东道主的雅命难违，便基于我对"人文绍兴"的认同，特意写了如下的六句话：

> 勾践卧薪尝胆，右军兰亭修禊。
> 蕺山春风化雨，鉴湖抚剑自雄。
> 不意绍郡一城，尽得古今风流。

我选了越王勾践、晋书圣王羲之、明理学家刘宗周和近代革命家秋瑾等四位绍兴名人，用作绍兴古今风流人物的代表。这些人都以自己的精神行事留给后人无穷尽的精神财富，一代代的中华儿女都从他们身上汲取人生养料。他们又有遗迹、遗物存世，可供后人怀念凭吊。"千石诗林"的参与者、绍兴政协的徐公福先生曾在来信中告诉我，准备请名工上石，并邀我有机会能看一看上石后的效果。

2003年冬，我途经绍兴，获知我写的几句话已经上石，主管部门力邀我去看一看。到"千石诗林"去寻石的那天，细雨蒙蒙，空气中微有甜意。"千石诗林"寂静得让人忘却尘世的纷扰。我们都细心地搜寻我的那块吟石，我看到任继愈、王元化、陈从周、王蒙、余秋雨等人的题咏，也读了小如和桥驿的诗作，却没有找到我的题咏。还是公福熟悉情况，他站在一个十字路口招呼，我应声而去，看到在路旁犄角的一方土地上，有前后左右四块吟石，我的那块居中，编号三十三，是一座矮矮的卧石；左边三十二号，是红学家蔡义江题写他父亲蔡竹屏有关绍兴的一首遗诗，也是一块横石；右边三十四号，是哲学家邢贲思所题，是一块立石，录了两句唐诗；背后三十五号，是诗人屠岸的诗作，也是一块横石，他题写了自撰的《秋雨吟》以悼念秋瑾。我在三十三号石前摄影留念，又继续玩赏了一些名人的题句，就兴尽而返。尽管雨丝依然飘拂，但感到的是通体爽意。不论我的题句和书法如何拙劣，后世如何指点评论，也算是我为"人文绍兴"奉上的一瓣心香。

绍兴城区的改造，虽然见仁见智，各有不同的看法，但若干新的变化，总在透露新的信息。2006年4月初，我应邀到绍兴去陪祭大禹祭典，颇有耳目一新的感觉：破旧的沈园，一改旧貌，亭堂重现光彩，向游人传诉唐、陆的恋；葫芦形池水清澈荡漾，脚下踩着流水，似在润泽着衰翁枯寂的心。夜渐渐沉下来，坐上游船，缓缓环城驶行，只见城河两侧依稀模糊的街景，自有一番朦胧猜想的感受。街灯虽说黯淡，但掩不住情侣们相拥贴面的浪漫。绕一圈回到原地，犹依依难舍。仅仅这些装点，引导我们回到现实的时代。我们不要一再苛责对旧物的损坏，因为人文绍兴终究没有远离人文的气息。

二〇〇六年五月

原载于《访景寻情》（学人屐痕文丛）　来新夏著　岳麓书社2009年版

初访华西

1993年6月初旬，我在江阴市原市委萧书记陪同下访问了"中国农村希望所在"的华西村。华西村位于江苏江阴市华士镇西部边缘，面积不足一平方公里，户不足四百，人不过一千四百余丁口。它本是一个"村破田瘦，十年九荒"之地，但在几十年的过程中，特别是八九十年代，逐渐显示了其经济实力。即以1991年与1961年相比，时仅三十年，中间还有过曲折，而总产值却增长5076倍，达三亿多元，人均收入连续四年达两千元，跻身于为人艳羡的首富村之列，可以想见这是来之不易的。

一进村便受到专设接待处的热情接待，被引入有三四百座位的介绍厅，和已经入场的几十名解放军军官共听该村决策者和掌权人吴仁宝的讲话录音，介绍华西精神和目前发展状况。我们由于有老书记陪同，有幸晤见了吴仁宝。从他的言谈举止体现出中国农民朴实的形象。他没有豪华的办公室和左右簇拥的随从，他简单地作些介绍，由于请示工作和来访者较多，他特地指定一位副村长作全程陪同。这位瘦小黝黑的农村中年干部显出一副精明干练的神态，他豪爽地谈华西的过去，夸耀性地介绍当前的富庶，满有信心地展望着未来的前景。他领我们一行四人参观了工厂、花园、宾馆和居民区。

华西以农业起家，有着艰苦奋斗、勤劳创业的光荣过去；但他们比较早地提出了"若要富，靠工副"的设想，走上一条村镇企业"集国营、集体经济优势，将商品经济与计划经济相结合"的横向联合的路子。华西与上海铜厂和钢铁一、二厂联营，借助国营大企业的技术优势和打进市场的便利，九十年代以来更为适应改革开放和社会主义市场经济的需要而招引新加坡和香港的商资以促进本身工业的发展，终而使农业村转变为工业村，获得了全村工业总产值占全部工农业总产值98%的可喜成果。

华西在发展经济的同时，也提高了村民的生活水准，每人年收入有可达万元者，有20万元存款的户达到总户数的70%至80%。副村长领我们参观了农民新村——近百套新建住宅楼。每套三楼三底共九间及一些附间，房屋宽敞、卫生设备齐全，每户农民住房的使用面积，约可分配给二至三位教授。一楼有车房，各楼间以走廊连接相通，可以雨天不打伞。我们应邀到副村长家作客，全家三代五口，住了近四百平方米的房子，卧房中放两张双人床犹有空间，车房中停放着一辆崭新的小轿车。但因主人正在学驾驶，尚无证件而不得不使枣红色的外壳蒙上一层厚厚的灰尘。厨房有煤气灶，实现了"煮饭不用草"的向往。但仍砌有一座砖灶台，准备烧柴草，因为老人们认为柴灶烧饭比煤气高压锅煮饭香，有吃头。这也许是可爱的农民对传统烹调文化的维护与留恋吧！室内的陈设虽偏于旧式，但也有新式的组合家具，颇具新旧交织之趣。户户都装有电话，达到"通讯不用跑"的便利。

华西的国内外来访嘉宾络绎不绝，有的住宾馆，有的则住农户，使一些国外的猎奇者享受一下中国新农民的生活情趣；华西则借此吸收外来养料，开拓业务活动领域。华西也组团外访，借鉴经验，如去年曾组织三十多人的访新（加坡）团，去学习新加坡的生产技能和管理经验，并以新加坡为自己的奋斗目标。这意味着华西人不仅要提高经济实力，而且还有要建成花园村镇的良好意愿。

华西对有些事情处理得比较灵活，这不是随意性而是适应现实，有利发展。如早期由于村民文化程度低，生活困难，外出求学负担重，所以采取对外出求学者给以物质鼓励，使村民文化程度很快提高。近年由于村民经济生活的提高，有力量负担外出求学的费用，于是奖励政策便由对考中者转向落榜者。理由是升学上进已成华西人的习惯，而落榜者往往意兴索然，甚至颓废厌业，所以村里给以一定的资助，鼓励他们再起奋进，以不辜负父老的厚望，并表示对落榜生不但不歧视，还认为他们仍是有用之才。

也许有人担心华西人每年收入多、生活富足，会不会因为有大把银子而衰退。这种担心看来多余，一则生活改善逐浪高，真正的富裕极限是不存在的；再则华西还有一套对人不断促进的措施，就是全年奖金只能有十分之一到个人手中，其余投入所在厂作股金以扩大再生产。厂兴我兴，厂衰我衰，这既免抽空集体经济，也把个人与集体拴在同一根绳子上。这可能就是华西不向国家贷款的原因所在。

华西人有一些自己特定的观念，他们以公有制为基础，走共同富裕的道路，他们总结出华西的成功之路是一靠思想教育，二靠党的政策，三靠干部的以身作则。他们有自己的认识标准，如人民幸福就是社会主义，全人类幸福便是共产主义，而幸福的具体标准就是：生活富裕、精神愉快和身体健康。他们以"爱党爱国爱华西，爱亲爱友爱自己"的六爱精神作为行动准则。

华西在提高物质生活的同时，并没有忘记加强精神生活。他们的用心是深远的，只不过一些具体做法不能不使人感到终究没有摆脱旧农民的某些传统影响。副村长带我们参观了华西村的农民公园。这是一个用以进行思想教育的景点。它运用传统故事，以雕塑群来体现形象教育，如园中有"牛亭"，解释牌指明这是一种老黄牛精神；有三处桃园结义和三顾茅庐的塑像，则象征着团结和尊重人才；修建二十四个小亭，陈设了二十四组人物塑像，表现了传说中的二十四孝故事，如董永卖身葬亲、陆绩怀桔孝母、王祥卧冰、郭巨埋儿种种封建孝道，用以作为孝亲尊老的教材。这种经济发展而文化未能紧步跟上的现象可能不止于华西。在一些新兴村镇往往由于精力专注于经济而相对地忽视了文化，而文化素质的提高恰恰正是经济实力能否进一步发展和精神生活能否更充实的关键所在。"衣食足而后知荣辱"这句古语有一定的道理，但不是绝对的准确。物质生活丰富与精神境界提高，并不是绝对成正比。当代农民发展经济的雄心和成就应该赞扬，而如何引导他们提高文化素质仍是值得引起深思的严重课题。

一九九三年七月

原载于《路与书》（老人河丛书） 来新夏著 中国青年出版社1997年版

岩画·摩崖造像

应连云港评审市志之邀，1995年岁末有连市之行。在评稿会进程中就听说考古专家史树青学长为当地确认了两处重点文物，游兴油然而生。但会议只安排参观港区，向与会者介绍连云港的发展新貌，各处所见成绩确实惊人，尤其是十二公里多的长堤，更为这一有待发展的港口助威增色，但对我这有古迹古物癖好的人来说，总感到有点憾意，可又拘于礼貌，难以向主人启齿。所幸因返程票需要晚一天，会后有整整一天的余暇，东道主似乎看透我的心思，主动在这一天安排了访古活动。心想事成，预示着我来年的好运。

会议结束后的第二天早餐后，东道主陆主任亲自担任导游，先参观了路过的海州古城的鼓楼，有一块记事碑，可惜风雨侵蚀，已难辨读。另有一些仿古建筑，很难引起人们发思古之幽情。离此车行不到半小时，就到了岩画的所在地锦屏山。这里是一座磷矿，虽然规模不算大，但所培养的技术人才却散布各地，可誉之为"母矿"。锦屏山虽不甚高，但景色极美，植被和光线的照射很像写意山水高手的皴劈点染，令人神往。据说春天山下满沟桃花，有桃花沟的美称，可惜来的不是时候。沿着桃花沟旁干涸的小溪大约里把路，就看到一座被铁栏杆圈起来的石丘，岩画就在石丘平面上。顺着斜坡上去，就看到馒头般的石丘面上刻画着简单线条的人物、农作物和天象。人物的面部比较清楚，躯体则示意而已；有不少一把把像张开了的扇面那样的线条，陆主任说这表示稻秧和麦苗，只能说是一种意会；惟独有一幅北斗星图，位置方向的排列都相当准确清晰。这些画面与近年来各地发现的岩画大体类似，只是画面、画幅较小较少。旁边有三块大石搭架在一起，据说是先民的祭坛。从这些画面看，画作者总该是生活在农业社会并具有天文知识的人，感谢他们给我们留下远古的信息。但是同行的J君却对这些刻痕并不深，又经过数千年的岩画为何没有遭到风化和人为的磨损提出质疑，我缺乏这方面的知识，瞠目而无以对。

离开岩画所在的锦屏山，驱车去东汉摩崖造像所在的孔望山。孔望山并不是什么崇山峻岭，但在"文化大革命"中却小有名气，因为这座山原来面对大海，传说孔夫子曾到此一游，可能站在山包上望过海，由此而得名。批林批孔时，当地农民曾奉命为肃清流毒，面对孔望山进行过一场革命大批判，质问孔老夫子为什么到此放毒。闹剧似烟若云地早已过去，而随处可见的摩崖石刻和造像则颇为引人注目。石刻有明清直到现代人的诗文题字，一般都表示"到此一游"和发抒感慨之作，惟有一方系明朝官员因得罪贬为海州守的题字，文中对因何事被贬作了缺空，既显示了有所顾忌，也发泄了不满，为他处所少见。有两块大石动物造像，一为大象，一为蟾蜍，着刀不多，形神俱备，而摩崖造像尤见精彩。这群造像位于孔望山西南，开凿于东汉，现存造像一百零五个，均就摩崖造出各种生动形象，有佛涅槃及弟子送别组像，有看护人和供养人像，有类似飞天的舞姿，有玩弄杂技的小丑，诸般情态，各尽其妙，其中尤以"舍身饲虎"和"涅槃"图像最具特色。原来当地对这些造像众说纷纭，及史树青学长来此，为人一一讲述造像的佛家故事，并认为开凿时间尚早于敦煌莫高窟近二百年，遂有"九州第一佛"之誉。

近午归来，岩画与造像的印象犹萦绕脑际。中华大地类此者，所在多有，设能粗加修缮整理，不犹胜于耗巨资营造千奇百怪、无所伦类的新景点为佳乎？

一九九六年十二月

原载于《路与书》（老人河丛书） 来新夏著 中国青年出版社1997年版

历史的沉重

——悼旅顺

有一个地方，我很想去，因为它可以提醒人毋忘国耻，永记历史的沉重；但我又不想去，因为它让人睹物思情，想起民族的苦难，恍惚映现出血泊中层叠着先民的残破遗体，像万箭穿心般地刺痛着自己。这就是很多人都熟悉的旅顺。

旅顺从行政区划上说，只是大连市的一个区，但它是一座有重要战略意义的军港，曾经是东西方列强争逐的要冲，又曾是祖国美丽面颊上的一块污痣。我是几年前去过一次，回来后心情非常沉重，为之郁闷者多日。前不久我再到大连，是否去旅顺，则反复犹豫，终于还是决定去凭吊，到日俄监狱旧址和万忠墓去慰藉忠魂。用这根受辱的鞭子，抽打自己，要对国耻永矢不忘。

日俄监狱旧址在旅顺元宝房，占地万余平方米，是沙俄在十九世纪末强租旅大后，于1902年开始修建的一处大型监狱。1905年日俄战后，沙俄战败，日军进占，在沙俄未完的监狱工程基础上继续建造，1907年最终建成一座三层、两座二层相连的监狱，共有不同类型的牢房250余间。这座始由沙俄、继由日本统辖的人间地狱，周围以高4米、周长725米的围墙圈起来，圈子内有严密的课、系机构设置，统管着被囚禁者的生活、劳作、思想、刑惩和残杀等等事务。牢房在楼层甬道的两侧，甬道的地面上有平铺的铁栅栏。便于上下监视，无论哪层，如有变动，仰视俯瞰，都能很快反应于镇压行动。每间大约15平方米的牢房，要收住七八个人，吃喝拉撒睡都在这间房里，空气污浊，蚊蝇横行，使人烦扰难忍。另外还有地下单人暗室，仅2.5平方米大，囚禁重犯，阴冷潮湿，暗无天日，至今看到，犹令人毛骨悚然。囚犯们还要不时遭受精神威胁、肉体折磨和强劳动的惩罚。这座监狱是日俄特别是日本帝国主义残害爱国人士和革命志士的地狱，据统计，从1906至1936年的三十年间，累计关押过两万人，不仅有中国人，还有朝、日反抗者。刺杀日本首相伊藤博文的朝鲜志士安重根就曾囚禁于此，并终被杀害于此。抗日战争时有多少中共党人和爱国同胞忠贞不屈，英勇殉国于此。至于遭受酷刑残害的更不计其数，据日帝自供的《关东厅要览》和《关东局要览》等书的记载，1930年受刑数为27.6万人次，1940年竟增至44.3万多人次。这斑斑血泪和陈列的种种惨象在刺痛着每一颗有良知的心。簇拥着前进的参观人群，无不神色凝重，有人在低声啜泣，有人在某件实物和文献前认真审视。无论是久经沧桑的老者，还是稚嫩无邪的少儿，都在经受剧烈的震撼，百年苦难的呻吟呼号永远撞击着人们的心：不能忘记过去！

离开了日俄监狱旧址，又去参拜万忠墓。这是百年前中日甲午战争对日本侵略者制造惨绝人寰浩劫的罪证。1894年11月21至24日的四天三夜间，在日军第一师团长山地元治的亲自指挥下，旅顺的两万多无辜居民惨死在日军的屠刀和枪口下，只留下36个抬尸者。这些屠夫和强盗驱使这36个人把遍布旅顺的尸体集中到白云山东麓、黄金山东麓和窑场子等三处焚烧，然后掩埋在白云山东麓的山冈中，立下一块题有"清军将士阵亡之所"的石碑，表明这都是战争中的伤亡者，用来遮盖屠杀无辜的罪行；但在幸存者的指证、欧美记者、海员目睹暴行的文字记述中，以及后来发掘出来的妇女儿童骨骸，都充分揭露出日本帝国主义希图欺骗世人的徒劳。当地百姓则称这块埋葬白骨忠魂的坟场为万人坟。从大屠杀后的两周年始建万忠墓碑起，历经清末、民国，直至解放后的各个时期，虽历遭日伪的摧残破坏，墓碑圮而复建，但万忠墓一直巍然独立，供人凭吊，也时时警告着中华儿女：毋忘国仇。

离开了这些令人痛心疾首的地方，心情总是平静不下来，甚至当晚未能入眠。百年挨打受凌辱的往事，历历在目。我们不是复仇主义者，但也忘不掉沉重的历史。中华民族以泱泱大国的风度，宽恕既往，寄情未来。但曾经犯过罪行的对手，是否放弃了虎狼之心？尚乏明证。听其言，观其行，是我们习惯了的思维方式。我们有人抨击日本是政治上的侏儒，缺乏德国总理向犹太死难者忏悔谢罪的气概，实则不然，这正证明日本军国主义的幽灵仍在游荡，他们并不甘于认罪，还在梦想大东亚圣战的"伟绩"，妄图称霸亚洲。因此，教科书的篡改，参拜供奉杀人凶手的神社，置抗议与舆论于不顾，无视我们世代友好的愿望，甚至借"反恐"之机，派兵出国，做用兵海外的试探。所有这些，都不能不令人深思农夫与蛇的故事，不能不记住一位革命伟人曾经说过的话："对狼，要用打狼的办法。"还是伏契克说得对："警惕啊，善良的人们！"

写于二〇〇一年十二月十三日南京大屠杀六十四周年纪念日午夜

原载于《光明日报》2002年4月10日

参拜"侵华日军南京大屠杀遇难同胞纪念馆"

在抗战胜利五十周年纪念的日子里，从图籍的文献记载和影视的实录展现中，南京大屠杀的惨痛景象曾经使我流过无数泪水，甚至啜泣失声，不忍卒睹。但我又非常想更多地认清日本军国主义者的兽行和我国人民所遭受的苦难。日前适有南京之行，得以到"侵华日军南京大屠杀遇难同胞纪念馆"去参观，不！不是一般的参观而是参拜，尤其是在抗战五十周年的时节，更应该去祭告死难的同胞：从甲午以来屈辱半个世纪的中华民族经过不屈不挠、前仆后继的浴血奋战，终于挺身而起，屹立于世界。死难同胞的碧血白骨将永远向世界昭告日军的野蛮、凶残！宣告中华民族是永远不可战胜的伟大民族！

纪念馆占地25000平方米，分内外展区。进馆后一转身就看到矗立着一面馆名大墙，墙下的花坛里摆满着献给死难同胞的花篮和花束。大墙没有太多的雕饰，但是，它像展开着宽厚胸腔的勇士一样高昂地挺立着，以一种威武雄壮的姿态迎接着四面八方的晋谒者。人们都像在大墙上隐隐约约地看到了无数死难者一样，肃穆地低头默哀，合十膜拜。而我则更为沉重，因为我是事变前一年离开南京北迁的，但我在南京的不少学友和少年伙伴丧生在敌人的屠刀之下，过早地结束了他们美丽的人生！

从大墙侧面拾阶而上即可进入外展区，但是，腿刚刚迈上台阶，立即看到迎面的六个硕大的黑色数字：

300000

这六个黑色的数字的旁边分别用三种文字注明是"遇难者"（另有英文"Victims"，日文"遭難者"），使人一见有毛骨耸然的感觉。这六个黑色的数字像是由无辜的中国百姓惨死在敌人枪口刺刀之下所流淌的鲜血，历五十年而氧化成黑色所书写的。这六个黑色的数字是经过缜密的调查、取证、考核所取得的科学性极强的结论。据一本由中外人士的目睹记录、幸存被害人的证词、报刊的采访报道以及档案文件为依据的专著记载，"我无辜同胞惨遭杀害，总数达30万人以上。其中，被集体屠杀并焚尸灭迹的有19万多人；被零散屠杀，尸体经慈善团体掩埋的有15万多人。"其集体屠杀的场地，查清的有鱼雷营、汉中门外、中山码头、大方巷广场、草鞋峡、下关、龙江口、燕子矶、宝塔桥、上新河、中华门外花神庙和煤炭港等十余处。据当时跳入江中，匍伏江边才得以活命的王某说："一周来敌枪杀者，仅下关沿江，至少在3万人以上。"300000之数当令人信服。但是，那些屠夫和魔鬼的膜拜者仍在狺狺不休地狂吠：有的嚎叫着死者不符南京城的户口册登记人数啦，试问有哪个城市的实际人口能真正与户口册完全相符？世界上有哪个城市没有过往游客？哪个城市的流动人口不超员10万、8万？况且当时在南京尚有无数被日军一路驱杀过来的难民群和为抵抗日军侵略而调集来的抗日将士以及丧失战斗能力的被俘人员，他们不是都惨死在日军的屠刀之下吗？有的在叫嚣杀人是战争中的正常行为，但是，杀害战俘和战事结束后屠戮和平居民，难道也是合理行为吗？也合乎国际公法吗？有的在千方百计地缩小屠杀人数，这真是枉费心机的妄想，即使东遮西掩篡改成万人、千人、百人、十人，也难逃在别国领土上杀人的罪名！

从石阶走下去，站在平台上，看到一片外展区，这就是战犯谷寿夫获得屠夫恶谥的杀人场，是死难同胞万人坑的遗址。一条鹅卵石的路像由累累白骨所铺设，一片如茵的绿草地象征着人类生命的长青，绿白之间划出了一条触目惊心的生死线。一块块遇难者的碑石被挖掘到这儿来，分立在路边墙侧，真实地记录着死难同胞的数目。我没能逐一地记录，只看燕子矶江滩遇难碑所记，被杀者就达5万余人。人们遥想当年尸横荒滩，血染江流之惨痛，能不掩面而泣？翳我生民，何罪何辜？

展区的围墙上是三组浮雕：劫难、屠杀、祭奠。艺术家的妙手，生动地再现着父兄受戮，母姊遭辱，母护儿，父掩女，脏腑外流，躯干肢解……种种惨象。这不是艺术制品，而是中华儿女血肉泪水所写的真实历史啊！有一座4米高的母亲雕石，右手握拳，左手张开用力地前推，双眼炯炯，像喷射着一束束愤怒的火焰，这是中国人民的脊梁！草地上矗立着三棵枯树，显示出战争的凄惨。在鹅卵石路的尽头是一座棺椁式的展室，两面展柜中所展是1985年建馆时挖掘出来的遗骨，一面展柜是铺陈在沙盘上的人体各类骨骼，另一柜则是多具骷髅，有的头颅上有好几个明显的枪眼，证明这是枪杀后被掩埋的。室中有块死难者的题名碑，已有2000多人被自己的亲人找到。

内展厅陈列着日本军国主义侵华史实展览，充足的史料，包括中岛、野田等等侵略分子为炫耀杀人的日记、照片、各种物证和幸存者的证词。罪证确凿，历历在目。石阶正面的六个黑色数字就是坚实地站在这大量信而可征的史料基础之上而书写的。即使有各种叫嚣的噪音和不驯的狂傲，又何值一顾，适足以暴露日本军国主义遗孽无忏悔认罪之意，而犹存抵赖蛮横之心。种种出乎常规的言行层见迭出，善良的中国人民难道会无动于衷吗？宽厚不等于无用，和平不等于怯懦。前事后师，史有明训，忘记过去，意味背叛。中国人民不会忘记民族的历史，也不会忘记300000之类的黑色数字！

原载于《冷眼热心——来新夏随笔》（当代中国学者随笔）　来新夏著　东方出版中心1997年版

娘子关揽胜

娘子关虽传说被排为天下第九关，但她却是闻名遐迩、妇孺皆知的一座名关。她的得名，尚存异说。一说其地旧有妒女祠，为晋人介子推之妹而立，俗称娘子庙，关以是得名。传说介妹因介子推自焚绵山有要挟晋文公之嫌，嫉愤而死。这一说法虽略有文献可寻，但显然是为维护国君权威而造，不足信；另一说是，相传唐李渊第三女、李世民之妹平阳公主曾率娘子军驻守此地而得名，这一说法虽于史无考，但颇有浪漫色彩。二说难定一尊，姑并存之。

我从少年时就久闻娘子关之名，很想亲临其地，看看这座名关的雄姿，但总得不到机会。直到2000年仲夏快八十岁的时候，才因山西平定县朱玉芳副县长的邀请，得以实现愿望。我在头天晚上十点多钟，从天津乘去太原的火车，似乎没有睡多久就到阳泉火车站，时间刚刚清晨六点多，并没有感到什么旅途的疲劳。朱副县长已在车站迎候，她是一位性格非常爽朗，做事非常干练的女性，高挑的身材，满脸含笑地说了一连串朴实无华的欢迎语句，虽是初次见面，却让人有一见如故的感受。我在这位女县长和一起来接站的娘子关镇镇长陪同下，乘车直趋娘子关。约摸四十分钟，车就停在镇政府门前。在镇政府稍做盥洗，略进早点后，又乘原车驶向娘子关。

车子一直开到关前，只需走一段很短的鹅卵石坡路，就到关口，城门楼上高悬"天下第九关"匾额，城门上方镶有"京畿藩屏"四字。门洞右侧有一块刻有娘子关名的长方牌，为文保单位所立。这三块牌子体现三种不同情况，一是说明娘子关在全国名次中的排次，二是说明它在军事上的重要地位，三是说明我们这个时代对待古迹的保护态度。登关以后，有宿将楼、关帝庙等，规模不是很大，再往上走就是娘子关村，村民都很健康，在一家宅门口，遇到一位高龄老妪，是看关服务人员杨老的母亲，虽已九十三岁高龄，但仍是耳聪目明，口齿清朗，满面红润，笑容可掬。承老人家见告，村里像她这样过九十岁的老人还有七八位，她说所以能这样，就是"山好水好烦扰少"。话虽平常，但确是健康长寿的窍要所在，也是娘子关美景的概括。

娘子关的美就在于它的好山好水。娘子关地处太行山中段，上凭高山，下临深涧，群山环绕，绵河穿底。倚关远眺，景色尽收眼底，铁路公路交叉延伸，远山起伏，杂树错立，可惜为电厂废气所染，略嫌朦胧。自然景物与现代设施的矛盾，当为开发无烟工业资源的要务，固不可以轻心掉之。沿着关路，缓登关顶，俯瞰见一民居小屋后身有水磨连车两盘，相切圞转，镇长告之为村人仿照先人利用水力遗法，研木为轮，凿石为磨，用来碾磨粮食和香料。虽关民生，实成景观。行不数武，即出另一关口，关壁镌刻"娘子关"三字。关北有绵河峡谷地段，略呈葫芦形，两崖相夹，有流水行于峡谷。谷口宽约50米，得现代高新技术之助，以橡胶坝堵塞谷口，可得8000平方米的人工湖面，乃以唐代女将平阳公主之名，名之为平阳湖，使各方慕娘子关之名而来游者，又得一泛舟游憩之所。湖南崖之上，在关东约一公里处的龙王庙有一泉眼，汩汩湍流，流量达每秒1.5立方米，顺坡向北沿街下流，东曲西折，穿家过户，泉水淙淙，清可鉴人。沿街下行，右有民居，庭院悄然，榴花衰红，葡萄盈穗，得过庭流泉之施恩；左有溪流，中置青石，三五村女，蹲身捣衣，有互通闺情之喜乐。前行有二户，水磨连屋，一户磨玉荄面，做成窝头饼子，细腻耐嚼；一户则磨圪针根成粉，可做蚊香线香之原料。人水相依，固无愧其称"水上人家"。小桥流水人家，久为世人艳羡，不意今日于此得之！转行至关城东门外300米处，遥见水帘飞瀑，蔚然大观，下行涧底，仰望山崖，若白练脱幅，匐然而下。中阻峭壁，悬流四出，所以前人记载称之为"悬泉"。伫立既久，雨丝飘拂，微有凉意，陶然怡然，不觉物我两忘。古今诗人，流连飞瀑，亦多有吟咏，金诗人元好问《游承天悬泉》长诗有"诗人爱山爱彻骨，十月东来犯冰雪，悬流百里行不前，但觉飞湍醒毛发……"溢流出诗人对山水的依恋之情。明代昔阳人乔宇归老游此，写《瀑布泉》抒怀，有句云："四十年来羁俗驾，水边赢得老来闲"，颇得闲云野鹤之趣。近代诗人郭沫若好题诗作字，经由之地，无不有乾隆余韵，1965年冬，郭沫若游山西，乃有《过娘子关》之作。颂称云："名关雄踞太行巅，雉堞逶迤入九天，石壁迎涛出峡谷，清泉飞瀑挂珠帘……"情景交融，的是郭氏佳句。美景满目，应接不暇，不觉日过中天，乃驱车回镇政府就餐。

午餐后，朱副县长建议在回县城前，到离关堡约二公里的坡底村去看罗非鱼的养殖，1966年在这里兴建发电厂，1980年该村就利用发电厂的余热水养殖喜热的罗非鱼，二十年来，颇见成效，我们在池边投食，鱼群就众头攒聚，唼喋不已，快然得一景观。由于养鱼条件适当，鱼的繁殖较盛，每年鱼苗与成鱼的收益，大大地提高了村民的生活水平。化废为宝，于此可得一证。从渔场出来，即掉头驶向县城。沿太旧高速公路往固关。固关又名新关，两侧有山，形势险要。关城为明嘉靖二十一年所建，两翼有比较完整的明建长城。我临风矗立山顶，环顾八方，城隘胜景，势难尽数，而一日之游，足迹所至不过十之三四。景物依然，往事如水。遥望当年，汉有韩信列阵绵河，背水而战。清有刘光才率部抗击八国联军德法军队，浴血奋战，宁为玉碎。抗战时期，八路军率抗战军民，于娘子关地区屡挫敌锋、为国争辉。正在我遐想这些英烈的伟业之际，忽然忆起少时读唐李华《吊古战场文》说"浩浩乎平沙无垠，夐不见人"，哀悼难已。我今登临太行，则不禁仰天而告忠烈曰："巍巍乎太行之巅，青山处处埋忠骨。"凡游此者，自当受其激励而有所奋起，面对娘子关，须眉何能逊于巾帼，愿共勉旃！

　　娘子关景点殊多，限于行程，择要地考查与游览，未经之地，当俟异日。自固关下山，已近薄暮，驱车回城，大约只有二十分钟就抵达住地，虽身体已感疲惫，犹濡笔以记其要，或可备他日作鸿爪之忆！

二○○○年六月

　　原载于《遒谷文录：来新夏自选文集》（下册）　来新夏著　南开大学出版社2002年版

平遥古城

1987年12月8日，晋中地区的平遥县被国务院公布为国家历史文化名城；时隔十年，1997年12月3日，在意大利名城那不勒斯又由联合国教科文组织正式确定为"世界文化遗产"。从此，这座南连介休，北望太原，东邻上党，西面黄河，有二千七百余年建置历史的古城，再也不仅仅是占全国地上文物70%以上的山西所独有，它已是与云南丽江古城共同跻身于世界的两颗灿烂耀眼的中华明珠，成为海内外所瞩目的胜地。同样地，它也吸引着我对它的向往，1999年6月，我非常意外地应该县之邀去参加一年一度的平遥旅游文化节，有幸从容地瞻仰了中华民族引为骄傲的古城姿容。

平遥之有城墙，相传始于西周，而重建于明洪武初。城高10米，周长6000余米。古城近于方方正正，但不同的是一般城池有四门，而平遥则是六个城门，东西各有上下两座门，六门皆有专名。据说这是取一头一尾四只爪的龟形为城，可能是以龟寿来祝福古城的永存。果然不负所望，龟城至今屹立。龟尾偏甩，所以南北二门不在一条中轴线上。下东门是直通城门，与远处一塔相对，传说有一条看不见的线系住龟足，以免龟城走动，其余东西城三门都设有侧门，既以便于防御，也表示龟足的弯曲。南门前有对称的一对井，象征龟的两只眼睛。南城墙不是直线，而作水波流动状，似乎龟在划动。整个古城自明清以来完整无缺。直到1938年2月，日军进占平遥，毁城建堡，古城遭到惨重破坏，东城墙南段至今尚有多处弹痕。这是日本军国主义者侵犯中华的见证，也是古城捍卫民族生存的光荣疤痕，让中华儿女永志不忘。城墙上有敌楼七十一座，合城南隅奎星楼共七十二座，垛口有三千个，据说象征孔子三千弟子七十二贤人。这无疑是一种附会，但也反映平遥人民对文化的向往。五十年代，平遥曾受到关注与保护，不幸，"文化大革命"时期，拆墙盗砖，乱挖乱建，使千年古城面目全非。八十年代以来，始逐年维修复建，直至1993年底，古城墙体终于复原。华夏文物，至是重放光彩。

我和同伴在李副县长的陪同下，登上了北城，首先映现在眼前的是经过整修的北城城楼，巍峨宏伟，雄镇北关，远望可见铁路公路的蜿蜒走势，使朝朝夕夕的匆匆过客，或可远眺古城风貌。俯身下视瓮城，若敌兵被困，诚如瓮中捉鳖，加以悬挂城头周围的钉板和滚筒，与直立的城墙联成一气，在短兵器战争的时代，无疑当得起固若金汤的赞誉。回头展望，横竖交错的街道，庭宽院深的民居，为古城平添无数幽雅景色。遥想当年，晋商取利四方，捆载而归，营之造之，美轮美奂，旧影至今犹存。我们为更便详窥全貌，乃乘城上游览三轮缓绕全城，车夫熟于方位掌故，边行边讲，城内寺院殿阁，尽收眼底。敌楼垛口，修整完好，可惜为附会七十二贤之说，每一敌楼辄塑一贤，此或为吸引游客所强加，但实难称其为艺术品。人为的丑陋徒有损于敌楼之本意。北城二角楼，正在复建，整旧如旧，颇合古意。城内居民泰然安居，恪遵功令，无有拆旧建新或自建高层者，盖所谓保存传统文化之旧，为后世留前代故物。这些居民爱护文物的精神，值得尊敬！我国地上文物之多，为世界所艳羡，若能处处如平遥，存旧建新，则中国必将无愧于文物大国之称。至于现代文明之兴建设施，何不另辟新城，新旧毗邻，相映成趣，亦足称一大景观。

在古城东北12公里郝洞村有镇国寺，古称京城寺。其主体建筑万佛殿，建于距今千余年的五代北汉天会七年（963），是典型的五代殿堂，殿内转角铺作，设计精妙绝伦，为木结构中难见之作，殿内高达4米的释迦佛结跏趺坐和弟子迦叶、阿难等五代彩塑，神态安详，发人幽思。寺内尚有若干碑碣造像，惜多残损，其中五代的半截碑尤为珍贵。而造像头部，多被截去，造孽者其无后乎？在古城西南6公里桥头村有双林寺，原名中都寺，始建年代失考，重建于北齐武平二年（571），至宋改名双林寺，明清两代多次修建补筑，共有殿宇十座，规模宏大。各殿彩塑壁画，美不胜收，有宋元以来特别是明代彩塑共2052尊，尚存完好者1566尊，大者丈余，小亦尺许，造型优美，气韵生动，特别是水月观音像，尤具魅力。观音半肩袒胸，踞坐正视。左足下垂踏妖魔，右足半拳踏座上，以右手抚右膝，神态自若，生活气息浓郁，令人流连。而韦陀护法神塑，线条流动明快，体态自然随意，威严而有善容，堪称彩塑绝品。其他悬塑满布，玲珑剔透，若娓娓道佛教故事，均为其他庙宇所少见。各殿皆有壁画，共有明代作品近800平方米。双林胜迹，固非一时所能尽赏，行色匆匆，将留待异日。镇国、双林二寺虽名为寺而无僧侣，以之作为文物景点，亦殊有新意。平遥以一城二寺构成古城文化主体，辅以遍布全县之遗址、遗迹、台桥、关隘、寺院、墓葬、民居、店铺等数百处构成古城文化群。天赐珍奇于兆民，岂山西一省之冠冕，直可夺全国与寰宇之声名，润泽当代，嘉惠子孙，这应是有识者的共同心愿。

平遥啊，平遥！我虔诚地祝福你，平遥的古城文化将在千千万万的众生呵护下，平平安安地传向遥远的未来。

一九九九年七月十七日

原载于《人民日报·海外版》1999年8月23日

七朝古都——开封

　　从郑州东行，大约一小时的小车路程，就到达妇孺皆知的开封府——今开封市。这座城市曾经是魏、五代时的梁、晋、汉、周与北宋及金后期的都城，所以有七朝古都之称，而《包公案》、《七侠五义》、《小五义》等等说部、戏曲的渲染，更使它声名远扬。我虽久已向往，但一直没有机会去一瞻风采。1994年仲春之月，承河南《信息博览》主编石小生同志在百忙中亲自驾车陪我去一了宿愿。小生熟悉河南风情景物，对开封更作过多次实地考察与研究，又与当地文物部门时有联系，一路绿灯，给这次参观节省了若干人力物力的耗费，作了一次快乐的旅行。

　　在城市中轴线上有一座颇为壮观的牌楼，据说这就是宋宫廷的午朝门。牌楼向北一条笔直的道路，称作御街。御街北端现在是龙亭公园，中间有一座建在高高土丘上的亭式建筑，这是宋宫廷的遗址，明朝建过王府，后经几次黄河冲淹，宋宫明藩都已层层没入地下，现所见的龙亭建筑群是清康熙三十一年所建，名万寿亭，后称龙亭，雍正十二年扩建为万寿宫，而龙亭之名未变，它是作为皇帝权力象征的，官员们接旨和庆贺都在此向北朝拜。向南的御街西侧有一座嵯峨壮丽的楼阁，名曰"樊楼"。据说是宋徽宗与李师师幽会之所，中可容千人欢宴，虽为后来的复旧建筑，但亦可看到这位亡国之君的荒淫奢靡，后人凭吊，得不悚然！从龙亭向午朝门望去，牌楼背面的横幅是"国泰民安"，这无异是对立国者的提示：民得安定，国乃康泰。龙亭下大路两侧各有一湖，东名潘湖，水浊；西名杨湖，水清。潘杨纠纷，经过说部近千年的宣传，已是啧啧人口，虽说水自东流来，带来混浊，经过潘湖沉淀流入杨湖，自然清澈，但也是人们对忠奸的折光反映。

　　龙亭东北有一座因颜色近铁而得名的铁塔，实际上是琉璃砖砌成，砖上都有佛像。宋皇祐元年始建，曾名灵感塔、上方寺塔，明称祐国寺塔。塔为八角十三层，高达55.08米，其八棱方池基座因黄水冲积已埋入地下，真难想像到黄河泥沙若此之甚！塔院北墙很高，但墙外堆沙几与墙平，成一斜坡，这是历年黄河风沙遇墙阻落而成。铁塔基座被埋，于此可证。目视塔身微有倾斜，但历经多次地震，岿然不动，如果不是视力误差，或许若干年后，将会呈现另一斜塔的新景观呢！

开封府在人们心目中的声名，很大程度上与包公有关。包公是民间口碑中的青天大老爷，是解危扶困的保护神，是公正廉明的清官标本。现存的包公祠据说就是当年的开封府。包公祠和一般祠庙差不多，宽敞有余而壮丽不足，除了塑像和三副铡刀外，最引人注目的是开封府尹题名碑，包公是第九十二任，历史名人范仲淹、欧阳修都任过此职，因为天色略晚加以停电，碑文难以全部看清，可能还有一些名人，也可见这一职任之重要与艰巨。归途路经大相国寺，这是戏剧、小说中有所描述的名寺，但目睹远不如耳闻，偌大一座名寺院除了掩没在楼群市招下的平常殿堂外，几近于一座商业城，商店摊位，栉比鳞次。回舍翻读1941年刊印的《开封县志草略》前编，记有"人民游乐之所多集相国寺"。又想到《水浒传》中的描写大相国寺的繁华，看来，庙市的状况，其来有自。开封市高楼大厦不多，而街道里巷多旧貌。有人告诉我，有位台胞回乡省视，非常高兴，因为他四十年前离开开封时街道里巷的名称方位，甚至有些蓬门小舍还能找到。变化不大，对离乡背井的游子归来寻根访旧确是一种良缘。保持一座古城，移步而不变形，也并非坏事。美国物质文明发达，可是，它仍然保持一处三四百年前印第安人居住过的小镇，没有进入现代文明，一切用品出于手工，不用电而点蜡烛，喝树根茶，坐马车，等等，供各方旅游者到此发思古之幽情。我们的七朝古都又为何不能发挥优势，建成具有世界水平的旅游景区呢？

一九九五年六月四日

原载于《路与书》（老人河丛书）　来新夏著　中国青年出版社1997年版

吐鲁番纪行

"吐鲁番的葡萄熟了"的歌声，多少年来总是那么悦耳动人地萦绕在耳边。吐鲁番的名字几乎和新疆经常紧紧地联系在一起。许多到新疆的人，纵使耳闻吐鲁番的高温灼人，也总把一游吐鲁番作为行程表中的一项。今年夏天，我应几个单位的讲课邀请赴新疆，课后东道主为我安排了到吐鲁番周遭去参观考察。虽然有的朋友担心我年高体弱，力劝不要去涉高温；但我珍惜这难得的机会，还是坚持和朋友们同到世界上最低洼的火盆里去经受一下。

1998年8月6日这天的清晨六时，新疆时间还没有一点熹微的意思。我和陪同的朋友，为了尽量错开高温的最高点，准时从乌鲁木齐出发。近十年来，乌市的发展很快，街道整洁，高楼林立，十年前住过的当时号称一流的宾馆，如今已降至三流左右，人口相当稠密，通衢大道，行人如织，无异于口内城市；但车子驶出市区后，看到的却是一大段一大段的荒漠。祖国辽阔的大地有多么宽广的开发余地，正等待自己的儿女们去唤醒她们！

车行整整三个小时，我们已到举世闻名的吐鲁番市，城市建设没有什么引人注意的地方，但立刻让人感到已经来到葡萄的城市。大街的两侧有一些零落的奇怪建筑，在较高的土坯基础上垒成四四方方的土房子，四面交结成若干层次四方形通风口，图案很整齐，底座有的是纯粹的土堆，有的就在主人住房的屋顶上。讲究一点儿的是用砖建造，但数量较少。同行的朋友告诉我这种建筑名叫"晾房"，房内竖有直通屋顶的杆子，把一串串无核白小葡萄挂上去，利用四面密布的方孔通风，使鲜葡萄逐渐风干，大约经过二十五天就能制成清香可口的葡萄干。据说这种晾房在吐鲁番到处都有，特别是葡萄沟一带更是星罗棋布。

第一站是火焰山。火焰山是六十多年前我会看《西游记》的少年时代始就心向往之的地方，如今只有几个钟头路程，岂能失去这样的良机。火焰山究竟像不像一团火，到底有多高温度，是不是能把生鸡蛋焐成熟鸡蛋等等疑问，急于求解。离吐鲁番大约一个多小时车程就渐渐接近火焰山了。山在不断地变色，赭色、淡红色、火红色，接连地变换。当来到火焰山下，从空调车出来，立刻如入热腾腾的蒸笼里似的，真是名不虚传。陪同的朋友说，这不算最热的时候，如到中午，可以高达四十多度，一般人难以忍受。山并不太高，但山坡像用一把锋利大砍刀从上劈下来那样，削成一个非常光滑的斜平面。山上除了游客踩出来的路之外，没有一条正式的登山之路。整片的山寸草不生，了无树荫，只见为数不多的勇者在艰辛地向山顶攀登，而更多的游客，包括我们一行人在内，只能站在山下，仰之弥高，但缺乏钻之弥坚的精神。如果当年唐僧取经确经此山，则其艰苦之状，可以想见。山下有唐僧师徒四人和牛魔王、铁扇公主等的塑像，粗俗得难供欣赏，并不能给这一壮丽的自然景观增添一丝颜色。现在许多景点，不知出于何人策划，到处都有些不伦不类的人为景物，也许是我缺乏起码的艺术欣赏水平，如果断定大部分游客都不以为然，那就奉劝有关部门还是不做或者少做这类劳民伤财、弄巧成拙的蠢事吧！

从火焰山往下走就是千佛洞，千佛洞虽然也有很长的历史，但其规模与价值远逊于敦煌。各洞的壁画，剥落损坏得很厉害，故事也欠完整，据说曾被德国人挖窃，不过仍有许多游人在默默地接受祖国文化的熏陶。中国是个文物蕴藏极丰富的国家，但保护不力，致为一些国际文化掮客所觊觎，鼠窃狗偷，散藏于世界著名博物馆和某些私人手中，文化部门应有责任去追索，我们多么期望能在自己的国土上重睹汉家故物！我们比较快地逐洞巡视一下后，重又回到火焰山下。正当我们准备在最高气温未到之前转移时，一辆旅行轿车载来了一批国外游客，男女老少都有，看来都是西方人。我小声地嗔怪他们不懂选择时机，陪同的朋友则告诉我，外国游客就为来体验世界上最高气温地区最高温度的乐趣，这虽然有点奇异，但也不失为一种人生的享受。我又有点懊悔来得早了，像懦夫似的逃避困难。看到外国游客之如此不避酷热，我也觉得不怎么热了。抬头一望，刚才攀登火焰山的那拨人已经有一半越过了山顶，真如俗语所说："没有过不去的火焰山！"

离开火焰山我们就直奔葡萄沟，去享受高温地区的阴凉。晾房和葡萄架渐渐多起来，告诉人们离葡萄沟愈来愈近。很快，我们就到了海内外驰名的葡萄干主要产地——葡萄沟。从路口望去，路的两旁鳞次栉比排列着无数葡萄和葡萄干摊，用汉、维语言在叫卖。进入葡萄园，走在葡萄架下，的确感到顿生凉意，几乎难以想象外面地面温度会有四十多度，真要感谢东道主的善于安排，在温度的最高点时，把我们引入如此清凉仙境。据说，过去这里的葡萄只要不往外拿，可以随意摘食，如今则设有摊点，按盘出售新摘下来的葡萄，并在葡萄架下摆设了许多小圆桌，供游客享用。我们几个人围坐在一张小圆桌周围，品尝无核白小葡萄和马奶子长葡萄，品味各异，一浓一淡，与内地街市上所卖的葡萄确乎不同。同行的朋友关心地告诫我，吃葡萄必须喝凉水，特别是清泉水，如果喝热茶就会闹肚子，但做不出合理的解释，好像北方人所说"吃萝卜，喝热茶，气得医生满街爬"那样，知其然不知其所以然。在这人间仙境中的小憩，不仅消除了火焰山所带来的燥热和疲劳，还为午后的活动注入了活力。时间总是那么毫无一丝情趣地刻板地运转，硬把我们拖离让人依恋的地方。我们只好买些无核葡萄和葡萄干，快快地登车回城。

午饭后，按东道主的安排，去看坎儿井。坎儿井（一作卡井）是新疆人民为战胜干旱获得水源的一种创造。我最早知道坎儿井是三十多年前读到一本光绪时西戍的裴景福所写的《河海昆仑录》，其卷四有一段记载说：

> 坎井惟吐鲁番有之，不知创自何时何人，大小有式，深浅有法，河水不足，辅之以坎井，遂为千古农家妙法。

后来我为研究林则徐而读他的《乙巳日记》时，发现在道光二十五年正月十九日条下简要地叙述了坎儿井的开挖和受益。日记中记录着林则徐西戍新疆勘荒，路经吐鲁番时所见坎儿井的情况：

> 沿途多土坑。询其名曰卡井，能引横流者，由南而北，渐引渐高，水从土中穿穴而行，诚不可思议之事。此处田土膏腴，岁产木棉无算，皆卡井水利为之也。

林则徐身为谪吏，犹能致力垦殖，关心民生，推广坎儿井，实无愧为当时官吏之佼佼者。后之视古，本难求其思齐，但也当深自内省。读史至此，复见尸位素餐者流，赧颜自得，了无愧色，不禁感慨系之！林则徐在日记中对卡井之法语焉不详，但他和同事全庆共议而由全庆具名上奏的报告中则有较详的记载云：

> 查吐鲁番境内地亩，多系掘井取泉，以资浇灌，名曰卡井。每隔丈余，淘挖一口，连环导引，水由井内通流，其利甚溥，其法颇奇，洵为关内关外

所仅见。(《清史稿·全庆传》)

而后人林竞在其所著《西北丛编》中记开井之法更详,记称:

> 开井之法,先择雪山之下,察其地为立土,而其下有伏流,便可试于低处开掘,深则数十丈,浅则数丈,如得水,则向前距离丈许,再掘同样之井,愈前而掘愈浅,至地面为止,向后也距离丈许,掘法如前,愈后而掘愈深,然后复于井底通阴沟,使各井相通,则水不需人力,自从最浅之井流出地面,其旁另筑淖池以贮水,设闸以司启闭。附近田亩轮流灌溉,有井者酌收其水租。吐鲁番一带有专经营坎井以为业者,其利甚溥也。

这一创造给荒漠的新疆带来了生命之源泉。也医治了干涸土地,使它得到润泽。坎儿井不仅改良了土壤,使"大漠荒野,悉成沃衍",棉花、葡萄产量大增,使吐鲁番富甲各处;同时坎儿井还成为有些人的生计所在,不仅当地维、汉族人有经营坎儿井者,就是远在万里之外的天津杨柳青贫民也有所谓"赶西大营"的人,携家带口,步行一年到新疆,除了垦荒和经营商业者外,也有靠开挖坎儿井维生致富者。创意者固难,而推广者尤有功焉,林则徐推广坎儿井,曾产生过比较明显的实际经济效应,功德在民,人民则给以公正的评价,称坎儿井为"林公井",丰碑载道,启迪后来:"一行作吏,百端都应以民为本。"二十年后,曾受林则徐赏识的左宗棠,为了抵制沙俄对新疆的觊觎,曾发兵扬威于西陲。他在致友人函中,特别推崇林则徐推广坎儿井的作为。信中写道:

> 吐鲁番地土肥沃,尚惜渠工失修,沾润不遍。林文忠戍边时,曾修伊拉里克河渠,考其遗法,亦止于渠中凿井(土人呼为坎井),上得水流,下通泉脉,故引灌不穷。(《与刘克庵》信)

这可能是左宗棠在行军甘肃途中,因水源不足而想到先贤的高见,所以他曾命令手下姓宋和姓刘的两位属吏专职督办在泾水上源开凿坎儿井,并解决干旱供水问题。可惜这样泽及后世的良法竟坏于阘冗俗吏之手,无怪光绪时人裴景福浩叹曰:"兵燹后井废地荒,无复有留心于此者,地利未尽,坐失膏腴,谓非守土之责耶?"

我们这次所见的是一维(吾尔)族居民宅院所遗留,亲眼看到其暗流汇集处和出水口,见其设计之缜密与结构之精巧,实使人叹为观止,掬水捧饮,清新甘洌，沁人心脾，胜今之矿泉水多多，我从行囊中取出东道主所准备的矿泉水瓶，尽倾于地，俯身灌入井水，归途啜饮，不啻甘露。此足以见创意者之睿智及推广者之明察。隐约间我似尚能听到当年居民雀跃欢呼的余音。现代兴修水利之技术固已超越前人，但前人谋事的精神，仍可为吏治的龟鉴！

离坎儿井，顺路参观了交河故城，时已近傍晚。交河故城为汉车师国遗址，现虽仅余土墙洞壁，而其范围尚有城池规模，街衢庙宇的痕迹犹可想见，当初必为往来要道。据说这里曾发现汉简数枚，则为文化遗留。环视一过，断垣残壁，顿兴山河沧桑之感。天色渐晚，乃登车回乌鲁木齐，路行近四小时，设在内地，当已万家灯火，而新疆因时差，仅感苍茫而已！

原载于《今晚报》1998年9月17日

黔行纪游

我依稀记得，从中学地理课本中最早了解到贵州是个"地无三尺平，天无三日晴，人无三分银"的省份。后来又读过唐柳宗元的名篇——《黔之驴》，听到过"夜郎自大"的故事。所以，对贵州存有神秘感。金秋时节，在贵州文史馆馆长冯楠先生陪同下畅游了数处名胜，心旷神怡。方知贵州诚无负其以贵名州。

黄果树观瀑

黄果树瀑布为中国瀑布之最，置之世界也堪称伟观。由贵阳出发，驰车于贵黄高速公路，似风若电，意兴阑珊，而终点已达。下车步行，即已隐约听到激流飞瀑之声。进入瀑布区，走在起起落落的石阶上，虽足下石滑，但却享受到雨丝的温馨拂面，远望瀑布如多匹白练自半空中抖落，伴之以湍急水声，恍若置身世外，尘念顿消。随着湿度增加，细雨纷飞，愈益接近飞瀑。啊，真是伟哉壮哉！它高达70余米，宽有80余米，像一块接近正方形的纯白丝绸在飘动。秋季的水量并不充足，但直泻犀牛潭中依然声传数里。当穿行瀑布后面长达百余米的水帘洞时，纵然衣衫沾湿，但游兴益浓，从洞窗外窥，匹练如雪，彩虹映空，自有听涛、摸瀑之趣，而环抱瀑布的全景亦尽收眼底，幸挈有开麦拉，乃摄取多景以作旅游之谈资。游客频至，簇拥而前，其声渐渺，而萦绕情怀，未能少释。

龙宫泛舟

龙宫是一座造型奇特，组合形态较全的溶洞，是贵州溶洞中比较完整的一个。它位于贵州安顺市南20多公里处，从贵阳去交通很便利。溶洞入口处标有"龙宫"二字，可乘船泛游。洞内装修完善，有瀑布，有暗湖，有五殿。钟乳壁挂，千奇百怪，左顾右盼，目不暇给。操船导游随时向乘客解释怪石形象，或狮或象，或神女，或老叟，加以附会传说，恍入仙境。设游客能尽先自有想像，或此或彼，然后与导游所述作一印证，孰是孰佳，当更增兴味。洞内泛舟循一条路线，各船于昏暗中，闪避让行，操纵裕如，环游出洞，豁然开朗，若重返人间。沿河尚有若干水旱溶洞，惜尚未修整，难获观赏。但即以龙宫变幻诸景，适人气候与沁人心脾的水汽，也颇足以怡性养身了。

阳明洞遐思

少年时曾从《古文观止》中读过明朝哲学家王守仁（阳明）的名文——《瘗旅文》。这是王阳明被贬为贵州龙场驿丞，亲见吏目主仆三人客死赴任途中，乃引发同情，率人收尸埋葬后所写的一篇祭文。文章写得很有感情，是借他人的杯酒浇自己的块垒。名为祭鬼，实则伤己。阳明在贬所讲学之地即今修文县阳明洞，其地虽已非《瘗旅文》所述那样凄凉，但也失于修整，有旱洞几处，为阳明讲学之地。拾级而上，有王文成祠以纪其振兴文化之功。祠后有四合院小楼，曾囚禁张学良（汉卿）将军于此。阳明否极泰来，终成一代名臣名儒。成正忠襄为封建社会谥法最尊者，成又居其首，阳明身后得"文成"之谥，亦当含笑。汉卿肝胆照人，半生圈禁，未成事功，世人为之扼腕，惟寿登百岁，饱览人间沧桑，声誉日隆，两岸钦敬，亦云幸矣！中国伟人有一名句称："待到山花烂漫时，她在丛中笑。"我游阳明洞，油然而生遐思：阳明、汉卿，笑在最后，当为后人歆羡；人能如此，即是幸福。

红枫湖篝火

红枫湖在清镇、平坝两县交界处，离贵阳只有30多公里。是一座广袤近60平方公里的人工湖，鱼产品种丰盛。我们一行到达湖边，承清镇县的朋友安排，在湖边餐厅享受了一顿难得的鱼餐，只知道味道爽口，大快朵颐，而难以记其名目。饭后荡漾于湖中，见无数小岛和若干水旱溶洞。其中有一座将军洞，据陪同者介绍，传说明朝有位正直勇敢的将军被贬到此，做了许多好事，人们怀念他，故名此洞作纪念。小岛的鲜花、湖面的鸟群点缀得红枫湖更加美丽动人。

傍晚，泊宿于侗、苗兄弟民族的乡寨小岛——侗苗冲上，弃船登岸就有穿着民族服饰的一队少男少女吹着芦笙，欢乐歌舞地迎接远方的来客，并安排我们住进侗乡新建成的木结构的宾舍中。宾舍依山而建，层层往上，同来的青年旅伴住在坡上，仰望所居，真有天上人间之隔。稍憩，又乘船到另一小岛去就餐。临进门，依照侗乡风俗，被一群姑娘和一些路障所拦阻，必须喝她们用牛角所装的"拦门酒"，给我们胸前挂上用花丝线结网装好的彩蛋，才被允许跨过板凳、篓筐等路障入门。进门后，首先看到一座巍然高耸的鼓楼。这是侗乡的公共建筑，是群众的议事场所和娱乐中心，有十数层高，采用接榫和悬柱结构，无钉无铆，涂以彩绘，加以雕饰，有直上透空的旋转铁梯，十分美观。只有三两位勇敢者盘梯登巅击鼓，有的中途而废，大部分人则仰之弥高，瞠目而视。进餐时，侗族姑娘又盛装以牛角酒敬客，无一漏网地喝一口"转转酒"。饭后在鼓楼下空场举行篝火会。木柴堆好，台上侗族姑娘在唱侗歌，有二位向台下抛红绣球，似是过去招亲的遗风。台下人群挤来挤去，我很幸运地和另一位青年同被抛中，获得了篝火的点燃权，抛绣球的姑娘还赠我一顶斗笠作为纪念。篝火熊熊地燃起，男男女女携手成圈，蹁跹起舞，我也和着歌声婆娑绕行，几乎忘却了自己的垂老，又恢复了青春。一位侗族少年祝贺我中彩，将交好运，并让我伛偻着身子吹响芦笙。跳啊！唱啊！篝火将尽，我们乘原船兴尽而返。

回到宾舍，在极度兴奋之余，略感疲劳，而不经意地进入梦乡。待到醒来，红日已悄悄爬上窗棂。匆匆地洗漱用餐后，怀着无限的留恋，戴着那顶富有诗情的斗笠，颇有怅意地登船，离开了侗寨，又一次浸润在红枫湖的清新中。红枫湖啊！侗苗冲啊！我将难忘在你这里度过的值得怀念的一宵。

红枫湖为我洗去了多少尘垢，揽镜自顾，似乎增添了几丝青春的气息。人生自来重晚晴，愿晚晴更射霞光，照耀着人生的晚年，益增生气。

一九九二年十月

原载于《路与书》（老人河丛书） 来新夏著 中国青年出版社1997年版

西行小记（五则）

一、南山灯火

暑热季节应邀到兰州去审稿。兰州是夏日的胜处，不论户外多么炎热，屋内总比较凉爽，风扇、空调器反而成了装饰性设置。这里很宜于读书、写作，不需要用毛巾擦抹额头上的汗，也不会在稿纸上留下臂肘移动的汗迹。流经这里的黄河与巍巍的南山更为这恬静的城市增添了不少妩媚的姿色。

我爱黄河，它是哺育中华民族成长的乳汁，但它不是兰州所专有。南山则以它宽阔的胸膛揽抱着整个兰州，从住处的平台遥望，南山顶上的亭台历历可见，牵动着我想去亲吻它；但望山跑死马，登临也非易事。朋友似乎看透了我们的心思，为尽东道主的情谊，把我们的向往变成了现实。

一行十人在暮色苍茫中登上汽车，历经一小时，在夜幕紧闭的时候到了山巅。乘车登山多么省力而赏心，但我却没有与旅伴共享这一欢乐。偶然的回顾，看到路侧陡峭，下临无地，心脏就难以控制地激烈跳动，冷汗在悄悄地外渗。如果独自攀登，也许会怯懦地中止或倒退，但和旅伴们同在一车，只好闭目凝气。登上山顶，临风而立，似乎英姿自赏，但又有谁知在登上山巅的人流中也像人生旅程那样羼杂着懦夫！

兰州古称金城，在南山之巅俯瞰全城，一条主要干道似火龙般地在跳动。而万家灯火更蔚为奇观。我曾在重庆会仙楼屋顶眺望山城夜景，也很错落有致，不过俯仰其间，终不若南山居高临下那般气势雄阔。

从那些像积木似的高层建筑的每个窗口所放射出的光点，整齐地排列成方阵，成片的高低参错的不同颜色和亮度的灯光编织成巨幅图案，零落地铺设在大地上。每个窗口的亮光透露出全城万民的夜间生活，我似乎尽览了这大千世界芸芸众生的活动。我痴痴地倚着高台的栏杆看那些灯光一个灭了，另一个又灭了，美丽的仲夏夜之梦将无私地给每个寻梦者以香甜的满足。晚风袭来，微有寒意，把我从连翩的浮想中吹醒。在下山的归途中我还在想，想那南山灯火尽收眼底的壮观。

登泰山而小天下，是古人只能俯见一马平川的原野空然无物而发出的感慨；登南山而叹观止，正是金城万民以辛劳纺织成锦绣大地的奉献！

二、河西四郡之首——武威

从读中学历史课本时就知道有河西四郡，几十年来也多次想亲历其地去看、去听那汉代以来的遗迹与传闻。宿愿终于实现，我们从兰州乘大轿车出发，和旅伴们沿着丝绸之路的方向，穿州过县地历访了四郡——武威、张掖、酒泉、敦煌。

武威古称凉州，是由兰州西行的第一郡，是汉以来西北的政治、文化重地。我们在这个古郡停留了几小时。文化人总喜欢文化，为了有效利用时间，就去参观设在文庙的历史博物馆。这座文庙不仅建筑美轮美奂，而且收藏文物丰富：武威汉简涉及历史、考古、图书、医药诸学科；一块最早的西夏文石碑完整地立在展览室中；东汉超龙雀（马踏飞燕）的铜工艺品……代表了先民们的高度智慧。文庙的建筑和收藏已令人叹服，而更引人瞩目的则是廊庑间文采斑斓的匾额。在正面殿廊却有两块与其他不同，一块记录了道光年间重修文庙时的捐款名单，这在一般修桥建庙的地方都有，尚不足为奇；另一块则引起我的惊异，这是一篇修整竣工后剩余物资的账单：单桌椅若干、茶杯几只、锅几口等，这位经手人不惮琐细，列单榜示，不仅向捐款者作了认真负责的交代，也使后人隐约地看到一位热心公益的老者一身正气、两袖清风的形象，这块匾照出那些雁过拔毛、河边湿鞋者的猥琐龌龊。这件小事在我离开这座古城的归途中却久久萦绕于怀，似乎比竹简和铜马的印象还深，这是因为我由此想到的东西很多、很多……

三、张掖·酒泉·安西

张掖古称甘州。我们为了两天内能赶到敦煌，所以第一天从兰州车行十数小时到张掖宿营。张掖街道整齐，楼群矗立。浙江的裁缝和理发店到处可见，大多是五六十年代的移民或到广阔天地来用武的落户者。人的迁徙流动在当事者可能经历了困顿，但却促进着民族间文化风情的交融，消除掉迢迢数千里的关山阻隔。可惜我只是匆匆过客，未能和故乡父老一倾乡思。

我们投宿以后，洗却了一日的风尘劳顿，而我却进入到历史的回想：在那中原扰攘的战乱年代，各族人民经营、维持着河西地区比较安定的局面，丝路上的不断驼铃声在有节奏地弘扬着中华文化……

酒泉是以汉代名将霍去病把赐酒倾入泉水与士兵共享而得名。这个耐人寻味的故事虽有夸张，却反映了这位古代年轻将军的气质与才智。酒泉城前前后后的荒漠旷野真实地展示着戈壁滩上空无一物的成片沙石，除了几丛红柳和星点杂草外，几乎看不到绿的颜色，只是张着大口仰天而卧，喘着粗气，渴望得到滴水来滋润躯体。人们在这里真正认识到水的伟大：绝食可以延续一定时日的生命，而失水则使生命迅速枯竭。水无疑是大地的血液，酒泉城郊截然出现的成荫树林正由于有穿插其间的细流。酒泉城内一片繁华，和内地城市并无二致。城中心的鼓楼不仅保存完好，而且已油饰一新，每个城门都悬挂着按方位各有所指的匾额。南门楼上的"南望祁连"使人引颈南望，就真的遥见绵延巍峨的祁连山，山巅皑皑白雪的融水不息地哺育着这一城市的生命延续。

从酒泉去敦煌，所经安西是古代的军事重镇，也是因盛产西瓜而被称为瓜州。西瓜，顾名思义是从西方传入的瓜。据知西瓜是十世纪五代时由南非洲卡拉哈里沙漠经丝绸之路传入我国的，而河西走廊地区由于日照足、温差大等优越的自然条件，所产西瓜质量俱佳。所以在《汉书·地理志》上就说过"敦煌古瓜州地，有美瓜"，事实上确实味美价廉，街面上的瓜价只不过京津瓜价的四分之一。

历史的宝藏和现代的繁华为古老的河西走廊交织出绚丽的图卷——前面就是敦煌。

四、啊！敦煌！

敦煌这个举世闻名的胜地，开郡于公元前111年的汉武帝元鼎年间，是内地与西域交往的通衢。这里保存着从四世纪到十四世纪的壁画、雕塑等珍品，吸引着世界上成群结队的游客。我们在晨曦中从张掖出发，直到晚间十点多钟才到。幸亏当地日照较长，使人感到似乎尚在暮色苍茫之中。那天正遇上两个日本旅游团和暑假中到此一游的众多内宾，宾馆旅舍多告客满。感谢丝路宾馆的经理出于"尊重知识分子"的善良感情，给我们提供了他为应付特殊任务的"私房"，才使我们有所栖止。

也许由于旅途劳顿和入睡过晚，似乎仅仅闭目一瞬，就天已破晓。早饭后就驱车到敦煌县东南、举世闻名的莫高窟去膜拜先民的艺术创造。据载石窟开辟于十六国时代的前秦，约在公元360多年，中经唐宋，直至元代，都有所创制丰富。在历史的进程中，这座闪烁着熠熠光彩的珍品窟虽经兵火战乱、风雨侵蚀和二十世纪前后帝国主义文化窃贼的盗劫，但至今保存壁画与雕像的石窟尚有四百九十二个，其中有壁画四万五千多平方米，雕像二千一百余尊。画面构思独出，用笔飞动，色调均匀，而飞天舞姿更引动世人的遐思，无怪《敦煌石窟艺术叙录》的著者、画家谢稚柳在考察了三百零九窟后发出感叹说："面临千壁丹青，百代胜迹，不禁神为之摄。"雕像则栩栩如生，眉目传情，造型比例准确，自然地给人以真实感。这些珍品反映了十多世纪以来人民的生活情态与艺术成就，传播了佛教故事传说。这里的临摹、研究工作，从四十年代正式开始以来，对艺术、建筑、考古、语言、文学、历史、宗教等领域产生着日益显著的影响，并逐渐形成一门专学——敦煌学。

近年以来，整理、研究工作更有明显的前进，它不仅是世界上研究敦煌学最丰富的资料中心，而且大规模地投资维修。据最近报道，已有三百六十七个洞窟安装了有通风设施的铝合金窟门，并在九十四个开放的洞窟中安装了玻璃屏。

从莫高窟目前开放的几个洞窟中看藻井的绘饰、光线的采取和雕像的制作都显示出独具匠心的智慧。这些大量的宝藏为我们的敦煌学者提供了优先的研究条件，促进我们的敦煌学在勃兴发展。某些别有用心的域外所谓"学者"所散布的敦煌在中国，敦煌学不在中国的谰言正在被洗刷和驳斥。敦煌学将在中国的敦煌大放异彩。

五、鸣沙山·月牙泉

敦煌西南的南湖是当地人羡称的胜地。湖在江南水乡不足为奇，而在这里不能不挑动了我们的游兴。午饭后驱车沿公路而下，但半途却要下车在沙碛中缓进。在一道沙棱附近，司机遥指远处一个类似古烽火台的土冈上的断垣土堆，说是阳关遗迹。啊！我们竟然来到了"西出阳关无故人"的边地。但在四海之内皆兄弟的时代，已不再有"劝君更尽一杯酒"的失落感了！

爬过沙棱，真不能相信自己的眼睛，呈现在视线内的竟是类似江南景色的四周绿树和一泓湖水，同行的旅伴兴奋得卸衣脱鞋，跃入湖水，洗涤旅途中的沙碛与征尘。从南湖回来已是晚饭时候了。

晚饭后，有人提议去城南鸣沙山看月牙泉。《鸣沙石室佚书》久已驰誉于学林，它使千百年后的学子嗅到古籍的馨香。鸣沙山的层层沙碛像油画那样层次分明。由于沙的吸热，只能乘晚凉赤足攀登，如在白天会感到炙热难忍。沙是流动的，又是松软的，只能赤足踏进，爬到半山已是匍匐前进，环顾左右，不论是同胞，还是碧眼黄发的远方朋友都在奋力拼搏，我的旅伴也不顾自己的疲劳对我推挽扶持，但是，随着体力的消耗我已经气喘吁吁，步履艰难。我不愿扯旅伴的后腿，终于毅然止步，坐在沙坡上，像幼儿那样用双手倒沙。有时俯身去聆听流沙的鸣响，不时还仰望旅伴们登高的艰难行程，看来有点吃力，但他们终于抵达山顶。我羡慕他们屹立四望的风姿，但也以能亲履鸣沙而自慰。旅伴们告诉我在山顶上看到的月牙泉；月牙泉像一弯明月为鸣沙山增添了特异的风采，泉侧原有的庙宇在动乱年代消失了，而月牙泉则因是天公造物，依然为美好的景色生辉……

第二天，我们离开这东方艺术明珠的胜地而东归。河西四郡的盛景珍藏又岂是这短短的几日行程所能饱览尽收，愿旅伴能重聚再来访古探今。

一九八七年七月《图书馆学情报学档案学简明辞典》第三次审稿会后

原载于《路与书》（老人河丛书）　来新夏著　中国青年出版社1997年版

塔尔寺朝圣

从西宁市乘汽车西南行，不到一小时就抵达藏传佛教圣地塔尔寺。我原以为塔尔寺也像中原和沿海地区的佛寺那样，是一座以大雄宝殿为中心、前后几进殿堂、集中在一条中轴线上的大寺院。可是，呈现在眼前的塔尔寺却依山势起伏，由散落的几十座塔院建筑组成，是一片汉藏民族形式巧妙结合的建筑群。

塔尔寺位于青海湟中县鲁沙尔镇西南的莲花山的山包中，占地约六百余亩。它是藏传佛教善规派（俗称黄教）的六大寺院之一，也是黄教创始人宗喀巴（意为湟水滨人）的诞生地。塔尔寺藏语称作"兖本贤巴林"，意即"十万狮子吼佛像弥勒寺"。据传说，在宗喀巴脐带滴血处所长出的一株白旃檀树的十万片叶子上各现一尊狮子吼佛像。于是在宗喀巴母亲的倡议和信徒们的资助下建成一座莲聚宝塔（大灵塔）以纪念宗喀巴，后来便以塔为中心建寺，所以俗称塔尔寺。

我访游塔尔寺不在四大法会二小法会的时间，寺内显得比较清静。虽然朝拜礼佛人少，参观游览者多，但也看到叩长头的信徒。这些虔诚的信仰者不计较尘土污染，跪倒在地，并扑身出去，以本身长度去量地，手掌被磨损，额头留下碰伤。大金瓦殿前，由于长期跪拜叩头，入门处有磨光的身形和手足凹坑。

塔尔寺的建筑可称是宏伟壮观，穿行各个寺院使人眼花缭乱，目不暇给，而最使人留有深刻印象的是大金瓦殿。它从十四世纪后期始建灵塔瓦屋以后，曾由塔尔寺附近六个部落群众和青海信徒集资，以大灵塔为中心建起大殿，后经清康熙、乾隆两朝和民初的青、藏政教官员施舍捐资，在原有基础上，修缮装点成一座金碧辉煌的大殿堂，陈设着宗喀巴的药泥像、九世班禅的塑像、金灯、银灯、大象牙、古瓶法器、经卷及艺术品，体现出黄教的艺术文化。

大金瓦殿前是大经堂，初建于十七世纪初，后毁于火，民初又重建，作为本寺喇嘛僧礼佛诵经之所。这里又是研究显宗教义的地方，所以又称显宗经院，与研究密宗教义的密宗经院、研究医药治病的医明经院、研究天文历算占卜的时轮经院分立并存，共同构成藏传佛教的教育体系。

　　塔尔寺的酥油花、壁画和堆绣被誉为寺院的艺术三绝。壁画多取材于佛经和黄教密乘经典，属于喇嘛教的宗教画。堆绣是藏族艺术品的一种，是用各种色彩绸缎剪成。酥油花则是三绝中最令人叫绝的工艺品。它以酥油为原料，油塑各种传说故事，据说每年灯节的正式展品最为精妙。我只看到陈列室中的旧作，所塑为文成公主通婚故事，人物多样，景色各异，栩栩生动，很难想到这是酥油所作。这是塔尔寺所独有的艺术品。兴尽归来似乎还能嗅到酥油那种不太为我们所习惯的气味。

一九九三年十月

原载于《路与书》（老人河丛书）　来新夏著　中国青年出版社1997年版

追踪山水

人到老年，日益疏懒，如时日一久，人就会像钟表不上弦那样渐渐慢下来，终至于"停摆"，于是"生命在于运动"这句名言便流传于遐迩。这句话固然是名言，但有人却作了狭隘的理解，把"运动"二字仅与跑跑跳跳相连，而把追踪山水和脑际思维诸种活动屏之于"运动"之外。于是日必跑步二十分钟，晨练晚练，风雨无阻，即使气喘吁吁，依然看表行事，待到心房颤抖，浑身虚汗，终至疲劳不堪，得到相反效果。其原因是老人已非如青少年之精力愈练愈有，而是精力已有定数，最怕先期"透支"。那正如一只走了几十年的老钟表，齿轮已夷，如正常行走，齿轮交错运行，还能从心所欲不逾矩；设若一轮独快，则迟早会出槽脱轨，其理甚明；但我时被智者嗤为谬论。

所谓"运动"就是活动，让人不要如一泓止水，清寂枯坐，而是要常做些"户枢不蠹，流水不腐"的活动。至于活动场所则应有所选择：若活动于熙来攘往的名利场是自寻烦恼；若活动于灯红酒绿的喧嚣所是自取灭亡；若活动于街头巷尾听荒伧谈说是自找没趣。思前想后，莫若归真返璞，到大自然境界中去活动，去看那青山绿水，得盎然生趣。游山玩水不仅舒筋健骨，陶冶胸怀，洗涤尘念，还可以广闻博览，丰富知识，增强脑力。行之日久，定收增寿益智之效。

十多年前，我去云南一游石林。怪石林立，无负雅称。其石或婀娜如美女，或伛偻若翁媪，或一石矗起若劈天之剑，或乱石攒聚似群猴相拥，惟妙惟肖，各具奇态。宋米元章见石而拜，我则自寻石趣：绕石林，闻人声而不见其面；叩枯石，如响斯应，恍若天上之曲。于是心旷神怡，疲劳顿消。游侣复娓娓而谈石林之成形与阿诗玛美丽而动人的故事。新知探求，更转深沉。

九年前，我赴新疆参加林则徐西戍一百四十五周年的纪念活动，得沿林公西戍之路而行，既见坎儿井水渠之利，也得乌孙山、赛里木湖幽雅之美。一入乌孙山口顿感凉气袭人，仰见绿茵垂覆，若巨厦之悬壁毯，洵为壮观。赛里木湖为群山诸水所汇，东西约十里，南北倍之，水鸟飞翔其间，湖畔小伫，湖底可鉴，掬水含漱，沁人心脾，无怪称其性寒戒人饮用；路遇风沙石路，蔽日颠簸。缅怀林公报国衔冤，万里跋涉，不禁付之浩叹。近代史篇之首页复历历在目，又不得不赞誉林公海塞两防的灼见。北疆沿边一行，精神振奋，体力加健，而重温历史，更增斗志，增寿益智，诚非妄言。

七年前，游张家界，自长沙至大庸，转车入界，虽已舟车劳顿，但入界后精神为之一振。一景方收，一景又现。拾阶而登，阶湿苔滑，亦不以为苦。金鞭石、黄狮寨独具奇观，而贺龙闹革命故事，尤啧啧于导游者之口，创业维艰，仰慕先烈，油然生情。

五年前，一游黄山。山下溽暑，山上秋爽，高处不胜寒，于此可得一证。虽登临困乏，而山舍一宿，体力恢复如故。鲤鱼背为人劝阻，未获登临；但临风亭立于平台，远眺两石对峙，俨若一叟一媪之对语，更得石趣，而流水之清，空气之新，远非尘世间所能享用。

三年前，南游贵州，夜宿红枫湖苗寨，适值篝火选亲，欣然而往。二苗女高台抛球，众手攒聚夺球，而球独投我怀。于是为众人簇拥，亲点篝火，手手相牵，圜行踏歌，望七老人，幸得奇遇，翩跹起舞，不知老之已至。口吹芦笙，恍如风华少年。虽为戏谑，难言婚媾，而苗女多情，馈赠凉帽一顶，同行者揶揄欢笑，老人则傲啸自得。返归木舍，酣然入眠，黄粱一梦，朝日已冉冉升起。翌日赴黄果树观瀑，百尺匹练，奔腾而下，其声砉然，其势汹汹，沿阶上下，时有雨丝玉珠拂面，凉爽宜人。穿行瀑布后洞，则见珠帘倒垂，孙大圣之水帘洞或即如此。返程游安顺阳明洞，遥念明儒王阳明讲学抚民，不愧一代宏儒；近怀张汉卿爱国囚居之冤，不失志士气度。后先辉映，为山水增色。

他如云冈石佛、苏州园林、泉城千佛、长江三峡、青海之塔尔寺、扬州之瘦西湖，无不各具异趣。一游其地，乐而忘返，畅游归来，则神清气爽，祛平日蹒跚老态，跨青春矫健步履。强身自可益寿，多闻乃能益智。追踪山水，实耄耋者所不可或缺的行事。

原载于《路与书》（老人河丛书） 来新夏著 中国青年出版社1997年版

过港行

　　香港，由于她的历史经历曾引动多少爱国者对她命运的关注，又由于她的繁荣更有多少羡慕现代物质生活者对她的向往。我在多次出访行程中有几次都是香港的匆匆过客，没有停下来去真正认识她一下。近年终于有两次在港停留较多时间的机会，实现了我多年的愿望，让我能比较充裕地去认识这座国际知名城市，纵然是不够全面和深刻。

　　1997年5月，在香港即将回归祖国的前夕，我从加拿大回内地路经香港，因为应浸会大学讲学的邀请而滞留了几天。我看到即将竣工的回归仪式会堂，不禁想到香港百余年所蒙受的耻辱和苦难，再有一个多月就告结束而湔洗干净，一颗灿烂夺目的明珠在回归故主之后将会益增光彩，内心很自然地涌现一种喜悦和自豪。"弱国无外交"是几十年来听惯的托辞，而今我们能通过外交方式迫使大英帝国乖乖地物归原主，显示了强盛的国力。我曾登临港岛之巅的太平山顶，它已失去殖民时代早期只允许上流社会人士光临的傲慢，而成为游客揽全港胜景的遣兴盛地。迎风亭立在这块海拔五百多公尺的制高点上，维多利亚港的景色尽收眼底。朋友们怂恿我沿着山顶广场两旁的道路绕行一周，果然全方位地看到香港、九龙、新界和南中国海的诸般景色。如果在夜晚登临的话，那摇曳在悬空中的灯光夜景恐怕不是以"繁星"二字所能形容得了的。可惜，我被允许留港的期限已到，只得抱着憾意，怏怏地离开这座不久就要回归祖国的可供留恋的城市。

　　一年半以后，1998年12月，我又应香港历史博物馆之邀参加一次国际研讨会而再次得到在香港滞留的机会。这次是从访问台中中兴大学归来所路经。我到港时会议尚未开始报到，就在旺角一家小旅舍暂住。这家旅舍在一座大厦的八楼一侧。另一侧是一家计时旅馆，也就是一般所说的情人旅馆，是情侣幽会的场所，也有夫妻因住房仄陋，用较少的代价来尽人伦之欢的。陪我的朋友说，这种旅馆原来生意很好，不过最近有些店主在客房里安装了微型摄影机，偷拍客人的裸照以牟利，当侵犯个人隐私被发现后，营业呈下降趋势。我住的这座小旅舍共有十个房间，每间房大约8平方米，除了围出2平方米洗手间外，一张床就占满了全室，让我真正体验到"进门上炕"的滋味，每天租金240元，如果在内地，这等价格可以住较好条件的客房。即使如此，也需要托朋友预定，否则临时将无处投止。这也可见香港人口流量之多和寸地寸金的一个侧面。

会前的闲暇使我有机会去更多地认识香港社会和一般平民的生活。我穿行嘈杂的女人街，熙来攘往，摩肩擦背，和内地日用品市场毫无二致。确乎名副其实，这里以女人衣物用品为主，有不同层次的货物，价格比较便宜，营业相当兴旺，旧日香港的痕迹还可以寻到，不过街道有欠整洁。游客大多是一般装束，外地口音较多，很能讨价还价。这些大多是经济不甚富裕而又想买点港货以悦家人的游客。

我又漫步于弥敦道的几个大商场，货色充盈齐全，价格高于内地商场，但也有些便宜货。从服饰上看，顾客多为中产者。我想这或者就是所谓的"购物天堂"。但是，同行的朋友却告诉我，真正的"购物天堂"在铜锣湾。于是我们驱车到铜锣湾，真是繁华异常。在这里可以看到一些旧式的店铺，而更多的则是高楼大厦，大公司、大商场栉比鳞次。在百德新街、怡和街一带有大型的日资百货公司和不少的购物商场，在时代广场、嘉兰中心、世贸中心和金百利商场等处都可以买到合乎潮流而让人心爱的精品服饰和适合口味的美食，而价格都很昂贵。但也有像渣甸坊露天市场那样的地方，可以买到不少廉价商品。走进大公司，如入仙境，环顾四周，都是一张张笑脸，货架橱窗的陈列使人眼花缭乱，目不暇给，物资的极大丰富在这里得到充分的体现。可惜这个"天堂"不是所有人的天堂而只是名媛豪富的天堂，他（她）们只看是否名牌，是否流行款式，是否质地精良，至于价格如何，似乎从来没有注意过，因为他们不用现钱，可以一掷千金无吝色地使用各种卡和支票，实非一般平民所敢问津。我也想购买一件衣物作纪念，巡视多处有一件适合我穿的衬衣，我习惯性地看看标价，需400元，这是我日常所着衬衣价的六倍左右，只好望衣兴叹，转身去看其他陈设以饱眼福。原来，天堂只是富人所有，一般平民则可望而不可及，天堂这路是要用金钱去铺垫的！

向会议报到后，我从鸡毛小店搬到比较豪华的酒店，真有点穷人乍富的感觉，客房宽敞得可以耍把式，各种设备齐全，服务周到，在这里感受最深的是货币的重要，一举一动都用钱——把行李送进屋要小费，打本埠电话要手续费5元，长途电话除比一般通话费高外还加收40港元手续费，一场付费电视85港元，冰柜食品价格高于市场数倍……尤可气的是，发一本形式与港元相似，面额为50、100的餐厅代用券，如果在餐厅用餐可抵钱数，以吸引旅客；但实际支出依然高于市面，似乎是对一般旅客的嘲笑和戏弄。我们大部分与会者，除了享受东道主的豪华客房外，不敢有一丝轻举妄动，而个别富裕户则显得特别潇洒。晚间，信步街头，灯光夜景绚丽夺目，比白日的香港更有诱人的魅力，×级影片照演，黄色和非法书刊仍见于报摊，马照跑，舞照跳。从这些细微处审视，社会风景线和回归前一点儿没有变。但有一点变了，有些香港朋友告诉我，这次亚洲金融风暴如果不是回归，特区政府就没有坚实后盾，也就很难实施政府干预股市，击退金融恶魔索罗斯狂飙的侵扰。这是有利于香港经济发展的变，是受欢迎的变！

三天的会议很快地过去，我整理好行装，告别了金钱世界的香港，由中港码头，乘快艇驶向珠海的九洲港。我将转道进行我的下一个行程——澳门之行。

作于一九九九年二月

原载于《且去填词》（学人随笔丛书） 来新夏著 天津古籍出版社2002年版

澳门远眺

1989年的仲春时节，一个烟雨迷蒙的日子，出于珠海好客主人的盛情，作了澳门的环海游。游轮不很大，但有位子可坐，可惜这天由于雨丝从舱窗飘洒进来打湿了位子而难以就座。幸好同行的旅伴好心地张开折叠伞为我遮雨，我站在船头甲板上，远远眺望。虽然时大时小的雨多少影响点视觉，但重游的一位朋友说，烟雨澳门比晴朗天气另是一番景象。

澳门旧称濠镜澳，是明代对外贸易中心，明嘉靖三十三年被葡萄牙借口晾晒货物从昏昧无知的明朝官吏手中骗用，清光绪年间又被正式侵占。它地近珠海，彼此朝往暮来，十分方便。环海纵览，见这块弹丸之地上，楼群林立，高低错落，鳞次栉比，新旧并陈，看来这是一座已经历有年所的商业城市了。

游轮环驶，随着同行导游人的殷勤指点，我看到三幢据说是工人公寓的粉红色高楼，不远的居高处，有一片比较肃穆的建筑则是葡萄牙殖民者的统治中心——葡督衙门。突然有一座引人注目的圆形宏伟建筑映入眼帘，奇特的形式引起了我很大的观赏兴趣，同行者急促地介绍，这就是澳门大酒店，也称葡京大赌台。这个销金窟是葡萄牙殖民者在澳门的利源所在，它吸引着腰缠累累的财主们从世界各地来寻求刺激，成千上万的澳门人也直接间接地从这里谋求生活的依托。据说其赌具之全，游乐奢靡之方便居世界赌窟的前列。一掷千金无吝色的豪客在一瞬间可以成为不名一文的穷汉。但听说这里有一条便"民"措施：凡与赌者可以得到一张离澳的回程票（确否待证），为的是避免输光后孑然一身流落街头，造成社会的不宁。这种"礼遇"也是一种"盗亦有道"吧！

从海上可以远远看到一座跨度很长的铁桥，将澳门与另一岛连结贯通。铁桥没有桥柱，像一道长虹飞跨于海天之上。岛上有一所东亚大学（现易名为澳门大学），是澳门的最高学府。桥上往来的车辆行人显得很小，也可见桥梁拱度之高。游轮至此便掉头回程，虽然倏忽瞬间，而南天一隅已大致了然。

登岸以后，旅游车把一行人带到珠海、澳门间的陆路关道——拱北关，关卡的两廊通道，往来行人络绎不绝，并不拥挤，检查也比较宽松，人们的神色无丝毫紧迫，即使有些人行色匆匆，也像穿行于一座大宅院门里门外的迈进迈出，关员们也没有多事挑剔，似乎久已见惯了这种往来。经过主人通过某种关系，我们登上了关楼的六层平台。这里俯瞰澳门比环海巡视更真切些，街道并不甚宽，楼群显得局促，但看到一片绿茵草地球场。球场周边有一片比较陈旧的矮平房和小楼显示出澳门的历史陈迹，而高耸的楼群则告诉人们澳门近年来的经济发展。

澳门将继香港之后重新回归母体，结束长期的殖民地统治。随着肢体的完整，殖民者遗留的病毒赘疣在挑战，形形色色的社会问题在等待解答，久客异域的游子向往着乳汁的哺育。调制黏合剂、加强凝聚力的课题正被历史车轮必不可免地载向议事日程表。远眺的繁盛景象与萦绕的困惑缠结一起，久久难以理出一条明晰的思路……

原载于《路与书》（老人河丛书）　来新夏著　中国青年出版社1997年版

中华文化浸润的澳门

1998年的冬天，我同时收到台、港、澳的学术邀请，而且好像事先协调好似的，访问的日程有秩序地排开。于是我从台海开始，途经香港，然后从香港乘快艇到珠海，经关闸入澳门。也许是一种奇妙的巧合，这一天正是澳门回归前一年的12月20日。台湾是再次访问，香港是去过多次的地方，只有澳门是心向往之而未曾亲临其地。前几年我曾在珠海洋面作过一次环岛游，远眺过澳门，虽然能望见依稀面貌，但终如隔靴搔痒，有一种不满足的感觉。如今，能在这样一个值得纪念的日子到澳门访问，真是一件让人激动的幸事。

有人在考察澳门后，曾经说它是待琢磨的钻石。也就是说澳门是一块人们既熟悉而又生疏，并需要认真发现的宝地。从文字记载可以知道，澳门是台港澳三地区中面积最小的一块领土。它由澳门半岛及其南面的氹仔岛、路环岛三部分所组成，总面积23.5平方公里，不到香港的五十分之一。总人口有45万余人，华人占90%以上。澳门是因面对洋面的十字门，而又是可供船舶停靠的"澳"而得名，西方人称之为MACAU（音马考），有人说是葡语，并不准确。当地人说，因为葡人初到澳门，最先看到的是建立在澳门半岛南端一块凸出岩石上的妈祖阁。葡人指问，当地人即以妈祖阁相对。葡人遂误作地名，沿用至今。在中国典籍上又作濠镜，因澳门洋面水平如镜而其地又产蚝，故名。一作壕镜。又因其近水，也写作濠镜。人们比较熟悉的是澳门拥有若干中国的"第一"，如第一个对外口岸、第一个跑马场、第一份中文报、第一本《圣经》的出版、第一架钢琴的输入等等。它还有值得观赏的古老的中西建筑，华丽的教堂，香火鼎盛的庙宇和现代化商场、住宅等。但是，它也有一些生疏和被误解的部分，如澳门一直是中国享有主权的领土，不像台港两地那样，曾在不平等的南京条约和马关条约中被割让过；葡人是如何处心积虑地图谋破坏中国主权的行使；澳门的管理体制又如何等等。

澳门自古就是中国领土，自秦以来，就在中国正式建制之下，直至十六世纪中叶，即明嘉靖年间，葡人始入住澳门。关于葡人入住澳门的问题曾有骗占、借地、混入、占领、酬劳诸说，前三说基调相同而说法稍异，后二说出于葡殖民者与西方传教士笔下，纯系谰言。准确地说，葡人是混入澳门的。这在《明史·佛郎机传》中有明确的记载说："嘉靖十四年，指挥黄庆纳贿，请于上官，移之濠镜，岁输课二万金，佛郎机遂得混入。"佛郎机是当时中国对葡萄牙的称呼。从葡人租居澳门，直到清道光二十九年的近三百年过程中，中国政府一直对澳门行使主权。如设置行政机构、派遣守澳官员、实行全面管理等，而葡人也承认中国政府对澳门行使主权和自认是租居澳门的臣民，并服从中国政府的管理。鸦片战争后，葡人垂涎于《南京条约》英国所得的利益，乘清政府战败之际，不断图谋破坏中国对澳门的主权。1887年3月26日，葡萄牙殖民者终于胁迫清政府订立了《中葡和好通商条约》，骗取了"永驻管理澳门"的特权；但是，清政府从未允诺过出让主权，并尽力周旋于限制葡萄牙"管理澳门"的范围，使葡萄牙无法拥有澳门主权，而澳门仅仅是"葡萄牙管治下的中国领土"。辛亥革命后和抗战胜利后，中国有两次恢复行使主权的机会，但都擦肩而过失去了。1928年，中国政府曾宣布废除《中葡和好通商条约》。1949年10月1日中华人民共和国成立以来，中国政府即为实现对澳门恢复行使主权而进行不懈的斗争，加以葡萄牙国内政局的变动，终于在1979年2月，中葡建交时明确规定澳门是由葡国管治的中国领土，其治权随时可以归还中国。1984年3月，中葡双方就通过友好谈判解决澳门问题取得一致意见。1986年6月下旬，双方就澳门问题进行正式会谈。经过八个月零十四天的谈判取得了圆满成功。1987年3月26日，双方在北京草签了《联合声明》。历史往往在不经意间嘲弄非正义的行径。这一天正是1887年3月26日葡萄牙胁迫清政府签订不平等的《中葡和好通商条约》的一百年。4月13日，双方在北京正式签字，并在声明中宣告："澳门地区（包括澳门半岛、凼仔岛和路环岛，以下称澳门）是中国领土，中华人民共和国政府将于1999年12月20日对澳门恢复行使主权。"至此，四百余年的历史悬案终于获得正义性的胜利。

澳门最值得认真琢磨和加深认识的是其中西文化的交汇，它是最早的对外开放的"特区"，是"丝绸之路"的出海口，是"番舶"云集的自由港。明清以来，中西文化交流日繁，早在1582年（明万历十年），意大利耶稣会传教士利玛窦抵达澳门，他给中国画坛带来当时西方流行的美术思潮，影响及于后世。他把他的传教经历和在华见闻写成《利玛窦中国札记》（现已有中华书局译本），成为研究中西交通史的重要资料。时过百年，1682年，清初著名画家吴历正式在澳门圣保罗修道院修读神学。吴历是清初与四王和恽南田等并称而最有成就的画家。他接触耶稣教是在正式入道之前。根据他在1676年所作《湖天春色图》的题跋，知道他在江苏常熟曾和西方传教士鲁日满有过友谊交往。1681年，吴历到澳门。他曾把在澳门的生活见闻写在画跋上，也收入其《三巴集》和《澳中杂咏》中。他记述了澳门的宗教活动和西方人的生活，都很浅显生动。他的画也吸收了西洋绘画技法，注意到阴阳、明暗、远近和对比关系，打破传统的审美标准，颇合于西洋画法的透视原则，给后世遗留下中西文化交汇的重要资料。近代以来，无数先进人物如林则徐、洪秀全、郑观应、康有为、梁启超、孙中山等无不从澳门传入的先进思想中吸取变革社会的精神养料，从而丰富了中国传统文化的内涵。

在建筑上也明显地看到中西文化的各自成就。1602年（万历三十年）圣保禄教堂奠基，历时三十五年，于1637年始告建成。这是亚洲最古老而气势恢弘的教堂，是教徒学习神学的地方。画家吴历就曾在这座教堂的二楼眠食。可惜在1835年（道光十五年）焚于火，仅遗存前壁大三巴牌坊，成为澳门标志性建筑之一，至今尚能窥见十七世纪西方建筑艺术的大略。大约比圣保禄教堂早一个世纪的中国古建筑代表作当推有五百余年历史的妈阁庙，高大山门雄踞半岛之端，远望洋面船舶往来，护佑航海者平安。其正觉禅林的北侧墙壁上有澳门文化人曹思健所撰《妈祖阁五百年纪念》碑，由当代书法家启功先生题额，对澳门的成埠有简练的描述说：

> 澳门初为渔港，泉漳人士茌止懋迁，聚居成落。明成化间，创建妈祖阁，与九龙北佛堂门天妃庙、东莞赤湾大庙，鼎足辉映。日月居诸，香火滋盛，舶舻密凑，货殖繁增，澳门遂成中西交通枢要。

在饮食方面也是中西并臻，既有中国传统的粤菜、潮菜、川菜、沪菜、鲁菜等地的风味佳肴，也有日本、韩国、越南、泰国和葡萄牙等国的异域美食，无怪澳门有"美食大观园"的美称。

澳门虽是中西文化的交汇点，但从当地所见具体社情来看，她的主流文化仍然是以华南文化为核心的中华民族传统文化。这从绝大多数华人的民风习俗中可以见到，除了岁时节令举办与内地几乎相同的庆典活动外，庙宇文化最有代表性。澳门著名的三大庙，在妈阁庙之外还有莲峰庙和普济禅院（俗称观音堂）。莲峰庙是澳门的官庙，是官员们来澳时的驻所。庙内有一块官方碑文中说："莲峰庙系阖郡奉祀香火，又为各大宪按临驻节公所。"最有名的一次按临是道光十九年七月二十六日，林则徐入澳巡视，即在莲峰庙召见葡官，颁赏犒劳，申明禁令。林则徐一行曾受到澳门当地华人的热烈欢迎。林则徐在其日记和上道光帝的奏折中都记及这次巡行的盛况。遗憾的是鸦片战争后的1844年耆英也来此庙暂驻，却是来谈判丧权辱国的《中美望厦条约》和《中法黄埔条约》。普济禅院是另一所古庙，禅院的左侧有一条与禅院相连的小花园，小花园并没有什么特色，但园中的一张圆石桌和一套石凳，据说《中美望厦条约》就是在这张石桌上签订的。它是中国近代史上的屈辱见证，但是，澳门已经回归，这类耻辱也已随之湔洗净尽。兴思及此，得不欣然！

澳门除了三大古庙以外，还有大大小小的庙宇四十余座。按澳门面积相计，密度相当高，自成一种具有中华文化浓烈色彩的文化体系。中华文化对于人和神的关系，长期以来，持一种"祭神如神在"的思想，没有绝对固定的崇拜对象。道佛俗神，只要对人有好处，无所不祀，如莲峰庙有佛教的观音、地藏王、韦驮，道教的天后和关帝，民间的俗神土地、门官、贵人禄马、金花娘娘、痘母元君、远古大神神农、仓颉和沮诵等等。所有大小庙宇大都类此，所祀的神灵也多与日常生活有关，花粉娘娘与女士美容有关，痘母元君与小儿种痘出花有关。既密切人神间关系，又落脚于神当为人服务的中华文化传统上。澳门的庙宇有无数显示着中华文化痕迹的装饰。有形态各异、栩栩生动的雕塑，如莲峰庙的天后与关公均为130厘米高的木塑，神态凝重肃穆，令人起敬。康公庙有高约70厘米的木雕花粉娘娘，面目慈祥，是一位能使"花容增美艳，粉面妍娇颜"的爱神，凡女士拜祀后，可以增加美貌，赢得爱情。莲溪庙和包公庙各有十多尊形象不一的金花娘娘，但都和蔼可亲，钟爱小儿。她们有的怀抱，有的摇扇，有的哺乳，与民间生活贴得很近，身旁的几个泥塑小儿女，正待艰于生育的父母认领，很像内地的送子娘娘。也有一些庙宇墙上画有壁画，描画着传说故事，如莲溪庙墙上的"陆赎（绩）怀橘"壁画，是民间长期流传的二十四孝故事之一。笔墨朴拙，题字也欠佳，似出于画匠之手；但人物线条明快，颇为传神，应是晚清时期的一幅佳作。数量更多的是匾额与楹联，有人统计澳门庙宇有楹联四百余帧，有不少出于名家之手。在吕祖仙庙有光绪末年所制的合体怪字联最为奇特。它是将有关八仙的八句七言诗合写成二十四个合体字，如首句的头三字就是由"拐李祖师得道高"组成的。这副对联是由北京一道观中移植来的，但我是在这里第一次见到。匾额为数更多，若合楹联计算将以千数。其历史悠久的当是莲峰庙中的"中外流芳"匾。据说是明万历三十年所立，已近四百年了。其他纸本书画及摩崖刻石等艺术品也数以百计。

从澳门庙宇的诸神兼容，祈求福祉的各种礼仪、信仰看，它是源于岭南、中原的一种郊庙文化，足见其中华文化底蕴的深厚。澳门的中华传统文化氛围如此浓厚，澳门同胞浸润这种文化氛围又如此之深，这对回归后的相互磨合带来极大的裨益。让澳门的回归为祖国的统一大业树立起一面崭新的旗帜，让大陆和台港澳的全体同胞为祖国的繁荣富强团结起来！

原载于《世纪桥》2000年第2期

东方的赌城

赌似乎是具有世界性的人类恶习，为赌倾家，为赌丧身，为赌犯罪者，时有所闻。世界各地也都有大小不一的赌局、赌场、赌城等。前些年，我曾观光于美国大西洋赌城，目睹其盛，亦深叹赌害之烈与赌徒心理之膨胀，而东方之赌城澳门葡京大酒店，久耳其名，惜无缘一临其地。1999年冬应友人澳门之约，始获面睹真貌。

葡京大酒店位于澳门中心地段，外形类似蘑菇云，高耸挺立，其规模及活动内容与大西洋赌城大体类似，而较大西洋城更集中些。晚间灯火辉煌，像无数诡诈的闪烁眼光在挑逗着人们像飞蛾那样扑过去。人流从大酒店准备吞噬财物的血盆大口里涌进涌出，涌进去的大多气宇轩昂，似乎腰缠万贯，定操胜券般的，像我这样的观光客只是随大流进去开开眼界；涌出来的人群，神色自若的大都是来看新鲜的观光客，有些嗒然若丧的则是铩羽暴鳞的赌客。

进入赌场大厅的确热闹非凡，仕女如云，摩肩擦背地涌来涌去。老虎机前和各种赌台的周围都有成群的人，他们无不全神贯注地准备把自己的钱包装满，甚至挤破，但是往往事与愿违，赢了要赢得更多，输了要翻本，不到钱包捺瘪倒空是不会轻易洗手的，这就是赌徒心理。赌徒心理不仅表现在金钱输赢上，许多事情都在这种赌徒心理支配之下，欺诈、盗窃、贪污等等无不如是。有了一次得手，就想第二次，有了十万，就想百万，欲壑难填；不到身败名裂、囚陷囹圄，不到把家庭、事业、名誉、前程全部输光，是难以醒悟的。可惜一失足成千古恨，一切追悔都已无济于事！

在赌场内，不仅只是赌徒与观光客，还有一群做黑暗勾当的男女，有些人从外表上看不出在做什么，实际上，他们的目光正在搜寻那些两眼注视赌台、双手高举下赌注者的口袋钱包，乘机下手。另外还有三五成群的夜莺游雉，穿行于人群之间。她们虽国籍不同，但衣着大体相似，上身薄透露，下身超短裙，有一副永远含笑的面容，两只流动含情的媚眼，向四处猎取目标。朋友指给我看，并说她们能帮人下注，陪人说笑，甚至挽臂依偎，飞出场外，寻觅爱巢，共度良宵。赌场外的一些小铺引起我很大的兴趣。这些小铺的橱窗里，横七竖八地摆放着许多手表、钻戒和翠镯，俯身细看，都系着很贵的标价牌，如此贵重物品又为何没有很好的包装，散乱放置？朋友看出我的疑惑，就请我抬头看看，只见这些店门口外的人行道上方悬挂着永胜押、必胜押等招牌，原来这些都是为赌徒专设的小押店。凡是赌到阮囊羞涩而意犹未尽；或谋东山再起，重整山河者，都把随身佩带的手表和首饰来换钱，一般当期很短，所以常常被"没当"。这些店很发财，据说也属于大酒店集团系统。

葡京大酒店是一个集团公司，店内除赌场外，有宾馆、餐厅、巴黎的脱衣艳舞等等，店外还有多处三星级以上的宾馆，也附设有赌台、艾曼纽桑那浴、异性按摩、游艇轮渡等等行业。葡京大酒店通过这些渠道聚敛大量财富。据说澳门地方有70%支出靠这笔收入，无数居民生计也与它休戚相关。在回归前如何处理好这个既是财富来源，又是沉重包袱的问题，确是值得关心思考的。

原载于《生活时报》1999年3月13日

重游澳门

2007年11月间，我应邀到澳门讲学，这是相隔十年后的重游。那一次是澳门尚未回归，除了传统的大三巴和葡京大酒店引人注目外，其他没什么大都会的感觉。这次在飞机上我一直在想，回归的十来年，澳门究竟有哪些变化？上次是从珠海过拱北到澳门，而这次却是从北京乘澳航的飞机直飞澳门的氹仔机场。上次我没来过氹仔，所以无从比较。来接我的澳大图书馆王国强馆长为了让我对回归后的澳门有个清晰的印象，特意驾车带我绕了一圈，看到处处高楼林立，这当是近十来年的成就。路经一处灯火通明、金碧辉煌的建筑，王先生放慢了车速，向我介绍这是开业不久的"威尼斯人度假村大酒店"，是澳门最大的建筑群，也是为世界瞩目的大酒店。他说已为我安排了来这座酒店观光的日程。

隔日晚上，我十多年前的旧识、澳大中文系邓骏捷教授按王馆长的安排，约我晚餐，我五十年代的老学生何广中也来作陪。我们在一家葡式餐馆共进晚餐后，他们专程陪我游览"威尼斯人度假村大酒店"。这座大酒店位于离机场不远的金光大道上，占用了原本荒旷的大片土地，总面积相当于56个橄榄球场。它以意大利威尼斯水城作为建筑的蓝本，正门前竖立着两个仿制威尼斯古代守护神雕像的立柱，让人们在肃穆而安全的感觉中一步步走向奢侈挥霍的陷阱。

经过入口的柱廊，就进入大酒店的中心部位"瑰丽堂"，这是威尼斯总督府大厅的再现。仰望可见若干颇具艺术水准的希腊神话故事绘画，圆柱、门窗、陈设，无不雅致精美。从"瑰丽堂"顺着扶梯再上一层，是大运河购物中心。耳畔时时萦绕着艺术家演奏的乐声，往来人群都悠然自得地观赏着。路的两旁，源自世界各地的各色名店鳞次栉比地等待游客的光临。商品的价位很高，即使一个衣襟上小小的别针，也大多在澳元千元左右。不论是否购物，店员总是满脸堆笑地接待，殷勤地向游客介绍推荐商品，最后都客气地送出店门，说一声"欢迎再来"。走过商店区，就是饮食区，走道中间摆满着小餐桌，道边是一列小食店，中餐、西餐、和菜、韩食等各国小吃，应有尽有。食客有情侣，有朋友，有家人，都在品尝不同的美味。中外游客和土生葡人混杂，何广中特别指告我土生葡人的特征。抬头一望，蓝天白云在缓缓流动，邓先生告诉我，这是室内人工天空，不禁深叹设计者的匠心独运，也让人不自觉地融入不夜之天的氛围中。出了饮食区就是人工开挖的大运河，站到桥上，可以看到两只古雅的游船交叉往来，一个意大利汉子站在船头，有节奏地划动着，嘴里用男低音唱着意大利情歌，有一只船上还坐着一位西方的妙龄少女，撑着一把花色的小洋伞，不时向岸边围观的游客招手，不知是游客，还是游船的有意作秀？但却构成一幅引人遐思的图画。

被澳门称为博彩业的赌场是这座大酒店的财源核心。澳门的博彩业严禁十八岁以下未成年人和公务员入内，未成年人意志薄弱，而公务员大输之后则必然会想歪门邪道而堕入贪污的黑洞。但每年农历新年有三天开放，供公务员过赌瘾，卜运气。所以当我进入赌场观光时，邓、何二先生就站在入口处聊天，远望我的行止。这个赌场规模很大，有无数的赌台和人头攒动的赌客。呼卢喝雉的叫声，编织成一片喧嚣。老虎机、百家乐、比大小、21点、轮盘、牌九，形形色色的赌法，吸引了一批批赌客，围绕着各个赌台来圆自己的梦幻。我不懂赌法，也没有赌资，只是绕来绕去地观察赌客们的忧喜百态。据有人说，这里是远超拉斯维加斯的东方大赌场。

在离开澳门的前一天，我在两位青年朋友的陪同下，到澳门的新葡京大酒店去观光。这是旧葡京的孪生物，都是赌王何鸿燊的资产。十年前的老葡京，当时是澳门的第一家大酒店（赌场），但随着时间的推移，它落伍了，于是何氏又在旧葡京的街对面再建了一座新葡京。这是一座建筑风格十分新颖的建筑物，底小头大，像一株君子兰的丛叶，愈向上愈展开，这株丛叶就插在一个大圆球上，金光闪闪，令人头晕目眩。里面有多层赌场，在一处显示牌上注明下注十万元以上的赌客有专用的嘉宾室，这里不是随便进入的地方。我在高一层的小吃处小憩，可以倚栏鸟瞰赌场，赌台四周围挤满赌客和旁观者，偶尔一片欢叫，那是某一赌客赢了大注。从新葡京可以经过通道去旧葡京，旧葡京确实显露出某些衰败迹象，赌客较少，服务欠精神，设置也有点陈旧，所以其拥有者再建新葡京来为自己的博彩业注入新的生命力，这是形势所趋，是增殖其家业必须做的，至于其他后果则非他们视野所及。

十几年来，澳门经济增长速度居于领先地位的，似乎就是博彩业。十几年前屈指可数的几家，没想到突增到几十家，甚至围绕唯一高等学府——澳门大学周边，都有好几家。许多游兴之地，也多有这类娱乐场所。我在渔夫码头的步行街上信步漫行，就看到几家。有一家名为哥伦比亚的娱乐场，虽然规模不大，但也是人来人往纸醉金迷。它们准备了交通车从四面八方把赌客拉进拉出，据说通宵达旦不停。

随着博彩业的兴旺，政府财政收入大增，占了全部收入的半数以上，而餐饮、旅游和购物等行业，也得到了相应发展，造就了一方繁华。虽然这次重游澳门，我看到了新建跨海西湾大桥的宏伟，登上了能尽收全澳风光的91层观光塔，但终不如遍地博彩给我的印象深刻，让我陷入一种莫名的忧思。我很难评论它的是非，十年前我担心过其回归后的安置，而今我更困惑于这种快速发展和兴旺的利弊。一位出租车司机对我说，近年澳门确实有很大发展，收入也增多了，但是这是在吃下一代人的饭，地方收入靠博彩，下一代人因赌场待遇高都去投奔，只会侍应而无一技之长。难道澳门真要戴上"东方赌城"的帽子吗？民众真要靠博彩讨生活吗？我对博彩业并不持绝对否定态度，以为可以保存一定的限量，作为旅游和消费的景点，但不希望澳门成为大赌场，而是期待它发展成为一座繁盛的旅游名城。也许我的想法有些滞后了吧！

原载于《寻根》2008年第4期

环台游

1998年11底到12月初，我在台湾逗留了十来天，头三天在中兴大学开"海峡两岸地方史志与地方博物馆学术研讨会"，我在会上作了题为《地方志的人文价值》的报告，颇得台湾学界的好评。从12月3日起承中兴大学和省博物馆的美意，我们一行十余人开始了环岛游。

12月4日，由台中出发，先沿西海岸北行，过北海岸，转向东海岸，沿太平洋南行，经头城镇北关的海水浴场，逗留观赏、照相片刻，即赴宜兰县。台湾的县，直辖于台湾地方政府，比大陆的县，职权大许多。宜兰是知名的县，设置完整。先参观了具有一定规模的妈祖庙，妈祖是一位呵护海上客商安全的女神，据说是福建人，名林默娘，民间有许多传说，沿海各地如天津、宁波、泉州、香港、澳门等地，都建有妈祖庙，香火颇盛。又到宜兰史志馆，承馆长热情地接待我们，介绍了这一机构的主要情况。该馆收藏各地地方史志资料很丰富，我所著的《中国地方志》一书亦在它的陈列架上。它还出版各种双月刊、集刊、丛刊。在这里也经常举办一些文化集会和活动，无异是当地一处文化活动中心。

离开宜兰，继续沿着太平洋南行，山路颇为险峻，左临大洋，右傍高山峭壁，巴士转弯时令人心悸。在南澳镇附近有一凉亭，上立一碑名"服番碑"，碑文中记写着清同治年间福建陆路提督罗大春曾率兵千人，说服番族，开山辟路，使南北通行，造福于民，故民众立碑祀之。路过太鲁阁，这是台湾一处著名名胜，同行者都去观览隧道和峡谷，我因过去与胞弟新阳曾一游其地，所以在车内等候。大约在傍晚，即住进花莲的美琪宾馆。几年前，我来过花莲，街面比较安闲。这次重游，正遇上台湾选举，街上非常喧闹嚣杂，到处大卡车敲锣打鼓，车上人头簇簇，都在向街两面的人群拱手，请人投自己一票，台湾人说这是"拜票"。有些民众还在评论小马哥和阿扁的优劣。直至夜深，方见平静。次日早晨，陪同的朋友特邀我们到花莲三代扁食老店吃馄饨，据说，蒋经国曾到此就餐，于是声名鹊起，老店成了老名店。

从花莲到台东途中，大约一半路程的样子，是一个名叫瑞穗镇的史前博物馆，馆还未建成，遍布着一些石板棺，据同行的台湾地方博物馆的阮昌锐研究员介绍，这是距今15000年至30000年以前的石板棺遗址，现称扫巴史前遗址，面积有30余公顷，现已发掘出千余具，估计将有万具之多，并将就地建立博物馆。离瑞穗南行不远为北回归线，立有北回归线标。再南行到鹤山休闲观光茶园，稍憩品茶。中午在台东用餐。午后，从台东南行，路是绕着古树修筑，左临太平洋，时时有雨丝拂面，右侧绿色葱郁，有绿色通道之称。台东有卑南族人居住，设一少年会馆，从小集中居住，集中训练，直到少年能杀死一头猴子，即表示成熟而出馆。傍晚抵达台湾最南端的鹅銮鼻公园，观览了猫鼻头和灯塔，这里成一港湾，沙色各异。晚宿垦丁教师会馆。

12月6日，晨起，在垦丁海边观赏风景，景色诱人，拍照若干留念。早餐后出发，沿西海岸北行至屏东。参观了这里的原住民文化园区，园区按民族不同习俗建置，各自成小区。我们观看了歌舞团的表演，并与民族演员合影。又参观了园区的工艺展馆，陈列有各民族的服饰、雕刻、编织等物品，但标价都很高，有一套民族服装，并不豪华，但标价则为三万元台币。园区装修得很能吸引游人，但过于雕琢，缺乏原汁原味，商业气较重。午后，经高雄到台南。这是一座古城，有郑成功庙和塑像，遥想当年延平王跨海挥师，收复台湾的英姿，缅怀先贤为民族所树不世功勋，则宜其享民血食，永祀不忘。晚间抵日月潭，入住九龙大饭店。

日月潭是一大一小衔接的潭，海拔七百六十尺。据说它一边日轮，一边月钩，故名。潭中有绿岛名光华岛，为邵族原住地，仅四十一户，二百余人。日月潭有多处景点：入口处的文武庙是一座大庙，建筑壮丽，拾级而上可远眺全景；有孔雀园，可欢呼其开屏；有蝴蝶馆，收藏极富，品种难以数计。在邵族文化村，观赏民族歌舞，我和同行的郭凤岐君还应邀登台与演员联欢合演。下午，参观埔里绍兴酒厂和酒文化馆，这是台湾著名酒厂，酒可随意品尝，陈列展品很充实，可借之了解酒的发展历史。晚回台北。

12月8日，在台北参观圆山饭店，这是台湾最高规格的宾舍。又游览阳明山公园，入晚应邀游逛夜市。如此，环岛一游，台湾风情已得其大概，可谓不虚此行，甚感东道主的盛情。次日，当地有关单位与友人，多相邀欢聚，因行程已早有安排，不得不一一婉谢。下午乘飞机离台回港，傍晚抵港。次日应香港博物馆之邀参加"鸦片战争与香港国际学术研讨会"。会后，因澳门"中国哲学会"先期有约，遂乘快艇离港经珠海赴澳门，参加"张东荪学术研讨会"。并在会上作了"张东荪其人其事"的报告。时隔多年，但这次环岛游的情景，仍不时映现，令人怀念不置。

附注： 2008年3月22日晚，看凤凰电视，见台湾选举喧闹情状，因忆及当年环游宝岛时目睹情状，事后曾据日记缀集成一文，贮于箧中。今有所感，乃自箧中寻得此文，略加修订，付之报刊。

原载于《访景寻情》（学人屐痕文丛） 来新夏著 岳麓书社2009年版

台北故宫博物院巡礼

　　到台湾的第三天，东道主——淡江大学的黄天中博士就安排应邀来访的客人去台北外双溪故宫博物院参观。这似乎是不少访台人士必然受到的一项日程安排，也是一种高雅的礼遇。

　　凡是年龄较大的人都知道故宫博物院的历史。1924年11月5日，清废帝溥仪被国民军逐离紫禁城，经新成立的清室善后委员会专门整理了清宫文物后，遂于次年10月间正式成立故宫博物院，向民众开放，使一姓独有的中华宝物展现于万民百姓之目，其影响与意义不可低估。而台北故宫博物院则是一批故宫宝物历经三十年，辗转于沪、宁、黔、川而至台，备尝艰辛，直至1965年在台北外双溪建院，始获安居之所。这批宝物的数量多达二十四万余件，品类有铜、瓷、玉器及书画等。由于转运中的筛选，这批占原运出宝物四分之一的宝物，可称无一不是极品的无价之宝。有许多只闻其名而今幸获一见的原物，如王羲之的《快雪时晴帖》、范宽的《溪山行旅图》等真可称稀世绝品。瓷器的收藏是该院非常突出的展品，仅从其所藏的珍贵价值和数量之多，置诸世界艺术之林也了无愧色，尤其是经过研究整理，按历史时代予以排列，既有宋代著名的钧窑，也有晚至宣统的制品，从前到后，不啻一部中国瓷器史。循览其他珍藏，如入宝山，目不暇给。因为时间限制，未能仔细观赏品味，即以走马观花所得，若合北京、台北二处所藏，足使中华文化熠熠发光，雄踞于世界文明古国之首。

　　台北故宫博物院值得注意的特色是具有相当科学的保护措施和管理水平。展览陈设布局合理，展品典藏管理严格。为了防止展品受外界空气影响，每年选择最佳季节展出一次，而我们访台时正是他们展出的时候，这真是一次有缘的机遇。他们在展出的正品前挂一红纸说明以引起参观者的珍视。展柜的灯光只是日光灯四分之一的光量，虽在目感上显得暗一点，据告这是最不损伤展品的光量。

为了要妥善地保护藏品和让参观者更清晰地玩味珍品，院方特别运用电子放大复制技术将一些书画珍品放大几十倍。我们看到这些复制品虽然赞叹其技术精良，准确无误，可以乱真，但总有一种直觉：这不是原物。因为放大的布局总有些不调和的感觉，这或许是艺术与技术的区别吧！

院长秦孝仪是有深厚造诣的博学之士。他从一次重要会议上抽身赶回来接待我们，并赠送每人一套明清画家龚贤、王鉴画作的复制品。副院长昌彼得是位目录学家，与我年龄、学历及专攻大体相似，彼此神交已久而未谋一面，他因公出未晤，我留言致意。但是，晚间昌老仍亲来宾馆相晤，请我去吃宵夜畅叙，并邀我1995年去参加他们图书馆落成学术讨论会，表达了两岸学者间的同胞亲情。

一九九三年十二月

原载于《路与书》（老人河丛书） 来新夏著 中国青年出版社1997年版

台湾的博物馆

　　台湾最大的博物馆是故宫博物院，凡是到台湾访问的人，大多被东道主安排去故宫参观。这里的收藏品博大精深，因为当年运往台湾时是优中选优，而且一直维护得比较好。我在1993年访台湾时曾参观过一次，1998年冬再访台湾时，又一次去参观，展品更动不大。但正举办着的张大千、毕加索的作品联展，把中西两位大师的作品集萃于一室，真令人大饱眼福，进一步认识了艺术的真正价值。

　　台北市另有一所省立博物馆，具有一定规模。它始建于日据时代的1908年，是台湾地区历史最悠久的自然史博物馆，收藏了大量台湾风土文物。它除了常规展览外，还举办多种有关活动，如巡回展览、演讲座谈、辅助教学、出版书刊、推广自然史教育等等，对继承本土文化、保护自然生态、普及科学知识等方面发挥重要作用。馆内侧重于人类学和原住民文化的研究，有许多位具有博士、硕士高学位、有相当深学术造诣的研究人员，对考古和民族问题做着专门研究。当我们环台考察时，该馆还派出资深研究员、人类学家阮昌锐博士和年轻研究人员李永裕先生全程陪同。在台北还有一座私人创建的小型博物馆，位于圆山大饭店附近。创建者是一位为日本三菱做代理的林姓商人，致富后没有挥霍糜费，而是出资建立以自己名字命名的顺谊博物馆，这无疑是一桩利国利民、为人钦敬的善举。馆的规模并不大，但很有特色。它充分运用现代化手段展示台湾九族先住民的生活与文化，使参观者很容易地得到形象化的认识。该馆的全部经费由林氏家族筹措。但愿能有更多的富商巨贾多办这样的好事。

　　为了能全面了解台湾地区的风土文物，东道主中兴大学和省博物馆为我们一行人安排了环台行的考察活动，在从东绕西的几天行程中，经陪行的阮博士指引，又看到两处值得考察的博物馆：一处在台东，经过绿色隧道的公路附近，是正在筹建中的史前博物馆，占地约30公顷，据阮博士介绍，这里曾发掘出千余具石板棺,测定当在史前15000至30000年之间,估计地下尚有石板棺万具左右。因此就在这一遗址上建一规模较大的博物馆,对这一史前遗迹进行研究,以丰富台湾地区史前社会原住民生活的资料。可惜,我们只能看到施工规划和已发掘出来的部分石板棺,仅仅了解点远景和先民的部分丧葬制度而已!另一处在屏东,我们参观了民族文化园区,实际上就是民族博物馆,内容丰富多彩,有原住民俗文化工艺展,有分区设立的原住民生活区,有民族歌舞厅,等等。在工艺展上可以看到原住民的服饰、雕刻、编织和塑造等手工艺品,成品十分精美,艺术水平很高。最为吸引人的莫过于服饰,不同的服饰代表着不同的民族,色调绚丽,做工精细,据展览会的负责人介绍,一套阿美族的服饰价值三万元台币,不禁令人为之咋舌。这些展品的作者有阿美、卑南、鲁凯、排湾等族的艺术家。在原住民的生活区中,按原住民的原来起居原貌陈设,非常有情趣。在歌舞厅中由各族艺人演出各族特色节目,虽然台上台下欢乐成一片,但总感到加工痕迹明显,商业气味浓厚,失去了淳朴的原汁原味,颇感遗憾。这次行程虽然短促,但还是得到不少自然和人文方面的知识,也算是不虚此行了。

原载于《天津日报》1999年3月24日

访台，三点一线的飞越

海峡两岸的交往，随着时间的推移，日益频繁。据说1993年大陆访台人员的数字已有成倍的增长，因而我也得到了访台的机缘，应邀出席在淡江大学召开的"二十一世纪海峡两岸高等教育研讨会"。这也圆了我多年来要看看滞居台湾四十余年的胞弟的梦。

从天津去台湾，乘飞机的总时数不过三个多小时，但实际行程却因种种早应消除的阻隔而耗费了超过到纽约的航程总时数。这不能不使人们关注这条大陆—香港—台北三点一线的航程延迟了多少亲情的慰藉！有些去过台湾的朋友在我行前曾善意地忠告，对某些不必要的阻拦千万不要影响心情，我疑信参半，直到现实给了我真正的答复。

我们所持是"港澳通行证"和台湾寄来的"旅行证"复印本。我们到香港转机需先排队出关、安顿住处，打听办理入台手续的中华旅行社所在地……而天色已近薄暮，无事可办了。第二天清晨，由两位熟悉港情的朋友陪同到中华旅行社，确是受到了小姐们有礼貌的接待，但却提出三个事实上有所留难的问题：其一，我们应邀的二十几个人是从全国十省市去港汇合的，所以到港时间必有先后，而小姐们不肯按个人处理，而要按名单点齐后才办；其二，她们尚须与台湾入境管理局印证这二十几人的身份；其三，所有人必须亲自等候"验明正身"，不能推代表留办，这也就剥夺了许多从未来港者利用这可贵的几个小时一观香岛风姿的权利。小姐们的微笑留难使我们白白耗掉了四个多小时，幸有港友的协助联系，总算同意我们可以去机场办理登机手续了。一行人兴冲冲地奔往机场，孰知被一位柜台先生以台北机场尚未收到"旅行证"正本为理由而拒发登机牌。几经交涉，他们承认我们已具备登记手续，但台北机场未见正本"旅行证"也无法下机。于是只好在熙熙攘攘的大厅中往返踱步两小时，因为这里已不像中华旅行社那里还有椅子可以坐。直到离起飞只有四十来分钟时，才收到台北机场的通知而发给登机牌。啊！所有的同行者都不禁长长地舒出了一口气，如释重负地放下了鹄候六小时的心理负荷。

飞行不过一小时多一点，飞机就降落在宝岛台湾的土地上，这比邻之地俨如天涯之遥。三点构成的这条线如果能变成两点一线的直航，那该多好啊！它不仅减少多次起落的非安全因素，又可缩短解开情结的时距。二点一线将更亲密地联结起多少炎黄子孙的情愫与爱心！如果一线通两岸，天堑变通途，我那年逾九十而尚体健的双亲不也能够从这点去那点去看看他们那年逾花甲的亲子飘庐和亲子的儿孙们了吗？

原载于《今晚报》1994年1月29日

太鲁阁留踪

1993年冬，台北淡江大学举办的"二十一世纪海峡两岸高等教育研讨会"结束后，大陆的代表都束装返程，我则因胞弟居台而滞留数日。二弟为了解除我多日开会的疲劳，提议到花莲港的太鲁阁去观光。我感于手足盛情，欣然接受了他的邀请。

清晨，从家里出发到松山机场。这是台湾岛内的专用机场，规模比我们来台降落的桃园机场小得多，但也是熙熙攘攘，颇为热闹。我们在小食店各吃了一份中式早点后，便在大厅遇到旅行社的送票人员，拿到了机票。飞机在七时左右起飞，沿着台湾东海岸，在浩淼无垠的太平洋边缘上飞行。经过半个多小时，就在花莲机场着陆。这里非常清净，出口处面对郁郁葱葱的层山，眼前平坦地舒展着一条很整洁的公路。花莲对我并不陌生，远在四十年前，二弟就从上海随校迁到花莲，而他给家中的最后一封信也是发自花莲，从此了无音信，只能魂牵梦萦地作无期限的等待。我默默地追忆那时尚未及冠的稚弟，只身渡台，阻隔四十年，彼此存亡莫卜，而他孤军奋战，无所依傍，竟能成家立业，其艰苦备尝之境遇，当可想像。久别重逢，喜耶？悲耶？默祷上苍，这将永远是历史的陈迹。

旅行社的服务确是十分周到，一行二十余人登上了备好的游览车，奔驰在东西横贯的路上。幽静安谧已非台北那种使人眩晕的喧嚣烦扰。一路上风驰电掣般地驶行在太鲁阁幽峡间。当有特别诱人的景色时，司机会识趣地缓行或暂停一下，让旅游者领略一下真正体现幽峡的曲径意味，并步行一段去欣赏它的妙处。路旁的大理石峭壁，纹路如画，可凭想像，各得其趣；路的另一侧，时见倾泻似练的瀑布和清澈见底的溪流。若干涵洞的景象带给人们无穷的乐趣，但却时隐时现地幻示出当年修建者血汗和生命的痕迹。太鲁河畔庙宇中的灵位和路旁碑柱上的记事都会留存在后来者的心上。

　　游览车驶至山顶终点便是本地名产大理石厂的销售点。游览车也是它一项经营内容，把游客拉到销售点来采购。产品是利用大理石做成的各种工艺品，琳琅满目，美不胜收，特别是一些首饰制品更受到女士们的青睐，纷纷选购；一些男子汉也多精选饰品去装点他们的情侣。店里边的小姐还当众表演了翠玉的辨伪法：如是染色的假翠缠上一丝头发，烧便断；如为真货，缠发则烧不断。这种鉴别翠玉的知识真是一种意外的收获，但后来发现饰品中也有伪劣假冒的货色。

　　在山顶吃过中餐后，归程到"丰滨山地文化村"去听歌。它虽不是豪华的歌舞厅，但充满着一种自然淳朴的气息。我们一行在半圆形的听众席上坐定后，就有身着民族服装的姑娘绕着圈地载歌载舞。二弟坐在我旁边，但不久在一场婚礼歌舞中被姑娘们用花环套入场中，在他身上绑上一张小竹椅，小竹椅上坐着一位小巧的姑娘，一群光彩照人的姑娘拍手击节，簇拥着二弟背着姑娘在场内狂热地共舞，原来二弟已被"招亲"，成为垂老新郎了。不一会儿，所有游客都被拉进场内，结成对对"情侣"，翩跹起舞，"照立得"相机在快速地猎取镜头，他们之间似乎有一种娴熟的默契，估计应摄的镜头都已完成，这场热闹的喜剧也就结束。离场时每人缴纳350元新台币，得到一个大理石镶嵌的圆镜，中间正是我和比我孙女还小七八岁的姑娘相偎相依的合影，看看旁人的圆镜，无一不是如此取景。彼此相识时间很短，只有一颦一笑，未交一语；但这些姑娘却集合在村前，含情脉脉地打招呼，希望游客再来。这两年我似乎在运交桃花。1992年10月，在贵州红枫湖侗寨篝火会上被侗女抛中绣球，作了一次"新郎"；1993年11月又在太鲁阁与阿美姑娘结一喜缘。欢乐无邪的爱为我的第二个青春增添了无限的春天气息！

　　晚间住在花莲一座面向大洋的宾馆的六楼，由于整天陶醉在欢乐之中而感到疲倦，洗澡后就甜甜地去寻求美丽而旖旎的梦。一觉醒来，面窗而立，看到大洋的浩瀚无际和沿岸的巨大货轮，三三两两的游人在吐秽纳新地散步。由于日程的既有安排，我们只能依依不舍地离开宾馆，踏上归程。

　　二弟为使我更好地观赏沿太平洋岸的风光而改乘火车。火车并不十分拥挤，座位还比较舒适。沿线确实秀丽，隔一段路就能看到一座城市，大约经过两个小时，便回到台北新车站，一座有现代设备的车站。我们在车站小食店群中选择了一两家品尝，在前一段丰盛徘宴之后，又像回到了淡泊之中。

　　这虽是一次匆促的观光，但却使我看到：中国确是有无限美好的风光，张开双臂在等待着人们的投入。无论大陆，还是宝岛，那些上天赐予的美景充满着多么诱人的魅力。太鲁阁不仅吸引着无数海外游客的向往，连我也想高呼一声：我会再来的，美丽的太鲁幽峡！动人的阿美姑娘！

一九九三年十一月

原载于《路与书》（老人河丛书）　来新夏著　中国青年出版社1997年版

五月的温哥华

温哥华是我最早知道的加拿大城市，从媒介中又知道这是一个景色秀丽的城市，曾引发我对它的含情向往，而苦于没有适当的机缘。机缘往往很喜欢开玩笑，当你对一件事已经打消念头时，它又在不经意时突然出现在你面前。今年春天，我正将启程赴美访问几所大学的时候，老友林天蔚教授从香港来电话，代表温哥华中华文化中心邀我在访美期间顺访温哥华。这一邀请正符夙愿，便欣然接受。五月中旬，我就从纽约飞温哥华履约。

从美国东部的纽约到加拿大西部的温哥华，需要在波特兰转机，虽然时间衔接得比较紧凑，但仍用了六个多小时。从波特兰转机北飞，可从舷窗看到一些山顶的积雪。飞行一个多小时就抵达温哥华。温哥华的机场很方便，它不像美国某些机场那样绕来绕去，有的还要乘地铁上去，才能找到出口。它只有一条路，只要顺行前进就能到出口。林教授在出口处迎到我后就乘车进城。温哥华的气候很好，虽然迎面看到的远山上有积雪，但这些山却把北边的冷空气挡住而使温市显得温和。

我被安排在闹市罗伯逊（Robson）大街附近的一家英国式旅店的三楼。房间不大，但很洁净；窗户临街，但不感到嘈杂。林教授说这里是市中心，白天还好，晚间则是非常热闹，有很多人在街上游逛，青年男女在这儿约会，说笑欢唱，有时会到第二天凌晨两三点钟。我将信将疑，等待着证实。

纽约和温哥华之间有三小时时差，按纽约出发时间算，当时应是晚间的七点多钟，而温市还只是下午四时，陪同林教授接待我的谭教授认为时间还早，不妨先去逛逛公园。在安置好行李后就驱车去温市最大的斯坦雷公园（Stanley Park）。这是一座面积辽阔，具有一定原始性质的公园，因为时间和体力的限制，只能乘车缓驶游览。用了一个多小时，仅仅玩了半圈。回到中心区已经六点多，到了吃晚饭的时候。他们是正常晚餐时间，而我则从傍午在机上吃过一顿饭后，直到纽约的晚九时，已经有十多个小时没有进食，两地的时差害得我饥肠辘辘而难以启齿。饭后回到旅店已是温市的晚九时，我因连续十四五小时没有合眼，只能透过纱窗帘瞥了街面一眼，觉得没有什么特殊，也就上床很快入睡了。睡到半夜两三点钟，我被欢笑和手风琴声吵醒，起床撩开纱帘俯视大街，果然灯光辉煌，人头攒聚，特别是青年男女，或相挽而行，边说边笑，或道边相拥，私语缠绵；或拉手风琴，引吭而歌；间或有一两对老人在街头缓步或伫立，分享青年人的欢乐，似乎也显得年轻了很多。我也有点想闯入这种生活的冲动，但终因未能摆脱传统的束缚，便怀着舒畅的情趣，重新上床去寻我的东方之梦吧！朋友们的介绍得到了充分的证实。

加拿大是个福利国家，税收较重而社会福利保证较好。在温市逗留的几天，看到人们比较悠闲安详，路上行人不像纽约街头那样匆促。早晨十时以前，街道上行人稀疏，商店大多没有开门，七八点钟还很难找到营业的早餐馆，即使有，也多是华人所经营。人们生活比较富裕，但也带来一些我认为的不良后果，有不少人为躲避重税，不愿多费力去赚钱；由于社会福利好，有的人靠社会救济也过得去而比较懒散；经济不算太发达，所以打工不如美国容易。但是，人际关系比较融洽，社交活动较多，晚餐不论到哪个餐馆都因家人或朋友间的欢聚而座满。如果不是事先订座，常常需要在银柜左近，排队坐等一段时间。这座城市还有一种有甜味而无糖分的特产——枫糖，它以国徽枫叶的尊贵名义向来往过客奉献了一份甜美。

温哥华有较多华人定居，大抵来自三方面：一是大陆，二是香港，三是台湾。有教授、作家、军人、商人、社会工作者等等不同职业，虽然来路和职业有不同，信仰和见解有不同，但是热爱中华文化的心则是一致的。他们有一个共同的文化中心，那就是邀请我的"中华文化中心"，负责人简颖湘是一位交际能力很强的单身女士，她不遗余力地宣扬中华文化，每月组织一次有关中华文化的学术讲座，邀请各方人士来讲演，并办了许多学习班，其中有一个汉语班，学员都是华人子弟，是他们的父母为了让子女记住祖国的一种措施，它反映外籍华人不忘本源的拳拳之心。华人们很关心大陆的经济发展和社会建设，只要坐到一起，这就是彼此间共同的主要话题，有时，其关注的热情会超过国内的人们。

温哥华是个美丽的城市，街道整洁，有多处供人休憩观赏的公园。我到温哥华的第三天，林教授邀我到他住所不远的Queen Elizabeth Park（皇后公园）去散步。这个公园虽不若Stanley Park面积大，但很精致，满园树木花卉，空气清新异常。五月是开花季节，园中百花争艳，美不胜收。水仙不像我们那样视为娇贵而是遍地种植，可是缺乏幽香，也许因为不受重视，宁愿深藏不露，不自炫其才，颇有"炫男不信，炫女不贞"的操守。最让我醉迷的是各种不同颜色的郁金香，有浅黄色、枣红色、玫瑰色……细长梗茎的顶端像放着一只只浅口的酒杯那样，吸引人去一饮而尽。也许是一种偏爱，无论在哪里，只要看到郁金香，我都会徘徊流连，蹲下身子去欣赏她那种直立不阿、独放异彩的风姿。林教授为我拍下几张照片以写痴迷情态之真。园中高下纵横，时谷时崖，极得错综妙趣。在一块高平台上可以看到温市的全景，平台的短围墙平面上塑有两个箭头，指向北面的两座山，标明山名和海拔高度，是其他景点中很少见到的巧妙构思。平台上还塑有两组等高人像，颇像当年初到这座城市的居民。在这座美丽的公园中有好几拨儿晨练的人，每拨儿总有一二十人，基本上是中老年华人，间或有个别洋人，也是爱好东方文化的人，边放音乐边练太极拳，动作典雅，意态闲适，有的还着统一的绿衣白裤练功服，点缀在树丛花间，尤增生气。他们看到国人异常亲切，露出丝丝笑意，有人过来交谈，以证实我的华人身份。穿练功服的那拨儿还要我在他们的拳阵前照相留念。异国他乡的亲情流动，使内心多么愉悦和激动，祝愿他们和他们的后裔永远在血脉中葆有这种亲情的流动。

　　五月的温哥华，我不会忘记你！

一九九七年五月

原载于《光明日报》1998年6月18日

影城忆游

1985年5月间，应美国加州大学洛杉矶分校赫斯院长之邀，我从纽约飞抵洛城。第二天，恰是周末，旅馆主人林先生是位美籍福建人，出于同胞情谊，一早就来打招呼，他已安排好活动日程，派他的儿子小林开车陪同去好莱坞影城游览。这真是意料之外的欢悦。好莱坞！多么熟悉而诱人的名字。

洛城是个地形狭长的城市，影城在它的西北郊。我因不辨方向，只知道坐了大约四十多分钟左右的车，就远远看到在一面高石壁上显现出HOLLYWOOD字样。这座在二十世纪初开始聚集起各地制片商的影城已在眼前。影城给我的第一印象是门票昂贵，每人一百七十余美元，相当于我出国所领一次性零用钱的六倍。主人很慷慨地买了门票，是算在房费内，还是主人请客，不妄加猜测，免得辜负主人的美意。进门后，游人很多，不少青年靓女只着三点装，或偎依着丈夫、情人，或牵着自己的小儿女，很坦然地逛来逛去。初时，我还有点"非礼勿视"的腼腆，但是，把头东摇西摇，总摆脱不掉"三点"，完全闭眼也有失大雅，只好"如入芝兰之室"见怪不怪吧！不过，我很羡慕她们，因为美国男子很少穿短裤和跨栏背心，更从未看到男性穿三角裤衩上街的。

在乘上游览车过一座旧木桥时，摇摇晃晃，真担心这桥会不会坍塌。果然，当车子开到桥中央时，突然桥塌了，前半节已插入水中，幸好是辆密封空调车，水进不来，车里的小孩大呼小叫，我亦心惊胆战，为了保持风度，故作矜持。我真恨木桥两岸围观的人缺乏"雷锋精神"，一个个揣着手见死不救。忽然，这些人举起双手鼓掌欢呼，车头也随声慢慢抬起来，桥也缓缓地浮起来，车仍继续前驶。原来这是汽车遇险的一处布景。事先不打招呼，使游客虚惊一场，虽欠礼貌，终有情趣。

下了游览车，小林领着我们走进一条黑洞洞的通道，路的两边忽然跳出六七个身着中世纪海盗短打服饰的凶汉，持刀冲杀过来，还没有等人们还手，凶汉们便霎时不见，而面前那座高楼却从各个窗口冒出熊熊烈火，整个楼迅即没入火海。正当此时，一辆高速行驶的汽车从头上飞驰而过，一愣神，火熄楼去，一切归于平静。走出通道，豁然开朗，顺着一条平坦的街道，走不多远，栉比鳞次地排列着一幢幢不同型式的、层次不等的、大小不一的宅舍。有亚利安式的、罗马式的；有尖顶的、圆顶的、平顶的；有中世纪的，也有现代的。不论怎样，似乎都看见过，原来这些都曾在银幕上为名公巨商和平民小户撑过门面；但是，切不可去看后面，因为它们只有面子，没有里子。

到摄影棚看看，正在排不知叫什么剧名的戏，虽然远远地眺望，但已感到灯光照射的炙人，人物活动的场景豪华富丽，可惜只有半间屋，光圈以外则凌乱混杂。来到一片水塘处，波涛翻滚，有条小船忽然翻转沉没。可眨眼间那条小船又从另一边冲入波涛。如果把视野限定在屏幕大小上，那真会伤感小船的不幸。

由于晚间有重要约会，未能周览影城的全貌，便带着一丝憾意离开了影城。回来的路上，小林指着影城半山腰上的那些隐约散落的别墅，告诉我们原来那是影城中少数幸运儿的住宅。他们的豪富掩盖着多多少少在人生道路上跌倒、爬起又跌倒，反反复复，直至声嘶力竭，永远不再爬起来的不幸者的血与泪！小林还顺路带我们去看好莱坞著名的中国剧院外的水泥大街。那是好莱坞巨星们的水泥版历史书。一个成功的明星都力争能在水泥大街上把自己的手印和脚印印在一块有两英尺见方的水泥地上，并签上自己的名字。这就等于向世界宣布已达到巨星的地位。留印的明显很多，难以俯身去一一摩挲察看，只听说当年的罗勃泰勒、泰伦宝华等一些名噪一时的巨星都在此留有印迹。最近，美国的动作片巨星施瓦辛格终于实现了自己的愿望，穿着一双蛇皮牛仔靴踩进刚和好的那块水泥里有一寸多深。他还志得意满地把《终结者》剧中的名句"我要回来"也写了上去。这是成功者的恣肆豪气。但他未曾接受中国诗圣杜甫那种"尔曹身与名俱灭"的教导。试看在这里留下手足印迹的那些已经陨落的巨星们，不都是只留下这二英尺见方的水泥地供有缘来此的游客摩挲观赏吗？

离约会的时间已然不多，我们只好向这些为人类文化艺术作出过贡献的巨星们告别。祝愿随着时代的脚步，会有更多新人踩着前人的脚印，留下更多更美的印迹。

匆匆的十年流逝了，但影城多彩的游踪却深深地留在记忆之中。

一九八五年七月

原载于《路与书》（老人河丛书）　来新夏著　中国青年出版社1997年版

两个雅典城

我曾经去过美国的两个雅典城。它们和希腊的雅典只在英文的尾部拼音上小有区别，而中文译名却是同一写法。一个雅典在乔治亚州，另一个在俄亥俄州。两个雅典都各有一所历史悠久的大学，乔治亚州大学成立于1785年，俄亥俄大学则成立于1804年，都是美国最早的大学。两个雅典城都以大学为中心，学生比居民多二至三倍。美国有许多这样的大学城，虽然是小城，但都很幽雅恬静，人们在这里好像已经受到良好的文化熏陶，举止凝重，心境明亮，得到一种摆脱纷扰的愉悦。这两个雅典城都离其州政府亚特兰大和哥伦布约有两小时的行车距离，因为美国以汽车代步，便不显太远，所以对外交往也比较方便。乔治亚州的雅典面积大些，贸尔（Shopping mall，商场）很大，货色齐全，街道错综，需要乘车活动；俄亥俄州的雅典则较小，城中心区只有一条十字街式的街道，排列着商店、餐馆等等，有一个多小时就能把整个中心区逛过来。初转一次，看不出两个雅典城有多大明显的区别。但是，我最近再次去美国时，却找到了两个雅典城的差别：乔治亚州的雅典附近有前奥运会赛地亚特兰大，俄亥俄州的雅典附近有一处印第安人的旧住地——老人洞。一古一今，形成一种非常明显的反差。

亚特兰大因承办上届奥运会而闻名世界，城不大但很安静，也许是经过那一阵喧嚣后的安静。街上行人不多，见到的多为黑人，据说这是黑人聚居较多的城市。黑人的打扮，的确自有特色，无论衣着，还是发型，都显然与白人有异，保持着民族特有的风格。我们在亚特兰大会议中心曾遇上一个黑人居多数的学术性会议，这些黑人都是衣冠楚楚，文质彬彬，颇有绅士风度地走向会场。奥运会已经过去，那些分散在几处形状各异的体育馆，除了场地、树木、草地及零落的城雕之外，已失去当年的繁盛颜色，难以成为值得光顾的景点。不过，震惊一时的公园爆炸案却仍给人留有深刻的印象，于是驱车前往，原来只不过是一个街心公园，仅有树木、草坪、喷泉和一些休憩设备而已。但是，公园地面的砖很能引起人的兴趣。这些砖都是有人捐助的，交三五十美元就能刻上捐助者的名字。有的砖上还刻有生卒年，有一块刻有1910—1996年，那是一位高龄人；另有一块刻着1974—1993年，则是不足二十岁的夭折者。无论老少都寄托着他们亲人的哀思。地面上的砖按道路的走向编号，大概是便于亲人寻找、悼念吧！还有些空白的砖，可能在等待着新的赞助者。美国人总喜欢把纪念放在脚下，不但亚特兰大的公园如此，洛杉矶影城附近的中国剧院门口的水泥地上，许多名人也争相把自己的名字或手足模存留在地下，任人践踏以为荣；中国人也有留名于金石的习惯，但总是把自己的名字刻在城墙或石碑上，甚至以"某某到此一游"的形式滥写于古迹上作为纪念，从不愿让别人在自己的名字上踏上一只脚，而且还是无止境的踏。也许这就是中外文化观念的不同吧！

老人洞离俄亥俄州雅典城不远，大约有一小时汽车路程。我来过俄州几次，没有人提起过它，可能是不十分出奇的缘故吧！这次，俄亥俄大学图书馆馆长李华伟博士特别邀请我和在此探亲的原北京大学图书馆馆长庄守经教授同游老人洞。李博士的盛情和"老人"二字的相通魅力，启动了我的游兴。次日晨，天朗气清，是一个非常适于游山玩水的天气，李和庄两对夫妇，还有几位年轻人，一行十人，分乘两辆汽车，沿着公路驶行一个多小时，就下道拐进小路，不远便是老人洞的入口处，不收门票，设有一个服务亭，提供免费说明书。亭外有两张不加油漆、颇为古朴的木桌，左右设有几条木板凳，似乎是供游人小憩和野餐之用。据说老人洞是印第安人生活的原住地，自然景色幽静，山崖上下错落，大小山洞，棋布崖壁，有山泉弯曲下泻，聚成一泓止水，好像是自然赐予原始居民的生活水源。我在半山一处较大的山洞中盘膝端坐，仰望对面山坡林木葱郁，俯视眼下弯曲小径，油然而生一种遗世独立的情趣。这里除了上下山坡有几条略加修建的小阶梯外，一切保存原状，毫无人工斧凿痕迹。我们在入口处的木桌上吃了些带来的水果后就登车返回。随着行车的节奏，有人望着窗外飞过去的绿色，有人歪着头发出微鼾，我则陷入莫名的困惑：老人洞那些从未干扰过他人的印第安人，不知何时被野蛮的文明夺走了原本属于他们的生活，使他们惶惑地离弃故土，飘落四方。时过境迁，不知他们的后代是不是已经投入文明世界去过另一种生活，是不是已经遗忘掉祖先曾居住过的地方。忽然身子晃了一下，原来车已返回雅典小城的住处。

同一名称的两座城，给了我两种不同的享受，一个让我接受现代最激烈拼搏的精神，另一个则给我回归自然的洗刷。如果让我选择一种的话，我宁愿摆脱熙来攘往的尘寰烦扰，而去拥抱那种恬澹的宁静。

一九九七年四月

原载于《东方文化》1997年第6期

乡情的安慰

中国饭历来为海内外人士所赞誉，它不仅由于烹饪技术的高明，还因为若干旅居海外者以它作为谋生的手段，日本的"支那料理"和美国的中国餐馆往往成为他邦人士的口腹享受和异域游子的乡思排遣场所。我对中国饭的感情由于习以为常，原来并不浓郁，但在旅行于美国东西部时却深深地沉浸在这种乡思的情海之中。在所经的美国十几个大中城市，可以毫不夸大地说，到处都有中国餐馆。而美国朋友和旅居的侨胞几乎都以邀宴于中国餐馆而示敬意。

美国的中国餐馆首先给人中国味感觉的是它的店名。如明尼苏达城的扬子饭店，堪萨斯城的湖北餐馆、京都饭店，卡鲁玛佐的华园和北京楼，威斯康辛州府的文华楼和枫林小馆，费城的金亚饭店，纽约的枫林阁，奥本尼的富盈酒家……这些店名，无论是以地名命名，还是别有含意，但在异国他乡见到这些店名都会给予一种乡情的安慰。

美国的中国餐馆都尽量布置得富有中国的传统风情。堪萨斯的湖北餐馆虽然店面不大，但布置颇有特色：店堂悬挂宫灯，墙壁粘贴恭喜发财的斗方来为顾客祝福，餐纸印有十二生肖图，女服务人员大多穿着旗袍，婀娜多姿，很有情趣。

中国餐馆菜肴丰富，很具吸引力，不仅中国人，美国人也很喜欢到此来满足自己的生活享受，特别是周末更是拥挤，夫妇与情侣多是盛装结伴而至。由于这些经营者有山东、湖北、广东、江苏等不同籍贯，所以有鲁菜、粤菜、苏菜等口味的区别，但不论是什么地方风味，似乎都有一道共同的菜，那就是餐首的酸辣汤，可能是为顾客开胃以利营业的一种改革措施。美国人明明尝到中国菜胜于他们的二菜一汤，和经常遇到的干得掉末的肉鸡块，却偏偏自我解嘲地说："中国人讲排场，美国人讲营养。"这也算是一种民族自尊感吧！

中国餐馆的服务人员大多是华人和华裔，其中有些是留学生打工或学位生待业的。我在扬子饭店曾遇到一位天津留学生。在堪萨斯湖北饭店的侍应员几乎全是台籍，有一位刚取得硕士学位的台湾学生在端盘送菜；领班小姐特别热情地告诉我，她是江苏宿迁人，并且郑重声明她出生在台湾，而爸爸一再叮咛要记住宿迁这个祖籍。后来遇到类似情况甚多，几乎成为一条规律：凡一再声明原籍市县的大抵都是台湾人，特以此表明根之所在，而大陆人士则多称来自北京。

小城镇的中国餐馆更别具风味，在西密执安大学所在的卡鲁玛佐有一家北京楼饭店，店堂装饰融中国与南洋风味，给人一种暖热的环境。主人是一位方言很重的山东人，曾在韩国经营过餐馆，态度热诚殷勤。当他知道我们是北京来客时，特别免费奉献一份龙虾。他训练的女侍应生都非常出色，她们体态轻盈，行动迅速，像风摆荷叶似的穿行在座位与顾客间。

中国餐馆从一个侧面反映了中国人的海外生活，也体现出中国人某些可贵的创业精神！

一九八五年六月

原载于《路与书》（老人河丛书）　来新夏著　中国青年出版社1997年版

初履金山

在童年心灵的彩色板上，旧金山是最早印上的一个美国地名。金山，多么诱人的名字！几十年岁月流逝，没有想到在迟暮之年能去印证一下童年的想象。

经过横越太平洋的十五小时连续飞行，开始感觉到机身在下降，从舷窗下望，虽不十分清晰，但城市的轮廓依稀可见。一种新奇探求的欲望驱散了长途跋涉的倦意。走出机舱，见到迎候的领馆同志，提取行李后便驱车入市。从奔驰在高速公路的汽车前窗远远地看到这个依山傍海的城市景色，住宅循山势而建，高低错落，颇似我国的青岛。

在旅店稍憩以后，一行几人为了准备晚餐到超级市场上购物。市场应有尽有，井井有条。入门处为顾客准备的手推车减轻了购物自携的负担，增强了购物的兴趣。各种商品都经过加工处理并有整洁的包装，又免除了用户家务劳动的繁杂。市场的几个出口都用电脑计费收款，仅仅半个小时就完成了我们的采购任务。所购食物都是成品和半成品，如果是冷餐，那就可以不用耗费时间而果腹了。

街道干净，有上下坡的起伏。街上建筑栉比鳞次，却没有过分密集的感觉。路上行人较少，因为人们大多以汽车代步。这座美丽的城市既展现了美国开发西部的宏图，也映示着华夏子孙辛劳经营的血迹汗斑。

旧金山是美国华侨聚集的大城市之一。中国城，俗称唐人街，是最繁华和华侨最集中的地方。华侨经营着餐馆、杂货店、药店、古玩店……但以餐馆数量最多。接待我们的华侨林登先生曾告诉我，当地华侨经营国内各地风味的餐馆近四千家。它们不论是正式宴会的餐馆，还是吃茶点的小吃部都使人感到那么熟悉而亲切。旅居异域的侨胞可以在这里享受祖国的风味，美国人也常到这里来改变他们自助餐的单调以满足饮食多样化的需求。有一爿其津餐馆设在海湾区，它在中国餐馆中比较富丽讲究，承几位校友的热情款待，我们在这里不仅暂慰小别的乡思，还可以从落地的茶色玻璃窗看到每隔五分钟必有一架飞机起落的画面。主人于其臻再三致意、照拂，以表达对祖国亲人的情意。

金门桥是旧金山的标志，也是过客的必游之地，这座跨度大、建造雄伟的大桥周围有山有水。水中时见几只小艇徜徉，更为这优美景色增添了几分情趣。游人较多，但不显得多么拥挤和嘈杂。

美丽的城市也不是完全的静谧。夜幕降临，亲人的叮咛、友朋的示意在萦绕，使人感到深居简出的必要。据说在我国领馆附近确曾发生过一些不愉快的事情，显得不那么安靖。善恶美丑往往并存，也无须过于惊惶。在旅店的房间里，我在幽雅而无纷扰的环境中恬静地入梦，度过了在美国的第一个夜晚。

一九八五年六月

原载于《路与书》（老人河丛书）　来新夏著　中国青年出版社1997年版

华盛顿故居

　　六十多年前，我还在小学一二年级读书的时候，就在课本中读到华盛顿砍樱桃树而后承认错误的故事。作为教人诚实不欺的教材，至今犹列为小学语文的课外读物。这个故事深深地印入我幼小的心灵中，后来又阅读历史课本和一些著述而对华盛顿了解得越来越多。他的幼年故事和成年的业绩逐渐在我心中形成一个丰满而完美的形象，认为只有他才称得上是位完美的历史人物，渴望能有机会看看这位伟人生活的地方。

　　拜访名人故居是许多人心向往之的一种文化活动，因为一则可借此了解伟人的生活环境，分析他之所以成为伟人的某种因素；再者，既称名人故居，往往经过整理陈设，特别是实物展览更易给人以具体生动的教育。近年我国不断建立名人故居，是基于上述原因？还是只为增设景点、拔高人物，那就有待于作具体的实地考察了。不过拜访如华盛顿那样为世界所公认为名人的故居，仍然是企盼能付之实现的一种愿望。我的这一愿望直至今年春天访美方始得到满足。

　　在我到达华盛顿的第二天，老友何光国教授就安排我们访问位于弗吉尼亚州的华盛顿故居。五月的榴花时节，正是华盛顿的多雨季节，时不时会下点小雨；但是这一天却是一个适于出游的夹阴天，偶尔有点不需打伞的零星小雨，却带来了些许凉爽。我们从十六街的住处出发，驱车经过两个多小时的行程，就到达了目的地。

　　华盛顿故居是一处不很大但也有相当面积的庄园，是华盛顿发迹前和退休后的住所。入门需要购票，票价十二美元，六十三岁以上老人和儿童为八美元。美国许多公共场所都有类似的规定，是一种尊老爱幼的举措。进门以后不远，在路的右侧是华盛顿先人的墓地，虽似经过修葺，但仍然不很起眼，和普通人家一样，甚至略差。庄园内散置的一处处独立小房子像不规则的半圆，面向华盛顿所住的主楼。这些小房子是奴仆们的住处和储存生活需用品的场所，有洗衣房、熏货房、腌菜房、渔具房、修鞋房和厨房等等。有一间较大的房子摆有床和长条木桌，便是佣人住宿和吃饭的地方。在半环形缺口的上端矗立着一所跨度较大的红砖三层楼房，就是华盛顿的住房。楼前有一块修整得很好的椭圆形草坪。参观者以中学生居多，他们在老师的带领下，来此聆听讲解员讲述伟人的勋业。为了避免拥挤，参观者都按照规定，有秩序地在楼侧排成较长的队，我们也排到队尾，徐徐前进，后面又接续了不少游客。我们很快进到楼门口，管理人员要求参观者有次序、分批进屋参观。楼内房间很多，除了一间议事客厅较大外，其余间量都不大。有好几间设有卧具，解说员说是客房，可以看出主人的好客，或者由于策划独立时交际频繁的需要。华盛顿起居在二楼一间非常普通的卧室中，没有太多豪华奢侈的设置。三楼出于保证游客安全的考虑，谢绝参观。从前门进楼，绕行二楼下来，从后门出楼。后门外有一片较之楼前那片更大的草坪，足可以在这里举办规模较大的聚会。站在廊下远眺，草坪的前沿接连着漫无边际的波多马克河（Potomac River），它经过华盛顿市直通大西洋。从细雨烟云中一眼望去，真难以看清河面的宽度和流向。如茵的草坪与如镜的河面相映成趣，仿佛构成一幅明快透亮的画面，令人心旷神怡。也许华盛顿正是在这样美好环境中度过了童年和少年时代，才陶冶出后来那种宽广坦诚的襟怀。

楼外有一处小房是华盛顿家世的展览，不太充实，也许是文献和遗物之不足征。循小路前行一拐弯，就是华盛顿的墓地。它修成一座庄严肃穆的墓室，虽然不能与有些政治人物把自己的陵墓修得异常豪奢相比，但比他的先人要有气派，成格局。华盛顿以自己的功勋得到这种殊荣，他的先人就不能按照"一荣俱荣"的习惯享受不应有的尊荣。墓室用一道短短的铁门把游客拒于门外。墓室外悬有美国国旗，并有卫士守护。游客只能在门外瞻仰，但允许照相留念。许多游客都怀着崇敬的心情在墓室外肃立一会儿，表示对这位世界伟人的仰慕。我就在致敬的刹那间，眼前似乎显现出模糊的华盛顿形象。他正像我们曾看到过的华盛顿塔碑那样高耸入云般地高大。

我们十分满意地离开华盛顿故居。因为它实现了我的多年愿望，而且一切设置都朴实无华得令人无可挑剔；但它仍然留给我一丝遗憾。那就是虽经我细心认真地搜寻那棵被砍樱桃树的任何遗迹，但是，终于一无所获而不得不怅然而返！

一九九七年四月

原载于《枫林唱晚》（学识走笔·大学生文库） 来新夏著 南开大学出版社1998年版

独立厅

到费城的第二天，奥本尼大学的吴德教授亲自陪我们到美国独立历史公园去参观。独立历史公园中有许多与美国历史有关的建筑和广场，但最引人注意的是美国宣告独立的圣地——独立厅。独立厅原是宾夕法尼亚州的首府大厦，从1732年起用了十六年时间建造它，不过在1735年主楼完成后就开始使用。当时由于位置适中，所以十三个殖民州的代表们都来此集会。这就自然地成为1776年7月签署和宣读《独立宣言》的圣地了。

独立厅是一座简朴庄严的两层建筑。它不像其他建筑那样任人随意参观，而是在身着制服的人员带领下肃穆地分组进入厅楼。和我们编为一组进入的是扎着领巾的中学生。他们是到此接受一位老太太讲解员的建国历史教育。这位讲解员虽然年龄已大，但熟悉史事，口齿清晰，语言动人，不仅如数家珍地述说准备好的内容，还应答如流地回答参观者的提问。

独立厅的一楼由两大部分组成。一间是宾州最高法院法庭，庭中陈设用以宣布开庭的长棍、金头杖和用铁栏围成的刑事被告席，都显示了十八世纪英国法庭的威严。公众可从三个拱门进来旁听。法官席后原有的英国盾形州徽已于宣读《独立宣言》时被群众摘下焚毁。现在悬挂的是1785年重绘的。另一间屋是独立厅的主体——集会厅。1776年7月4日由杰弗逊草拟的《独立宣言》在这里通过。8日，《独立宣言》又在厅前广场向公众宣读。1778年8月6日，这间屋子首次接待了第一个外国使节——法国公使。1787年，联邦会议又在这里制定和签署了《美国宪法》。这间大厅无愧于是美国独立与法制的诞生地。集会厅的主席台陈列着一把高背椅子，它是当时联邦主席华盛顿主持会议的座位。二楼有作公开正式宴会用的长廊、总督会议室和议会会议室。它们的历史文物价值远不如一楼重要而珍贵。

　　自由钟是公园中另一珍贵文物。它随着《独立宣言》的宣读而向世界鸣响。据说五十九年后在为首席法官约翰·马歇尔葬礼鸣钟时它裂了缝。现在独立厅前玻璃亭里的裂缝钟，除了钟顶四周那句"向全世界及其所有人民宣告自由"的语言供人凭吊外，再也发不出自由的鸣响了！

一九八五年六月

原载于《路与书》（老人河丛书）　来新夏著　中国青年出版社1997年版

大西洋赌城

赌似乎是一种世界性的恶习，美国的拉斯维加斯、大西洋城，日本的帕钦柯和麻雀屋，澳门的葡京大酒店赌台……马来西亚是比较干净的国家，但是女作家韩小蕙出访归来后相告，那里有一处名叫云顶的娱乐区也有规模不小的赌台，而且输赢也很大。我国五十年代以来已基本杜绝了赌风，但"文革"之后，若干流传下来久已销声匿迹的陋风恶习又沉渣泛起，而赌风则蔓延最快最广。不少赌徒因赌而倾家荡产、妻离子散，甚者自身沦为罪犯，真令人触目惊心。究竟是什么力量能吸引人至死不悟呢？我多次访美，总想能亲临赌城观光一下，但都因时间匆促而未果。直至1997年春，因在美滞留时间较长，住所与美国东部赌城——大西洋城又不是太远，于是决心安排一次赌城之行。

在一个雨天的周六，侄女明贤陪我等一行四人，从新泽西州的住所驱车去赌城。由于风雨路滑，车速较慢，大约两小时到达赌城。我一直以城的旧概念来想象赌城，实则它是若干赌场的聚合地而已，好像现在流行的服装城、商贸城、鞋城那样，只是一些商业的聚居点而已。赌城濒临大西洋，这天风雨不算太大，但波涛击岸的涛声也很有千军万马之势。大洋的海风吹得人有点摇晃，衣裙飘扬，头发凌乱，只有成群的海鸥自由地翱翔回旋，极有信心地在风雨中搏击。高尔基对海鸥的赞叹，得到了充分的印证。我也第一次领会到海鸥高傲自恃的精神是多么的可贵，这种精神激励着无数坚强的人们去迎接和冲破人间的风雨。

我们选择了一家门面华丽的赌场，进门以后，确乎绚丽照人，大厅高大洁净，迎面一位踩着类似中国高跷的小丑，做出种种滑稽动作，给顾客一种喜悦的开始。周围有许多大人小孩围着哄笑，因为小丑不知用怎样一种手法就把一个塑料薄膜小管充满了气，成为一大段火腿肠似的长管状体，然后三绕两绕便编成各种奇形怪状的花样，先是给我侄女编了一顶像长颈鹿似的帽子，又给静宜编了一顶有提梁、类似古人方巾帽那样的帽子，戴在头上都很合适，足见小丑目测能力之强。在大厅和赌场的过道里有一座小舞台，五个人的小乐队兴高采烈地在演奏。一位身材丰腴的中年女歌手，穿着鲜红的连衣裙，用美声唱着尚能听得过去的歌曲。小舞台前簇拥着许多男女老少，他们在享受歌声。一曲方终，也有些零零碎碎的掌声对歌手表示礼貌和谢意。通过小舞台不远就进入见输赢、赌命运的正式赌场了。

赌场是一间望不到四边的高大厅堂，人头攒聚，声音嘈杂，有各式各样的赌具，既有轮盘赌、二十一点，又有麻将、牌九，而最多的是老虎机。因为老虎机容易掌握，大约有四分之三已有人在使用，老年翁媪比较多，年轻些的都去玩其他赌具，追求更大的刺激。明贤为我买了二十美元的硬币，每个面值二十五分，放在一只纸杯里，让我体验一下赌徒的心理。每投入一次硬币后，再一拉把手，就能立见结果；有时了无反应，有时会回报一个、十个，甚至几百个硬币。硬币流出来的哗哗声，和其他机子的出钱声交织成一种引发人们贪欲的魔力。不知是偶然，还是其他莫名其妙的原因，开头赌总是赢的居多，像把人们牵引到更深的水域而一步步地走向灭顶，也像一把把地添柴草，要把人们的贪欲烧得更旺，直至把纯洁的灵魂化为灰烬。是不是赌徒们从玩玩开始，直到倾家荡产，无以自拔，都是这样被赌博这个缠人的魔鬼推上罪恶的道路呢？在我身旁的一位满面皱纹的老妪手气很好，总是赢多输少。有一次，竟然一反四百，老妪乐不可支。贪欲在迅速膨胀。她把左右两个机子都控制起来，顺序投币，周围的出钱声在刺激她，她已经难以自制，脚步轻盈得已不符她的年龄，满面春风，已不是刚坐下来时那种苍白而是微显红晕。玩来玩去，她不仅输去了赢来的钱，连本钱也输个净光。她站起来走了，但不一会儿又昂首阔步地回到原机前，端回刚刚兑换来的满满一杯硬币。可是幸运之神似乎已经离她而去，再也没有赢过。她似乎有一种哪里跌倒哪里爬起的气概，三次换钱，直到无法从钱包里找到钱，才无可奈何而快快地离开座位，面色苍白，脚步蹒跚地向出口走去。她佝偻的背影似乎更驼了些，好像在深深地埋怨自己的运气不佳。

我在来以前就决心以观察与体验为主，换钱以一次为度，因为对其他赌法不懂，只能去玩只要一投币一拉把手就见输赢的老虎机。我虽然有输有赢，但最后还是输光。明贤想让我玩得痛快，准备再去换钱，我也有些心动，但还是抑制住贪欲，拒绝再玩下去。也不想翻本，输掉的二十美元只当是看了场电影，买了张门票；也当是看看另一种社会病态，体验到赌徒的心态，锻炼一下自己的意志。

"无欲则刚"，正是多少人跌倒爬起所结晶的名言！

赌场为了诱引更多的人心甘情愿地走进它的罗网，处处让你感到舒适满意，在场内随时可以从侍应生的手中接过你所需要的饮料；在通道里可以休息，可以交谈；在楼上还有餐厅，可以吃到廉价的美味自助餐，增加顾客的热量，恢复重返战场的活力。在这些舒适享受的半空中似乎总有一张诡谲的笑脸俯瞰着人们，有一只看不见的手已经伸进人们的口袋里。但我们还是把这只手甩出来，毅然地推动旋转门离开了赌场。外面的风雨比来时略大了些。我们面临着重重浪涛的大西洋，让清新而略带咸味的海风吹醒我们昏昏的头脑，让雨水冲刷一下被污染的灵魂，轻松愉快地驱车回家。

归途中，同伴们都东倒西歪地入睡，我则被许许多多的问题困扰着，为什么不赢一把就走呢？为什么赢了想多赢，输了想捞本呢？为什么听见哗哗的出钱声就浑身冒热气呢？为什么？为什么？是不是一种赌徒的贪欲心理，像舌头舔人那样舔得全身麻酥酥呢？是不是为满足贪欲，想不劳而获赌自己的命运呢？赌徒执迷不悟于最终连命运都输掉的结局上。一些贪官污吏是不是也因这种赌徒心理而使自己走上犯罪的道路呢？历史上的和珅贪求务得，聚敛不已，富可敌国，究竟享受了多少，最终只得到一条白绫，背负着人们的唾骂，了却一生。当代大大小小的和珅在权力老虎机前投入的是一张说句话的嘴和一支批个字的笔，便张开口袋等着源源不断的钱流滚进来，但是最终连自己也投进老虎嘴里被吞噬掉。他们那数也数不清的金银财物，也来不及动用而被抄没归公，只落得应得之罪的惩罚和贪官的恶名。"硕鼠硕鼠，毋食我粟"的古训，被贪欲驱使得听不进去和听不见了。我终于想明白，无欲无求将给人们带来多么美好的境界，让人们尽量地享受人生！

一九九七年五月

原载于《枫林唱晚》（学识走笔·大学生文库） 来新夏著 南开大学出版社1998年版

成田上空的浮想

1991年春天就准备应邀去日本任教。初秋时，终于成行。从北京直飞东京，大约经过四个小时，就在日本的国际空港成田机场的上空翱翔盘旋。由于连日疲劳，我一直处在一种似睡非睡的境界，在朦胧的视线中不时地映现出不同的模糊影像……

大约是一千年前，一队博带峨冠的老少群贤由东瀛浮海而至，他们以一种渴望探奇的眼光眺望着越来越清晰的中土。他们已经多少了解到这将是他们来求取文化的唐土。他们肩负着遣唐使的责任，要从华夏文化的宝库中吮吸能充实、发展岛国文化的养料。他们向往着能像晁衡前辈们那样和大唐的学者、诗人风雅唱和；他们也策励自己如何垂示后辈去吸取、融合外来文化。唐代的长安被包括东瀛使者在内的四海宾朋点缀得灯树烟花，十分繁盛。华夏文化也向海内外辐射，为人类文明的发展交付出自己的积累。也就在这个时候，根据当时日本所编的《日本国见在书目录》的记载，日本已积存汉籍达一千九百七十九种，一万六千余卷；其中有三千卷左右如《神农本草》、《千金方》等科技书。中日友好往来的结果是各得其利。

突然，影像一直翻转到十九世纪的后期，中国的维新人物见到日本明治维新的成效，发现西方模式终究不如东方模式的亲切，易于捉摸。于是康有为、梁启超、谭嗣同等人希冀以"明治维新"作拯救中华积弱的良方。他们的追求失败了，但不容忽视的是日本的政治生活在中国近代的变法维新中却回馈了一定的影响。

八十多年前的影像越来越清晰，一批批中华儿女东渡去寻求救国救民的真理。我的祖父，当时一位三十多岁的年轻革命者也在这个行列中。他进入弘文书院师范科学习教育，想实现教育救国的理想。他到横滨中华学校去主持教务，教育侨生去救国救民。一年以后，他被派回浙江，参加光复会的活动，在家乡劝学兴学。他在日本写下了许多诗篇，记录了在长崎、神户、上野、莺亭、二重桥、横滨的萍踪屐痕，也发出了图强求存的悲愤呼声。他在其《匏园诗集》中题名《海天长啸》的七言诗中写道：

> 忧来发歌山鬼泣，长啸一声海水立。不知我者谓何求，其知我者为呜咽。黄天已死哭苍天，俯仰古今幂云烟。呜呼！但有强权无公理，何时沧海变桑田。

这种悲愤忧国的心情正表达了当时爱国知识分子的心声。也就在这些年代里，日本的社会名流宫崎寅藏（白浪滔天）、平山周、山田良政……都参与了孙中山的革命活动。日本成为辛亥革命志士们的聚焦点，多次起义的计划，大量物资的提供，多在这个基地上作准备。一次次的失败，一次次的相助。日本人士在中国近代资产阶级革命中的友情是值得纪念的。

影像移到六十年前。日本军国主义者扩张侵略的野心日益膨胀，1931年9月18日沈阳北大营的袭击，揭开了中日两国人民灾难的帷幕。1937年由日本挑起的八年战争，中国人民的生命财产遭受到损害固不待言，日本又何尝得到什么幸福。长崎、广岛的原子弹灾祸，横滨、名古屋的大火，多少古物遗迹夷为平地。真是中日失和，并受其害。

猛地，"九一八"这几个字逐渐被推向脑海屏幕的前面。这是耻辱的数字，而我到达东京的日子正是六十年后的1991年9月18日。这是一种偶然，但却不能不引起一个历经沧桑者的痛苦回忆。自六十年前的"九一八"以后，我的第二故乡天津实际上已是日本帝国主义的"王道乐土"，烟、赌、娼的毒害，宵小流氓的搅扰，"便衣队"的闹事，这些都是"九一八"的连锁反应。六十年后的"九一八"，我坐着飞机即将在东京降落。机身下降的抖动并未能打断我的联翩浮想，直到机身猛烈地跳动几下才把我惊醒过来。原来，我已经在成田国际机场着陆了。乘客长长地舒了一口气后，便喧器地整理行装，准备下机。我随着人流走出机场，投身到亚洲经济大国的首都去观察他们的生活。

中日友好，各得其利；中日失和，并受其害。愿中日两国世代永记弗谖。

一九九一年九月十八日夜

原载于《枫林唱晚》（学识走笔·大学生文库） 来新夏著 南开大学出版社1998年版

广岛之旅

1994年10月初，第十二届亚运会即将在国际和平文化城市——日本广岛举办。我曾在两年前应广岛大学之邀在这个城市中盘桓过数日。这个使第二次世界大战形势急转直下的关键性城市已经医治好四十多年前战争留下的创伤，而承担起举办亚洲人民和平友谊盛会的重任。

广岛是距今四百多年的一座古城。1589年（天正十七年，明万历十七年），日本一位名叫毛利辉元的武将在大田河口筑城，命名为广岛，并自为城主。广岛城的主体建筑天守阁共飞檐5层，高39米，总面积有1359平方米，其结构样式与日本其他地方如名古屋、大阪等城的建筑相似，一层比一层高地耸立着。1945年8月6日，第一颗原子弹的投落，广岛遭到了预想不到的毁灭。具有三百多年历史的名城一瞬间夷为平地，市民伤亡殆尽。1949年广岛和平纪念都市建设法施行，重建广岛，直至1958年天守阁的复原工作始告竣工。现在我们所看到的广岛，除了有意保存下来的纪念物和纪念馆中的陈列品外，几乎看不到什么战争遗留的痕迹了。

我到广岛的首要目的就是去看看原子弹爆炸的威力。在广岛大学两位年轻的研修生的陪同下，我比较仔细地参观了位于原子弹牺牲者纪念碑正南方的和平纪念资料馆。它陈列着原子弹爆炸后惨状的大量证物，原子射线的威力，钢筋水泥为之扭曲易形，资产财富顿化灰烬，芸芸众生惨作厉鬼，幸存者肢体残损，终生受扰于病痛。这些历历在目的残酷景象，虽已时过境迁，仍给人以悚然震栗的感觉。广岛大学有位教授是受害者，那年他正小学毕业，一声巨响使他失去了所有的一切。待到醒过来，父母丧亡，尸骨无存；家业荡然，身在瓦砾。他孑然一身，努力奋斗，成为一位著名的东洋史专家，虽稍稍慰藉其心灵，但永难再生毛发和略呈畸形的面貌所带来的痛楚却不易抚平。听说有一位身受"大东亚圣战"

之苦的东南亚观光者，在参观原子弹爆炸展览后，对采访者说"罪有应得"。这种愤恨心情是可以理解的。可是一般民众或许难以接受，所以参观之后，陪同的年轻朋友就问我的观感，我很坦率地答复说："广岛一爆，促使二战的结束，减少了世界上多少无辜者的灾难，这是有一定意义的；但无辜的广岛市民的牺牲则是值得同情的。账是要算在日本军国主义者身上。中国人把军国主义者和人民是分得清清楚楚的。"日本人很不平于自己所受的灾难，但有没有想到百年前甲午战争时旅大的万人坑、抗战时南京的大屠杀、华北的三光政策以及日本在中国和亚洲各地制造的各种惨案所造成的恶果呢？

以原子弹牺牲者纪念碑为中心组合若干纪念点而构成的和平纪念公园，既是历史陈迹的展现，又是各方观光者必到的景点。它包含着五十多个纪念点，如：原爆之子像、原子弹牺牲者追悼纪念塔、被炸墓石、原子弹爆炸遗迹、和平钟塔……在原爆之子像前堆放着中小学生折叠的五颜六色的纸鹤，多得像一座小丘，上面放着一块写有"平和"二字的标语牌。这是为了纪念一位曾受原子弹之害的女孩而立的。她带着病痛，不停地折纸鹤来祈求和平，而那至死不渝的感人事迹，真诚地表达出日本青少年一代热望和平的赤子之心。我情不自禁地捧起和平标语牌和同行的中年学者J君留影为念，以表达曾身受日军侵华之苦的中国学者与那些纯真孩子们对和平的共同愿望。

广岛还有许多景点，如模仿中国西湖而建造的缩景园、森林公园、动物园、植物公园以及号称日本三景之一的宫岛。特别是宫岛更为引人入胜，它不仅有建于水上的大鸟居（牌坊）、大回廊等景观，而尤为值得注意的则是宫岛历史民俗资料馆。二战以后，日本为了加强和鼓舞民气，普遍在各地建立县郡町各级具有民俗性质的博物馆，称作历史民俗资料馆。宫岛历史民俗资料馆内容亲切丰富，展示着宫岛有史以来的生产工具和生活用具，如瓮、壶、釜、桶、锯、刨、滑车、茶器、木勺等等，还有工艺品、美术品和庭院、居室的设置，是一部反映民俗的物质文明史。

广岛和平纪念公园和其他若干祈求和平的建筑物显示出经历原子弹劫难的广岛市民对和平的热望；秀丽景点的爱护、历史民俗资料的保存和展示，也体现了广岛市民对生活的爱恋。人民需要和平，反对战争；希望生存，厌恶死亡；但是也不能不察觉某些仍然沉陷在"大东亚共荣圈"痴梦的幽灵亡魂的游荡窥伺，把纯净的竞技盛会掺进些诸如"体育外交"之类的污泥浊水。善良的人们期待着这座曾经是废墟死城而今繁华兴盛的城市含着真挚的微笑迎接第十二届亚运会的召开，为这座国际和平文化城市更增光彩。愿我曾游历过的这座城市永远是一座和平文化的城市。

一九九二年三月

原载于《枫林唱晚》（学识走笔·大学生文库） 来新夏著 南开大学出版社1998年版

上野探樱花

日本人对花的喜爱有一种特殊癖好，街头巷尾花店中所陈列的名花异卉，鲜艳夺目得每每使人驻足流连；也经常可以看到行人手持花束，或馈赠亲友，或装点居室。花卉价格高昂，一盆近百朵花的仙客来标价五六千日元，如果花色艳丽，或是逢年过节，那就会高达万元；但日本人往往会不惜代价采购来美化自己的生活，而在群芳中最受人们敬爱的还是樱花。

樱花是日本民众心目中的国花，日本人对它的喜爱几乎达到如醉如痴的境界。临近花期，新闻媒介密切注视并及时报道樱花绽放的信息。会社、团体和个人纷纷邀亲约友去席地饮酒，赏花欢歌。3月末、4月初，人们的中心话题是樱花的花期，而我恰恰要在3月底启程返国。一些朋友为我不能在东京看樱花而惋惜；又一些朋友宽慰我今年春早，樱花有可能在3月下旬初绽；我也深以有扶桑之行而不获一观樱花之盛为憾。就在离东京的前一天，我的学生何晓伟兴致勃勃地跑来告诉我：上野公园的樱花昨天已开。我兴奋得立即把收拾方半的行装放置一边，邀约静宜同往上野探望樱花。上野公园的樱花林在东京与新宿御园并为日本人所注目。上野除了商业繁荣外，樱花也为它增添颜色，我没有细考上野樱花的历史，但我祖父九十年前的诗篇中对上野樱花有过描述，诗中说："艳若祥虹辉雨霁，醂如新日映朝霞。神人姑射姿较淡，仙子海棠光嫌暗。隋苑琼花比更娇，缤纷落英铺绣毯。"

这一天，天气阴霾而无风，提供了为樱花留影的好条件。入园不远就传来丝丝飘香，虽然没有桃花源那种豁然开朗的异样感觉，但映现在眼前的初绽樱花却让人顿生"花压群芳独秀媚"之感。一条长长的樱花林，行人如织般地徜徉于林下，樱花树的巨干繁枝，从路的两旁向中伸展得几乎连接在一起，像花环，又像彩虹，远眺樱花林如一条似锦的花巷。

　　樱花树的长臂，满枝点点，似繁星，似碎锦。虽是初绽，显具处子诱人的魅力；有些正待吐蕊，更含情羞涩而楚楚动人，无怪日本人要为之倾倒。花枝下一片接一片的人群，有的是会社同仁，有的是亲朋好友，有的是家人父子，提篮挈壶在塑料布上席地而坐。同游者说，为谋得一席之地，人们夜里就来圈地，有些空闲地段甚至立了占地的标志。人们在花枝下畅谈、欢笑、歌唱、跳舞，尽情地进行"花见"（赏花）活动，洗去了世俗间争名逐利的污垢，抒发出蕴藏心底的积愫。人们除沿袭百年前习俗弹弦吟诵之外，又有录音机、音响和卡拉OK等等新时代设施，不少年已花甲或古稀的老人也在音响配合下高歌起舞；游客情侣有节奏地低唱着《樱花》歌，颂赞樱花的"花如云朵似彩霞，芳香无比美如画"；一对西方青年男女化装成小丑表演舞蹈，一顶反放的呢帽在为世界受难儿童募捐，有谁掷下一把硬币，就被欢迎去合影；一位八十岁左右的老者盘膝而坐，手弹三弦在唱着俳句短歌，热情地招呼我坐在他旁边，我的游伴机敏地抢拍了这一可资怀念的镜头。

　　在兴奋的"花见"活动中，日本人真正地敞开了心扉，他们不再拘泥礼仪，也不再频频鞠躬，连声道谢，而是尽情欢乐。在社交圈中未能看到日本人的真性情，在这里可以像看玻璃体那样透亮。樱花在暮春比较一致地绽放，并立即以光彩夺目的景象夺取人们的钟爱，似乎正适合日本人喜欢长期蕴积、突然勃兴的性格。也正因如此，樱花才能得到举国上下的宠爱。

　　美的情景使人流连忘返。当我意犹未尽地快快离开时，还久久地在哼着"樱花啊！樱花！阳春三月晴空下，一望无际的樱花啊……"中国人对花也有自己的爱好，相沿有"濂溪（宋代周敦颐）莲"、"渊明（晋代陶潜）菊"、"和靖（宋代林逋）梅"等把名人与名花联系起来的赞誉，保持了中国人一种冷静孤傲的性格，而日本人对樱花的狂热醉心，从我们的上野探樱中得到确认：樱花值得人们如此钟爱！

一九九二年六月

　　　　原载于《访景寻情》（学人屐痕文丛）　来新夏著　岳麓书社2009年版

相扑料理及其他

　　1996年6月间，我应老友齐藤教授之邀，再度访日。一见面他就告诉我，这一次有一项重要活动就是要请我到不同档次的饭店餐馆去尝不同的饭食菜肴，这当然得到我的热烈响应。因为一则可以大快朵颐，再者还可借此了解日本的饮食文化。果然，在东京逗留的短短一周内，每天晚餐都不计道路的远近，到不同的餐馆去吃不同的饭，欣赏了不同的技艺与品味。

　　在到达东京的傍晚，由正在一面攻读齐藤教授的博士学位、一面已经经商致富的谢君作东，设宴为我洗尘。据陪同我前往的另一位研究生相告，那晚去吃的这种相扑料理，是比较昂贵的一类。这显然是对我的一种优遇。当齐聚于餐室时，大家非常兴奋，我也被感染得急于品尝。落座以后，侍应生送上一些小点心、生鱼片、天敷罗之类不足为奇的食品。我的不以为然的神情可能已被谢君观察到，他向我解释这些只是点无足轻重的头菜，真正的相扑料理还在后头呢！话音方落，桌上的碗碟已被收走，而在长餐桌的中线两侧安置了两架火锅，并端上三大盘菜肴。半盘里安放着青菜、大棒（白萝卜）丝，一大块肥瘦兼有的猪肉和一只鸡腿；另半盘则是一个张开着的大蚌壳包着一坨似乎是肉馅的东西。每人前面放一小碗调好的佐料。在座的三位日本教授和几位中国留学生都流露出一种不常见的神色。谢君很高兴地向我介绍这大盘才是相扑料理的主料。他一面把猪肉和鸡腿放进火锅去熬煮，一面又卖关子般地问我，蚌壳内的肉馅是什么？我挑起一点嗅一嗅，肯定了是鱼类海货。他又问我是什么鱼？我只能瞠目以对。于是，他面有得色地向在座的人讲，这是由沙丁鱼制成的，营养价值很高，是相扑运动员的主要食物。大概这时早放入锅内煮的肉和鸡已经半熟，谢君夹入一些青菜后，就用筷子像我们做西北地区食品拨鱼儿那样把鱼馅陆续拨入沸水中。不一会儿，他夹起第一块放入我的佐料碗中，让我最先品尝，以示尊敬。我放入嘴里一吃几乎笑出声来，原来和我们经常吃的氽丸子差不多，除了原材料一为猪肉一为鱼肉有所不同之外，一切运作大体类似。但是为了礼貌和不扫主人雅兴，我也未能免俗地和其他人一样，连声说"好吃！""好吃！"吃到最后，谢君将那块猪肉夹给齐藤教授，而把那条鸡腿夹给我吃，又盛了大半碗汤，送到我面前。

这顿晚宴经过两个多小时，终于结束了。火锅内还残留下小半锅汤，据说相扑运动员在吃这种料理时，最后在剩汤中加上粮食，连汤带水吃下去，极有营养。是不是相扑运动员那副硕壮躯体就是得力于此，缺乏文献根据，尚难论定。只是由于相扑运动受到日本绝大多数人狂热的崇敬，运动员拥有无数追星者，身价很高，每次比赛场面热烈，票价昂贵，电视几乎每日都有专场。爱屋及乌，日本人也就对相扑料理情有独钟了。这种料理的餐费据说很不便宜。我虽然有幸品尝这异国风味，但是让我个人耗费万把日元（相当人民币八九百元）去吃一顿丸子汤，总感到划不来。也许有人对我这种焚琴煮鹤的鄙陋想法嗤之以鼻，但我还是要实话实说。

接连几天，我被请去吃过鳗料理、怀石料理、寿司料理、中华料理以及到小酒屋去喝几遍酒，虽然情趣不一，了解到不少日本的饮食风情，但更重要的似乎是隐隐约约看到日本人有一种喜欢夸张的民族性格，常常把小小的说成大大的。一份包装精美的礼品，拆去几层花纸后，往往只不过是一块小点心或一小袋足够搽一次脸的护肤霜而已。每次只能供眼看而不能满足食欲的饭食，也要不绝口地道谢赞美。鞠躬也都一躬到地，口中还要说着无穷尽的客气话。总使人感到缺少一种泱泱风度，也许岛国环境造就了他们这样一种性格吧。

一九九六年八月

原载于《邃谷文录：来新夏自选文集》（下册）　来新夏著　南开大学出版社2002年版

日本知识界的侧面观

在日本时，我主要活动于高等学校和学术机关的教授、学者的圈子中，所以只能从这个侧面来观察日本知识界的某些心态。这部分知识分子从总体上看，言行都比较谨慎，遇事认真对待而不愿越雷池一步；待人接物讲究礼仪而不易坦诚相见。如果深入地接触，他们之间似乎存在着各种不同的人生态度，他们对政治、对社会又都持有自己的看法。

有一部分老学者治学态度谨严，对华夏传统文化有特殊感情，一生孜孜不倦地从事学术工作。如有一位具有国际声望的教授，致力于简书和中日文化交流史的研究，成绩卓著，著述颇富。他虽已年逾花甲，仍然每周定时带领研究生逐字逐句地共同研读简书文字，艰苦而细致地培养着后继人才。

有一批五十多岁的教授，性格比较开朗，待人热情，他们在五十年代读大学时向往中国革命和建设事业，对中国非常友好。我有位已经担任大学学部长的朋友，仍然很有锋芒，勇于任事，决事明快，心胸开阔。他对中国的友情是真诚的。每当谈到南开大学时总要说这是周总理的母校，表示一种景仰的敬意。另一位被日本学术界目为左派史学家的教授，为人豪爽正直，肯说真话，与一般故作矜持者的风格迥异。他结交了很多中国朋友，从不掩饰自己的内心世界。从1983年我在南开大学接待他而结交后，这是第二次会面。他非常热情地邀我到他那里作客观光。他坦诚地倾谈自己的见解。他认为许多日本人不正视盛极必衰的道理，只陶醉于当前日本这种既乏资源又少市场的架空繁荣，他半开玩笑半伤感地说："我结交许多中国朋友，很好地予以款待。不知哪一天日本的空架子坍下来，我还要请你们援助呢！"这该说是智者的卓识。

日本有些中年教授对政治也颇有些独特的见地，我曾和一位四十多岁的理学博士谈论到中日友好的问题，他认为日本的政治家缺乏清算过去、面对现实的勇气，他主张日本应该真诚地承认三四十年代军国主义者侵略的错误，承担责任，该道歉的道歉，该赔偿的赔偿，来一个新的开始，免得出现类如韩国的"慰安妇"问题等被动局面；如果旧账不清，背着包袱，就不能有一个轻装前进的新开端；这是日本的精神压力，是日本在国际舞台上只能显示其经济实力，而政治上不能理直气壮的根源所在。这真是经过思考的精辟议论。

日本知识界中也还有一些受军国主义思想影响较深的所谓"学者"，他们不愿戴过去侵略者的帽子，甚至在教科书中都回避和歪曲。他们幻想有一个以日本为中心的亚洲经济圈。有个别人认为中日战争双方各有责任，不愿承认日本侵华十五年史，甚至还缅怀"圣战"和珍珠港事件的"业绩"。这是很值得警惕的。

日本知识界的学术活动除了写文章著书之外，很重要的形式是参加各种名目的研究会，如辛亥革命研究会、木简研究会、东北史研究会、中国近代史研究会等等，其数目之多已难有确切数字。研究会大多是民间组织，与会人数一般在三四十人之间。开会时有论文报告，报告后相互提出质询性问题进行热烈的讨论。会后常有恳亲会聚餐，可以继续无拘束地交谈。研究会的最大特色是一切自费，由与会者共同凑会费，用以支付报告人酬金、聚餐费和会务费。因为我是外国学者，常常受到免交会费的优遇。这些研究会组织者的活动能量比较大，都有极高超的组织才能。

日本还有一大批为学术研究服务的优秀学者。他们都具有深厚的学术造诣，但长期默默无闻地在各种文库、图书馆、资料馆作"铺路石子"，他们之中有许多人汉学根底坚实，治学态度严肃，早已是知名学者。有些年逾古稀的老学者退休后，不仅继续做研究工作，还不辞辛苦地到文库等处去做编目工作，这在世俗目光看来，一位大学者晚年又去坐冷板凳，真是不可思议。这些学者有一种共同的隐忧就是后继乏人，因为在这种经济单向发展的时代和国度里，年轻一代又有谁肯去清苦一生，甘作"书蠹"呢？

原载于《路与书》（老人河丛书） 来新夏著 中国青年出版社1997版

和服的咏叹

　　小时候，常听清末留学日本的祖父描述日本人穿和服、趿拉"给达"的异国情调。后来从书刊电影中又常看到日本人穿和服、着草屐的形象，所以一直把和服视为日本的固有文化。其实，和服是日本奈良时代在唐代服饰文化影响下，经过较长时间的改进，才由"唐风"而成"国风化"服装的。

　　和服种类很多，男女和服的差异很大，而值得欣赏玩味的是女子和服。女子和服非常复杂，它由十几种部件组成为套装，主要的有头上戴的"角隐"，是一种外白内红的蒙头帽，一般可以不戴，但结婚时必须戴。因为它之所以用"隐"字命名，主要希望新娘把在家中那些坏习惯"隐"掉，做个贤妻良母。腰带是和服中最重要的组成部分。和服衣料是平织成的，只能直线剪裁，成衣后平直宽大，没有线条，而需靠腰带按本人体形折扎以显示女性的身材美。腰带由最初的细薄渐渐变成宽厚，带结由腰前移至腰后，结式也增多，据说将近三百种。女子穿和服并不容易，一个刚成年的女孩子根本不知如何穿好，需要用较高代价请人来梳头穿衣（一般要2万日元左右工钱）。有人说日本的服饰文化中包含有穿着文化，是有一定道理的。穿和服的女子多穿由中国传入的"草履"，平底细软，走起路来显出一种碎步前进、婀娜多姿的美态，而男子多穿由东南亚传入的高底木屐。

　　我对日本的女子和服一直有一种飘飘欲仙的美感，因为我似乎看到了中国古代妇女轻舒广袖的秀姿。这次到日本很希望看到在现实生活中身着华丽和服，脚穿草履，踩着碎步，倾身行路的妇女，但却使我非常失望。因为东京街头的妇女几乎都是洋装，偶尔遇到一两个穿着普通和服的女子也引不起思古幽情，有时应邀到日本友人家去作客，家中男女所着简单的和服也已降为闲居时的宽松服了。1月15日是日本的成人节，有不少芳龄二十岁的姑娘着用新制的不同档次的和服，其中也有家境较差无力置办而租用的，这就说明和服在日本的实际生活中已经不是一种普遍实用的服装，而只是一种礼仪性的服饰。

和服着用的衰落，一方面是因它宽袍大袖，确是不方便，而更重要的是价格过昂，一般家庭承担很吃力，我曾在一处和服的橱窗看到一套标价七八十万日元（合人民币3万余元）的和服。后来在一家著名百货店三越公司，看到陈列一套价值400余万日元的和服。这真使中产阶级家庭也为之咋舌，但朋友告诉我，还有更贵的。我认识一个作店主的朋友，妻子只有四十多岁，却苍老憔悴，一天到晚在外面"打工"，我曾经试探性地问过店主，为什么要这么拼命？男主人叹口气说，女孩子今年成人了，为了置办一套成人节时穿得像样的和服，光靠我是不行的，她妈妈已经连着劳苦了两年，今年算是积蓄够了买一套中档偏上的和服钱了。孩子一生只有一个二十岁，能不满足她吗？可怜天下父母心，举世无不如此。1月15日，我特地带了礼物去祝贺，开门的女孩使我惊呆了，原来并不十分漂亮的少女穿了一身翠绿和服，配上一条洁白的毛绒围脖，真是光彩照人，转回头看到她妈妈额上的皱纹似乎也被女孩子嘴角的笑意扯平了许多。

和服由于本身的形制和价昂，与当代效率社会和消费负担已不相适应。洋装却以方便、价廉取代了日本传统服装。每个民族、国家和地区都有相异的传统文化，但在世界交往频繁的时代，有的传统文化以自己的精华部分适应了时代的需求，得以崭新的面目延续；有的与外来文化相互融合，成为一种新型文化；有的则被外来文化所取代。和服的衰微，洋装的兴起，是不是可以作为日本服饰文化被外来文化取代的一个例证？

一九九二年六月

原载于《路与书》（老人河丛书） 来新夏著 中国青年出版社1997年版

和食杂说

　　1991年秋至1992年春，我曾遍访日本的东京、横滨、名古屋、京都、神户、大阪和广岛等大城市。在友好交往和日常生活中，我有幸品尝了和食、洋食和中华料理等不同饮食。洋食和中华料理都属于舶来饮食，只有和食才体现出日本饮食的某些引人思考的特色。

　　和食也称日本料理。它既随日本的历史进程发展，又不排斥域外事物。早在公元前后，日本的食物已取材于动植物和海鲜，并开始火烤、水煮和使用佐料。从公元初到七世纪前，由于定居农耕，不仅主食米和副食菜肴分开，而且还从事酿酒、贮菜，奠定了和食的基础。奈良时代，中日交往频繁，由于中国饮食方法传入的影响，和食的制作日趋精细，品种日益增多，有益营养和便于保存的奶制品与腌制品也应运而兴。平安、镰仓时代由于贵族、武士迭兴，社会分野明显，饮食遂有粗细高低的层次。与此同时，还出现了怀石菜。据一位前辈学者相告，"怀石"原是中国禅宗修行者不进饮食，感到饥饿时，便把温热的石块放在怀里暖胃度饥。后来逐渐用一些简单素食代替，仍含怀石之意。南宋时点茶、斗茶活动，因耗时较长，为免腹饥，常有饮茶前吃点简单食品。随着禅宗的东传和饮茶方式的进一步被吸收，怀石便餐也一同传入而得到丰富发展，从简单素食发展为有鱼肉茶肴的家常饭。室町时代相当于明初至神宗时，怀石料理得到广泛流传，成为和食中的主流菜肴，至今若干料亭招牌上还标榜"怀石"以示念旧。东南亚各国的饮食习惯和制作方法也在这时陆续传入。江户时代是若干外来的饮食制作方法和习惯经过"和化"后，从观念到实际出现了"和食"的集大成时代。而明治时代更大量地引进了西方饮食方式，充实了"和食"内容。"和食"正是随着社会需求和不断吸收域外饮食方式而自成风格的。这犹如日本语虽然利用了汉字和吸收了东西方的外来语，但"和化"后所形成的日本语便成为一种自具特色的语种。

饮食的主要功能是满足食欲以维持生命。但它又不只是单纯的果腹行为，还体现着某些朦胧的文化要求。"和食"给视觉感官的惬意远远超过"饥不择食"的需求。日本人也承认"日本菜是用眼睛吃的"。的确，和食无论是食具还是菜肴，首先给人以美的享受。日本最早的食具是树叶编成的，既是容器，又是蒸具，对于以米为主的黏性食物很适用。至今，日本人仍用柏树叶来包豆馅粘糕，颇能引人发思古之幽情。现在和食的餐具主要是陶瓷和漆器。陶瓷器的形象古拙，有的甚至是畸形，虽然不如当前细瓷和玻璃器皿那样精美，但却给人增添一种超脱世俗的恬淡心境，如果家庭设宴，使用古拙陶瓷食具还表示一种崇敬呢！有些出于名工之手的，价格相当昂贵。漆器除了光泽鲜明外，尚有保温作用。因为和食中有些菜品如酱汤、清炖鱼等需热食方显美味，而漆器不易散热。这些漆器食具不仅漆工工艺好，而且造型各异，逗人情趣。至于菜肴组合更能使人赏心悦目，即使很简单的配料也很注意色彩协调，形态优美。一条胡萝卜、一块大棒（白萝卜）、几片紫苏叶、三两块淡黄色蒸蛋羹，纵横交错，宛如游龙出没于晚霞青山之际。一盘生鱼片，有红似山楂的金枪鱼片，有白如莹玉的乌鱼片，有红白相间的大虾肉，有细如粉丝的白萝卜丝，盘边有一垛绿油油、辛辣无比的山嵛，组成了五颜六色的一幅图案。从菜肴结构捕捉到的美，往往使人陶醉到无暇去计较仅仅在盘中心那点少量食物了。"和食"量少，虽然引起包括我在内的一些人非议，但也有值得思考的内容。它不像中国菜肴那样满盘溢出，一无余地；而是在光亮漆盘中心镶嵌一幅图案，巧妙地运用了虚实相应的关系，收到了绘画艺术中计白当黑的效果。

饮食的口感对饮食的地位有着密切的联系，而口感的好坏又因原料的清新鲜洁程度而定。从日本商店中的饮食原料看，无论鱼肉荤腥，还是蔬菜素食，无不鲜嫩干净。这在顾客心理上首先去除了是否卫生的疑虑，加以所有原料都经过一定的加工程序，人们接触到的是经过割制清洗的成品与半成品，无血污，无泥垢。和食就是选用这些优质原料，经过精细加工而制作出独具特色的美食佳肴。

日本国虽幅员不大，但仍存在着地区的差异。东京都内繁华似锦、人口密织而地濒东京湾，遂有以海鲜为主料、以厚味偏甜为特色的传统关东菜系。但也不能不注意到，东京既是一个政治、经济中心，又是不同层次人员谋求稻粱之地，所以它既有高层次的华贵筵席，也有平民大众的家常便饭；既有日本的传统和食，也有世界各地的风味洋食。东京应该说是一个不拘一格、杂糅百味的饮食展览厅，已不局囿于关东系列了。与关东菜系相对称的是以京都、大阪为代表的关西菜系。京都一带由于水质好，所以以清爽适口的蒸煮菜为多。其中最惹人喜欢的是汤豆腐。豆腐是由中国传往而得到日本人特殊喜爱的食品。据一种统计，日本平均每年消费达五十多亿块。我住所附近就有一家制作豆腐的夫妻店，楼上住家，楼下店堂，每周休息一天，其余六天夫妻共同劳作，做出豆腐等各种豆制品，其乐融融。头一两次，我还需用半生不熟的日语说明要一种嫩豆腐，后来只要我一走近窗口，他（她）就把已用塑料袋装好的嫩豆腐伴随着微笑递给我。他们的豆腐真是鲜美洁净，像一块晶莹剔透的白玉石，无怪日本人称豆腐为"白璧"。它不论生拌，还是作汤都百吃不厌。我又在京都清水寺山崖的一家豆腐店亲口品尝过用小竹提筒装的汤豆腐，更由于水质的先天优越而不得不使我这位豆腐祖国的来客为之叹服。

礼失求诸野，华夏文化中揖让而升的礼仪在日本人的生活中无处不在，尤其在饮食业服务中更是不惮繁缛。无论是古老的料亭，或是现代化的餐厅，进门后都按日本习俗脱鞋登堂，有几位着和服的女子早已摆好拖鞋。在餐室落座后，和服女子立即托着盘子，佝着身躯，碎步趋向座旁献茶侍食。中间如果去更衣室，会发现你随意脱下的拖鞋已经并排向外整齐地排列，并有人会侧身引导或指明去处。如果你有需求，回身用电话招唤，就在你挂妥电话转身就座时，和服女子已经席地跪坐在进门处聆听你的吩咐。如果是吃"牛肉锅子"之类的东西时，她们尚有专人为你操作。有时，一位结领花、着黑色便礼服的中年男子会彬彬有礼地进来屈膝颔首讲许多请关照的客套话，征询顾客的意见，并呈上自己印有店徽的名片，原来这是店长亲自向顾客致意，随之会送来一盘食品，表示店主对顾客的敬意。笑容和敬意无非是希望你能再次光临。当顾客告别时，店门前又有几位和服女子口中念念有词地在礼送。你进店时向里散脱一地的鞋已经鞋头朝外地整齐排列，并殷勤地送上一柄长把的鞋拔，使你无需弯腰就穿好鞋。在一片谢谢、再见等客套声中，让你满意地踏上归途。一餐和食使人一直沉浸在礼的氛围中，增加了食物之外无形美的享受。这种礼仪难道真是"揖宾就筵"古礼的遗意吗？

我们从和食的发展历史，它对待本土传统和外来影响的态度，人们从饮食中所获得的美感，和食选料和制作的精心，因地制宜的地区适应以及贯串始终的礼仪等等方面，实事求是地考察，就会发现：和食确有与文化素质相关联的内涵，和食又确是这一民族文化在饮食层次上的载体。因此，探索和食所含有的文化内容似乎也还有些价值。

一九九二年六月

原载于《路与书》（老人河丛书） 来新夏著 中国青年出版社1997年版

明治村的启示

　　我曾两度到明治村去游览，一次是应名古屋爱知大学江口圭一教授之邀，住了两天；一个多月后，国内来了一位好朋友，我又应爱知学院大学水野明教授之邀，再次陪同前往。两次访问同一地点，在我的国外访问经历中是惟一的记录。后一次本可托辞不去，但明治村对我确有极大的吸引力，第一次是带着没有满足的遗憾快快地离去，所以，第二次甘愿充当半个导游去明治村，来弥补前次的缺憾。

　　明治村的魅力不在于秀山丽水，也不在于奇石怪峰，而在于有一种历史的呼唤，渗透着一种融化古今的睿思。明治村是1965年一位名叫谷口吉郎的建筑师，在名古屋铁路公司的支持下，把明治时代的建筑物移建之后，作为重点保存的一处历史性景点。它是一座使访问者和游客都能品味到明治时代文化与生活的野外博物馆，是一座内涵极为丰富的博物馆。

　　明治村位于爱知县犬山市的入鹿池畔，占地50万平方米，共分8号地65个景点。它显示着明治时代政治、经济、文化和教育各方面的风貌。有属于仅次于日本文物"国宝级"的"重要文化遗产"三重县厅舍、札幌电话交换局、品川灯塔、东山梨郡的设施和吴服座等；有好多位名人和作家的住宅，如西乡从道邸、森鸥外和夏目漱石住宅、幸田露伴住宅（蜗牛庵）、西园寺公望别邸（坐渔庄）和小泉八云避暑之家等；有国家专政机关皇宫警察署别馆、京都七条巡查派出所、金泽监狱中央看守所和牢房、东京驿警备巡查派出所、宫津裁判所法庭等。另外还有学校、商店、医院、教会、银行、住宅、工厂、浴池和旅店，几乎具备了明治时代作为一个城市所应有的全部设施，尤其是陈列出了明治天皇乘坐过的一节火车，突出了该村的时代标志。这些建筑的征集相当艰难，除了一部分依样重建外，很多是由原地拆移过来再建的。帝国旅馆就是一个典型代表，据说它的再建与原建一样，以现在的标准衡量，已是一座相当豪华的宾馆了。

　　明治村不仅让游客略识明治时代的社会，更启示我们如何妥善处理传统与现实的关系，新的时代和事物代替旧的时代和事物本是历史发展的必然，但是不容否认，旧的永远是它那个时代的产物，标志着一定的历史时代。后浪推前浪是人世更迭的必然，但终归不能忘记，前浪曾经也是推过前浪的后浪，是存在过的浪，否则后浪又何从推起？一个时代过去了，另一个新的时代来临了，必然会有旧貌换新颜的举措，那么是取其精华去其糟粕呢？还是把洗澡水和孩子一起泼掉？明治村的设计者显然采取了前者，把明治时代的建筑精华移建在一起，既为新建筑腾出了空间，又为旧历史保存了风貌，两全其美，何乐不为？当然，这是需要费心耗力的，远不如推土机一过，民工收拾废墟来得痛快干脆。哪里知道，这将无情泯没多少人的奇思妙想，撕毁多少历史篇章，使前代风貌依稀模糊。我不能不对明治村设计者表示敬意！不过，前不久，我在山西平遥这座以明清民居为特色而列为世界文化遗产的古城看到的是，城内民居许修不许拆，禁建高楼大厦，以免破坏原有格局，而在城外另行兴建政府大楼和各种高层建筑，新旧并存，各具风采，让明清时代与中华人民共和国时代的进步与发展昭然可见。此系明治村设计思想的发展，我当为之表示深深敬意！

原载于《人民日报》1999年9月5日

东京居大不易

我们常常以"长安居大不易"来表述某地生活消费高，解决衣食住行之不容易。而"东京居大不易"则"住"的问题已凌驾于衣食行之上而显得非常突出。"住"在日本，特别在东京是个对人压力很大的问题。日本由于经济发展迅速，地价日昂而房价随之腾涌不已。据说东京的银座、新宿一带的地价已达寸土寸金的地步，居于世界高地价的首位。因此拥有住房与否似乎已成为一个人财富的标尺。我们所住大多是公房，只有宽敞与狭窄之别，并不代表富足与否。近年由于可置私产住房才渐渐有以拥有私房作财富标尺的，而与拥有私人小轿车同样被视为"大款"、"大腕"的势派。日本则不然，拥有住房远胜于拥有小车，因为一般车价只不过是一个普通工作人员一个月的工资，有车算不得富足，而房价往往需多年积累，因此有私房至少可挤进中产阶级行列。我滞居东京时，往往在一些经营不动产的会社橱窗里看到许多售房广告，类似我们二室一厅结构的住房总在二三千万日元之谱，约合人民币一二百万元。略微面积大点、环境舒适点的住所常常多达日元亿元以上。

日本买房可以贷款，但沉重的分期付款也会压得人们透不过气来，所以有不少人还处在租房住的境遇中。不过，购置私房仍是这些租房族梦寐以求的心愿，因为有了私产住房才算不虚此生。可是，租房在东京也并不轻松，类似我们的独单，每月租金大都在五六万至十万日元之间，约合人民币三五千元，为一般研修人员月收入的三分之一强。有些会社对所属从业人员或补贴，或全部承担；有的则需从自己工资中支付三分之一或五分之二去付租金。我在东京住在访问单位所安排的教授公寓中，二室一大厅，有卫生和电气设备，我承担半费尚需十万日元，约合月五六千元人民币，足抵我目前一年多的工资收入。

虽然，东京居大不易，但东京之"居"也颇有值得留恋回味之处。日本住房的卫生设施与厨房设备都比较方便。进门脱鞋的传统习惯一直保留未变，家家门厅处都预备颇为适用的长柄鞋拔，供客人穿鞋使用，这可能还是一种"和风"。卧具在不少家庭中是和洋并存，即床和榻榻米参半使用，大抵年轻人用床，老年人睡榻榻米，我在有些朋友家作客时，常被安排睡榻榻米，以领略日本的生活情趣。

日本住房的取暖设备较差，一般私产房多未装有我们那种水暖或气暖，生活富裕家庭有用电暖空调的，一般家庭多用油炉。有些喜欢保持传统习惯的人家则在起居室中设一四方坎井，井下置一电炉，上覆四方桌，桌上铺罩一床四面下垂的薄棉被，一家人围坐在方桌四面，脚伸入阱内，用桌子四周拖下来的薄棉被盖住腹部。这样，下肢渐暖而通身舒泰。我和朋友全家围坐一起，一面品茗，一面忆往谈今，营造出一种和谐的气氛。我在回国后的那个冬天，虽然生活在伸展自如的暖气温馨中，但总不能完全忘却旅居东京时所感受过的那种情趣。

原载于《路与书》（老人河丛书）　来新夏著　中国青年出版社1997年版

血液畅通·气脉和顺

东京的"行"，其方便快捷，在世界上是居于前列的。它以飞机、轮船、火车、电车从海、陆、空三个领域沟通国内，联结世界。即以陆路交通而言，东京拥有新干线、JR线、地铁、公共汽车、出租的士、私人小车和自行车等多种交通工具，把东京编织进这样一面交通网里。

新干线是日本后起的先进交通工具，时速达210公里，从东京到大阪近520公里的路程原需八小时，现已缩短为三小时，它从东京通过东海道、山阳、东北、上越等线向四周辐射。它有快慢车之分，不过慢车只是由于停站多而耗费时间，其车速差不多。列车像一头怪兽那样奔驰向前，但车内很平稳，不仅丝毫没有不舒服的感觉，而且还不影响读书、看报，甚至写作。交通工具速度的加快，会相应地减轻人口的密集度。我有几位日本朋友在东京工作，却远住外地，每日在新干线乘车上下班，并不以为苦。因为，日本的机关和会社一般都负担职工上下班的车费，不会增加经济负担，而且，远住外地还能减轻住房费的压力，因外地房屋无论租、买都比东京便宜。新干线虽然以其快速、舒适而成为一种观光享受，但日本人并不满足，现在试行磁悬浮列车，时速可达500公里，大阪到东京只需1小时。天津至北京如果有此设备只需一刻多钟，真可称风驰电掣了。

JR是一种地上铁，原是公营，现已改为私营。它包括多条线路，如常盘线、京滨东北线、山手线等等，它是东京都内和周边联系的主要线路。其中最有趣的是山手线，它是围绕东京都的环形线，如果有闲买一张票可以整天乘车转圈。不同线路用不同颜色标志，易于辨识。它与新干线、地下铁各线路都能衔接，十分方便。

日本的地下铁自二十年代修筑上野至浅草的第一条以来，发展很快，现在除东京外，若干大城市如大阪、名古屋、札幌等都有地铁。东京地下铁有许多线路，如日比谷线、千代田线、银座线、东西线、丸之内线、有乐町线等等。线路的进出口往往在大公司的底层或繁华交错点上，把东京都各个重要地区联结沟通。站台和车内比较整洁，远胜于纽约地铁的脏乱。地铁的车站、通道中设有许多商店，物资丰富，装点华丽，对乘客极为方便。从地下铁的修建可以看到日本人对空间的利用已达极致，上下三层，纵横交错，使人眼花缭乱，但不会出什么走错路的大问题。因为一则它有详明醒目的地下铁路线图（有些车站还免费提供线路图），只要稍加研究，就能按图索骥；二则它的指示标志非常周到，只要认识汉字按照所指方向行动，基本不会出错。即使有时上下行搞错也不要紧，就从反方向回坐，只要不出站无需再买票，地铁自动购票，多坐站的不足票价可在出站口的精算所或改札口（剪票口）补钱。

出租车在车站、旅店和街头都可随时招用，服务周到，如果初到东京，语言不通，地理不熟，只要用繁体汉字写一地址条交给司机，便能保证送到，收费很规矩，根据显示器付钱。我去年9月初到东京时是480日元起算，今年已涨至540日元。

私人有小汽车，在日本不是难事，一般半新的旧车价只占月薪的一部分。我的朋友们几乎都有私车，但他们却不像美国人那样开车到处跑，仍然去乘地铁之类的交通工具。一是地铁开行准时，中途没有塞车情况，能保证按时到达目的地；二是东京停车困难，往往一个来小时找不到停车点，而且停车费昂贵；三是怕出交通事故，违章罚款很凶，如果伤及人身，后果更不堪设想。有些人经济富裕也不买车，主要是房价贵，缺少车房。需要远出旅行时，只要有驾驶证便可以临时租车自驶。每次连油在内约需1万日元（合人民币400余元，占一般中等工资的三十分之一），一家人出门往返比新干线总票价还要便宜很多，一般人都能负担，而且免去许多"养车"的麻烦。

东京的"行"确实使人满意，长长短短的线路使城市的血液畅通，气脉和顺，推动了各行各业的运转，为经济繁荣注入了无限的活力。"要想富，先修路"，这是有一定实践道理的。

一九九二年一月

原载于《路与书》（老人河丛书）　来新夏著　中国青年出版社1997年版